私的整理の実務
Q&A140問

全国倒産処理弁護士ネットワーク [編]

一般社団法人 金融財政事情研究会

はしがき

　全国倒産処理弁護士ネットワーク（全倒ネット）では、2011年（平成23年）に倒産処理の実務Q&Aシリーズの第4弾として『私的整理の実務Q&A100問』を、2015年（平成27年）にその追補版を出版いたしましたが、今般、最新の情報を取り込むとともに全面的に構成を組み替えて、新版として『私的整理の実務Q&A140問』を出版する運びとなりました。

　近時、法的倒産事件は著しく減少傾向にあります。全国の破産事件数をみると2003年（平成15年）の25万件が2015年（平成27年）には7万件となり、法人破産だけをみると、2009年（平成21年）の11,500件をピークに2015年（平成27年）は7,500件まで減少しています。通常再生事件数も、2001年（平成13年）の1,110件をピークに2015年（平成27年）は158件にとどまっています。他方、中小企業金融円滑化法を利用した、倒産予備軍ともいえる中小企業は40万社にものぼるといわれていますが、同法が終了した後も法的倒産手続は増えていません。その理由はいくつか考えられますが、その一つが、制度化された私的整理手続の拡大ではないかと思われます。

　制度化された私的整理は、2001年（平成13年）9月に公表された「私的整理に関するガイドライン」を嚆矢とするものです。その後、第三者機関が関与する各種の私的整理手続が拡充、整備され、透明性や公平性とともに金融債権者にとっての経済合理性を確保しながら窮境にある企業の再生を図る手法として広く活用されるようになりました。

　しかし、弁護士などの法律専門家における認知度はそれほど高いものではなく、企業から相談を受けた弁護士としても、どの手続を選択すればよいのか、どのように進めるべきか、また金融機関との交渉の進め方、情報開示の仕方、事業再生計画や弁済計画の立案などに戸惑うことが少なくないようです。それは、明文の規定が少ない上に、中小企業再生支援協議会、事業再生ADR、地域経済活性化支援機構、特定調停など、その運営主体の違いによって手続に相違があることにも由来しているようにも思われます。

　そこで、私的整理の基礎的な考え方や手続の一般的な進め方について概説した上、各手続の主体別に最新の情報を提供することが重要であると考え、追補版の構成を組み替え、新版として本書を出版する運びとなりました。

　法的手続とともに事業再生の車の両輪と位置づけることができる私的整理手続を習熟し実践することは、事業再生の実務に携わる法律専門家にとって必須であると思われます。

　本書が皆様の実務の一助となることを切に願ってやみません。

2016年（平成28年）9月

　　　　　　　　　全国倒産処理弁護士ネットワーク 理事長　　中井 康之

全国倒産処理弁護士ネットワーク参加のお勧め

　全国倒産処理弁護士ネットワーク（全倒ネット）は、2002年に、全国各地で倒産事件の運用を担う人材、特に倒産処理に堪能な弁護士を育成するべく設立されました。爾来、全国単位、各地域単位で研修や協議の場を設け、会員間でのインターネットを利用した意見交換・情報提供や人的交流を通じて、倒産処理人材の育成を図りつつ、裁判所との連携により各地の倒産事件に対する実務運用の適正化を推進するとともに、年1回の全国大会や各地区会での講演・シンポジウム等を通じ、より良い運用の在り方を提言し、また、その研究活動の成果について、雑誌、書籍等を通じ広く情報発信をしてまいりました。こうした活動を通じて会員は全都道府県に及び、2016年9月時点で5,000名を超えています。

　会員間においては、メーリングリストを活用した情報交換や質疑応答を行い、日々自主的な研鑽に努めています。このメーリングリストは、倒産処理の実務において生起する問題・疑問点を自ら発信者となって提起し、倒産処理に携わる他の弁護士から回答を受けることにより、多様な意見・経験を共有でき、実務上非常に有益であると評価されています。

　このように、各会員の年齢・経験や活動地域を越え、リアルタイムで情報共有・意見交換ができるのは、メーリングリストならではの利点といえるでしょう。そして、このメーリングリストの精神は、そのまま全倒ネットの精神といえます。

　また、全倒ネットでは、このメーリングリストで議論された論点を取りまとめた『破産実務Q&A200問』、『個人再生の実務Q&A100問』、『通常再生の実務Q&A120問』などのほか、注釈書として『新注釈民事再生法（上・下）［第2版］』や『注釈破産法（上・下）』を出版しています。これらは、全国の会員弁護士が執筆し、編集会議での議論を重ねることにより、倒産実務家の視点から倒産法の理論と実務を解説するもので、各地における倒産処理の指針となり、倒産事件の適正迅速な処理に貢献しています。

　全倒ネットが、今後ともよりいっそう充実した活動ができるように、現在倒産処理に携わっていらっしゃる方はもちろんのこと、倒産処理に関心をお持ちの方、とりわけ新人の方は、どうぞ奮ってご参加ください。会員には通信費として年5,000円のご負担をお願いしておりますので、ご了解ください。なお、これまで会員の皆さんに全倒ネット編集の上記書籍等を、原則として無料でお送りしております。

　参加をご希望の方は、事務局である一般社団法人金融財政事情研究会・金融法務編集部が運営する全倒ネットのウェブサイト（http://www.zentoh-net.jp/）にアクセスしていただき、「入会方法」をご参照の上、参加の手続をお取りいただくようお願い申し上げます。

2016年9月

全国倒産処理弁護士ネットワーク
理事長　　中井　康之

◆役員一覧◆

【理事長】
中井 康之　　大阪弁護士会　　（34期　堂島法律事務所）

【副理事長】
小林 信明　　東京弁護士会　　（35期　長島・大野・常松法律事務所）

【専務理事】
佐藤 昌巳　　愛知県弁護士会　　（41期　佐藤綜合法律事務所）
黒木 和彰　　福岡県弁護士会　　（41期　弁護士法人黒木・内田法律事務所）
富永 浩明　　東京弁護士会　　（42期　富永浩明法律事務所）

【常務理事】
伊藤　尚　　第一東京弁護士会　　（37期　阿部・井窪・片山法律事務所）
斉藤 芳朗　　福岡県弁護士会　　（39期　德永・松﨑・斉藤法律事務所）
小堀 秀行　　金沢弁護士会　　（40期　兼六法律事務所）
髙木 裕康　　第二東京弁護士会　　（40期　東京丸の内法律事務所）
岩渕 健彦　　仙台弁護士会　　（43期　エール法律事務所）
服部　敬　　大阪弁護士会　　（43期　はばたき綜合法律事務所）
小畑 英一　　第一東京弁護士会　　（45期　LM法律事務所）
籠池 信宏　　香川県弁護士会　　（46期　籠池法律事務所）
上野　保　　第二東京弁護士会　　（46期　元木・上野法律会計事務所）
野村 剛司　　大阪弁護士会　　（50期　なのはな法律事務所）
桶谷 和人　　札幌弁護士会　　（56期　植物園法律会計事務所）

【理　事】
多比羅 誠　　東京弁護士会　　（22期　ひいらぎ総合法律事務所）
須藤 英章　　第二東京弁護士会　　（23期　東京富士法律事務所）
池田　靖　　東京弁護士会　　（24期　三宅・今井・池田法律事務所）
宮川 勝之　　第二東京弁護士会　　（30期　東京丸の内法律事務所）
瀬戸 英雄　　第一東京弁護士会　　（31期　LM法律事務所）
岡　正晶　　第一東京弁護士会　　（34期　梶谷綜合法律事務所）
土岐 敦司　　第一東京弁護士会　　（35期　成和明哲法律事務所）
長屋 憲一　　第二東京弁護士会　　（35期　NeOパートナーズ法律事務所）
片山 英二　　第一東京弁護士会　　（36期　阿部・井窪・片山法律事務所）
深山 雅也　　第二東京弁護士会　　（38期　深山・小金丸法律会計事務所）
三村 藤明　　東京弁護士会　　（39期　アンダーソン・毛利・友常法律事務所）

綾　　克己	東京弁護士会	（41期	ときわ法律事務所）
服部 明人	第一東京弁護士会	（41期	服部明人法律事務所）
樋口　　收	第一東京弁護士会	（43期	敬和綜合法律事務所）
進士　　肇	東京弁護士会	（45期	篠崎・進士法律事務所）
岡　　伸浩	第一東京弁護士会	（45期	岡綜合法律事務所）
三森　　仁	第二東京弁護士会	（45期	あさひ法律事務所）
山宮 慎一郎	東京弁護士会	（47期	TMI総合法律事務所）
髙井 章光	第二東京弁護士会	（47期	髙井総合法律事務所）
縣　　俊介	東京弁護士会	（50期	みなと協和法律事務所）
柴田 義人	第二東京弁護士会	（50期	アンダーソン・毛利・友常法律事務所）
仁平 信哉	神奈川県弁護士会	（38期	弁護士法人仁平総合法律事務所）
川島 俊郎	神奈川県弁護士会	（44期	佐藤・川島法律事務所）
村松　　剛	神奈川県弁護士会	（52期	佐藤・村松法律事務所）
野崎　　正	埼玉弁護士会	（46期	さいたま法律事務所）
安田 孝一	埼玉弁護士会	（46期	安田法律事務所）
小倉 純夫	千葉県弁護士会	（31期	わかば法律事務所）
石川 貴康	千葉県弁護士会	（50期	コンパサーレ法律事務所）
永嶋 久美子	千葉県弁護士会	（52期	プライム法律事務所）
植崎 明夫	茨城県弁護士会	（35期	植崎明夫法律事務所）
飯島 章弘	茨城県弁護士会	（55期	あおい法律事務所）
伊澤 正之	栃木県弁護士会	（40期	伊澤正之法律事務所）
蓬田 勝美	栃木県弁護士会	（41期	蓬田勝美法律事務所）
安田 真道	栃木県弁護士会	（54期	安田法律事務所）
丸山 和貴	群馬弁護士会	（33期	丸山法律事務所）
竹原 正貴	群馬弁護士会	（59期	伊勢崎法律会計事務所）
伊藤 みさ子	静岡県弁護士会	（37期	静岡・市民法律事務所）
松田 康太郎	静岡県弁護士会	（52期	共和法律事務所）
石川 善一	山梨県弁護士会	（39期	石川善一法律事務所）
小野 正毅	山梨県弁護士会	（47期	小野法律事務所）
中村 隆次	長野県弁護士会	（29期	中村隆次・田鶴子法律事務所）
金子　　肇	長野県弁護士会	（48期	金子法律事務所）
齋藤 泰史	長野県弁護士会	（52期	弁護士法人斎藤法律事務所）
伊津 良治	新潟県弁護士会	（38期	伊津良治法律事務所）
野口 祐郁	新潟県弁護士会	（50期	野口法律事務所）
出水　　順	大阪弁護士会	（26期	北総合法律事務所）
小松 陽一郎	大阪弁護士会	（32期	小松法律特許事務所）
上田 裕康	大阪弁護士会	（33期	弁護士法人大江橋法律事務所）

石井 教文	大阪弁護士会	（37期	弁護士法人大阪西総合法律事務所）
中森 亘	大阪弁護士会	（47期	北浜法律事務所・外国法共同事業）
山形 康郎	大阪弁護士会	（52期	弁護士法人関西法律特許事務所）
野城 大介	大阪弁護士会	（54期	弁護士法人きっかわ総合法律事務所）
池上 哲朗	京都弁護士会	（45期	京都総合法律事務所）
宮﨑 純一	京都弁護士会	（60期	中村利雄法律事務所）
柴田 眞里	兵庫県弁護士会	（49期	フローラ法律事務所）
久米 知之	兵庫県弁護士会	（56期	神戸H.I.T.法律事務所）
中西 達也	奈良弁護士会	（50期	中西達也法律事務所）
松井 和弘	奈良弁護士会	（60期	新奈良法律特許事務所）
竹下 育男	滋賀弁護士会	（47期	せせらぎ法律事務所）
野嶋 直	滋賀弁護士会	（52期	大津総合法律事務所）
中川 利彦	和歌山弁護士会	（34期	パークアベニュー法律事務所）
田中 祥博	和歌山弁護士会	（40期	田中祥博法律事務所）
池田 伸之	愛知県弁護士会	（32期	池田総合特許法律事務所）
服部 一郎	愛知県弁護士会	（38期	服部一郎法律事務所）
山田 尚武	愛知県弁護士会	（44期	しょうぶ法律事務所）
室木 徹亮	三重弁護士会	（42期	室木・飯田法律事務所）
堀部 俊治	岐阜県弁護士会	（37期	堀部俊治法律事務所）
神谷 慎一	岐阜県弁護士会	（55期	弁護士法人神谷法律事務所）
八木 宏	福井弁護士会	（54期	九頭竜法律事務所）
栗本 正貴	富山県弁護士会	（52期	栗本・酒井法律事務所）
森川 和彦	広島弁護士会	（41期	白島綜合法律事務所）
奥野 修士	広島弁護士会	（53期	ひまわり法律事務所）
加瀬野 忠吉	岡山弁護士会	（41期	岡山中央法律事務所）
熱田 雅夫	島根県弁護士会	（46期	熱田法律事務所）
平岩 みゆき	福岡県弁護士会	（52期	けやき通り法律事務所）
千綿 俊一郎	福岡県弁護士会	（53期	吉村敏幸法律事務所）
福島 直也	佐賀県弁護士会	（55期	弁護士法人はやて法律事務所鳥栖事務所）
岡田 雄一郎	長崎県弁護士会	（60期	長崎清和法律事務所）
渡辺 耕太	大分県弁護士会	（48期	弁護士法人渡辺法律事務所）
建部 明	熊本県弁護士会	（27期	建部法律事務所）
渡辺 裕介	熊本県弁護士会	（55期	渡辺綜合法律事務所）
江藤 利彦	宮崎県弁護士会	（35期	江藤法律事務所）
畑 知成	沖縄弁護士会	（51期	弁護士法人ひかり法律事務所）
須藤 力	仙台弁護士会	（35期	須藤法律事務所）
阿部 弘樹	仙台弁護士会	（53期	ひろむ法律事務所）

菅野 昭弘	福島県弁護士会	（46期	すがの法律事務所）
石橋 乙秀	岩手弁護士会	（34期	こずかた法律事務所）
石岡 隆司	青森県弁護士会	（38期	石岡法律事務所）
馬杉 栄一	札幌弁護士会	（24期	馬杉栄一法律事務所）
矢吹 徹雄	札幌弁護士会	（26期	矢吹法律事務所）
小寺 正史	札幌弁護士会	（32期	弁護士法人小寺・松田法律事務所）
吉川 武	札幌弁護士会	（39期	吉川武法律事務所）
木野村 英明	釧路弁護士会	（57期	木野村英明法律事務所）
川東 祥次	香川県弁護士会	（33期	川東法律事務所）
森 晋介	徳島弁護士会	（56期	森法律事務所）
村上 亮二	愛媛弁護士会	（39期	村上亮二法律事務所）

【顧　問】

高木 新二郎	東京弁護士会	（15期	モルガン・ルイス＆バッキアス法律事務所）
才口 千晴	東京弁護士会	（18期	TMI総合法律事務所）

◆全国・地域における主な活動内容（2015年実績）◆

1月30日（金）	九州研修「第17回倒産法研究会」（福岡）
2月6日（金）	巡回研修「労働者健康福祉機構の未払賃金立替払制度に関する研修会」（旭川）
2月12日（木）	九州地区「第11回巡回研修会」（熊本）
3月14日（土）	関東地区「第29回巡回研修会」（さいたま）
5月30日（土）	近畿地区「第3回巡回研修会」（神戸）
7月11日（土）	関東地区「第30回巡回研修会」（千葉）
7月29日（水）	中部地区「中部倒産実務研究会（第39回）」（名古屋）
9月4日（金）	九州地区「第12回巡回研修会」（佐賀）
	巡回研修「労働者健康福祉機構の未払賃金立替払制度に関する研修会」（高松）
9月10日（木）	巡回研修「労働者健康福祉機構の未払賃金立替払制度に関する研修会」（札幌）
10月2日（金）	九州研修「第18回倒産法研究会」（福岡）
10月16日（金）	巡回研修「労働者健康福祉機構の未払賃金立替払制度に関する研修会」（仙台）
10月17日（土）	近畿地区「第4回巡回研修会」（守山）
10月30日（金）	巡回研修「労働者健康福祉機構の未払賃金立替払制度に関する研修会」（函館）

11月7日（土）　第14回全国大会・シンポジウム（福岡・ソラリア西鉄ホテル）
11月16日（月）　巡回研修「労働者健康福祉機構の未払賃金立替払制度に関する研修会」（釧路）
11月28日（土）　関東地区「第31回巡回研修会」（甲府）

◆研究・出版活動◆
●雑誌
「旬刊 金融法務事情」（金融財政事情研究会）
　　連載：破産法が変わる〔1703号（2004.4.5号）～1737号（2005.4.25号）〕
　　連載：倒産手続と担保権〔1747号（2005.8.25号）～1766号（2006.3.25号）〕
「季刊 事業再生と債権管理」（金融財政事情研究会）
　　第3回全国大会シンポジウム報告「裁判実務からみた新破産法」（2005年1月号）
　　第4回　〃　「新法下における破産・再生手続の実務上の諸問題」（2006年1月号）
　　第5回　〃　「施行6年を経過した民事再生手続を振り返って」（2007年1月号）
　　第6回　〃　「破産管財人の職責と善管注意義務」（2008年1月号）
　　第7回　〃　「民事再生手続による中小企業再生への課題」（2009年1月号）
　　第8回　〃　「破産手続における利害関係人と破産管財人の権限」（2010年7月号）
　　第9回　〃　「事業承継スキームの光と影」（2011年4月号）
　　第10回　〃　「倒産と相殺」（2012年4月号）
　　第11回　〃　「倒産法改正に向けて」（2013年4月号）
　　第12回　〃　「建築請負契約と倒産」（2014年4月号）
　　第13回　〃　「中小企業の再生と弁護士の役割」（2015年1月号）
　　第14回　〃　「破産手続における放棄に関わる諸問題」（2016年1月号）
●書籍（いずれも全国倒産処理弁護士ネットワーク編、金融財政事情研究会刊）
『論点解説　新破産法（上・下）』（2005年）
『新注釈民事再生法（上・下）』（伊藤眞＝田原睦夫監修）（2006年）
『倒産手続と担保権』（2006年）
『破産実務Q&A150問〜全倒ネットメーリングリストの質疑から〜』（2007年）
『個人再生の実務Q&A100問〜全倒ネットメーリングリストの質疑から〜』
　　　　　　　　　　　　　　　　　　　　　　　　　　　　　　（2008年）
『通常再生の実務Q&A120問〜全倒ネットメーリングリストの質疑から〜』
　　　　　　　　　　　　　　　　　　　　　　　　　　　　　　（2010年）
『新注釈民事再生法［第2版］（上・下）』（才口千晴＝伊藤眞監修）（2010年）
『私的整理の実務Q&A100問』（2011年12月）
『破産実務Q&A200問〜全倒ネットメーリングリストの質疑から〜』（2012年）
『会社更生の実務Q&A120問』（2013年12月）

『私的整理の実務Q&A100問〔追補版〕』（2014年7月）
『倒産法改正150の検討課題』（2014年11月）
『注釈破産法（上・下）』（田原睦夫＝山本和彦監修）（2015年12月）

◆メーリングリスト◆

　全倒ネットは、会則に明記されていますように、「倒産処理に携わる弁護士の相互の意見及び情報の交換を地域レベル及び全国レベルの両面で促進することにより、倒産処理に携わる弁護士の人材の育成を図り、裁判所との連携強化による倒産事件のさらなる適正・迅速化の推進に寄与する」ことを目的としています。以来、今日まで、かかる目的を達成するための重要な活動手段として、メーリングリストを設置し、これを活用した意見と情報の交換を継続して行ってまいりました。

　2015年末時点で、メーリングリストの登録者数は4,500人、投稿されたメールは3,300通を超えております。

　このようにメーリングリストは、全倒ネットの主たる目的である、「倒産処理に携わる弁護士の相互の意見及び情報交換の場」のための極めて重要なツールとして活用され、貴重な場として会員一人ひとりの力で育ててきたものです。

　今後とも、本メーリングリストがさらに発展し活用され、倒産事件の適正迅速な処理に資することを望むものです。

● お問合せ ●

全国倒産処理弁護士ネットワーク事務局
一般社団法人金融財政事情研究会　金融法務編集部内
〒160-8519
東京都新宿区南元町19
ＴＥＬ　03-3355-1758　　ＦＡＸ　03-3355-3763

全国倒産処理弁護士ネットワークウェブサイト
http://www.zentoh-net.jp/

　入会ご希望の方は上記アドレスにアクセスいただき、表示されたトップページにある〔入会方法〕欄をご覧ください。申請フォームに必要事項をご記入いただき、事務局宛てに送信してください。数日内に承認通知が届けば、入会手続が完了します。なお、入会を承認できない場合には、その旨のご連絡をさせていただくことがあります。

編集委員・執筆者一覧

◎**編集委員**（50音順・敬称略）

伊藤　尚	第一東京弁護士会	髙井 章光	第二東京弁護士会
岩渕 健彦	仙台弁護士会	髙木 裕康	第二東京弁護士会
上野　保	第二東京弁護士会	竹山 智穂	東京弁護士会
桶谷 和人	札幌弁護士会	富永 浩明	東京弁護士会
小畑 英一	第一東京弁護士会	中井 康之	大阪弁護士会
籠池 信宏	香川県弁護士会	長屋 憲一	第二東京弁護士会
加藤 寛史	第一東京弁護士会	野村 剛司	大阪弁護士会
黒木 和彰	福岡県弁護士会	服部　敬	大阪弁護士会
小林 信明	東京弁護士会	馬杉 栄一	札幌弁護士会
小堀 秀行	金沢弁護士会	三森　仁	第二東京弁護士会
斉藤 芳朗	福岡県弁護士会	山形 康郎	大阪弁護士会
佐藤 昌巳	愛知県弁護士会		

◎**執筆者**（50音順・敬称略）

青木 孝頼	東京弁護士会	川畑 和彦	東京弁護士会
赤川 公男	第二東京弁護士会	河本 茂行	京都弁護士会
足立　学	第二東京弁護士会	岸野　正	大阪弁護士会
綾　克己	東京弁護士会	木谷 祥子	東京弁護士会
石井　健	東京弁護士会	木村 真也	大阪弁護士会
石川 貴康	千葉県弁護士会	小島 伸夫	東京弁護士会
稲田 正毅	大阪弁護士会	小林 信明	東京弁護士会
植木 康彦	公認会計士・税理士	三枝 知央	東京弁護士会
上田 裕康	大阪弁護士会	佐々木 英人	第一東京弁護士会
上野　保	第二東京弁護士会	佐藤 昌巳	愛知県弁護士会
江木　晋	第二東京弁護士会	軸丸 欣哉	大阪弁護士会
大石 健太郎	東京弁護士会	柴野 高之	大阪弁護士会
大江 祥雅	大阪弁護士会	柴原　多	東京弁護士会
大西 正一郎	東京弁護士会	渋佐 寿彦	公認会計士・税理士
大橋　修	公認会計士・税理士	清水 靖博	東京弁護士会
大宅 達郎	東京弁護士会	清水 祐介	東京弁護士会
岡 伸浩	第一東京弁護士会	清水 良寛	大阪弁護士会
片岡　牧	東京弁護士会	上甲 悌二	大阪弁護士会
加藤 寛史	第一東京弁護士会	新川 大祐	公認会計士・税理士
金山 伸宏	東京弁護士会	新宅 正人	大阪弁護士会

鈴木　学	第二東京弁護士会	眞下 寛之	愛知県弁護士会
須藤 英章	第二東京弁護士会	松井 裕介	第二東京弁護士会
髙井 章光	第二東京弁護士会	松尾 幸太郎	東京弁護士会
髙杉 信匡	第一東京弁護士会	三澤　智	第一東京弁護士会
髙橋 洋行	第一東京弁護士会	溝端 浩人	公認会計士・税理士
田口 和幸	第一東京弁護士会	溝渕 雅男	大阪弁護士会
竹山 智穂	東京弁護士会	三森　仁	第二東京弁護士会
多比羅 誠	東京弁護士会	南　賢一	東京弁護士会
田村 伸吾	第二東京弁護士会	三村 藤明	東京弁護士会
堂野 達之	東京弁護士会	宮川 勝之	第二東京弁護士会
富岡 武彦	東京弁護士会	宮崎 信太郎	東京弁護士会
富永 浩明	東京弁護士会	宮原 一東	東京弁護士会
富山 聡子	大阪弁護士会	本山 正人	第一東京弁護士会
内藤　滋	第二東京弁護士会	森　直樹	第一東京弁護士会
長沢 美智子	第二東京弁護士会	森　倫洋	第一東京弁護士会
中西 敏彰	大阪弁護士会	森本 英伸	大阪弁護士会
中森　亘	大阪弁護士会	谷津 朋美	東京弁護士会
長屋 憲一	第二東京弁護士会	山形 康郎	大阪弁護士会
西村　賢	第一東京弁護士会	山宮 慎一郎	東京弁護士会
野上 昌樹	大阪弁護士会	吉田 和雅	第二東京弁護士会
野村 祥子	大阪弁護士会	吉田 俊一	第二東京弁護士会
野村 剛司	大阪弁護士会	吉田 広明	東京弁護士会
萩原 佳孝	第一東京弁護士会	若杉 洋一	大阪弁護士会
廣瀬 正剛	第二東京弁護士会	鷲野 泰宏	第二東京弁護士会
堀口　真	第一東京弁護士会	渡邉 敦子	東京弁護士会

＊所属は2016年7月現在

法令・判例・文献等の表記について

1 法令等の表記

(1) 法令等について

原則として略称を用いず、次のように表記した。

例：民事再生法229条2項1号

ただし、以下の法令等については、本文中であってもそれぞれ次のように略記した。

ADR法	裁判外紛争解決手続の利用の促進に関する法律
ADR規則	裁判外紛争解決手続の利用の促進に関する法律施行規則
強化法	産業競争力強化法
強化法施行規則	産業競争力強化法施行規則
経産省令	経済産業省関係産業競争力強化法施行規則
内閣府・経産省令	産業競争力強化法第五十六条第一項の経済産業省令・内閣府令で定める基準を定める命令
旧省令	事業再生に係る認証紛争解決事業者の認定等に関する省令
資産評定基準	経済産業省関係産業競争力強化法施行規則第二十九条第一項第一号の資産評定に関する基準
経産省告示	経済産業省関係産業競争力強化法施行規則第二十九条第一項の規定に基づき認証紛争解決事業者が手続実施者に確認を求める事項
旧産活法	産業活力の再生及び産業活動の革新に関する特別措置法〔廃止〕
機構法	株式会社地域経済活性化支援機構法
機構法施行令	株式会社地域経済活性化支援機構法施行令
機構法施行規則	株式会社地域経済活性化支援機構法施行規則
独占禁止法	私的独占の禁止及び公正取引の確保に関する法律
特定調停法	特定債務等の調整の促進のための特定調停に関する法律
金融再生法	金融機能の再生のための緊急措置に関する法律
中小企業金融円滑化法	中小企業者等に対する金融の円滑化を図るための臨時措置に関する法律〔終了〕

(2) 準則、各種ガイドライン等の表記について
　　　以下の準則、各種ガイドライン等については、それぞれ次のように略記した。

経営者保証GL	経営者保証に関するガイドライン
経営者保証GLQA	経営者保証に関するガイドラインQ&A
私的整理GL	私的整理に関するガイドライン
自然災害GL	自然災害による被災者の債務整理に関するガイドライン
基本要領	中小企業再生支援協議会事業実施基本要領
基本要領QA	中小企業再生支援協議会事業実施基本要領Q&A
整理手順	中小企業再生支援協議会等の支援による経営者保証に関するガイドラインに基づく保証債務の整理手順
整理手順QA	中小企業再生支援協議会等の支援による経営者保証に関するガイドラインに基づく保証債務の整理手順Q&A
主要行等監督指針	主要行等向けの総合的な監督指針
中小地域機関監督指針	中小・地域金融機関向けの総合的な監督指針
特定調停手引（円滑化法対応）	金融円滑化法終了への対応策としての特定調停スキームの利用の手引き
特定調停手引（経営者保証GL）	経営者保証に関するガイドラインに基づく保証債務整理の手法としての特定調停スキーム利用の手引き
協会規則	特定認証ADR手続に基づく事業再生手続規則

(3) 各種組織、団体等について
　　　以下の各種組織、団体等については、それぞれ次のように略記した。

REVIC	株式会社地域経済活性化支援機構
ETIC	株式会社企業再生支援機構〔REVICに改組〕
JATP	事業再生実務家協会
RCC	株式会社整理回収機構
中小機構	独立行政法人中小企業基盤整備機構
協議会	中小企業再生支援協議会
全国本部	中小企業再生支援全国本部
中企庁	中小企業庁

経産省	経済産業省
全銀協	全国銀行協会
日弁連	日本弁護士連合会
日税連	日本税理士会連合会
最高裁	最高裁判所
最高裁民事局	最高裁判所事務総局民事局

(4) 専門用語・概念等について

　原則としてそのまま表記したが、以下の専門用語・概念等については、それぞれ次のように略記した。

ABL	Asset Based Lending（資産〔動産〕担保貸付け）
ADR	Alternative Dispute Resolution（裁判外紛争解決手続）。訴訟や法的倒産手続のように、裁判所による強制力を持った紛争解決の手続を利用することなく、当事者間の話し合いをベースとし、公正な第三者が関与して、紛争を解決しようとする手続の総称
BS	貸借対照表
CF	キャッシュフロー計算書
COD	Cash on Delivery（現金〔即時〕決済・取引）
DD	デューディリジェンス
DDS	Debt Dept Swap（債務の劣後債務化）
DES	Debt Equity Swap（債務の株式化）
PL	損益計算書
PreDD	プレ・デューディリジェンス
事業再生ADR	強化法2条16項に定める特定認証紛争解決手続
概要説明会議	事業再生ADRにおける事業再生計画案の概要の説明のための債権者会議（経産省令22条）
協議会議	事業再生ADRにおける事業再生計画案の協議のための債権者会議（経産省令24条）
決議会議	事業再生ADRにおける事業再生計画案の決議のための債権者会議（経産省令26条）
一時停止	債権者全員の同意によって決定される期間中に債権の回収、担保権の設定又は破産手続開始、再生手続開始、会社更生法若しくは金融機関等の更生手続の特例等に関する法律の規定による更生手続開始若しくは特別清算開始の申立てをしないこと（事業再生ADRにつき、経産省令20条参照）

一時停止の通知		一時停止の要請に係る通知（事業再生ADRにつき、経産省令20条参照）
政策パッケージ		中小企業金融円滑化法の最終延長を踏まえた中小企業の経営支援のための政策パッケージ（内閣府、金融庁、中企庁2012年4月20日公表）
持込行		REVIC手続等における持込行となる関係金融機関等
非持込行		非メインの関係金融機関等
再生支援決定		再生支援決定
対象事業者		（REVICにおける支援決定前の）再生支援対象事業者
再生支援対象事業者		（REVICにおける支援決定後の）再生支援対象事業者
事業再生支援業務		（REVICの）事業再生支援業務

(5) 法令等をかっこ内で表記する場合の特例

上記にかかわらず、法令等をかっこ内で表記する場合には、さらに次のように略記した。

破	破産法
破規	破産規則
民再	民事再生法
民再規	民事再生規則
会更	会社更生法
非訟	非訟事件手続法
民	民法
会	会社法
民訴	民事訴訟法
民執	民事執行法
民調	民事調停法
民調規	民事調停規則
特調	特定債務等の調整の促進のための特定調停に関する法律
特調規	特定調停手続規則
民訴費	民事訴訟費用等に関する法律
産強	産業競争力強化法
産強規	産業競争力強化法施行規則
旧産活	産業活力の再生及び産業活動の革新に関する特別措置法〔廃止〕
機構	株式会社地域経済活性化支援機構法
租特	租税特別措置法
銀行	銀行法
銀行規	銀行法施行規則

金再規　　金融機能の再生のための緊急措置に関する法律施行規則
　　　独禁　　　私的独占の禁止及び公正取引の確保に関する法律

　　また、かっこ内における法令等の条・項・号は次のように略記した。
　　　例：破産法148条1項4号→破148 I ④

2　**判例・裁判例等について**
　　判例・裁判例等を取り上げる場合には、次のように略記した。
　　　例：最高裁判所平成25年4月16日第三小法廷判決　　→　最三小判平25.4.16
　　　　　東京地方裁判所平成12年12月8日決定　　　　　→　東京地決平12.12.8

3　**判例（裁判例）集・法律雑誌について**
　　判例（裁判例）集・法律雑誌等は、次のように略記した。
　　　民集　　　最高裁判所民事判例集
　　　集民　　　最高裁判所裁判集（民事）
　　　判時　　　判例時報
　　　判タ　　　判例タイムズ
　　　金判　　　金融・商事判例
　　　金法　　　金融法務事情
　　　ジュリ　　ジュリスト
　　　商事　　　商事法務
　　　NBL　　　NBL
　　　銀法　　　銀行法務21
　　　債管　　　事業再生と債権管理

4　**主な引用（参考）文献について**
　　主な引用（参考）文献は、次のように略記した（略称50音順）。
　　『一問一答特調』
　　　　→山本幸三監修『一問一答特定調停法』（商事法務研究会、2000年）
　　『伊藤破産民再』
　　　　→伊藤眞『破産法・民事再生法［第3版］』（有斐閣、2014年）
　　『ADRとDIP型会更』
　　　　→福岡真之介『事業再生ADRとDIP型会社更生の実務』（清文社、2009年）
　　『ADRのすべて』
　　　　→事業再生実務家協会編『事業再生ADRのすべて』（商事法務、2015年）

『ガイドラインの実務』
　　→田中亀雄ほか編『私的整理ガイドラインの実務』（金融財政事情研究会、2007年）

『会更の実務（上・下）』
　　→東京地裁会社更生実務研究会編『会社更生の実務（上・下）［新版］』（金融財政事情研究会、2014年）

『会更120問』
　　→全国倒産処理弁護士ネットワーク編『会社更生の実務 Q&A120問』（金融財政事情研究会、2014年）

『現代民事法の実務と理論（上・下）』
　　→田原睦夫先生古稀・最高裁判所判事退官記念『現代民事法の実務と理論（上・下）』（金融財政事情研究会、2013年）

『裁判外事業再生』
　　→「裁判外事業再生」実務研究会編『裁判外事業再生の実務』（商事法務、2009年）

『事業再生ADRの実践』
　　→事業再生実務家協会事業再生ADR委員会編『事業再生ADRの実践』（商事法務、2009年）

『事業再生ADRの実務』
　　→住田昌弘編著『事業再生ADRの実務』（金融財政事情研究会、2011年）

『事業再生と社債』
　　→事業再生研究機構編『事業再生と社債』（商事法務、2012年）

『実務と理論』
　　→事業再生研究機構編『民事再生の実務と理論』（商事法務、2010年）

『私的整理計画策定の実務』
　　→西村あさひ法律事務所＝フロンティア・マネジメント株式会社編『私的整理計画策定の実務』（商事法務、2011年）

『条解破産』
　　→伊藤眞ほか『条解破産法［第2版］』（弘文堂、2014年）

『条解民再』
　　→園尾隆司＝小林秀之編『条解民事再生法［第3版］』（金融財政事情研究会、2013年）

『スポンサー選定』
　　→山本和彦＝事業再生研究機構編『事業再生におけるスポンサー選定のあり方』（商事法務、2016年）

『中小企業再生論［改訂版］』
　→藤原敬三『実践的中小企業再生論［改訂版］』（金融財政事情研究会、2013年）

『中小企業再生論［別冊版］』
　→藤原敬三『実践的中小企業再生論［別冊版］』（金融財政事情研究会、2013年）

『中小企業の事業再生と中小企業再生支援協議会』
　→独立行政法人中小企業基盤整備機構・中小企業再生支援全国本部『中小企業の事業再生と中小企業再生支援協議会』（未公刊）

『倒産と金融』
　→「倒産と金融」実務研究会編『倒産と金融』（商事法務、2013年）

『倒産の法システム(4)』
　→高木新二郎＝伊藤眞編集代表『倒産手続における新たな問題・特殊倒産手続〈講座 倒産の法システム(4)〉』（日本評論社、2006年）

『特定調停運用実務』
　→日本弁護士連合会日弁連中小企業法律支援センター編『中小企業再生のための特定調停手続の新運用の実務　経営者保証に関するガイドライン対応』（商事法務、2015年）

『ニューホライズン』
　→長島・大野・常松法律事務所編『ニューホライズン　事業再生と金融』（商事法務、2016年）

『はい6民』
　→森純子ほか編『はい6民です　お答えします』（大阪弁護士協同組合、2015年）

『本書追補版』
　→全国倒産処理弁護士ネットワーク編『私的整理の実務 Q&A100問［追補版］』（金融財政事情研究会、2014年）

目　次

はしがき……………………………………………………………………… i
全国倒産処理弁護士ネットワーク参加のお勧め……………………………… ii
編集委員・執筆者一覧………………………………………………………… ix
法令・判例・文献等の表記について………………………………………… xi

第1章　総　　論
第1節　一般的な私的整理の基礎知識
私的整理概論
　Q 1　私的整理とは …………………………………………………………2
　Q 2　私的整理の手法 ………………………………………………………5
　Q 3　純粋私的整理の概要 …………………………………………………8
　Q 4　私的整理に適しているのはどのような企業か ……………………10
　Q 5　中小企業金融円滑化法後の金融機関の対応 ………………………12
　Q 6　私的整理を選択する際の判断要素は何か …………………………14
関　与　者
　Q 7　私的整理の対象債権者 ………………………………………………22
　Q 8　債務者代理人 …………………………………………………………25
　Q 9　債務者のアドバイザー ………………………………………………28
　Q10　準則型私的整理手続に関与する機関の類型と役割 ………………31
　Q11　再生ファンド …………………………………………………………34
　Q12　信用保証協会 …………………………………………………………36
第2節　私的整理の内容・計画
総　　論
　Q13　私的整理の進め方と債権者への情報開示 …………………………39
　Q14　私的整理手続中の資金管理等 ………………………………………44
財務・経営状況の把握
　Q15　デューディリジェンスの必要性 ……………………………………47
　Q16　実態貸借対照表とその評価基準 ……………………………………50
　Q17　清算貸借対照表とその評価基準 ……………………………………53
　Q18　経営の状況　─事業DDの実施─ …………………………………55
事業計画及び弁済計画の立案
　Q19　事業計画・リストラ計画・資金繰り計画・弁済計画
　　　　─事業再構築の重要性─ …………………………………………57
　Q20　弁済計画立案の前提　─保全債権と非保全債権─ ………………61

- Q21 弁済原資の分配方法(1)—プロラタ方式— ……………………… 64
- Q22 弁済原資の分配方法(2)—遊休資産の処分— ……………… 66
- Q23 弁済原資の分配方法(3)—平等と衡平— …………………… 68
- Q24 弁済計画の期間 ………………………………………………… 70
- Q25 超過収益の分配 ………………………………………………… 74
- Q26 計画の担保 —コベナンツ条項とモニタリング— …………… 76
- Q27 私的整理中の資金調達 ………………………………………… 78

金融支援の内容及びその選択
- Q28 金融支援の内容 ………………………………………………… 80
- Q29 支援の内容を確定させる基準 ………………………………… 82
- Q30 リスケジュール型の私的整理 ………………………………… 84
- Q31 債権カット等による金融支援の方法、金融支援額の決定プロセス ……………………………………………………………… 87
- Q32 自主再建型とスポンサー型 …………………………………… 90
- Q33 自主再建型 ……………………………………………………… 92
- Q34 スポンサーを活用した私的整理 ……………………………… 95
- Q35 事業譲渡型と会社分割型、第二会社方式 …………………… 98
- Q36 金融支援の経済合理性 ……………………………………… 102
- Q37 金融機関のメリット（無税償却・債務者区分等）………… 104

第3節　経営者責任
- Q38 経営者責任 …………………………………………………… 108
- Q39 株主責任 ……………………………………………………… 110
- Q40 個人保証と経営者保証に関するガイドライン …………… 112
- Q41 経営者保証GLに基づく保証債務整理の手順 …………… 115
- Q42 経営者保証GLに基づく保証債務整理の留意点 ………… 119

第4節　税務・会計
- Q43 債務者の会計と税務 ………………………………………… 121
- Q44 債権者の会計と税務 ………………………………………… 124

第5節　私的整理の成立とモニタリング
- Q45 合意形成 ……………………………………………………… 127
- Q46 全員同意の原則 ……………………………………………… 130
- Q47 私的整理における株主総会対策 …………………………… 133
- Q48 変更契約締結の必要性とそのメリット・デメリット …… 135
- Q49 モニタリングの意義及び必要性 …………………………… 137
- Q50 モニタリングの方法及び実効性の担保 …………………… 139
- Q51 計画が遂行できなくなった場合 …………………………… 141

第6節 東日本大震災による被災者の保護
 Q52 東日本大震災による被災者の保護 …………………………… 144
第7節 自然災害による被災者の保護
 Q53 自然災害による被災者の債務整理に関するガイドライン ……… 147

第2章 中小企業再生支援協議会
 Q54 中小企業再生支援協議会とは ………………………………… 152
 Q55 協議会による再生支援手続 …………………………………… 155
 Q56 協議会による再生支援基準 …………………………………… 159
 Q57 協議会による私的整理手続（従来型スキーム・通常型）……… 162
 Q58 協議会による私的整理手続（従来型スキーム・検証型）……… 169
 Q59 協議会による私的整理手続（新スキーム）………………… 171
 Q60 窓口相談（第一次対応）の事前準備 ……………………… 173
 Q61 再生計画策定支援（第二次対応）…………………………… 176
 Q62 返済猶予等の要請 ……………………………………………… 179
 Q63 個別支援チームの編成 ………………………………………… 181
 Q64 財務DD・事業DDの実施 …………………………………… 183
 Q65 再生計画案の内容 ……………………………………………… 187
 Q66 再生計画案の策定の手順 ……………………………………… 191
 Q67 再生計画案の検証・調査報告書の作成 …………………… 194
 Q68 債権者会議の開催 ……………………………………………… 198
 Q69 再生計画の履行とモニタリング …………………………… 200
 Q70 協議会版「資本的借入金」……………………………………… 202
 Q71 協議会における経営者保証GLの整理手順（一体型）……… 206
 Q72 協議会における経営者保証GLの整理手順（単独型）……… 210

第3章 特定調停
 Q73 特定調停の目的 ………………………………………………… 214
 Q74 特定調停の手続 ………………………………………………… 216
 Q75 調停委員・調査嘱託 …………………………………………… 218
 Q76 調査の方法 ……………………………………………………… 220
 Q77 民事執行手続停止の制度 ……………………………………… 222
 Q78 特定調停手続の終了 …………………………………………… 224
 Q79 地方裁判所での審理 …………………………………………… 226
 Q80 清算型特定調停 ………………………………………………… 229
 Q81 特定調停と他の手続との連携 ………………………………… 231
 Q82 特定調停の税務 ………………………………………………… 233

Q83	中小企業を対象とした新スキームの概要・手続 ……………………	236
Q84	新スキームにおける保証人（一体型）の取扱い …………………	239
Q85	新スキームの想定事例・実例 ……………………………………	242
Q86	経営者保証GL対応特定調停スキーム（単独型）の概要・手続…	245
Q87	特定調停における調停条項（一体型・単独型）…………………	247
Q88	新スキーム（単独型）の想定事例・実例 ………………………	250

第4章　地域経済活性化支援機構

第1節　総　論

Q89	株式会社地域経済活性化支援機構（REVIC）とは ………………	254
Q90	REVICによる再生支援手続 ………………………………………	257
Q91	REVICによる再生支援基準 ………………………………………	259
Q92	REVICの手続の流れと費用 ………………………………………	263
Q93	REVICの再生支援事例 ……………………………………………	266

第2節　各　論

Q94	REVICへの相談、事前準備 ………………………………………	271
Q95	プレ・デューディリジェンス ……………………………………	274
Q96	REVICのデューディリジェンス …………………………………	277
Q97	正式な支援の申込み ………………………………………………	279
Q98	再生支援決定 ………………………………………………………	282
Q99	事業再生計画（総論）……………………………………………	285
Q100	事業計画（保証人）………………………………………………	288
Q101	事業計画におけるREVICの関与と債権者間協定 ………………	291
Q102	再生計画の履行 ……………………………………………………	294
Q103	再生支援手続のモニタリングと終了（出口）…………………	296
Q104	REVICの再生ファンド ……………………………………………	299

第3節　特定支援

Q105	特定支援とは ………………………………………………………	301
Q106	特定支援の手続 ……………………………………………………	304

第5章　事業再生ADR

第1節　事業再生ADRの概要

Q107	事業再生ADRの概要及び特徴 ……………………………………	312
Q108	事業再生ADRの手続 ………………………………………………	314
Q109	ADR手続の対象債務者 ……………………………………………	319
Q110	ADR手続の債務者代理人 …………………………………………	321
Q111	ADR手続の対象債権者 ……………………………………………	323

Q112　特定認証紛争解決事業者及び手続実施者 …………………… 325
第2節　事業再生ADRの手続
　　Q113　手続申請前の事前準備 ……………………………………… 327
　　Q114　手続申請から正式受理までの間の手続 ………………… 330
　　Q115　資産評定等 —実態BS、清算BSとその評価基準— ………… 333
　　Q116　事業再生ADRにおける事業再生計画案の内容 ………… 335
　　Q117　事業再生ADRの正式受理 ………………………………… 337
　　Q118　事業再生ADRにおける一時停止 ………………………… 339
　　Q119　概要説明会議の進め方並びに概要説明会議で合意・確認すべきこと …………………………………………………………… 342
　　Q120　手続実施者の調査報告書 ………………………………… 345
　　Q121　協議会議の進め方・内容 ………………………………… 348
　　Q122　決議会議の進め方 ………………………………………… 350
　　Q123　事業再生ADRの終了 ……………………………………… 354
　　Q124　事業再生ADR手続におけるモニタリング ……………… 356
第3節　経営者責任と株主責任
　　Q125　事業再生ADRと経営者責任 ……………………………… 359
　　Q126　事業再生ADRにおける株主責任 ………………………… 361
第4節　事業再生ADRにおける各種の制度等
　　Q127　事業の再生に欠くことのできない償還すべき社債の金額の減額 …………………………………………………………………… 364
　　Q128　事業再生ADRにおけるプレDIPファイナンス …………… 366
第5節　事業再生ADRと経営者保証GL
　　Q129　事業再生ADRと経営者保証GL …………………………… 368

第6章　手続間の移行に関する諸問題

　　Q130　私的整理において全員同意が得られない場合の対応・法的手続への移行 ……………………………………………………… 372
　　Q131　法的手続移行後のプレDIPファイナンスの扱い ………… 374
　　Q132　法的倒産手続移行後の商取引債権の取扱い …………… 376
　　Q133　私的整理手続中の弁済などの否認の可能性 …………… 379
　　Q134　法的倒産手続移行後の預金の扱い ……………………… 381
　　Q135　私的整理手続において成立した弁済に関する合意の取扱い …… 383
　　Q136　登記留保していた担保権の取扱い ……………………… 387
　　Q137　私的整理に関与した者が法的倒産処理手続に関与することの当否 ……………………………………………………………… 389
　　Q138　私的整理の再建計画の再建型法的手続での利用 ……… 391

Q139　私的整理におけるスポンサーの扱い ……………………………… 395
　Q140　私的整理において減免した債権の扱い ……………………………… 398

事項索引………………………………………………………………………… 400

第1章

総論

第1節 一般的な私的整理の基礎知識

Q1 私的整理とは

 私的整理とはどのようなものでしょうか。

1 私的整理の意義

破産、民事再生、会社更生などの法的倒産手続によることなく、債務の整理をすることを私的整理と呼びます。事業を継続させる再建型の私的整理もあれば、事業を消滅させる清算型の私的整理もあります。また、私的整理GLや事業再生ADRのように公表されている準則に基づいて進められる私的整理もあれば、このような準則に基づかないで、適宜の方法で行われる私的整理もあります。

2 事業価値の毀損防止と金融支援

法的倒産手続ではなく、私的整理を選択する目的は、事業価値の維持ないしは毀損防止にあります。事業を継続する再建型の手続では、事業価値をできるだけ毀損せずに維持することが大切です。私的整理に共通する特色としては、原則として、商取引債権者を巻き込まずに、金融支援すなわち金融債権だけの減免や支払猶予によって再生を支援しようとする点にあります。商取引債権は約定どおりに支払い、事業活動が円滑に行われるように図りながら私的整理を進めることが、事業価値の毀損防止に役立つからです。

3 法的整理との違い

私的整理は、民事再生・会社更生などの再建型の法的倒産手続（法的整理）に比べて次の点が決定的に異なっています。

(1) 対象債権者を限定できる

例えば、民事再生手続では、再生手続開始前の原因に基づいて生じた財産上の請求権は再生債権とされ（民再84）、その債権者に再生手続への参加が要請されます。商取引債権者も例外ではありません。これに対して、金融支援型の私的整理では、対象債権者を金融債権者に限定し、債権回収行為を一時停止するように要請する相手方も金融債権者だけにとどめるのが通例です。

(2) 対象債権者全員の同意が必要

裁判外の私的整理である以上、多数決原理は適用されません。債権額の多寡に関わりなく、対象債権者の1人でも反対すれば事業再生計画案は可決されず、私的整理は不調に終わります。少数の反対者がいても多数決で押し切ることができる再生手続や更生手続に比べて、私的整理には格段の難しさがあります。

このため、多数決で成立させることのできる事業再生ADRを立法化しようとす

る動きもあります（山本和彦「多数決による事業再生ADR」NBL1059号31頁、須藤英章「事業再生手続の迅速化を目指して」商事2078号62頁、公益社団法人商事法務研究会「事業再生に関する紛争解決手続の更なる円滑化に関する検討会報告書」）。

4 私的整理の長所と短所

(1) 私的整理のメリット

　私的整理の協議に参加する対象債権者を金融債権者に限定することができるために、商取引債権は約定どおりに支払うことができます。その結果、事業価値が毀損することを防止できること、この点が私的整理の中心的なメリットです。日本航空やウィルコムの会社更生手続では、商取引債権が全額保護されたので、法的手続でも違いはないようにみえますが、この２件は例外的な措置で、いずれも私的整理が先行し、商取引債権を約定どおり弁済することについて金融債権者の理解が得られやすかった事案です。

　準則型の私的整理においては、対象債権者に詳細な情報が開示され、対象債権者にとっては透明性の高い手続であることは、長所といえます。会社更生などの法的倒産手続を申請した当事者から「透明性を高めるためにこの手続を選択しました」というコメントがなされることがよくあります。確かに、私的整理は対象債権者以外には秘密裏に手続が進められ、第三者には私的整理が進行していることさえ知られずに進められることがあります。しかし、前述のように、私的整理は対象債権者の１人でも反対すれば不成立に終わってしまいますから、債務者側は懇切丁寧に説明し、要求のある資料はほとんどすべて開示します。債権者に開示される情報量は、会社更生や民事再生の比ではありません。したがって、私的整理の対象とされた債権者にとっては、私的整理は詳細な情報が開示され、自らの判断で賛否を決定することのできる手続なのです。

　準則型でない私的整理においては、情報開示がルール化されているわけではないため、その進め方は、千差万別なところがありますが、適切な情報開示を行い、透明性を確保して手続を進めることが、金融機関から適切な理解を得る結果につながるものと思われます。

(2) 私的整理のデメリット

　対象債権者全員の同意が必要であることが、私的整理の最大の短所です。対象債権者の１人でも不同意なら、私的整理は不成立となってしまいます。

　準則型の私的整理においては、同意を得やすくするために、債権者会議に提出する事業再生計画案も、詳細な裏付けを付属資料として添付した分厚いものになる傾向があります。その策定を支援してもらうために、弁護士、公認会計士、コンサルタントなどの専門家をアドバイザーに起用するのが通例です。これらのアドバイザーは債務者企業の幹部に同道して、同意を渋る債権者を訪問しては、懇切丁寧に説明し、事業再生計画案の合理性を裏付ける資料を数多く提供して、賛同が得られ

るように努力します。このために高額な費用を要するケースもみられますが、このような場合、デメリットの一つといえるでしょう。

　なお、準則型の私的整理にあっても、協議会や特定調停手続においては、資力が十分でない中小企業に対しても、低廉なコストでアドバイザーの支援が受けられるように制度設計がなされています。

5　私的整理の担い手と法的根拠

　私的整理GLは金融機関の紳士協定でしたが、事業再生ADRは、ADR法と強化法51～60条に基づくもので、その手続の準則は強化法施行規則等で定められています。このほかに、強化法126～133条に基づく協議会、機構法に基づくREVICなどが私的整理の担い手になっています。また、特定調停手続は特定調停法に準拠して実施されます。

（須藤英章）

Q2　私的整理の手法

 私的整理の手法にはどのようなものがありますか。

1　私的整理の手法

再建型の私的整理で、公表されている準則に基づいて進められる金融支援型の私的整理（Q1参照）には、私的整理GL、事業再生ADR、協議会、REVIC、RCCによる企業再生があります。また、金融支援型に限定されませんが、特定調停も裁判外の私的整理の一つです。

このほかに、法令や公表されている準則に基づかずに適宜の方法で行われる私的整理もあります（本書ではこれを「純粋私的整理」と呼んでいます）。

以下、これらの私的整理のそれぞれの特徴を概観することにします。

2　私的整理GL

正式名称は「私的整理に関するガイドライン」で、2001年9月に私的整理に関するガイドライン研究会によって策定され、公表されました。全銀協から全国信用組合中央協会に至る金融界の全国組織がこぞって参加し、経済団体連合会もメンバーとなり、経産省、金融庁、国土交通省、日本銀行などの関係監督官庁がオブザーバーとして参加して策定されたため、金融界の紳士協定として金融機関によって遵守されてきています。

事業再生ADRがJATPによって担われ、協議会が各都道府県に設置されて支援手続を担っているのに対して、私的整理GLは手続の準則（ルール）そのものを指し、個々の事案について手続の申込みを受理する組織はありません。

私的整理GLは、手続の開始を主要債権者（メインバンク）の判断に委ねています。債務者企業から申出を受けた主要債権者が再生相当と判断した場合に、債務者企業と連名で「一時停止の通知」を対象債権者に送ることから手続が開始します。第1回債権者会議で再建計画案の説明がなされ、計画案の相当性を調査・検証するための第三者（専門家アドバイザー）が選任されます。専門家アドバイザーの調査ができた時点でその説明と債権者の協議のための会議が開かれた上、第2回債権者会議において再建計画案に同意するか否かの決議がされます。対象債権者全員が同意しないと私的整理は不成立に終わります。

私的整理GLには、手続的な準則だけでなく、再建計画案が備えるべき要件も定められています。3年以内の債務超過解消、3年以内の経常損益の黒字化、経営者責任、株主責任などがそれです。

3　事業再生ADR：本書第5章

　2007年5月の旧産活法（現・強化法）の改正によって生まれた手続です。私的整理GLでは主要債権者の役割が大きいために、それ以外の債権者がメインバンクに金融支援負担額のしわ寄せを求める「メイン寄せ」といわれる弊害が生じがちでした。事業再生ADRでは、これを是正し、手続の利用を促進するために、法務大臣の認証と経済産業大臣の認定を受けた特定認証紛争解決事業者（現在のところJATPのみ）が手続を受理し、利害関係のない弁護士・公認会計士などの専門家が手続実施者として手続の進行を担うことになっています。

　手続や事業再生計画案の備えるべき要件等は強化法施行規則等に定められていますが、私的整理GLの内容と大きな違いはありません。

4　協議会：本書第2章

　旧産活法41条（現・産強127）に基づいて中小企業の再生支援業務を行う者として認定を受けた組織で、商工会議所等に設置されています。2003年2月から全国の都道府県に順次設置され、現在は47協議会が活動しています。

　支援手続は、中小企業の特殊性を考慮しながら、私的整理GLに準じる形で整備されてきています。私的整理GLや事業再生ADRが上場企業などの短期的に処理しなければ著しく信用毀損が生じる案件に適するのに対して、協議会の支援手続は、半年ほどの時間をかけてもよい中小企業の案件処理に適しています。また、協議会は再生計画の策定支援もしてくれるので、再生計画の策定を専門家に依頼する費用を負担できないような企業にも適しています。

5　REVIC：本書第4章

　2009年6月に制定された株式会社企業再生支援機構法（現・機構法）に基づいて設立された株式会社で、2013年3月に社名が変更されました。雇用機会の確保に配慮しつつ、地域経済の活性化を図り、地域の信用秩序の基盤強化にも資するようにするため、金融機関、地方公共団体と連携しつつ、有用な経営資源を持ちながら過大な債務を負っている中小企業者その他の事業者に対して、金融機関等が有する債権の買取りその他の業務を通じてその事業の再生を支援し、地域経済を活性化することを目的としています（**Q89参照**）。

　REVICは、①債権の買取り、②融資、③債務保証、④出資、⑤専門家の派遣、⑥事業活動に関する助言のほか、⑦ファンド業務（地域活性化ファンド、事業再生ファンド）や、⑧特定信託引受けも行うことができます。

6　RCC

　RCCは、2001年に改正された金融再生法54条等に基づいて債権の買取りや、金融機関の債権調整を通じて企業の再生に関する業務を行っています。

7　特定調停：本書第3章

　裁判所の庁舎内で行われますが、裁判外の私的整理手続の一つです。特定調停法に基づく手続です。複数の債権者に対する調停を同一期日に指定して債務整理を行

うことができます。一部の債権者が同意しない場合に、裁判所は職権で民事調停法17条の「調停に代わる決定」をすることもできます。2週間以内に異議の申立てがないと、決定は裁判上の和解と同一の効力を持つことになります。

　事業再生ADRがわずかな債権者の不同意によって不成立に終わったときに、受皿として特定調停で解決することが想定されていました（産強52）が、実際には、民事再生やDIP型会社更生の方が受皿として利用されているようです。

　当初から特定調停によって金融機関調整を行う例もあり、地方自治体の住宅供給公社での成功例も報告されています（**Q79**参照）。また、日弁連中小企業法律支援センターでは、中小企業の事業再生を目的とする新しい簡裁・特定調停スキームを実施しています。その内容については**第3章**をご覧ください。

8　純粋私的整理

　準則に基づくことなく適宜の方法で行われる私的整理ですから、千差万別のものがあります。①コストをかけられないケース、②メイン行の支援が期待できないケース、③リスケジュール（弁済期の猶予）によって時間をかけて処理するケースなどで純粋私的整理が活用されているようです（**Q3**参照）。かつては、事件屋の跳梁や債権者委員長の横暴などが心配されましたが、昨今は、コンサルタントの関与による濫用的会社分割などが問題になっています。

（須藤英章）

Q3　純粋私的整理の概要

 純粋私的整理とはどのようなものですか。

1　純粋私的整理の意義
(1)　私的整理と法的整理
　ア　私的整理とは、倒産企業若しくはそのおそれがある企業について、法的整理によらずに、債務者・債権者その他利害関係人が互いに協力し、利害関係人の集団的和解（総合和解的合意）に基づいて、債務者の再建若しくは清算を行う手続のことを意味します。

　イ　法的整理と異なり、私的整理では、債務整理の協議を必要とする債権者の範囲を任意に決めることができますが、協議が調うまでの間の債権者による個別的権利行使については、債務者からの要請と債権者による協力とに委ねられています。また、私的整理では、債権者及び債務者間で取り決められる権利義務の変更内容は、関係者全員が合意するのであれば優劣があっても基本的に問題となりませんが、1人でも反対する関係者がいれば、その他の関係者において権利義務の変更内容が合意に至ったとしても、集団的和解（総合和解的合意）は成立せず、強制力を生じさせることはできません。

(2)　純粋私的整理とその他の私的整理
　ア　純粋私的整理とは、私的整理のうち、事業再生ADR、私的整理GL、REVIC、協議会、RCCの企業再生スキーム、裁判所における特定調停手続などのように、専門家アドバイザーや、中立・公正な第三者が関与することのない債務者・債権者間の集合的な相対交渉により進行される私的整理のことを総称します。

　イ　純粋私的整理は、早く、安く、簡便で秘密裏かつ柔軟に手続を進められるメリットがあります。逆にいえば、公正性、衡平性、透明性等が確保されているわけではありません。純粋私的整理以外の私的整理は、純粋私的整理に不足しがちな公正・衡平・透明への懸念を払拭するべく、関係者との協議手順、事業計画の内容等について種々の準則が定められているところに特徴があるといえます。

2　純粋私的整理の活用が想定される場面
(1)　財務内容の毀損の程度
　純粋私的整理においては、企業再生税制がストレートに適用されるわけではなく、金融機関債権者から直接債務免除を受けることは極めて困難を伴います。すなわち、債務過剰状態を解消することができるかということが純粋私的整理を選択す

る上で重要な要素となりますので、財務内容が毀損し過ぎている場合は、この手続を選択するのは困難と考えられます。例えば、3年以内に有利子負債をキャッシュフローの10倍以内に減額できる状態であるかという点を1つの目安にしてもよいでしょう。

(2) 担保評価の調整

法的整理においては、担保権の確定手続や担保消滅請求制度がありますが、純粋私的整理においては、かかる制度がないため、特に不動産担保評価額を巡って金融機関債権者と債務者との利害調整が困難になることが見込まれます。

(3) 金融機関債権者の協力

純粋私的整理は、関係者との協議手順等について何らの準則も存在しないため、同手続をスムーズに遂行させるには、特に金融機関債権者の協力を得る必要があります。金融機関債権者が純粋私的整理に応じるには、より経済合理性が高い他の再建計画が考えられないこと、再建計画が公正衡平であってその遂行可能性が高いこと、債務者の株主責任・経営責任・自助努力が十分果たされていること、手順と手続が透明、公正であること等が一般的に要求されます。

(4) 遂行者の選定と手続の透明性・公正性

純粋私的整理では、手続上、交渉過程の透明さが担保されているものではありません。債務者が純粋私的整理を進めるに際しては、その具体的遂行者自身に債務者の収益力を回復し再建計画を実現できる経営的センスや人望があることに加え、手続の透明性、公正性を担保できる人格を有している人物を選任する必要があります。

3 純粋私的整理手続の実態

(1) 想定スケジュール

純粋私的整理では、その他の私的整理手続より、手続の迅速性、簡便性、経済性ということが意識されなければなりません。事業再生ADRのスケジュールを勘案すれば、原因分析から再建計画の策定、利害関係人の協力取付けまで2～3カ月程度で行うのが理想といえます。

(2) 現実の運用

ただ、実際には1～2年以上の期間を要するケースもあり、想定スケジュールが定まっているわけではありません。私的整理GLや、各種ADR手続（事業再生ADR、協議会、特定調停）等の利用を検討しながら、メイン銀行の理解が得られなかったり、手続に関する費用が準備できなかったりして、消極的に純粋私的整理手続を選択するというケースもみられます。また、リスケジュール方式をとった場合でも、商取引債権も含んだリスケジュール方式を余儀なくされる例や、純粋私的整理の期間が数年間に及ぶ例もあり、多様な運用がされているのが現実です。

（江木　晋）

Q4 私的整理に適しているのはどのような企業か

 私的整理に適しているのはどのような企業でしょうか。

1 私的整理と法的整理
(1) 選択肢としての私的整理と法的整理

企業が窮境に陥り、財務体質を抜本的に改善しなければ再建できないような場合、債務弁済の猶予あるいは免除の要請を内容とした再建計画を債権者に認めてもらう必要があります。その際の企業の選択肢として、「私的整理」と「法的整理」の手続があります。

通常の企業の場合、再建の手段として私的整理と法的整理の両方を選択できる可能性があります。いずれの手続を選択するかは、それぞれの手続のメリット・デメリットを比較し、その企業の内部環境・外部環境に適した手続がどちらであるか、という観点で決まります。

ただし、多くの実務家の間には、私的整理を選択することが可能であれば、なるべく法的整理の利用を避け、私的整理で企業を再建させた方がよい、というコンセンサスがあります。それは、法的整理には、その性質上避け難いデメリットが存在することに基づきます。

(2) 法的整理のデメリット
ア 取引債権者を巻き込む手続

企業が法的整理手続に入ると、法律の効果として、手続の開始決定までに生じた債務につき一律に弁済禁止の効力が及びます。私的整理手続は、金融債権者のみを対象とし、取引債権者を巻き込まない事例が多いですが、法的整理の場合は、仕入先、業務委託先などあらゆる取引先に対する債務の弁済を停止し、かつ大幅な免除を求めることになります。

現代社会では、自らが生み出す価値のみで顧客価値のすべてを創造できる企業はまれです。企業は、最終的な消費者（顧客）の価値を高めるため、様々な企業と連携し、価値連鎖（バリューチェーン）を構成しています。企業が法的整理に入り、取引先に対する支払を停止することになると、連携組織間における信頼を失い、その企業の価値創造の源泉である価値連鎖からの退出を余儀なくされるおそれがあります。そのことはその企業の事業価値の大幅な毀損を招くことを意味します。例えば、稀少な原材料の長期供給を受けていたメーカーが法的整理により原材料の供給先への支払を停止すると、重要な原材料の安定供給を受けられなくなるなどの現象

を指します。

　イ　公表に伴う信用不安

　上記のとおり、法的整理の手続が始まると、原則としてすべての債権者を手続に取り込みますので、すべての債権者に対して法的整理が開始されたことが通知されます。また、それにとどまらず、民間の信用調査会社などにより、法的整理開始の事実が公表され、広く一般に周知されることになります。さらに、比較的大規模な企業、有名な企業になると、新聞やテレビに報道されることもご存知のとおりです。

　このように法的整理の事実が広く一般に知れ渡ると、一気にその企業の信用不安が拡がることになります。もちろん、まずは財務的な信用不安が発生し、取引先から仕入れができなくなるという側面があります。しかし、信用不安はそれにとどまりません。顧客から取引停止の動きや消費者の購買意欲の減退が生じることも考えられます。例えば、食品を扱うメーカーであれば、消費者から製品の安全性を疑われることになるでしょうし、また、高級ブランド製品を扱っている企業であれば、世の中に拡がった信用不安の負のイメージが、ブランドそのものの価値を低下させる要因になることもあります。

　ウ　その他制度的・社会的なデメリット

　法的整理を申し立てた企業が上場企業である場合には、原則として株式の上場が廃止され、上場企業としての信頼性や多様な資金調達の可能性を失います。

　また、法的整理手続に入ると、公共団体の仕事の受注が困難になったり、有利な条件を勝ち取れていた供給契約の更新ができなくなるなどのデメリットも発生するおそれがあります。

2　私的整理に適する企業

　上記のとおり、法的整理には回避困難なデメリットがありますので、私的整理での再生が可能であれば、まずはそれを選択するという考え方になります。ただし、私的整理は法的整理とは異なり、①再建計画を多数決の原理で成立させることができない、②弁済禁止効を広く一般の債権者に及ぼすことができない（金融債務以外の弁済は自己調達する必要がある）、という特質がありますので、その点を十分考慮する必要があります。そのような特質を考慮すると、「相対的に」次のような企業が私的整理に適していると考えます。

・過大な有利子負債が窮境原因の主因であり、金融債務の調整により大きな改善が期待できる場合
・金融債権者の数が比較的少ない場合
・メインバンクの債権額が多く、かつメインバンクが私的整理による再生に積極的な場合
・ブランド価値が企業価値の源泉であるなど、法的整理を利用した場合のデメリットが極めて大きく、私的整理で期待される金融機関への弁済率と法的整理の場合の期待弁済率との間に明確な乖離が予想される場合

　　　　　　　　　　　　　　　　　　　　　　　　　　　　（鈴木　学）

Q5 中小企業金融円滑化法後の金融機関の対応

 2013年3月に中小企業金融円滑化法の期限が切れましたが、中小企業の支払条件の変更に対する金融機関の対応状況はどのようになっていますか。

1 中小企業金融円滑化法

(1) 中小企業金融円滑化法の概要

中小企業金融円滑化法(以下「円滑化法」といいます)は、中小企業からのリスケジュール要請など貸出条件の緩和要請に対して金融機関がこれに応ずる旨の努力義務等を定めていたことから(円滑化法4Ⅰ)、ほぼ同時期に行われた監督指針及び金融検査マニュアルの改正(貸出条件を緩和した債権について一定の要件の下で不良債権とは扱わない旨の改正)の効果と相まって、金融機関は中小企業からのリスケジュール要請に比較的容易に応じていました。しかしながら、この円滑化法は2013年3月末日に期限が切れ、金融機関の努力義務等の法的規定はなくなりました。

(2) 円滑化法期限後の政府の対策

ア 政策パッケージ

政府(内閣府・金融庁・中企庁)は、2012年4月20日、1年後に円滑化法の期限が切れることに備え、政策パッケージを発表しました。この政策パッケージにおいては、経営改善が必要な中小企業に対し、①金融機関によるコンサルティング機能の一層の発揮、②ETIC及び協議会の機能及び連携の強化、③その他の経営改善・事業再生支援の環境整備の3つの柱が掲げられています。

イ 経営力強化支援法による認定支援機関の設置

中小企業が抱える経営課題の解決のための支援策として、2012年8月30日、「中小企業の海外における商品の需要の開拓の促進等のための中小企業の新たな事業活動の促進に関する法律等の一部を改正する法律」(経営力強化支援法)が施行されました。ここでは、多様化・複雑化した中小企業の経営課題に対応するため、財務・会計等の専門的知識を有する認定経営革新等支援機関(認定支援機関)の支援によって事業計画の策定等を行い、金融機関との調整を進めながら、中小企業の経営力を強化することを目指すとされています。

ウ 株式会社地域経済活性化支援機構法

2013年3月18日、株式会社企業再生支援機構法が改正され、機構法が施行されました。REVICは、事業の選択と集中、事業の再編も視野に入れた事業再生支援や、新事業・事業転換及び地域活性化事業に対する支援により、健全な企業群の形

成、雇用の確保・創出を通じた地域経済の活性化を図るものとされています。

　エ　経営者保証GL

中小企業・小規模事業者の経営者による個人保証に関し、保証契約時の課題と履行時等における課題を整理したガイドラインとして、2013年12月5日に経営者保証GLが公表されました。これは、日本商工会議所と全銀協が共同で設置した「経営者保証に関するガイドライン研究会」によって、中小企業団体及び金融機関団体共通の自主的自律的な準則として策定・公表され、2014年2月1日から適用されています。経営者保証GLにおいては、①経営者保証の契約時の債権者の対応、②既存の保証契約の適切な見直し、③保証債務の整理に関する各準則が示されています。

2　金融機関によるコンサルティング

(1)　金融機関によるコンサルティング機能強化

金融庁は、金融機関によるコンサルティング機能の強化のため、2012年5月17日に中小地域機関監督指針を改正し、金融機関は、「顧客企業が事業再生、業種転換、事業承継、廃業等の支援を必要とする状況にある場合や、支援にあたり債権者間の調整を必要とする場合には、当該支援の実行性を高める観点から、外部専門家・外部機関等の第三者的な視点や専門的な知見・機能を積極的に活用する」こととされました（傍点部は2013年3月29日の改正により追加されました）。また、2012年9月7日の改正では、認定支援機関との連携を図ることが有効であることが明記されました。

(2)　中小企業支援ネットワークの構築

政策パッケージにおける経営改善・事業再生支援の環境整備の内容として、信用保証協会を中心として、地域金融機関、政府系金融機関、協議会、REVIC、法務・会計・税務の専門家等により、中小企業再生支援のためのネットワーク作りが各地で進んでいます。このネットワークにおいては、普段からの情報交換を行って、連携強化を図ることで、具体的な中小企業の支援案件においても再生に向けて迅速かつ適切に連携をとることができるようにすることを目指しています。

3　債務者代理人における金融機関対応方法

円滑化法の期限が切れた後においても、政府の施策に応じて、金融機関は中小企業の条件変更に比較的応じる方向での対応がなされているものと思います。しかしながら、単に返済条件の緩和を実施するだけではなく、事業再生、業種転換、事業承継、廃業等にも支援の姿勢を示すケースもあります。債務者側代理人としては、これら金融機関との接し方において、従来の債権者・債務者という対決型のみではなく、同じ目的に向けて協調していく協調型の対応も必要と思われます。したがって、金融機関に対していきなり受任通知書を送りつけるのではなく、債務者と金融機関の協議の場に同席することから始め、金融機関の弁護士に対する抵抗感を低減しながら関与していく努力も必要であると思います。

（髙井章光）

Q6 私的整理を選択する際の判断要素は何か

 私的整理を選択する際の判断要素は何でしょうか。

1 私的整理の選択
(1) 私的整理の種類
　Q4のとおり、企業の債務整理の方法として私的整理での再建が可能であれば、法的整理を避け、私的整理を選択することが適切です。
　では、企業が私的整理を行うとは、具体的に何を行うことでしょうか。Q2及びQ3の解説のとおり、私的整理手続には様々なタイプが存在します。企業が私的整理によって再建するとしても、私的整理の中でいかなるタイプの手続を選択するかを判断する必要があります。
　最初の判断として、「準則に基づく私的整理手続」(準則型私的整理)と、それ以外の私的整理手続(純粋私的整理)のいずれを行うかという点があります。
(2) 私的整理の選択肢
　準則型私的整理とは、協議会が行う再生支援、REVICによる再生支援、事業再生ADR、RCCの企業再生スキーム、私的整理GLの手続など、その手続に法律上の根拠がある、あるいはその手続の準則が公表されており、公正な手続であることが広く認知されている私的整理を指します。他方、いわゆる純粋私的整理は、制度化された私的整理以外の私的整理を指し、案件ごとに方法は様々です。
(3) 純粋私的整理か制度化された私的整理か
　純粋私的整理のよいところは、手続が定式化されていない、すなわち手続の柔軟性があるところです。手続に枠がはめられていないため、個別の企業の事情に応じた柔軟なプロセスをとることが可能です(純粋私的整理の詳細はQ3を参照してください)。
　一方、制度化された私的整理は、歴史的経緯の中で実務家が一般に公正と考えている準則を手続に取り込んでいるため、手続の公正さに対する信頼が高いことが利用企業にとってのメリットです。また、債務免除を要請する再建計画を成立させようとする場合には、債権者にも債務者にも特別の税務ルールを適用する必要があることが多いですが、制度化された私的整理は、特別の税務ルールを適用できる余地が高いこともメリットの一つです(税務についてはQ43及びQ44を参照してください)。
　一概にどのような企業にどちらの方法が適していると説明するのは難しいです

が、比較的窮境の度合いが軽い場合や債権者数・債権額が少ない場合には純粋私的整理、窮境度合いや企業の規模が大きい場合は制度化された私的整理が選択される傾向にあります。

(4) **制度化された私的整理の中での選択**

我が国において、制度化された私的整理手続は複数存在します。企業はその中からいかなる手続を利用するかを選択することになります。その選択は、各手続が有する特徴がその企業の再建のために有利か、あるいは不利かという観点で決定されることになります（各手続の詳細や特徴に関しては個別制度の解説に譲ります）。

この判断も、案件の性質ごとの微妙な判断にならざるを得ないですが、大まかな判断基準としては、①業種や業態がその手続にマッチするか（コストの観点も含みます）、②準備期間を含め再建計画の成立までにどの程度の期間を要するか、③メインバンクやスポンサーがいかなる手続を好むか、④手続の実施主体（例えばREVICの再生支援手続であればREVIC、事業再生ADRであればJATP）の特性などが挙げられます。参考までに、私的整理の各手続の比較を【別表】に掲げました。

2 私的整理の選択が困難な場合とは

(1) **法的整理の選択が適する場合**

次に私的整理の選択を困難にさせるような判断要素について解説します。私的整理の選択が困難ということは、裏を返せば法的整理が適する要素が強い場合ということになります。以下、いくつかの類型を列挙してみます。

(2) **資金繰りが厳しい場合**

私的整理の手続が最終的に成立するまでには、準備段階から数えると少なくとも半年以上の期間を要することになります。その間、金融機関は追加的な信用供与を控える場合が多いため、自力で資金繰りを確保する必要があります。窮境に陥った企業は、営業上のキャッシュフローが赤字である場合が多く、その赤字を補塡する追加的な信用供与が受けられない場合には、自助努力で資金繰りをつながざるを得ません。そのような手段がなく、資金が枯渇し、当面の取引債権者への支払もおぼつかない場合、特に約束手形の決済すら困難な場合には、やむを得ず法的整理手続を利用して、既存債務のすべての支払を停止しなければ再建できないことがあります。

(3) **金融債務の調整のみでは十分な改善につながらない場合**

金融機関からの借入債務の金額が相対的に少ない場合、私的整理の中で金融債務のみの調整（支払の猶予や免除）を求めるだけでは抜本的な改善につながらないことになります。例えば、訴訟などに基づく潜在債務を抱える場合、多額の一般振替社債を発行している場合などです。また、金融機関にカテゴライズされるものの、通常の銀行とは慣習文化が異なる企業——例えばリース会社や外国金融機関、それらが有する債権が多額である場合も、同意を得ることが困難という理由で対象債権

者から外すことは不適当です。それらの場合には、法的整理の中でこれらの債権も手続に取り込む必要があります。

(4) **企業不祥事、重大なコンプライアンス違反を窮境原因とする場合**

企業が重大な法令違反（重大な否認該当行為や悪質かつ多額の粉飾行為を行った場合も含まれます）を犯したことが窮境の主因である場合には、私的整理による再生が適さないことになります。企業の私的整理には、大口の金融債権者の協力が必須ですが、金融機関が重大なコンプライアンス違反を犯した企業を私的整理のプロセスで救済することは、社会的責任の観点から困難であるためです。

(5) **法的整理のデメリットが相対的に少ない場合**

私的整理を積極的に選択する動機として、法的整理のデメリットを回避することが挙げられます（Q4参照）が、業種や業態によっては、法的整理のデメリットが相対的に少ない企業もあり得ます。

ゴルフ場などは典型例です。ゴルフ場の窮境原因の大半は、ゴルフ場会員に対する預託金返還債務を返済する能力がないことです。会員は個人であることが多く、かつその数も多数に及ぶことが通常なので、私的整理に適しません。他方、ゴルフ場の顧客価値は、コース自体の魅力やスタッフのサービスという企業内部の資源によるため、法的整理のデメリット、すなわち「外部との価値連鎖」が崩壊することによる企業価値の激減という現象が起こりにくい業種です。

〔鈴木　学〕

【別表】日本における主要私的整理手続

（メリット）
・原則として商取引債権を手続に取り込まないため、事業価値毀損が少ない。
・通常、公表されることはなく、信用不安・毀損が起こるおそれが少ない。
・（上場企業の場合）上場のステータスを維持することが可能である。

	制度化された私的整理手続		
	特定調停 （従来型）	特定調停 （新運用方式）	事業再生ADR （事業再生実務家協会）
根拠 （法令・ガイドライン）	・特定調停法・特定調停手続規則 ・民事調停法・民事調停規則	・特定調停法・特定調停手続規則 ・民事調停法・民事調停規則 ・特定調停利用手引（円滑化法対応）及び特定調停利用手引（経営者保証GL）	・経産省令など ・協会規則
手続の主たる特徴	・債務者が経済的に破綻するおそれがある場合に、金銭債権を有する債権者との間で、裁判所の手続の中で、金銭債務の支払条件の変更、担保関係の変更等の利害関係の調整を行うことにより、債務者の経済的再生を図ることを目的とする手続。 ・他の私的整理手続には存在しない、いわゆる「17条決定」（特定調停法が準用する民事調停法17条）の活用により、経営改善計画案の成立がより容易になる場合がある（Q77参照）。	・手続の目的及び17条決定が活用できる点は、左に同じ。 ・他の制度化された私的整理手続の利用が必ずしも容易でない比較的小規模な企業の再生を目指す手続。 ・特定調停申立前に、主に債務者代理人が金融機関との間で十分な事前調整を行い、金融機関からの同意の見込みを得ておく必要がある。	・中立的立場にある特定認証紛争解決事業者及び手続実施者が関与して手続・調整を進める。 ・メイン行主導で行う必要がないため（私的整理GLとの違い）、特にメイン行にとって利用しやすい。 ・第1回債権者会議で再生計画の概要説明を行うため、計画の策定時期が早い（逆にいえば、第1回債権者会議までに多くの準備を要する）。 ・プレDIPファイナンスの優先的取扱いについて法的な根拠がある（強化法58条以下）。
第三者による調整機関	簡易裁判所又は地方裁判所、調停委員会	主に地方裁判所本庁に併置されている簡易裁判所、調停委員会	特定認証紛争解決事業者、手続実施者
適用対象債務者	すべての法人、個人	すべての法人、個人（ただし、中小企業のうち比較的小規模な企業の再生が想定されている）	すべての法人、個人事業者
申立要件	特定債務者は、金銭債務を負っている者であって、①支払不能に陥るおそれのあるもの、又は②債務超過に陥るおそれのある法人であること（特調2Ⅰ）。	左に同じ。加えて、特定調停手引（円滑化法対応）4(2)において一定の要件が定められている（Q74、83参照）。	協会規則22において一定の要件が定められている（Q108参照）。例えば、過剰債務を主因とする経営困難、事業価値があること、法的整理では事業再生に支障があること、清算価値保証を満たす可能性があること、適正な事業再生計画案の概要作成可能性。

（デメリット）
・債権者全員の同意がなければ権利変更（リスケジュール・債務免除）はできない。
・債権者の自力回収に対する法的な抑止力がなく、原則として財産の保全策がない。
・各手続の中で差異があるものの、一定のコストの発生を想定する必要がある。

制度化された私的整理手続			任意交渉
中小企業再生支援協議会 再生計画策定支援 （第二次対応）	地域経済活性化支援機構 （REVIC） 再生支援手続	地域経済活性化支援機構 （REVIC） 特定支援・特定債権買取手続	純粋私的整理
・強化法127条及び128条の規定に基づく強化法施行令 ・基本要領 ・中小企業再生支援スキーム	・機構法25条以下、機構法施行規則など ・株式会社地域経済活性化支援機構支援基準Ⅰ及びⅡ	・機構法32条の２以下、機構法施行規則など ・株式会社地域経済活性化支援機構支援基準Ⅲ及びⅣ	なし
・全国の商工会議所等に設定された認定支援機関であり、各地域の専門家が関与して支援業務を行う。 ・原則として中小企業のみを対象とした手続である。 ・手続として、従来型スキーム（通常型）、従来型スキーム（検証型）及び新スキームが用意されており、再生計画案の調査報告主体、DDの実施主体や要否などについてバリエーションがある（Q57～Q59参照）。 （注）本比較表は主に従来型スキームの内容を前提としている。	・REVICが、金融機関の債権買取、対象債務者への融資・出資といった金融機能、支援先に対する経営人材等派遣機能を有しており、金融支援のみならず、資金繰り支援や資本増強という再生の手だてをパッケージで提供することが可能である。 ・協議会による調整が困難な場合（債権者が県境を越えて広範囲にわたる場合）や協議会の対象にならない案件（学校が債務者の場合）にも活用することが可能である。 ・REVICの再生支援については、支援決定の期限は原則として2018年３月までである。	・主に金融機関の協力の下、過大な債務を負っている事業者の債務と当該事業者の債務を保証している代表者等の保証債務とを整理し、経営者保証人の再チャレンジを促進する制度。 ・主債務者が廃業する計画の場合でも、経営者保証GLの適用により、経営者保証人の保証債務の解除を求めることが可能。 ・REVICの特定支援については、支援決定の期限は原則として2018年３月までである。	・申立て、開始要件が存在せず、自由度が高い。 ・手続の準則が存在せず、多数の債権者が存在する場合、多額の金融支援を要請せざるを得ない場合は、債権者をまとめることは一般的に困難である。
中小企業再生支援協議会	REVIC	REVIC	なし
中小企業者（詳細は強化法２条参照）。 ただし、これまで利用対象外であった医療法人が、一定の要件を充たす場合には、利用可能となった。	すべての法人（ただし、いわゆる地方三公社及び第三セクターは除く）、個人事業者。大規模企業が利用する場合には一定の制約が加わる。	左に同じ	特に制限なし
基本要領6(1)において一定の要件が定められている（Q56、61参照）。	支援基準Ⅰに再生支援決定基準、Ⅱに再生支援決定に係る買取決定基準が詳細に定められている（Q91参照）。	支援基準Ⅲに特定支援決定基準、Ⅳに特定支援決定に係る買取決定基準が詳細に定められている（Q106参照）。	

	制度化された私的整理手続		
	特定調停 （従来型）	特定調停 （新運用方式）	事業再生ADR （事業再生実務家協会）
申立権者	債務者	左に同じ	債務者
対象となる債権	対象債権の限定はない。特定債務者が任意に選択できる。		通常は手続開始前の原因によって発生した金融債権者の債権。その他の大口債権者を含むこともある。
対象債権の権利行使	裁判所は、特定調停の成立を不能にし若しくは著しく困難にするおそれがあるとき、又は、特定調停の円滑な進行を妨げるおそれがあるときは、申立てにより、特定調停の目的となった権利に関する民事執行の手続の停止を命ずることが可能（特調7Ⅰ）。		手続開始時に、対象債権者に対して一時停止の通知を送付することによって、債権回収（仮差押え、仮処分等の保全手続も含む）や担保権の設定、実行禁止等が制限される。一時停止の効力は、概要説明会議において追認される。
再建（弁済）計画の決定	特定債務者と各債権者との合意。又は①当事者が共同で書面により調停委員会が定める調停条項に服する旨の申立てをした場合（特調17）若しくは②17条決定がなされ、同決定の告知を受けてから2週間以内に異議がない場合（民調18）。		決議会議における対象債権者全員による同意。
債務弁済の期間、その他の数値基準	調停条項は、特定債務者の経済的再生に資するとの観点から公正かつ妥当で経済的合理性を有する内容である必要がある（特調15）が、具体的数値基準はない。		再生計画は、経産省令28条、協会規則27条2項に定める一定の基準を満たす必要がある。さらに、債権放棄を伴う事業再生計画案の場合、経産省令29条、協会規則27条3項の事項も含まれている必要がある（Q116参照）。
税制優遇（ただし、具体的な適用については個別的に検討を要する）	【債務者側】 ・期限切れ欠損金の損金算入が一定の要件の下で認められる。 ・資産の評価損の損金算入は認められない。 【債権者側】 ・事案に応じて放棄した債権を損金処理することが認められる。	【債務者側】 ・期限切れ欠損金の損金算入が認められる。 ・資産の評価損の損金算入は認められない。 【債権者側】 ・事案に応じて放棄した債権を損金処理することが認められる。	【債務者側】 ・期限切れ欠損金の優先的な参入が認められる。 ・資産の評価損の損金算入が認められる。 【債権者側】 ・放棄した債権を損金処理することが認められる。

	制度化された私的整理手続			任意交渉
	中小企業再生支援協議会 再生計画策定支援 （第二次対応）	地域経済活性化支援機構 （REVIC） 再生支援手続	地域経済活性化支援機構 （REVIC） 特定支援・特定債権買取手続	純粋私的整理
	債務者（中小企業者）	主要債権者及び債務者	主要債権者、債務者及び経営者保証人	
	通常は手続開始前の原因によって発生した金融債権者の債権。その他の大口債権者を含むこともある。			
	再生計画策定支援（第二次対応）が開始すると、必要に応じて、統括責任者と債務者企業の連名で「返済猶予等の要請」が対象債権者に対して行われる（Q62参照）。	再生支援決定通知と同時に、対象債権者に対して、買取申込み等期間が満了するまでの間、回収等（流動性預金の拘束を含む）を行わないことの要請を行う（機構27）。	特定支援決定通知と同時に、対象債権者に対して、買取申込み等期間が満了するまでの間、回収等（流動性預金の拘束を含む）を行わないことの要請を行う（機構32の4）。	
	債権者会議において再生計画案の説明、再生計画案の調査結果の報告等が行われ、同意・不同意の意見を表明する期限が定められる。その期限内に対象債権者全員からの同意が確認されると再生計画が成立する。債権者会議を開催せず、再生計画の説明等を持ち回りで行うことも可能（基本要領6(7)）。	再生支援決定時に定められる債権買取等申込み期間内に、対象債権者全員から書面による同意（REVICに対して債権を売却する意思表示を含む）を得ること。決議のための債権者会議は開催されない。	再生支援決定時に定められる債権買取等申し込み期間内に、対象債権者全員から書面による同意（REVICに対して債権を売却する意思表示を含む）を得ること。決議のための債権者会議は開催されない。なお、対象債権者のうち1行は必ずREVICに対して債権を売却する必要がある。	対象債権者全員による同意。
	再生計画は、基本要領6(5)に定める一定の数値基準、その他の基準を満たす必要がある（Q65参照）。	支援基準Iの再生支援決定基準において、支援決定の対象となる再生計画に必要な数値基準、その他の条件が詳細に定められている（Q91参照）。	支援基準IIIに特定支援決定基準において、支援決定の対象となる弁済計画に必要な条件が詳細に定められている。弁済計画は5年以内という制約があるが、その他の数値基準はない（Q105参照）。	特になし
	【債務者側】 ・いわゆる「中小企業再生支援スキーム」に則って再生計画が策定された場合には、期限切れ欠損金の損金算入、資産評価損の優先的な損金算入が認められる（ただしQ59の記載参照）。 【債権者側】 ・放棄した債権を損金処理することが認められる。	【債務者側】 ・期限切れ欠損金の優先的参入が認められる。 ・資産の評価損の損金算入が認められる。 【債権者側】 ・放棄した債権を損金処理することが認められる。	【債務者側】 ・主債務者は原則として残余財産がない解散法人となることが想定されているため、期限切れ欠損金使用が可能。主債務者が個人事業者である場合の留意点についてはQ106参照。 【債権者側】 ・放棄した債権を損金処理することが認められる。 【代表者保証人側】 ・経営者保証GLに則って弁済計画を策定していることから、特定支援に基づき保証解除された場合には、保証人に課税は生じない。	特になし

Q6 私的整理を選択する際の判断要素は何か

Q7　私的整理の対象債権者

　私的整理においては、すべての債権者を対象とするのですか。私的整理の手法によって違いがありますか。金融債権者のみを対象にすることはありますか。また、主要仕入先・ゼネコン・リース・社債などの債権者は対象とされますか。

1　対象債権者選定の考え方

再建手続における公平の観点からは、総債権者に等しく負担を求めることが原則です（民再155、会更168参照）。したがって、再建手続の一手法である私的整理においても、原則として、可能な限り多数の債権者を対象債権者とすることが望ましいといえます。

他方、私的整理においては、法的整理とは異なり、多数決によって対象債権者の権利を変更することはできません。対象債権者の権利は当該対象債権者の同意がある場合にのみ変更することができ、対象債権者の全員による合意がなければ私的整理による再建は極めて困難となります。また、一般に、私的整理の利点として、商取引を従前どおり継続しながら進められること、つまり、事業価値を維持するために商取引債権者への弁済を従前どおり行いつつ、金融機関等との協議のみで解決策を模索できるという点もあげられるところです。

したがって、私的整理においては、債権者間の公平を踏まえつつ、対象となる債権者間の合意形成の難易、あるいは債務者の事業価値の維持といった視点も考慮しながら、対象債権者の範囲について慎重に検討することになります。

2　私的整理の各手法における定め

私的整理GLにおいては、「対象債権者の範囲は、金融機関債権者であるのが通常であるが、相当と認められるときは、その他の大口債権者などを含めることができる」（私的整理GL 4(4)）とされています。そして、上記「その他の大口債権者」については、「金融機関ではない債権者であっても、多額の債権を有し、債務者との間でのさまざまな点で密接な関係がある場合には、その大口債権者の協力を得なければ再建が難しいことがあります。そのような場合にはその大口債権者に主要債権者又は対象債権者として参加してもらうことが必要になります」（私的整理GL・Q17）とされています。

この点、事業再生ADRにおいても、一時停止の対象となる債権者として、金融機関、貸金業者（ノンバンク）、債権の譲受人、又は債権回収会社、その他相当と認められる債権者が対象とされるのが一般的であり、対象となる債権者は私的整理GLの場合と異なりません（『ADRのすべて』71頁〔三森仁〕）。他方、後述すると

おり、協議会やREVICの手続においては、商取引債権者を対象債権者とすることはできないことに注意が必要です。

3　対象債権者

(1)　金融機関債権者

　私的整理の各手法においては、上述のとおり、原則として金融機関債権者のみが対象債権者となることが想定されています（なお、これには信用保証協会も含まれます。基本要領QA・Q17、『ADRのすべて』73頁〔三森〕参照）。しかし、金融機関債権者のすべてが常に対象債権者となるわけではなく、例えば私的整理GLにおいては、金融債権のうち、5,000万円～4億円以下の部分を全額弁済する計画案、つまり、当該額までの金融債権しか有しない金融機関債権者を対象債権者としない事例が報告されています（『ガイドラインの実務』173頁〔長屋憲一〕）。

(2)　リース債権者

　オペレーティングリースについては、商取引債権者に準じて保護されることになります。

　また、ファイナンスリースについては、合意形成の困難さ等から、実務的には対象債権者に含めないことが多いとされています（松嶋英機（司会）ほか「《パネルディスカッション》事業再生ADRの実践(1)」『事業再生ADRの実践』168頁〔住田昌弘発言〕）。しかし、ファイナンスリースは、実質的には金融債権であること、会社更生や民事再生ではそれぞれ更生担保権や別除権付債権と解されていることとのバランス、相当と認められるときには大口債権者も対象債権者となることから、私的整理においても、大口のファイナンスリース債権者については、対象債権者として権利変更の対象に加えておくべきとの見解もありますし（『裁判外事業再生』48、216、229、252頁）、現に対象債権者として取り扱った事業再生ADRの事例もあるようです（溝端浩人「事業再生ADRの事例」『事業再生ADRの実践』76頁）。ファイナンスリース債権者の取扱いについては、公平性や他の手続における取扱いとの整合性を意識しつつ、対象債権者として手続に取り込むか否か、より慎重な検討を行う必要があるといえます（『ADRのすべて』77頁〔三森〕参照）。なお、対象債権者とはしない場合でも、別途、リース料支払のリスケジュール等について個別に協議を行うことも考えられます。

(3)　商取引債権者

　私的整理は、一般に、商取引債権を全額弁済し、債務者の事業を継続しながら進められます。ここで、商取引債権が保護されるのは、これを保護することによって事業価値の毀損を免れ、事業価値が維持されることによって対象債権者への弁済総額が増大すると考えられるためです。私的整理GLが指摘するとおり、事例によっては、「その他の大口債権者」も対象債権者とすべきことがあり得ます。しかし、実務的には、例えば債務者の事業遂行に影響力のあるメーカー、商社又はゼネコンなどの大口の商取引債権者については、今後も商品供給継続をする双務契約関係に

あることなどから金融機関債権者と同列に交渉することは困難であり（宮川勝之「事業再生計画策定上の問題点(1)」『事業再生ADRの実践』99頁）、このような異質な債権者を手続に取り込むことによって、短期間で合意を形成することも困難となります。この点、大口債権者を対象債権者に加えた事業再生ADRの事例も報告されていますが、いずれの事例も、取引債権者において自主的に対象債権者に加わってもらったものとされています（松嶋（司会）ほか・前掲パネルディスカッション『事業再生ADRの実践』168頁〔須藤英章発言〕）。いずれにしても、債務者側の事情だけで大口債権者を対象債権者に加えることには慎重な検討が必要です（『ADRのすべて』71頁〔三森〕参照）。

なお、事業再生ADRとは異なり、協議会やREVICの手続では、商取引債権者を対象債権者として扱うことは認められていません（それぞれ、基本要領4(2)②、及び機構2、機構規2、3）。

(4) **社債権者**

私的整理の成立には対象債権者全員の合意が必要とされますから、不特定多数の債権者の存在が前提となる社債を対象債権とすることは実務的に極めて困難であり、私募債など社債権者が金融機関に限定され、私的整理手続における合意形成に困難を来さない事例に限り、対象債権者とされています。

ただし、強化法で、新たに社債の元本減免を容易にする会社法の特例（産強56、57）が定められたことから、今後は、社債権者集会の特別決議等を経由することで、社債権者を私的整理に取り込んでいくことが期待されています（『ADRのすべて』81頁〔鈴木学〕参照）。

(5) **大株主あるいはグループ会社の債権者**

大株主や債務者の関連企業の債権者についても対象債権者とするかは慎重な検討が必要です。なお、大株主が保証人である場合に対象債権者とした事例が報告されています（綾克己（司会）ほか「《パネルディスカッション》裁判外事業再生手続」『裁判外事業再生』252頁〔須藤英章発言〕）。

（佐々木英人）

Q8 債務者代理人

 私的整理の手続において、債務者代理人の弁護士としては、どのような立場から、どのようなことに留意して手続を進めればよいですか。

1 はじめに

私的整理手続における債務者代理人は、債務者に対するアドバイザーとして、合理的かつ実現可能な再建計画の作成に関与するとともに、債務者代理人の立場で債権者と交渉し、再建計画に対する同意を得て私的整理の成立を目指すのが主な役割です。ここでは金融機関を対象債権者として私的整理を進めていく上で、債務者代理人の弁護士が留意すべき事項を取り上げます。

2 私的整理を検討するに当たっての留意事項

経済的窮境に陥った債務者は、取引先への影響を回避するため、まずは借入金に係る元本の返済猶予等比較的限定された対処による再建を試みた上で、これが暗礁に乗り上げたところで弁護士に相談するケースが多いものと思われます。したがって、債務者から相談を受けた弁護士としては、債務者に代わって金融機関と交渉を重ねることにより再建の途が開けるか、具体的には、本格的な金融支援を受けることにより債務者の事業を再び軌道に乗せることができるかを検討しなければなりません。そのためには、以下の作業を行う必要があります。

(1) 債務者の財務内容の把握

債務者の会計処理において、不良在庫の計上、引当不足等の不適切な会計処理が行われていたのでは、債務者の財産的基礎を正確に把握することはできません。そこで、まずは債務者の財務DDを行うことによって、債務者の正確な財務内容を把握する必要があります（**Q15参照**）。これにより、債務者の債務超過がどの程度に及んでいるかを確認することができ、債務超過を解消するために求めるべき金融支援の内容も明らかになります。

また、債務者代理人は、手続期間中における債務者の資金繰りの状況についても十分注意しておく必要があります（**Q6参照**）。

(2) 事業計画の策定

債務者代理人は、事業を継続することにより将来的な弁済原資が確保されることを確認するため、債務者とともに事業計画を策定する必要があります。事業計画は資産処分やリストラ等も盛り込みつつ作成する必要がありますが、今後の事業予測については不確実な要素も存在しています。したがって、売上げ、経費等の各項目につき複数のパターンを想定し、堅実で客観性のある事業計画を採用します（**Q19**

参照)。

(3) 弁済計画の立案

　弁済計画は金融機関が私的整理に応じられるだけの合理性を有するものでなければなりません。具体的には、①法的整理と比較してより有利な弁済が得られること、②対象債権者の間で衡平な取扱いがなされていること、③弁済計画が事業計画に裏打ちされた実現可能なものであることが必要です。

　債務者代理人は、以上のような作業を行い、債権者である金融機関を説得し得るだけの再建計画を策定できた段階で、私的整理による再建を試みることになります（**Q13**参照）。

3　私的整理を実行するに当たっての留意事項

　私的整理といっても、その手法として、私的整理GLや事業再生ADRを利用した手続、協議会やREVICの手続等、様々な選択肢が用意されています。手続の詳細についてはそれぞれの解説を参照していただければと思いますが、前二者が比較的規模の大きな債務者を対象としたものであるのに対して、後二者は中小企業でも広く利用されているなど、手続の厳格性や費用等に鑑みて、債務者にとって最も適した手続を選択することが重要になってきます。なお、協議会については、その利用が中小企業に限定されており、債務者代理人が就くのは、比較的少ないのが実情です。

　いずれの手続であっても、私的整理手続を開始するに当たっては、事前に主力行に再建計画を説明し、私的整理を活用することにつき理解を求めておく必要があります。この段階で対象債権者の理解が得られず、債権の回収・保全を強く主張されるような場合には、私的整理を開始したとしても難航が予想されます。債務者代理人は、対象債権者の理解が得られない理由の把握に努め、事業計画の見通しの甘さや弁済計画に不満があるという場合には、その見直しも含めて検討します。また、経営者に対する不信感に起因する場合には、経営責任への対処や保証人としての責任の履行にも言及した上で、私的整理を行うことにつき理解を求めます。

　主力行から私的整理を行うことにつき了解が得られた場合には、全取引金融機関を対象として私的整理を開始します。

　事業再生ADRでは、手続を主宰する手続実施者が選任され、債務者の策定した再建計画の合理性や実現可能性につき調査が行われ、意見が述べられます。そして、手続実施者は、ADRの主宰者として和解である私的整理の成立に向けて仲介を行います。しかしながら、事業再生ADRにおいても、再建計画への同意の取付けは債務者自身の役割であり、債務者代理人は、個別の面談あるいは債権者会議を通じ、再建計画の合理性やこれに応じることによる金融機関のメリットを説明した上で、債権者の同意の取付けに力を尽くすことになります。

　なお、REVICに関しては、主力行からの持込みで手続が開始されることが多く、支援決定が出された後は、REVICが出資等で資金提供をする場合はもちろん、スポンサーを外部に求める場合であっても、再建計画の策定から金融機関調

整、再建計画の履行に至るまで、REVICが中心となって関与します。他方、協議会については、協議会の支援はあるものの、再生計画案の策定及び金融機関の調整は債務者代理人が中心となって行う必要があります。

4　債務者との関係における留意事項

弁護士は、債務者から依頼を受けた立場として、私的整理の成立に向けた一連の作業、債権者との交渉を行います。もっとも、依頼者である債務者の事業の再生を第一義に置きながらも、債権者の利益に対する配慮も必要であり、これが適切になされることが私的整理の成立にもつながることとなります。したがって、債権者が債務の減免等を内容とする再建計画を受け入れることとの均衡において、従前の経営者の交代や減資等の手続をとることも必要な措置であり、債務者にはこの点に関する理解を求めなければなりません（**Q38**参照）。

再建計画について債権者の同意を得ることができない場合には、必要に応じて再建計画を修正するなどして、なお債権者の説得に努めることになりますが、それでも私的整理の選択又は遂行が困難と判断される場合には、法的整理を行うことにつき債務者と十分協議し、その理解を得る必要があります。

もっとも、協議会の支援スキームにおいては、支援の終了となっても法的整理への移行が厳格に求められているわけではなく、債務者の要請に基づき、「事業面での支援、専門家の紹介など可能な範囲での支援を行うことができる」とされています（基本要領6(9)②）。また、現時点で債権者の同意を得られる再生計画の策定が困難な場合であっても、3年間のリスケジュール期間を設け、その間に事業再生の可能性を探るという方法もあります（いわゆる「暫定リスケ」。**Q61**参照）。

5　保証人である代表者の債務整理

我が国の中小企業金融実務においては、法人の借入金を主債務として代表者が個人保証している例が多く、法人の代理人として私的整理を進める場合には、代表者個人の債務整理の検討も不可欠となります。法人の代理人が保証人の代理人を兼ねることに利益相反の問題があるような場合でなければ、保証人の債務整理及び弁済計画は、法人の再建計画と密接な関連があるため、双方の代理人となって私的整理を進める場合も多いと思われます。

代表者は、残存資産を可能な限り確保すべく経営者保証GLに則った整理を希望することが想定されますが、経営者保証GLを適用することができる事案か否かを見極めることが必要です。なお、保証債務のみならず、これとは別に経営者個人が借り入れた債務も含めて経営者保証GLの準則に従って整理をした事例も見受けられ（鐘ヶ江洋祐＝宮本聡「経営者保証ガイドラインに基づく弁済計画に保証人の主債務を組み込み、準則型私的整理手続によらずに当事者間の合意により弁済計画を成立させた事案」債管148号106頁等）、私的な手続ならではの柔軟な解決を図ることができます。経営者保証GLの適用が一見困難なようにみえる事案であっても、運用開始以降に集積された事例を慎重に検討する必要があります。

（本山正人）

Q9　債務者のアドバイザー

私的整理の手続を行う際に、財務や税務面、事業面などについて、アドバイザーに助言や指導を依頼することはありますか。どのような点について、どのような人に、助言・指導を求めていますか。またスポンサーへの事業譲渡を伴う場合にはどのようなアドバイザーへ依頼することがありますか。

1　財務面について

　私的整理の手続を行うに際して、債務者の財務上の問題点を明らかにし、事業の再生に必要な事項を分析した上で、計画案を策定することが必要となります。

　私的整理を行う場合、実態BSを作成し、これを踏まえて将来の収益力を基礎として弁済計画を含む計画案を合理的根拠のある数値に基づいて策定する必要があります。また、事業再生を実現する上で、必要な期間の資金繰りについても検討を加えることが不可欠です。そのため、私的整理に当たっては、財務面の現状と問題点を明らかにし、資金繰りや将来の事業計画を策定するため財務DDを実施するのが通常です。財務DDの実施に際しては、一般的には公認会計士等の専門家に助言・指導を依頼することが多いといえます。財務DDでは、PLやBSの分析、直近時点での正常な事業活動の下で獲得できる収益力の分析、キャッシュフローの分析、事業計画の分析等を実施するのが通常です。

　私的整理の手続では、最終的に債権者が納得できる計画案を策定し、債権者の同意を得る必要があります。そのためには、事業計画や資金計画について、法的整理、特に清算型手続の典型である破産手続に移行した場合と比較して、弁済率等の観点からみても合理性を有することが必要です。そこで、まず適正な内容の財産（資産）評定を行い、会社が清算した場合を想定した清算BSを作成するのが通常です。この場合、会社の存続を前提に作成するBSとは異なり、清算を前提にした処分価額で資産評価を行います。この処分価額は、個別の資産内容を踏まえて破産により清算した場合の短期間での資産を処分することを前提とする、いわゆる早期売却価額となります。また、債務者の資産及び負債を公正に評価した実態BSを作成し、収益計画や弁済計画を策定することが不可欠となります。さらに、合理的な収益計画や弁済計画を策定して事業の再建を果たすためには、債務者の財務上の問題点を明らかにし、これを除去するためのリストラクチャリング（事業再構築）が必要となります。これらの作業を進めるに際して、公認会計士や財務アドバイザー等の専門家に助言・指導を求めることは有益です。

2 税務面について

　私的整理では、債権者に対して支払債務のリスケジュールを求める場合を除けば、金額や割合の多寡は事案によって異なるものの、債権者に対して債権放棄を内容とする計画案を提案し、事業の抜本的な再生を図ることが重要となります。債権者が債権放棄に合意し、債務者が債務の免除を受けると免除益課税が生じます。そのため、免除益課税を含む税務上の問題をあらかじめ十分に検討し、課税問題を的確に分析した上で計画案を策定しないと、思わぬ課税負担が生じ、これにより資金ショート等を惹起し、計画案の遂行自体に悪影響を及ぼす事態が生じかねません。そこで、私的整理を遂行するに際し、税務面を十分に検証し、不測の事態を回避することが肝要です。特に2005年度の企業再生税制の改正により、一定の要件を充足する私的整理において資産の評価損益の計上（法人税法施行令24の2Ⅰ・68の2Ⅰ）が認められ、資産の評価損益の計上を行う場合に青色欠損金に先立って期限切れ欠損金の優先控除が認められることとなりました（法人税法59Ⅱ）。そのため、私的整理における計画案を策定するに当たっては、資産評価損の計上や期限切れ欠損金等の損金算入を適正に行い、損金と債務免除益を相殺することによって債務免除益をどの程度吸収できるかといった点を検討することが不可欠といえます。さらに、計画案の内容によっては、事業譲渡や会社分割といった組織再編上の税務上の適格要件の充足等の検討や、不動産の移転に関する不動産取得税、登録免許税、消費税等の検討も必要となります。このように、私的整理における計画案を実行する際に発生が見込まれる税金を予測し、これを踏まえた計画案を策定するために、公認会計士、税理士、財務アドバイザー等といった専門家から適切な助言・指導を受けることが必要となると考えられます。

3 事業面について

　債務者の事業計画を策定するに当たっては、債務者の事業の内容、市況、業績不振の原因、同業他社との差別化による収益改善の見込み等の分析を通じて経営を圧迫させた原因を究明し、事業を再構築する必要があります。これを円滑かつ的確に行うために、必要に応じて事業面でのDD（事業DD）を扱うコンサルティング会社等にアドバイスを依頼する場合があります。事業DDや財務DDの結果を踏まえて、経営圧迫の原因となった事象の究明とその除去のために何が必要かを分析し、具体的手法や必要なコスト等を総合的に考慮して、私的整理における計画案を策定することが重要であるといえます。

4 スポンサーへの事業譲渡を行う場合

　スポンサーへの事業譲渡を行うに際し、どのような手続をとるかは事案ごとに個別具体的事情を踏まえて判断すべき問題であると考えますが、広くスポンサー候補者を募り競争原理を働かせることによって、公正さを担保しつつ、事業譲渡代金の増額を図ることが可能な場合もあります。そこで、事業譲渡を行う場合、状況によって、ファイナンシャルアドバイザー（以下「FA」といいます）との間でアド

バイザー契約を締結し、当該FAの情報網を通じてスポンサー候補者を選定することや広くスポンサー候補者を募集し入札管理等を依頼すること等が有用な場面もあります。また、スポンサーとの間で事業譲渡契約を締結するに際しては、事業譲渡契約の内容を精査し条件面について交渉や助言を要することも想定されるため、これらの業務に通じた弁護士やアドバイザーに依頼することが考えられます。なお、中小企業の場合、FAを依頼する費用を捻出することが事実上困難な場合もあるため、私的整理に関与する弁護士を通じて一定の範囲でスポンサー候補者を募る場合もあります。その意味で、弁護士が実質的にFA的な役割、機能を果たす場合があるといえます。

(岡　伸浩)

Q10 準則型私的整理手続に関与する機関の類型と役割

 準則型私的整理手続に関与する機関にはどのようなものがありますか。また、それぞれについてどのような団体・機関等が手続に関与し、どのような役割を果たしますか。

　準則型私的整理手続は、一定のルール・手続に則って行われる私的整理手続の総称であり、純粋私的整理手続との対比において用いられる呼称です。準則型私的整理手続には、私的整理GL、事業再生ADR、協議会、REVIC、RCCによる私的整理手続が含まれます。また、特定調停を利用した私的整理も準則型私的整理に含むものとされることがあります。

　これらの準則型私的整理手続において関与する機関の類型とその役割は次のようなものです。

1　私的整理GL

　私的整理GLは、私的整理に関する準則を初めて定めたもので、特定の機関に対して申出を行うものではなく、債務者から申出を受けた主要債権者（メインバンク）が再生相当と判断した場合に手続が開始され、主要債権者が金融機関間の調整に主体的に関与します。

　再建計画は債務者が策定して債権者に提示しますが、主要債権者は、一時停止の通知や債権者集会の招集、債権者集会における議事進行（原則として主要債権者の中から議長が選任されます）、再建計画案の相当性の調査・検証を行う専門家アドバイザー（弁護士、公認会計士等の専門家で、第1回債権者会議において対象債権者の決議により選任されます）の候補者選定等を行うなど、手続を主導する役割を担います。

2　事業再生ADR

　事業再生ADRは、債務者による特定認証紛争解決事業者（現在、JATPのみ）に対する手続利用申請、その後の手続利用の正式申込み、特定認証紛争解決事業者による正式受理により手続が開始されます。

　特定認証紛争解決事業者は、手続利用申請を仮受理すると、経産省令17条の要件を充たす手続実施者候補者の中から手続実施者選任予定者を選定します。そして、選定された手続実施者選任予定者は、まず正式受理に当たっての要件具備確認を行い、その後、手続が開始して、概要説明会議の期日において債権者の同意を得て手続実施者に選任されると、私的整理に関する豊富な知見に基づき公正中立な立場から、事業再生計画案が債権者から合意を得られるよう、事業再生計画案の策定に係る助言や対象債権者との意見調整のほか、事業再生計画についての決議成立後の進

捗状況確認等を行います。
3　協議会による私的整理手続

協議会は、中小企業再生支援業務を行う者として認定を受けた商工会議所等の認定支援機関を受託機関として、同機関内に設置されています。協議会では、事業再生に関する知識と経験とを有する専門家（金融機関出身者、公認会計士、税理士、弁護士、中小企業診断士等）が統括責任者（プロジェクトマネージャー）及び統括責任者補佐（サブマネージャー）として常駐し、窮境にある中小企業者からの相談を受け付け、解決に向けた助言や支援施策・支援機関の紹介や、場合によっては弁護士の紹介等を行い（第一次対応）、事業性など一定の要件を充たす場合には再生計画の策定支援（第二次対応）を実施します。

第二次対応では、外部専門家（公認会計士又は税理士、弁護士等）を含めた個別支援チームが編成され、個別支援チームは、各種DDの実施、事業計画案及び再生計画案の作成支援（債務者が外部専門家による各種DDを実施し、再生計画案を策定している場合又は主要金融機関による簡易な財務・事業分析の結果を踏まえて当該金融機関との間で再生計画案を策定している場合は、その内容の検証）、合意形成のための債務者・債権者との調整、最終的な再生計画案について調査報告書作成等を行うなど、私的整理の成立に向けた手続全体の支援を行います。

協議会は、再生計画の成立後も、主要債権者と連携の上、計画達成状況等についてモニタリングを行い、再生計画の達成に向けた助言を行います。

4　REVICによる私的整理手続

REVICはETICを前身として、機構法に基づき設立された事業再生支援のための官民ファンドであり、REVICによる再生支援の機能としては、事業再生計画の策定支援や金融機関間の意見調整のみならず、金融機関からの債権の買取りや融資、出資等があります。

REVICは、債務者・主力金融機関からの事前相談を受けると、内部の専門家（公認会計士、弁護士、不動産鑑定士等）で構成されるチームにより事前検討（スポンサー選定作業の支援も含まれます）を行い、一定の再生の見通しがあると判断すると、自ら外部専門家（公認会計士、弁護士、不動産鑑定士等）に委託して本格的な各種DDを行います。DDの結果等を踏まえ、REVICは各関係者（事案により非メイン行も含まれます）との調整を行いながら事業再生計画の策定支援を進めていき、所定の再生支援決定基準に合致すると判断されれば再生支援決定を行います。再生支援決定後は対象債権者に対して事業再生計画の説明と同意に向けた説得を行い、私的整理の成立を図ります。なお、大規模な事業者やREVICの取締役会から委任を受けた事業者に対する再生支援については、事業再生・金融の専門家で構成される地域経済活性化支援委員会が再生支援の決定・撤回、債権買取、出資、保有債権等の処分等の決定に関する判断を行います。

私的整理の成立（買取決定等。機構31）後は、事業再生計画の進捗のモニタリン

グに加え、事業再生計画の遂行支援（出融資や人材派遣を伴う場合もあります）を行い、事業の再生等に一定の目途が立ったと判断すると、再生支援を完了します。

5　RCCによる私的整理手続

RCC企業再生スキームは、RCCが主要債権者である再生可能な債務者又は主要債権者から再生計画の検証、金融債権者間の調整委託を受けた案件に係る債務者を対象に行われます。

RCCの専門部局である事業再生部において企業再生に着手するのが妥当であると判断された事案については、債務者に監査法人等専門家によるDDを行わせ、外部の弁護士、公認会計士、コンサルタント等から構成される「企業再生検討委員会」において再生計画作成着手が可能と判定されると、債務者に再生計画の原案を作成させ、計画案に関する調整を行います。また、RCCが主要債権者となる場合、計画の実施のモニタリングも行います。

6　特定調停

特定調停は、裁判所（簡易裁判所、事案によっては地方裁判所）の調停を利用して、債務者が債権者に対して金銭債務に係る利害関係の調整を求める手続です。裁判所は、原則として外部の専門家からなる調停委員会を組成し、調停条項案についての調査や債権者との意見調整を行い、債務者による調停条項案でまとまらない場合には、調停委員会から調停条項案を提示するなどして当事者間の合意を目指します。さらに、調停が成立する見込みがない場合においても、裁判所は、一切の事情に鑑み、事件の解決のために必要な決定（いわゆる17条決定。民調17）を行い、これによる調停条項案を示して事案の解決を目指すこともあります。なお、主に中規模以下の中小企業の事業再生を支援するため、2013年12月から、特定調定法に基づく特定調停制度を活用するスキームの運用が開始されています（**Q83**参照）。

（森倫洋＝髙橋洋行）

Q11 再生ファンド

 私的整理においてファンドの活用例があると聞きますが、ファンドにはどのようなものがあり、どのような場面で活用されていますか。

1 ファンドとは
(1) ファンドの仕組み

ファンドとは、株式や債券など、一定の資産への投資を目的として集められた資金をいい、またこれを運用するファンド運営会社を指すこともあります。運営会社が資金を集めるに当たっては、投資事業有限責任組合契約に関する法律に基づく投資事業有限責任組合契約（LPS）、匿名組合契約、ケイマン諸島など海外のLimited Partnershipなどが用いられ、これらの資金の「器」（資金拠出者と運営者の関係の規律）を「投資ビークル」といいます。ファンドへの資金拠出者は、出資金額に限定された有限責任を負い（Limited Partner; LP）、運営会社は、無限責任を負いつつ（General Partner; GP）、自らも資金拠出を行うことが一般です。運営会社は、ファンドから一定期間の投資を行い、費用・報酬を得つつ、投資の売却等による回収（Exit）によって、資金拠出者への分配を行います。

(2) ファンドの種類

私的整理に関連する範囲では、ファンドの種類は、一定の視点の下、概要、以下のような分類が可能です。

ア 株式を投資対象とするファンドを「エクイティ型」、貸付債権を投資対象とするファンドを「デット型」と呼びます。エクイティ型は、「ハンズオン型」（経営者等を派遣して、投資先の経営に直接関与することをいいます）での投資手法になじみ、デット型は、債権者として間接的に経営に関与する投資手法になじみます。エクイティ型は、投資によって取得した株式について売却・M&A・IPO等によって想定期間内に金銭回収できる可能性が高いことが必要であるとともに、出資先への経営者等の派遣コストが必要となることなどから、中〜大規模事業者を対象とすることが多いと思われます。他方、デット型は、中〜大規模事業者も対象としつつ、地域の中小企業を対象とすることが多いと思われます。

イ エクイティ型のうち、事業者の非上場株式の大部分を取得するものを「Private Equity Fund（PEファンド）」と呼びます。経営権を取得する点で、「バイアウトファンド」とも呼ばれます。

ウ 事業再生ファンドとは、窮境にある事業者の株式や貸付債権に投資を行うファンドをいいます。

エ 地域再生ファンドとは、地域企業の再生を目的として投資を行うファンドであり、特定又は複数の金融機関が関与して設立されることが多くなっています。「官民一体型再生ファンド」はこれに属するもので、経産省と中小機構が、再生に

取り組む中小企業に対する資金供給や経営支援をすることを目的として、金融機関・信用保証協会と連携して設立を進めているファンドをいいます。

オ　産業再生機構（2007年解散）、REVICは、中小企業（～大企業）を対象とし、出資及び債権買取（エクイティ型とデット型の混合）により、事業再生を促進する官民ファンドです。REVICは、ファンド機能を有するのみでなく、自らGPやLPとなることにより、事業再生・地域活性化ファンドの設立を進めています。

(3) 事業再生ファンドの活動

事業再生ファンドは、①投資先となり得る事業者を探索して、投資先候補リスト（パイプライン）を作成し、②具体的投資案件については、そこから得られる収益と、投資スキームや実行体制を検討して、事業計画の策定等を支援し、③投資を実行した上で、モニタリングやハンズオンにより事業価値を向上させ、④投資資産の売却先を探索して、適切に回収を実現し、回収資金を資金拠出者に分配しつつ、自ら相応の利益を得ていくことが、基本的な活動形態となります。

2　私的整理における事業再生ファンドの活用

(1) 事業者側からの活用

事業者の再生に当たり、債権放棄等が必要となる場合、金融機関から支援を得るためには、自主再建では計画に理解が得られず、スポンサーによる出資やスポンサーへの事業移転が必要となることも多く、ファンドは、事業会社と並んで、スポンサーの有力な候補となっています。例えば、単独での自主再建が困難と見込まれる場合、事業再生ADRや協議会の私的整理手続を利用することを前提に、事業者自身で事業再生計画の原案を策定し、これをもとに、相対交渉や入札手続によって、スポンサー候補者と協議を行い、特定のスポンサー候補を選定した場合には、以後協働して計画を策定し、金融機関に対して提示した上、金融支援について了解を求めていくなどの実務が行われています。

そして、エクイティ型のスポンサーであれば、金融機関から、金融支援に対して了解が得られ、事業再生計画が成立した後、速やかに、事業者に対する出資や経営者の派遣等を行い、計画の実行を推進します。また、デット型のファンドであれば、事業再生計画の成立後、速やかに、金融機関が保有する貸付債権を時価で買い取り、以後のモニタリング等を行いつつ、適宜のタイミングで債権放棄等を実施するなどします（デット型では、事業再生計画の成立前から、金融機関の貸付債権を買い取って主要債権者となり、以後の計画策定を主導することもあります）。

(2) 金融機関側からの活用

金融機関としては、取引先について、不良債権処理や再生の目的で、保有する債権を事業再生ファンドに売却するケースがあります。ファンドの関与形態は多様ですが、例えば、①金融機関は、貸付先と協議の上、事業再生ファンドに貸付金を売却し（不良債権のオフバランス化）、②事業再生ファンドにおいて、再生支援を行い、事業者の収益性を向上させつつ、債権放棄等の財務リストラを行った上、③当初の金融機関（又は他の金融機関）が再度貸付けを行い、ファンドが資金を回収する（リファイナンス）、などのパターンがあります。特定の金融機関が個別に組成する再生ファンドは、このパターンでの利用が多いと思われます。

（河本茂行）

Q12 信用保証協会

準則型私的整理において、信用保証協会を対象債権者とすることができますか。信用保証協会に求償権の放棄を求めることは可能でしょうか。その場合に留意すべき事項は何でしょうか。準則型私的整理で策定した再生計画の手続中に信用保証付き融資を受けることは可能でしょうか。

1 信用保証制度と信用保証協会

信用保証協会による信用保証制度は、信用保証協会が中小企業者等による信用保証の委託の申込みを受けて金融機関に対して信用保証書を発行し、保証人となることにより、信用力が乏しい中小企業者の信用力を補完して、中小企業者等の育成及び経営支援等を行う制度です。現状では、多くの中小企業者等が信用保証協会の保証付き融資を利用しています。

2 準則型私的整理における信用保証協会の信用保証付き融資の取扱い

(1) 対象債権者該当性

まず、債務者が金融機関との関係で期限の利益を喪失していなければ、代位弁済が実行される前の段階においては、金融機関が対象債権者となります。ただし、私的整理において主債務である借入金債務の権利変更がなされる場合、①借入金債務のリスケ対応がなされるときは、保証債務の付従性(民448)により信用保証協会の保証条件も同様に緩和されることになり、さらに②借入金債務につき債務免除やDDS等の実質的債務放棄が問題となるときは、信用保証協会による代位弁済及び債務者に対する求償権の取扱いが問題となることから、条件変更の可否につき信用保証協会の意向を確認することが相当です。そこで、債務者代理人は、信用保証協会が当該条件変更に応諾するか否かに留意しつつ手続を進めることとなりますが、特に信用保証協会付き融資部分の(実質的)債務免除が問題となる場合には、信用保証協会を利害関係人として手続に参加させることも可能だと考えられます(特定調停手引(円滑化法対応)6頁参照)。

次に、債務者が金融機関との関係で既に期限の利益を喪失し、代位弁済が実行されている場合には、信用保証協会が私的整理における対象債権者となります(基本要領QA・Q17、『ADRのすべて』29頁〔清水祐介〕、73頁〔三森仁〕)。

(2) 求償権放棄と留意点

ア 求償権の放棄の基準・実務

かつて信用保証協会が代位弁済により債務者に対して取得した求償権を放棄することは運用上認められていませんでしたが、2006年1月以降、準則型私的整理によ

り策定された再生計画等による場合であり、かつ「求償権の放棄に係る基準について（全国統一基準）」に該当する場合には、求償権放棄が認められることとなりました。しかしながら、この全国統一基準には、経済的合理性以外の要件が課せられ、その要件の解釈・運用について各地の信用保証協会で地域の実情に応じて異なる取扱いがなされています。実務上、全国各地にある信用保証協会のうち直接的な求償権放棄を実施しているところは一部に限られ、案件数も多いとはいえないことが指摘されており（『中小企業再生論［改訂版］』171頁）、債務者の事業再生に必要な場合は、後記のとおり、第二会社方式を利用した実質的な求償権放棄を行う取扱いがなされることが多い点に留意が必要です。

　イ　日本政策金融公庫による信用保険による制約

　信用保証協会が金融機関からの借入れについて保証した際に、一定の要件を充たせば、その一部につき、保険約款上当然に日本政策金融公庫の信用保険が付保されます。信用保証協会が求償権の放棄をする場合は、同公庫に対して事前承認を求める必要があるため、私的整理のスケジュール管理等において留意する必要があります（『ADRのすべて』74頁〔三森〕）。

　ウ　保証付き制度融資における制約

　保証付き制度融資とは、都道府県等の地方自治体が、中小企業の創業支援等の特定の目的のために信用保証協会を経由して金融機関に資金を預託して行う制度融資を、信用保証協会が保証するものです。このような保証付き制度融資においては、融資の促進と信用保証協会の財政基盤の健全性確保のため、地方自治体と信用保証協会との間で損失補償契約が締結されている場合があります。信用保証協会が、このような地方自治体の損失補償付きの求償権を放棄する際には、地方自治体の回収納付金を受領する権利の放棄を伴うため、地方自治法の規定に基づき、地方自治体の議会の承認が必要になるものと解されます。準則型私的整理における求償権放棄に係る条例を制定し対応している地方自治体もありますが、このような条例をいまだ整備していない地方自治体もあり、この点も求償権放棄における制約となり得ます（『ADRのすべて』451頁〔大川治〕）。

(3)　**不等価譲渡・求償権消滅保証制度**

　以上のとおり、信用保証協会が求償権を放棄することは困難な場合が多いことから、信用保証協会を対象債権者とする準則型私的整理においては、そのような不都合を回避するため、第二会社方式を利用して債務者を特別清算手続に付したり、求償権を地域再生ファンドに額面価額に満たない金額で売却（不等価譲渡）したりするスキームが利用されています。また、信用保証協会の求償権について、DDSによって実質的な債権放棄を実施し、抜本再生を図る方法も考えられますが、DDSは、信用保証料についてDDS対象債権の弁済開始時までの期間分を一括納付することを求められるため、利用しにくい側面があります。そこで、実務的には、このような不都合を回避し、経営改善計画の策定を容易にする方策として、信用保証協

会が、求償権の返済のために行われる借入れについて保証する制度（求償権消滅保証制度）が利用されることがあります（全国信用保証協会連合会編著『保証協会保証付融資取扱Q&A［第2版］』234頁（銀行研修社、2016年））。

3　事業再生計画実施関連保証

　2014年1月の強化法の施行に伴い、協議会等準則型私的整理又は認定支援機関の支援により作成した経営改善・再生計画に基づき、中小企業が経営改善・事業再生を実行するために必要な資金を、信用保証協会の保証付き融資で支援し、経営改善・事業再生の取組みを後押しする保証制度が開始されました（産強55）。一般保証とは保証枠が別枠であり、保証期間が分割返済の場合15年以内（据置期間1年以内）と長期となっています。中小企業は、経営改善・再生計画の実施状況を金融機関に対して四半期ごとに報告する必要があります（全国信用保証協会連合会編著・前掲書・226頁）。準則型私的整理で策定された経営改善・再生計画の実行段階における資金調達の困難さを緩和する制度として、必要に応じ利用を検討する余地があると考えられます。

（佐藤昌巳＝眞下寛之）

第2節 私的整理の内容・計画

Q13　私的整理の進め方と債権者への情報開示

私的整理手続に着手し、成立させるまでの手順の概要はどのようなものでしょうか。また、私的整理手続における債権者への情報開示は、どのように行われるのでしょうか。

1　私的整理手続の手順の概要
(1)　はじめに

　私的整理手続は、協議会手続、事業再生ADR手続などの準則型私的整理手続だけでなく、純粋な私的整理手続もあり、その手続の主体や方法も様々で、また、対象となる金融債権について、弁済額・弁済期間の変更を行うリスケジュール型、債権カット型のほかに、DESやDDSなどを行うものがあり、権利の変更の内容も千差万別です。

　しかし、窮境にある債務者企業が、法的整理手続を用いることなく、金融機関に対して、①いったん金融債権のみを対象に元本弁済をストップして金融機関が集まって協議する場を設け、②窮境にある経営状況の実態を明らかにした上、③その実態に即した財務内容の改善や支払条件の変更などを含む再建計画案を提案し、④その内容を金融機関に丁寧に説明して、その計画案に対する同意を得て、⑤再建計画を実行することにより金融債務の正常化を図る、という私的整理手続の手順とその内容は共通しています。

　そこで、最初に、私的整理手続に共通する手順の概要について説明することとします。

(2)　一時停止等

　債務者は経営状況が悪化し、資金繰りに行き詰まります。そのような債務者を経済的に再生させるためには、まず資金繰りの改善が必要です。そのためには、弁済期にある債務の支払を止めて、債務者の有する資産やその事業価値を活用して資金繰りをまわしながら経済活動を維持しなければなりません。弁済期にある債務の支払を止める行為は、法的整理手続においては「弁済禁止の保全処分」や「手続の開始」によって法的に弁済が禁止されますが、私的整理手続では「一時停止の通知」や「返済猶予のお願い」をして、協議に入ることになります。法的整理手続のような強制力はなく、金融機関に任意の協力を求めるものです。

(3)　経営状況や財務内容の実態の把握

　弁済期にある金融債務の支払を停止し、債務者の資産や事業価値を活用して資金繰りがまわるのであれば、私的整理手続が開始することになります。法的整理手続においては「開始決定」時点の資産と負債について、「財産評定」と「債権の届

出・調査・確定」作業により、実態BSを明らかにします。私的整理手続でもこれと同様に、債務者の経営状況や財務内容の実態を示すBS、PLを把握する作業をします。それが財務DDで、これにより、実態債務超過額や収益力の確認がなされます。

(4) 弁済計画案の策定

このような作業を終えた上で、収益力を改善するための事業再生計画や一時停止により棚上げした金融債権の弁済計画案を策定します。法的整理手続では、再生計画案や更生計画案の策定に当たるものです。法的整理手続では、「資産負債見合い方式」と呼ばれる考え方、つまり、開始決定以前の債務（以下「旧債」といいます）の引当てとなっているのは開始決定時点に存在する資産ですから、その資産を何らかの形で換価して、それを旧債の返済に充て、それを超えた債務は免除を受けるという考え方に基づき計画を策定することが多いといえます。もちろん、開始決定時点の資産相当額を返済するとしても、事業及び経済活動は継続するわけですから、資産を実際に換価するわけではありません。遊休資産は売却して売却代金を返済に充てることができますが、事業継続上必要な資産は換価しないで将来の収益より生まれるキャッシュフローや新たな借入れ、スポンサーからの資金によって弁済することになります。このように、法的整理手続における弁済計画案は、BSの改善が主眼となり、キャッシュフローを生み出すPLの改善は弁済計画案の履行可能性を検討するための資料になります。

私的整理手続においても、財務DDにより明らかとなった実態債務超過額の解消が検討され、改善されたPLから生まれるキャッシュフローにより一定年限内に実態債務超過が解消されないのであれば、リスケジュールではなく、DDSやDESを含む債権カットを前提とする抜本的計画案を検討することになります。私的整理手続の場合は、弁済案に対して全債権者の同意が必要で、弁済の極大化や再生の可能性を検証する前提として、単にBSだけではなく、PLやCFの改善まで債権者から厳しくチェックを受けることになりますから、公認会計士等による財務DDだけでなく、コンサルタントに依頼して事業DDも行い、事業の改善まで踏み込んだ計画の策定が必要になることも少なくありません。

(5) 弁済計画案の可決

法的整理手続においては、裁判所の主宰の下に債権者集会や関係人集会が開催され、一定の法定の要件を充たせば可決され（民再172の3、会更196）、不認可要件がなければ裁判所が認可決定をします（民再174、会更199）。これに対し、私的整理手続においては対象債権者全員の同意が決議の成立要件ですから、全債権者が同意したことを確認する手続が必要となります。

2 経営状況や財務内容についての開示

(1) 再建型手続の理念

ア 衡平性

資金繰りに行き詰った窮境企業は、まずは資金繰りをまわすために、法的整理手

続では、弁済禁止の保全処分を受け、又は早期に手続を開始し、私的整理手続では、金融債権者等に対して一時停止のお願いをして過去の債務の支払を止めることになります。債務の支払を止められた債権者からすると、債務者の信用について疑義が生じるわけですから、早期に回収し、債権の保全強化をしようとするのは当然のなりゆきですが、一債権者がそのような行為をし、又は債務者が特定の債権者にだけそのような行為をすると、他の債権者も待つことができなくなり、秩序だった処理ができなくなります。また、手続の開始後に、特定の債権者だけを有利に扱うと、他の債権者は手続に協力しなくなり、弁済案にも同意できなくなります。

したがって、私的整理手続の場合も法的整理手続と同様に、債権者の衡平を図ることが必要です。

イ 透明性

また、秩序だった手続を遂行するに当たっては、なぜ債務者の資金繰りが行き詰まったのか、なぜ債務者が経済的に破綻したのか、債務者の過去の経営状態はどうだったのか、どのようにして手続期間中資金繰りをまわしていくのか、どのように破綻の原因を取り除き再生していくのか、一時停止を受けた債権はどのように弁済されるのか等々、手続の開始から終結に至るまで、債権者に必要な情報開示をして透明性を保つ必要があります。そうでなければ、債権者は手続に協力してもらえず、特に私的整理手続においては基本的に法的強制力がありませんので、手続自体が頓挫することになります。

その意味で透明性を保つことも、再建型手続を成功させるために必要です。

ウ 私的整理手続における衡平性及び透明性の重要性

民事再生や会社更生等の法的整理手続では、それぞれ法として規定があり、裁判所が手続を主宰しますので、債権者に手続内容を詳しく説明しなくても、債権者に対する衡平性や透明性は確保されているという安心感があります。

しかし、私的整理手続の場合には、事案に応じてその進め方やスケジュールが異なり、一時停止を求められた債権者からすると、債権の回収を待ってくれといわれても、今後どのように手続が進んでいくのか分からなければ、その要求に応じることはできません。

したがって、私的整理手続においては、衡平性や透明性の確保が必要であり、一時停止後、速やかに債権者説明会を開催するなどして、経営状況や財務内容などの情報開示を行うとともに、今後の手続の進め方についても理解が得られるよう丁寧に説明を行うなど、適切な情報開示が重要です。

「経営状況等」の情報開示については、なぜ債務の履行ができなくなり一時停止の要請等をせざるを得なくなったのか、実態BSによる債務超過額はどの程度か、今後事業再生計画案を履行していけるのか、事業再生計画案の裏付けとなる事業再構築が実行できるのか等について債権者が判断するに当たり、過去・現在・将来の会社の経営状況や財務内容を知ることは不可欠ですから、これらについて債務者は充分な説明をする必要があります。具体的には、債務者の会社の概要、会社の事業

の内容、資金繰りの状況、窮境に陥った原因、資産と負債の内容、損益の内容、各事業部門の内容と損益等について、原則として債権者に対し情報開示をし、充分な説明をする必要があります。

また、「私的整理手続の進め方」についても、債権者への説明が求められます。私的整理手続の場合はその手続についての詳細な規定はなく、また、裁判所のような手続遂行を担保するための機関が存在せず、制度化された私的整理手続においても事案ごとに手続の遂行については色々なパターンが存在しますので、今後いつまでに何をするのか、どのような手順で私的整理手続を遂行していくのかを、債権者に対して充分に説明をしておかないと、手続の遂行自体に債権者の協力は得られず、手続が頓挫することになります。

(2) **各種私的整理手続における情報開示のタイミング**
ア　事業再生ADRについて

事業再生ADRにおいては、一時停止の通知から2週間以内に概要説明会議を開催することになりますが、債権者に対して、債務者の現在の経営状況はどうなのか、なぜ、一時停止の要請をせざるを得ないのか、なりゆきのままだといつどのように資金ショートするのか、窮境に陥った原因は何なのか等の説明を資料とともに行う必要があります。したがって、まず現在の債務者の資産及び負債の状況の説明が行われ、その後に事業再生計画案の概要の説明が行われます。また、一時停止の具体的内容及びその期間の決議が行われるとともに、次の協議会議の開催日時及び開催場所についての決議が行われ、今後の手続進行のスケジュールについても説明されることになります。

協議会議においては、債務者の事業再生計画案について、手続実施者による法令適合性、公正・妥当性、経済合理性に関する調査報告書に基づく説明がなされます。どのようにして窮境の原因を除去し事業の再構築をするのか、事業の再構築が実際に実行可能なのか、事業の再構築を実施すれば計画期間各期の経営状況はどのようになるのか、計画期間経過後の債務者の経営状況はどうなるのか等についても説明等が行われます。

決議会議においては、事業再生計画案について決議がなされ、全債権者から同意が得られれば決議が成立します。

また、債権者会議以外でも、個別に債権者を訪問し会社の経営状況について説明をしながら債権者の同意が得られるよう根回しをする必要があります。

イ　協議会について

協議会においては、返済猶予の要請や債権者会議(「バンクミーティング(BM)」と呼ばれることが多いです)の開催が必須ではなく、事業再生計画案について債権者に対して各別に説明をし、同意を得る作業をすることも許されていますが、多くの場合、事業再生ADR手続と同様にBMが開催されているようです。そして、そのような場で、債務者の現在の経営状況はどうなのか、なりゆきだといつどのように資金ショートするのか、なぜ窮境に陥ったのか、どのようにして窮境の原

因を除去し事業の再構築をするのか、事業の再構築が実際に実行可能なのか、事業の再構築を実施すれば計画期間各期の経営状況はどのようになるのか、計画期間経過後の債務者の経営状況はどうなるのか等について、説明が行われています。

　また、私的整理手続の進め方やスケジュールについても、説明が行われます。

(3) 主要債権者への事前開示の重要性

　私的整理手続を遂行していくためには、主要債権者（メインバンクや重要な担保権者など）の協力は不可欠ですので、主要債権者には経営状況等について事前に開示し説明する必要があります。私的整理手続である以上、全債権者の同意が原則であり金融機関の協力を得るためには、債務者に関する情報が最も集積しているとみられている主要金融機関の動向が他の金融機関の動向を左右することは当然として、債務者の手続期間中の資金繰りの確保のためにも主要債権者の協力はなくてはならないからです。事業再生ADRにおいては、事前準備として少なくともメインバンクの賛同が必要とされていますし、協議会でも、再生計画策定支援の開始に当たって統括責任者は主要債権者に対し財務及び事業の状況並びに再生可能性を説明し、主要債権者の動向を確認するとされています。

3　「私的整理手続の進め方」と「経営状況等」に関する情報開示に当たっての留意点

　「私的整理手続の進め方」についての情報開示には、一般的な私的整理手続の進め方についての説明と当該事案における私的整理手続の進め方についての説明がありますが、後者については事案により千差万別であり、当該事案の特殊性や問題点を分析し、当該事案の今後の推移や着地を想定しながら、慎重に説明する必要があります。例えば、私的整理手続で最後まで着地を図ることは困難だと思われる場合でも、法的整理手続に移行する可能性があるとの説明をしただけで、債権者が回収行為に入るおそれもあることから、説明の仕方については、注意する必要があります。法的整理手続に移行する可能性がある場合であっても、その情報開示については、十分慎重に、法的整理手続に移行した場合の衡平性を維持すべく、環境を整備しておく必要があります。

　「経営状況等」に関する情報開示ですが、私的整理手続においては法的整理手続と異なり債権者に対する法的な権利行使の制約を強制する仕組みはありません。したがって、手続に同意しない債権者は仮差押え等の法的権利行使が可能ですし、実際に、債権者から法的権利行使をされると、事業継続のために必要不可欠な資産であれば債務者の再建は不可能となり、そうでなくても他の債権者からみれば、私的整理手続の成立の見込みがないと判断されることになります。したがって、経営状況等を開示する際にも、債権者による法的権利行使を招くことがないように十分に慎重に進める必要があります。

（綾　克己）

Q14 私的整理手続中の資金管理等

 私的整理手続中の資金管理について留意すべき点は何でしょうか。主要金融機関から入金口座の一元化を求められた場合対応すべきでしょうか。

1 資金繰りの重要性

債務者が私的整理を含む事業再生手続を行うきっかけとなるのは、端的にいうと資金繰りが破綻するからです。事業は、ヒト・モノ・カネの有機的一体として営まれています。事業再生を病気になった人間の治療に例えていえば、カネは血液のようなものです。血液が不足すれば人間は健康体を維持できなくなり行動できなくなりますから、血液が流れ出ているのであれば止血をし、不足するのであれば輸血を受けなければ、健康体には戻れず死んでしまいます。一時停止の要請等をするということは、資金の流出を止めることいわば止血をすることであり、DIPファイナンスを受けるということは資金を補充することすなわち輸血を受けるということです。とにかく、血液を循環させて人間の生命を維持しながら、なぜ血液不足の状態になったのか、どこにその原因があるのか、その患部を取り除くないしは治癒させるにはどうすればよいのか、施術をすれば本当に健康体に戻れるのかなどを分析して、その治療計画である事業再生計画を作成して債権者に提示し、同意を得て手術等を含む治療計画を実行していかなければなりません。

そのような事業再生手続を遂行していくためには、血液の循環が維持できること、すなわち資金繰りが成り立つことが前提となりますので、事業再生のための私的整理手続を行う場合も資金繰りが極めて重要であり、そのための資金管理が重要であるといえます。

2 資金繰り表の作成

事業再生のための私的整理手続中に資金繰りが行き詰まるようであれば、一時停止の要請をしても二次破綻を招き、債権者に2度迷惑をかけることになりますので、資金繰りが回らないのであれば、原則として一時停止の要請等をかけることなく法的手続を行わなければなりません。したがって、事業再生のための私的整理手続を行う前に、私的整理手続期間中の日繰り表（日繰り表の作成が困難であれば5日ごととか10日ごとの資金繰り表でもやむを得ません）を作成し、少なくとも今後6カ月程度の月繰り表を作成して、資金繰りがまわることの確認をしてから手続に入る必要があります。

資金繰り表を作成する場合に、情報管理ができており密行性が守られるという前提ですが、私的整理手続においては支払サイトの変更等はあまり考慮する必要はな

く支払の前提条件については従前とあまり変わるところはありません。しかし、入金の前提条件については、大きく変わる可能性があります。例えば、一時停止の要請等をすると金融機関は保全の強化と回収行為に入ってくるおそれがあり、基本的に新たな与信は得られないと考えた方がよいでしょう。新規融資はもちろんのこと、折返しの融資や手形担保融資の書換えなども実行してもらえなくなるおそれがあります。定期預金のリリースにも応じてもらえず、場合によっては新たな手形割引の実行も停止し、既に取立てにまわしている手形についても商事留置権等を主張され、流動性預金すら事実上の拘束をされるおそれがあります。したがって、そのようなことを想定しながら資金繰り表を作成し、資金がまわることを確認しておかなければなりません。

資金繰り表を作成する場合に、重要なポイントは一時停止の要請等をした際にいくらの使用可能資金が確保できるのか、すなわち立上がり資金はいくらなのかということと、自助努力をして資金繰りがまわっていくのかどうかということです。自助努力により資金繰りがまわらないとすれば、主要金融機関等によく説明をして手形割引を継続することやDIPファイナンスによる新規融資をしてもらうこと、スポンサー候補に商流の間に入ってもらって与信をしてもらうこと等の事前調整を行っておく必要があります。

3　資金移動の必要性と主要金融機関から入金口座の一元化を求められた場合の対応

資金繰りの1つのポイントは、立上がり資金をいくら確保できるかです。立上がり資金を充分確保できなければ、一時停止の要請等をした途端に資金繰りが破綻するということになりかねません。したがって、一時停止の要請等をすることにより流動性預金をロックされるようであれば、直前に資金移動をして使用可能資金を確保する必要があります。主要債権者と事前の調整ができていない場合には代理人弁護士の口座に資金を移動するとか債務者の口座でも借入れ等のない金融機関に口座を作って避難するなどの方法をとる必要があります。資金移動をする場合は、主要金融機関以外の金融機関に私的整理手続の準備を察知されるおそれがあるため、そのタイミングは通知を出す直前になります。

しかし、最近は金融機関にも私的整理手続が認知されるようになり、流動性預金について金融機関は直ちに拘束することはしなくなりましたので、資金移動をせずに一時停止の要請等を行う場合がほとんどかと思います。

したがって、資金移動をするかどうかは、金融機関の対応状況、これまでの取引の経緯、預けてある資金のボリューム、事務手続上の問題等を総合考慮して、臨機応変に対応する必要があります。

また、売掛金等の入金口座について、主要金融機関から一元化を求められることがあります。主要金融機関の協力が得られないと私的整理手続はうまく行きませんので、これに応じた方がよい場合がほとんどだと思われますが、私的整理手続が頓

挫し法的手続に至った場合でも主要金融機関が一時停止の要請後の資金については相殺等をしないで解放することの確約を得ておく必要があります。債権者会議等において、資金管理の一元化と万一法的手続に移行した場合でも、主要金融機関の引当てではなく、すべての債権者の引当てになるものであり、主要金融機関はこのことを了承していることについて説明をし、議事録に残しておくべきでしょう。

4　プレDIPファイナンス

　資金繰りのもう1つのポイントは、立上がり資金をスタートとして私的整理手続期間中及び事業再生計画の期間中自助努力だけで資金繰りがまわって行くのかどうかです。主要金融機関の手形割引の継続等は当然お願いするとして、それでも資金繰りがまわらない場合には主要金融機関等にプレDIPファイナンスをお願いせざるを得ません。その場合には、融資枠や融資条件をどうするか、担保はどのようなものがあるのか、担保の評価はどうなのか等事前に主要金融機関と打ち合わせをして、必要な時期に必要な金額のプレDIPファイナンスを実行してもらえるよう準備をしておく必要があります。

　私的整理手続が頓挫して、法的手続に移行した場合に、手続開始決定前の債権として倒産債権とされてしまうとプレDIPファイナンスは実行できないことになりますが、事業再生ADRでは、事業の継続に欠くことができないものとして経産省令で定める基準に適合するものであることと優先的に取り扱うことについての債権者全員の同意を得ていることについて、特定認証紛争解決事業者が適合することの確認をすることができ（産強58）、その場合には再生手続及び更生手続において計画案の権利変更の内容に差を設けても、適合することが確認されていることを考慮して衡平を害しない場合に該当するかどうか判断するものとされています（産強59、60）。

（綾　克己）

Q15 デューディリジェンスの必要性

 対象企業において、財務状況及び経営状況等を調査すること(いわゆる財務DD及び事業DD)がなぜ必要であり、どのような調査を行いますか。また、その他に必要な調査はありますか。

1 対象企業におけるDDの必要性
(1) 総論
　私的整理を進めるに当たっては、対象企業の再生の可能性、必要な支援の程度の目途、将来の弁済の可能性を判断するために、正確な現状認識と現実的な将来の見通しに関する情報を対象企業及び債権者間の共通認識とする必要があります。

　こうした情報を共有することにより、債権者からも円滑な同意を取得することができるため、問題となるテーマに関して対象企業に対する調査を実施しますが、これらをDDといいます。

(2) DDの種類
ア 財務DD
　財務的な観点から、特定の時点における対象企業の財務の実態を明らかにするものを財務DDと呼びます。対象企業の財務状況を認識することは、金融機関において、いつ、どのように弁済を適切に受けるかを判断する上では不可欠ですから、私的整理においては、必ず実施されるDDです。

イ 事業DD
　事業について、これまでの窮境原因、経営改善策及び将来の見通しなどに関して調査するものを事業DDと呼びます。事業を継続させるべきか否か、継続した場合に将来どのように弁済を受けることができるかを判断する上では不可欠な情報ですので、同じく重要なDDといえます。

ウ その他のDD
　このほか、法務の観点から、対象企業に内在する隠れた法的債務負担、法的瑕疵の有無、組織再編時の法律上の障害の有無、コンプライアンス違反に関する調査を行う法務DDや、債務免除益の課税状況、繰越欠損金の利用可否を検討するための調査として税務DDが実施される場合もあります。また、財務DDとも関係しますが、不動産の価値に対する適切な評価を行うために、土壌汚染やアスベスト、又は耐震性などのリスクを抱えた物件である場合には、これらのリスクの有無を調査した上で価値評価を行う形で不動産DDが実施される場合もあります。

2 財務DDによる調査内容
(1) 実態BSの作成
　財務DDでは、まず、対象企業の実態BSを作成します。対象企業の決算書は、税務申告上は問題がなくても、当該時点における対象企業の実態が正確に表されてい

ない例もあります。実態にそぐわない要素を排除し、時価に即した評価を行うなどして、対象企業の実質的な純資産の額を明確にし、資産超過会社なのか、債務超過会社なのかを確認します。資産超過会社であれば、基本的には債権放棄等の金融支援なく、弁済のリスケジュールなどで対応します。

(2) **損益状況の分析**

次に、損益状況も確認します。対象企業は、各期の決算処理で、利益の調整等を行っている場合があるため、これらを排除し（粉飾決算がなされている場合は当然その修正をし）、収益力の実態を確認します。同時に、対象企業の事業が生み出す実際のキャッシュフローがどの程度存在するのかを確認します。

キャッシュフローが見込めない場合、後述する事業DDが、経営改善などにより将来的にキャッシュフローが見込まれるとの結果とならない限り、原則、事業を継続すべきではないと判断します。

(3) **情報の統合**

こうして得られた実質債務超過額、実質的な損益、キャッシュフローのデータに基づき、債務超過解消のために必要な年数や債務償還年数を算出し、対象企業に債権放棄などの金融支援が必要な過剰債務が存するのか、若しくは収益による弁済を継続することによる正常化を図ることが可能かを判断します。この際には、現状況下でのキャッシュフローのみならず、後述する事業DDを踏まえ、経営改善策を講じた後のキャッシュフローの見通しも考慮して判断することになります。

債務超過解消年数や債務償還年数については、協議会等の各種準則型私的整理手続によって成立を図る場合はその準則中で、原則として一定の年数を超える部分についての債権放棄等が必要であることが定められています。こうした手続を経ない場合には、各金融機関が受け入れることが可能なところで支援額を定めることになりますが、その場合も、各種手続の準則を参考にしながら再生計画案として、提示することが多くなります。

(4) **その他の調査事項**

上記のほか、金融債権等の保全状況を確認し、清算BSを作成します。

保全状況の確認を行うのは、非保全債権額を確認することで、債権放棄やDDS等が可能となる上限額を確定させるためです。金融機関側は、保全された債権については債権放棄等を行うことはできないためです。また、債権放棄等を行ったり、長期分割弁済を非保全債権額の按分で行ったり（いわゆる信用プロラタ方式）する場合に、非保全債権額がその額を決する際の基準ともなります。

清算BSは、対象企業を清算した場合の弁済率を明確にし、当該私的整理による弁済を受ける方が清算手続により回収を図るよりも回収額が上回るかどうかを明確にするため作成します。

3 事業DDによる調査内容

窮境に陥っている企業は、事業とは関係しない特定若しくは突発的な事象を原因とするよりは、経営に関する問題点が複合的に重なりあっていることが多いため、それらの問題点・課題を把握し、その改善を図って、対象企業が再生を図ることが可能か否か、現在の収益性をさらに改善し、弁済原資をより多く確保することがで

きるかどうかについて調査します。

　事業DDでは、対象企業の窮境原因・問題点をマクロ的な経済環境、対象企業の事業に関する市場環境、対象企業の置かれた競争環境などの外部的要因から分析するとともに、対象企業内部が抱える要因とに分けて、窮境に陥った原因を分析します。また、その原因を除去し、再生することが可能か否かについて分析を行ったり、再生していくため、事業の選別も含め目指すべき方向性を示したりします。そして、これらを踏まえ、将来の収益力（債権者への弁済原資）をどの程度確保していくことができるかを数値化して明確にします。

　したがって、現在の事業で十分な収益が確保できていない企業であっても、経営改善を行うことにより、将来、収益が見込めることについて説得力をもって示すことができるのであれば、その再生可能性は認められると評価されることになります。

4　調査主体及び調査時期

(1)　調査主体

　各DDは、対象企業が依頼し、費用負担して実施するとはいえ、債権者に対して、説得力を有する報告である必要があり、対象企業とは、直接の利害関係はなく、専門性の高い者によって実施されます。財務DDの場合は、財務の専門家である公認会計士や税理士などが主体となって実施されます。

　事業DDは、コンサルタントや中小企業診断士が主体となって実施されますが、企業規模が小さく、問題点や解決策が比較的シンプルなものにとどまることも見込まれる場合には、財務DDを実施する公認会計士によって実施される場合もあります。法務DD、税務DD、不動産DDは、それぞれ弁護士、税理士、不動産鑑定士により実施されます。

(2)　調査時期

　財務DD、事業DDのいずれも、再生の可能性を検討し方針を確定する場面における前提情報として非常に重要であるため、早い段階で実施する必要があります。準則型私的整理手続を利用する場合であっても、対象企業から相談を受けた段階で手続選択を行うためにも、簡易なものでも早期に実施する必要があります。

　金融機関と直接交渉をして私的整理を進める場合には、あらかじめDDを実施した上で支払の猶予を求め再生計画について協議する場合もありますが、時間的な余裕も十分ではなく、猶予の依頼をした後に、早急に実施することが多いようです。

　事業再生ADR手続を利用する場合には、あらかじめ財務DD及び事業DDを実施し、再生の方針を固めた上で手続の申請を行うことが求められています。

　協議会の手続による場合には、従来型スキームの通常型であれば、第一次対応から第二次対応に移行した段階で、協議会によって組織された専門家チームによって財務DD及び事業DDが実施され、従来型スキームの検証型であれば、検証を受ける計画の前提として、あらかじめ企業側で実施されます。

　REVICの手続による場合も、事前相談を経て、機構がアウトソースした専門家によって、支援決定に先立って、DDが実施されることになります。

（山形康郎）

Q16　実態貸借対照表とその評価基準

財務状況の調査を行うに当たって、実態BSを作成する目的は何ですか。また作成の際に、どのような評価基準に依拠すればよいですか。

1　実態BSを作成する目的
(1)　実態BSの意義
　実態BSとは、制度会計上一般に公正妥当と認められる企業会計の基準に従って作成されるBSとは別に、特定の基準日時点における債務者の財政状態の実態を示すために作成されるものです。再生可能と見込まれる債務者が、引き続き事業を継続することを可能にしつつ、債務者に対して債権放棄等の金融支援を行う債権者の経済合理性を満たすような公正かつ適正な債務処理を行うための手続の一環として、公正な価額による債務者の有する資産及び負債の評定を行い、実態BSは作成されます。

　私的整理における代表的な枠組みとして、私的整理GL、REVICの再生支援手続、協議会の支援による再生計画の策定手順、及び事業再生ADR等があり、それらの各種枠組みで、それぞれ実態BSを作成するための評価基準が設けられています。

(2)　実態BSを作成する目的
　実態BSを作成する目的は、第一に、債務者の財政状態を的確に把握し、再生手法や金融支援額を決定する上での基礎資料とすることがあげられます。また、これにより実質的な自己資本額を把握することが可能となりますので、実質的に債務超過であるか否かの判断の根拠となります。私的整理における各種枠組みにおいては、概ね3～5年以内を目処に実質的な債務超過の解消が求められています。一方で、債権者としては、金融支援に係る株主代表訴訟等の訴訟リスクを回避することが可能となります。

　第二に、弁済計画策定の基礎資料とすることがあげられます。実態BSを作成することにより、債務と担保提供の関係が明確となり、また、処分可能な担保提供資産を回収可能価額で評価することにより、資産処分による弁済可能額が明確となります。

　第三に、債権者及び債務者の税務リスクを回避できることがあげられます。私的整理の各種枠組みにおける実態BSをベースとした債権放棄等を行った場合には、寄附金課税等の税務リスクを回避することが可能となります（法人税基本通達9－4－2）。さらに、債務者にとっては、実態BSを作成することにより、税制上の優

遇措置を受けることも可能となります。一定の要件を充たす必要はありますが、実態BSの作成により算定された資産の評価損益を別表添付方式により益金又は損金の額に算入することができます（法人税法25Ⅲ、33Ⅳ）。また、その別表添付方式を採用した場合には、債務免除益等と相殺するための損失として繰越欠損金に優先して期限切れ欠損金を使用することができるなどの税制上の優遇措置があります（法人税法59Ⅱ）。

2 実態BSを作成する際の評価基準

(1) 実態BSを作成する際の評価の考え方

実態BSを作成する際の評価の考え方としては、継続企業を前提とした上で、原則として時価主義が採用されることとなります。一方で、制度会計上は、取得原価主義の枠組みの中で、部分的に時価を参照する形での評価を行っているに過ぎません。そのため、両者では相違が生じます。また、実態BSを作成する際の時価には、再生の観点から企業会計上の「時価」のみならず、代替的に又は特定的にある価額を採用することも可能であり、時価の概念がより広範囲であるといえます。さらに、再生の局面では、その事業計画達成の確実性の観点から、より保守的な前提に基づいた見積り等が評価に用いられる傾向があると考えられます。

(2) 各種枠組みにおける評価基準

私的整理の各種枠組みにおいては、実態BSを作成する際の評価の考え方を具体化したものとして、それぞれにおいて評価基準が示されています。ただし、実態BSの意義や評価の考え方、作成目的に照らして、合理的であればそれぞれの評価基準によらない評価方法も認められるものと考えられます。

ア 私的整理GL

私的整理GLにおいては、実態BSを作成するに当たり用いる資産評定は「公正な価額」による旨と、評価基準として「実態貸借対照表作成に当たっての評価基準」が示されています（私的整理GL・Q10-2）。

イ REVICの再生支援手続

REVICの再生支援手続においては、資産評定の基準として、「再生計画における資産評定基準」が示されています。

ウ 協議会の支援による再生計画の策定手順

協議会による支援の場合においては、実態BSの作成に当たり資産評定が行われますが、これについては、「実態貸借対照表作成に当たっての評価基準」が示されています。

エ 事業再生ADR

事業再生ADRにおいては、経産省令29条1項1号において「公正な価額」により資産評定を行う旨が定められていますが、その評価基準として、資産評定基準が示されています。

(3) 各評価基準に基づく評価について

(2)で述べたように、私的整理の各種枠組みにおいてはそれぞれ評価基準が定められており、勘定科目によってはその規定に若干の差が見受けられます。例えば前記エの事業再生ADRの評価基準では自らの事業に関するのれんの評定についての規定がありますが、その他の枠組みにおける評価基準では特段の規定はされていません。また、退職給付引当金について前記イのREVICの再生支援手続及びエの事業再生ADRの評価基準では退職給付に関する一般に公正妥当と認められる企業会計の基準に準拠した簡便な方法による見積りを行うことができると規定されていますが、その他の枠組みにおける評価基準では規定されていません。

しかし、評価基準に規定されていない場合には評価を実施しなくてもよいということではなく、前記1(2)で述べた目的を達成するために必要と認められる場合には、その他の合理的な評価方法を採用することとなります。このため、私的整理の各種枠組みにおいて、実態BSを作成する目的に違いはないことから、採用した枠組みによって、実態BSの評価結果に差が生じることはないものと考えられます。

(4) 評価に当たっての留意点

制度会計に時価概念が採用されているとはいえ、制度会計と実態BSを作成する際の評価基準において、基準自体に差異がある勘定科目があります。例えば、事業用不動産であれば、制度会計上は減損会計が適用されますが、実態BSを作成する際の評価基準では原則として不動産鑑定評価額に基づく評価を行うこととなります。一方で、制度会計と実態BSを作成する際の評価基準との間で、評価基準自体に差異がない勘定科目もあります。例えば、売買目的の有価証券がこれに該当します。しかしながら、評価基準自体に差異がない場合であっても、評価の前提となる見積り方の違い等により実態BSを作成する際に評価替えを行う場合も想定されます。いずれのパターンで評価替えを行う場合であっても、その理由の説明が求められることを想定し、より客観的な根拠に基づいて評価替えを行うことが重要となります。

また、私的整理における実態BSは、事業計画におけるリストラ計画等の企業の継続価値を最大化するための施策の影響を受けることとなります。例えば、ノンコア事業や不動産等の売却予定額、人員リストラに伴う割増退職金等の費用が引当金等として織り込まれることとなります。このように、制度会計上偶発債務について引当金の計上要件を充たさない場合であっても、実態BSを作成する際の評価基準においては、引当金計上を行うこととなる場合がありますので留意が必要です。

その他、そもそも過年度の財務諸表の信頼性が問題となる場合もあります。特に監査法人又は公認会計士の会計監査の対象となっていない会社のBSを検討する場合には、より慎重な検討が必要となります。

（渋佐寿彦）

Q17 清算貸借対照表とその評価基準

財務状況の調査を行うに当たって、清算BSを作成する目的は何ですか。また、作成の際に、どのような評価基準に依拠すればよいですか。

1 清算BSを作成する目的

私的整理における財務状況の調査の際、実態BS（Q16参照）のほかに、清算BS（清算バランス）を作成します。この清算BSは、仮に当該法人が破産して清算した場合に、破産における一般の破産債権となる債権（私的整理の対象となる金融機関の債権の無担保部分に相当します）に対し、どの程度の配当が見込まれるか、すなわち清算配当率を算出するものです。これは、債権者である金融機関に対し、私的整理における金融支援を求める際に、破産による清算との比較を行い、私的整理に経済的合理性があることを示すために作成するものです。

2 清算価値保障原則との関係

例えば、民事再生を選択する場合、破産配当を上回る弁済が求められています。これを清算価値保障原則といい、再生計画の不認可事由として「再生債権者の一般の利益に反するとき」という表現を用いています（民再174Ⅱ④）。この清算価値保障原則は、当然のことながら、私的整理の場面でも当てはまります。

3 清算BS作成の基準日

清算BSを作成するに当たり、当該法人は、実際に破産して清算するわけではありませんので、一定の基準日時点で当該法人のすべての財産を「評価」することになります。

この一定の基準日については、民事再生の場合であれば、再生手続開始申立ての際にも清算BSを作成していますが、再生手続開始後に、再生手続開始時の財産評定を行うことになっており（民再124Ⅰ）、財産評定の基準日は、原則として再生手続開始時となります。私的整理の場合は厳密な基準日がありませんが、債権者への資料提供の観点から、できるだけ直近の決算期や月末等、適宜の基準日を設けて評価することになります。

4 清算BS作成の際の評価基準

清算BSを作成する際の評価基準は、破産清算の場合との比較ですから、早期処分価額となります（民再規56Ⅰ参照）。この早期処分価額は、通常の市場価額に早期に処分することによる減価を考慮することで算定されるものです。

(1) 現預金

現金はそのままの額となりますが、預金は相殺予定を考慮します（清算BS上

は、額面額を資産計上し、後述の控除で相殺予定を反映することになります）。

(2) 売掛金・貸付金等

破産における早期回収可能額をもって評価することになります（基準日以降の実回収額を反映させるものではありません）。できるだけ個別具体的に評価します。

(3) 在庫商品関係

企業継続を前提としないことから、破産管財人が売却する際にはスクラップバリューとならざるを得ない場合が多く、この点を前提とした相当な減価を行います。

(4) 不動産

不動産鑑定を行う場合は、特定価格を用いることになります。また、鑑定まで行わない場合には、路線価や固定資産評価額等を参考にして、早期処分価額を算定することになります。

(5) 敷金・保証金

賃借物件の敷金・保証金返還請求権については、法的整理の場合の取扱いを考慮しながら、契約上の返金予定額から明渡しまでの賃料、明渡費用、原状回復費用、違約金等の控除が想定される額を控除して評価します（清算BS上は、契約上の返金予定額を資産計上し、後述の控除の点で反映させます）。

5 清算配当率算定の際の注意事項

(1) 清算価値から控除すべき点

このように、当該法人の資産の清算価値を評価し、資産面で清算価値の積上げを行いますが、この清算価値がそのまま債権者に分配されるべきものとなるわけではありません。

法的整理の場面を想定して算出する以上、法的整理における担保権の取扱い、債権の優先順位（破産における財団債権、優先的破産債権といった一般の破産債権に優先する債権）については、同様に考慮することになりますので、積み上げた清算価値からこれらを控除した上で、一般の債権に対する清算配当率を算定することになります。具体的には、預金等の相殺予定分、担保権の把握する交換価値分（保全債権部分）を控除するとともに、共益債権（各種契約の処理に伴い生じる予定のもの）、租税債権、労働債権（給料、解雇予告手当、退職金（会社都合））、清算費用（破産管財人報酬を含みます）を控除することになります。この控除の時点で清算価値がマイナスとなり、一般の債権に対する配分がないこともあります。

(2) 代理人弁護士の関与

清算BSの作成は、財産の適正な評価の作業を伴うため、公認会計士等の協力を得て行う場合が多いでしょうが、代理人弁護士としても、法的整理の場面との比較等、適正な財産の評価や優先する債権等の控除がなされているかの確認を積極的に行うべきでしょう。

（野村剛司）

Q18 経営の状況 ―事業DDの実施―

 経営状況の調査を行うに当たって、どのような調査を行うことが必要となりますか。また、調査結果をどのように事業計画に反映させることが必要となりますか。

1 経営状況の調査の目的
　経営状況の調査の目的は、対象企業の事業を再生することができるか、再生可能としてその道筋はどのようなものかについての判断材料を得ることにあります。
2 どのような調査を行うか
(1) ビジネスモデルの把握
　まずは、対象企業が、どのような商品やサービスを提供し、付加価値を生み出しているのかというような、いわゆるビジネスモデルを把握することになります。把握の過程において、マーケットや業界等の環境を考え合わせながら、時的に比較し、また、コンペティターと比較しながら分析を進めます。
　また、定性面のみならず、どの程度のコスト（原価・販管費）により、商品やサービスをどれだけ提供している（売上高）などの定量面も密接不可分ですので並行して把握します。
(2) コア・コンピタンスの理解
　そうして、対象企業のビジネスの良い面と悪い面とが分かってきます。
　対象企業は窮境に陥ったことで調査を受けているわけですから、悪い面の方が目立つかもしれません。しかしながら、対象企業の事業を再生することができるかについては、コンペティターにはない対象企業の優れているところ（コア・コンピタンス）を理解していくことが、より重要であると考えられます。
(3) 窮境原因の把握と除去等のための情報の把握
　コア・コンピタンスが分かってくれば、基本的には、これを柱として、まわりの窮境原因・無駄なもの（ノンコア事業・商品・チャネル、過剰な拠点、設備、人員等）を削ぎ落としていく方策を検討していくこととなります。
　具体的に、撤退事業や不動産その他の資産の譲渡、製造・製造委託・販売等の中止、人員の再配置・リストラの方法を想定し、それに伴う影響（撤退事業にかかる売上高・コストが減少するなどの直接的な影響のみならず、例えば、コア事業とも関連する撤退事業の販売先へのフォローにかかるアクションとコスト、公的な補助金を受けて設けた撤退設備の譲渡・用途変更にかかる補助金返還、譲渡する不動産等の担保権者との調整にかかる影響などを含みます）を推し量り、合理的に確定していきます。

他方、まわりの窮境原因・無駄なものに足を引っ張られて、コア・コンピタンスも弱まっているのが通常ですから、そのてこ入れも必要となります。このようなコスト削減ではなく、売上高増大につながる有効な施策を決定できるかは、実際にターンアラウンドした事例をみても、大変重要なポイントになります。そして、この点に、経営的に優れた分析力やクリエイティビティが必要とされます。

3 調査結果の事業計画への反映

以上の調査結果が、どのように計画案に反映されるかについては、計画案の構成から考えるのが分かりやすいと思います。計画案の大きな流れは、①対象企業の概要、②計画案を策定するに至った経緯、③事業計画（事業リストラクチャリングの内容及びその結果としての数値計画）、④金融支援依頼事項（財務リストラクチャリングの内容）という流れになりますが、④から①へと遡って考えます。

計画案の第一次的意義は、依頼する財務リストラクチャリングの内容を文書で明らかにするところにあり、④は、計画案の最も重要な部分となります。

では、④の具体的な内容は何で決まるかというと、対象企業（事業）の企業（事業）価値です。そして、この企業（事業）価値を示すのが③事業計画中の数値計画部分です。そこでは、当然に持続的に利益・キャッシュフローが計上されることになるのですが（そうでなければ再生ではありません）、対象企業の近年の損益は赤字になっていることが多いと思われます。この赤字を計上するような状況から、どのようにして、持続的に利益・キャッシュフローを計上するような状況にターンアラウンドするかが、前述の窮境原因の除去やコア事業のてこ入れの部分であり、③事業計画中の事業リストラクチャリングの内容の部分となります。

そして、これを説得的に説明するために、①対象企業の概要で対象企業のビジネスモデル、外部環境、コンペティターの状況等を、②計画案を策定するに至った経緯で窮境原因を、それぞれ説明することになります。調査結果の事業計画の反映は、このような形でなされます。そうである以上、調査の際には、上記の①～④のつながりを、すなわち、どのような金融支援依頼となり、金融債権者に同意をもらえるか否か等まで考慮の上、これを行うべきということになります。

このように、経営状況の調査は、数値計画の策定や金融債権者の調整につながっていくことから、これらの主体となる専門家等（公認会計士・弁護士等）は、少なくとも従たる調査の主体となる必要があります。

また、特に調査（ヒアリング）される側の役職員の自己分析にバイアスがかかっている場合や役職員の金融債権者に対する従前の説明に見込み違い・虚偽等があり、その信頼を失っているような場合、さらに大企業・中堅企業の案件などで、専門家費用にかかるキャッシュに余裕がある場合等には、ビジネスコンサルタントが主たる調査の主体となって、その知見に基づき、調査内容を再構成し、又は深掘りするなどして整理することが有益です。

（吉田広明）

Q19 事業計画・リストラ計画・資金繰り計画・弁済計画 —事業再構築の重要性—

弁済計画を立案する前提となる弁済原資(フリーキャッシュフロー)はどのような検討を経て確定されるのですか。事業計画と資金繰り計画及び資金繰り計画と弁済計画の関係はどのようになっていますか。また、それぞれを立案する上で、どのような点に配慮して作る必要がありますか。

1 弁済原資の源泉

弁済計画を立案する前提となる弁済原資は、継続事業を通じて得られるキャッシュフローと、非継続事業や処分対象資産の売却見込み額等の合計額がその源泉となります。とりわけ、事業を維持発展させ、弁済を確実に行うためには継続事業から得られるキャッシュフローをいかに確保できるかが重要な課題になるといえますが、そのためには、会社が窮境に陥った原因を分析した上で、不採算部門の整理・撤退、コスト構造の見直し、過剰設備や遊休資産の処分、人件費・管理費等の経費の削減、収益機会の拡大、コア事業のてこ入れなどといった事業の再構築を徹底して行い、事業をいかにして再生していくのかについて検討することが必要です。

2 事業計画の立案等

事業計画はこうした事業の再構築等の方針・内容を具体的な数値として表したものであり、利益計画、投資計画及びリストラ計画、並びにそれらのタックスプランニングをもとに組み立てられた資金計画などからなります。なお、これらの数値計画を取りまとめた事業計画をもとに資金繰り計画が立案され、その資金繰り計画をもとに弁済計画が立案されて弁済額が確定されるという手順になります。

(1) 利益計画

利益計画においては、会社自身の自助努力を通じて、いかにして窮境原因を除去し、弁済原資の基礎となる利益を確保していくかが表現されます。この利益計画は、合理的で実行可能であること、並びにその合理性及び実行可能性を客観的な根拠をもって説明できることが求められます。そこで、利益を構成する各種数値(売上高、売上原価、販売費及び一般管理費、利息費用等)について、過去の実績数値の推移や、過去の施策の効果等を踏まえた上で、再生にかかる各種施策がどのような改善効果をもたらしていくのかを検討することになります。その際には、外部環境や市場環境の過去の変化と将来予測、それらが継続事業に及ぼす影響など、マクロ的な視点も踏まえることが必要です。

なお、債権者からは、事業継続の意義、弁済の極大化等の観点から、売上げや利益が拡大していく利益計画の立案を求められがちですが、利益の拡大には課税が伴

い、必ずしも弁済原資の上乗せになるとは限らない点には留意すべきであり、他の数値計画やタックスプランニング等と一体的に検討する視点が重要となります。

(2) **投資計画**

窮境に陥った会社では、設備を適切に維持するための修繕を含め、最低限の投資すら行うことができず、コア・コンピタンスそのものが弱体化していることも少なくありません。そのようなケースでは、その強化を行わないことには、利益の確保はおろか、事業の継続までもが困難となってしまうおそれがありますので、必要な修繕又は新規の設備投資等も検討し、計画に織り込む必要があります。コストの削減も重要ですが、そればかりに目を奪われ、適切な時期に適度の設備投資や資本的支出を実行しなければ、中長期的には事業が先細りし、結果として計画を履行できないということにもなりかねません。この点、債権者からは、このような設備投資等に異論が唱えられることもありますが、設備投資の必要性とそれがひいては利益の拡大につながるということを説明して理解を得るべきです。

なお、設備投資等にかかる計画を織り込んだものの、売上げ等が予想外に下振れしたような場合には、そのときに計画どおりに投資を実行するか否かを判断すればよいと思われます。この意味で、投資計画は事業計画のバッファー的な役割を果たすともいえます。

(3) **リストラ計画**

事業計画を立案する上で、従来と変わらないコスト体質では弁済原資の確保自体が困難ですし、そもそも債権者の賛同も得られませんので、事業計画にはコスト削減へ向けたリストラ計画を盛り込み、会社として最大限の自助努力の姿勢を示す必要があります。具体的には、役員報酬のカット、人員削減、不採算事業の整理、遊休資産の処分、不要不急の交際費や広告宣伝費などといった冗費のカット等が考えられます。この点、従前から幾度となくリストラが繰り返されているケースもあると思われますが、このような場合でも、専門家に相談するなど、外部の目からみてなおリストラの余地がないかを検討すべきといえます。

ただし、リストラで自助努力の姿勢を示すといっても、利益計画などと同様、非現実的なリストラ計画では意味がありませんので、実現可能な計画にすべきであること、またリストラの実行そのものにも費用（退職金や撤退費用など）がかかり、リストラによる従業員の士気の低下や事業規模の縮小が売上げの減少をもたらすおそれがあるという点には注意が必要です。この点、リストラによって一時的な経費の増加や売上げの減少が生じても、計画期間全体として利益の拡大をもたらすのであれば問題はありませんが、行き過ぎたリストラで利益の減少が続き、ひいては弁済額も少なくなるというのでは本末転倒です。債権者からは、厳しいリストラ要請がなされることが多いと思われますが、債権者には、これまでのリストラの状況も踏まえ、リストラの弊害についても説明して理解を得るべきです。

なお、不採算事業や遊休資産等の売却を行う場合の数値計画においては、市場の

動向等を十分に考慮し、実現可能な実行金額を、いかにして客観的に示すかが重要なポイントとなります。一般的には、その実行可能な時期及び売却金額については、保守的に計画することになるでしょう。

(4) タックスプランニング

タックスプランニングにおいては、継続事業の課税所得のほか、利益計画、投資計画及びリストラ計画において予定されている組織再編や資産売却等に伴う課税所得、繰越欠損金の将来年度の利用シミュレーション及び失効年度の予測等が重要なポイントとなります。その他、同族会社の留保金課税、外形標準課税及び消費税等が納税額へ与える影響等も勘案し、それらを資金計画に織り込む必要があります。

(5) 資金計画

利益計画、投資計画及びリストラ計画とそれらのタックスプランニングを基礎として資金計画を組み立てることとなりますが、計画期間中に資金ショートを起こすことがないように慎重に策定する必要があります。その際には、優先する債務（税金や社会保険料等）の弁済や、再生中である事実の公表等に伴う支払条件の悪化等にも留意する必要があります。また、必要に応じて、プレDIPファイナンス等の資金手当ても検討します。

(6) 事業計画内部での整合性

事業計画内部での整合性が欠落している場合、事業計画全体の信頼性が失われかねないため、事業計画内部での整合性も重要なポイントとなります。そのためには、会社のビジネスモデル、外部環境、競業会社の状況等を踏まえて策定した窮境原因の除去やコア事業のてこ入れなど、事業計画に記載されている定性的な事項が網羅的に数値計画に反映されていることはもちろん、数値計画内部での整合性についても細心の注意を払って計画を策定することが重要となります。

3 事業計画等の相互関連性

以上では、事業計画の立案とその事業計画に取りまとめられるべき数値計画等について述べましたが、以下では、事業計画から導かれる資金繰り計画及び弁済計画について、それぞれを立案する上での留意点と相互の関係について概説します。

(1) 資金繰り計画について

事業計画は会社の損益状況を表すものですが、これだけでは会社における実際の資金の動き（キャッシュフロー）を把握することができませんし、キャッシュアウトを伴う弁済計画を作成することもできません。実際、「黒字倒産」といわれるように、損益は黒字でも資金ショートを起こしてしまうケースもあり、事業の安定的継続と実現可能な弁済計画の策定のためにも正確な資金繰り計画の立案が重要となります。この資金繰り計画の立案に当たっては、季節変動要因を含めた業界の特性、納税その他の特別な支出の有無等にも十分配慮し、また、新規融資は受けられないという前提のもと、期中に資金ショートが生じることがないよう、少なくとも月次単位での検討が必要であり、また、この月繰りがあってはじめて、実際に期中

のどの時期にいくらの額の弁済を行えるのかという弁済計画を立案できることになります。

なお、この資金繰り計画は第一次的には事業計画をもとに立案されることになりますが、事業計画を反映して作成した資金繰り計画に無理がある場合には、事業計画に立ち戻ってその内容を見直すことになります。この意味で、事業計画と資金繰り計画は一体のものとして理解し立案する必要があります。

(2) **弁済計画について**

このようにして立案された資金繰り計画をもとにフリーキャッシュを算出し、どの時期にいくらの金額を弁済できるかを試算して弁済計画を立案していくことになります。その際、算出されたフリーキャッシュのすべてを弁済に充てることができるわけではありません。債権者の賛同を得んがために無理な弁済計画を立案しがちですが、少なくとも計画履行中は新規融資を受けることはかなり難しいと思われますので、業績の悪化など万一の事態に備えて運転資金(納税資金も含みます)を一定程度留保しておくなど、ある程度資金繰りに余裕をもたせた弁済計画を立案すべきものと思われます。もっとも、この点は債権者の理解を得られにくい点でもあり、上述したようにバッファーとしての意味もある投資計画と組み合わせるか、過去の資金繰り実績を示して理解を求めていくことになるでしょう。

なお、その延長線上にある問題として、弁済額を堅く見積もった結果、予想以上に業績が好調で事業計画を上回る超過収益が生じた場合に、その超過収益をどのように取り扱うのか等についてあらかじめ定めておくということも考えられます。例えば、超過収益分の何パーセントかを原資として、残元本プロラタで追加弁済あるいは繰上弁済を実施するなどです。ただし、この場合でも、業績が好調な原因は様々であり、それが持続的なものかどうかなどを見極めるには複数期の決算を経ることが望ましく、その見極め期間中は超過収益分を留保しておくような計画にするなど、慎重な検討が必要と思われます(**Q25**参照)。

最後に、立案した資金繰り計画からは、どうしても合理的でかつ債権者の同意を得られるような弁済計画を作成できない場合には、資金繰り計画及び事業計画を見直し、シミュレーションを重ねていくことになります。

(中森　亘)

Q20 弁済計画立案の前提 ―保全債権と非保全債権―

対象債権について、担保設定されているもの（不動産、有価証券、預金、その他）、信用保証協会の保証が付いているもの、債権者である金融機関に存する預金についてどのように取り扱って分類するのが相当でしょうか。なお、登記留保不動産や流動性預金についてどのような問題点がありますか。

1 保全債権と非保全債権の分類

弁済原資を対象債権者に対して、いつ、どれだけ弁済するか（弁済計画）を立案するに当たり、対象債権の全額弁済を目指すリスケ型の弁済計画であれば、原則、債権の残高に応じて、按分弁済の計画を立てることになります（残高プロラタ方式）。したがって、担保設定等により保全されている債権（保全債権）とそうでない債権（非保全債権）の分類結果は、各金融機関の保全状況の概況を確認する参考資料にとどまり、その分類が大きな論点となるケースは少ないと思われます。

一方、対象債権のカット、DES、DDS（以下「カット等」といいます）などを伴う再生計画における弁済計画では、保全債権はカット等の対象から外れ、保全の対象外となる非保全債権の額に比例して、各金融機関がカット等の負担をする形となります（信用プロラタ方式）。通常、金融機関は、担保設定等様々な方法で債権の保全を図るなか、保全債権と非保全債権が入り混じるため、その分類、つまりどの債権が保全されるか、保全されるとして、その保全額がいくらと評価すべきか、という整理が大きな論点となります。

2 保全債権等の分類上の問題点

(1) 保全債権と非保全債権の区別

保全債権となるものとして争いがないものは、①不動産担保、②質権設定された有価証券・定期預金等の金融資産、③譲渡担保の設定された商品在庫・売掛金・受取手形・設備機械類などで対抗要件を備えているものです。代表者等が連帯保証をしているケースにおいて、個人の資産に同様の担保設定がなされている場合には、これらも保全債権として整理されます。

また、信用保証協会の保証付き債権も保全債権として扱われます。もっとも、信用保証協会は代位弁済後の求償権をもって私的整理手続に参加しますので、対象債権者となります。求償権者として代位可能な担保や独自に担保を取得している場合には、これらは信用保証協会の保全債権として整理されます。

一方、保全債権とならないものがすべて非保全債権と扱われることになります。

(2) 保全債権として扱いに議論のあるもの
ア　預　　金
　対象債権者の管理する口座に存する非拘束定期預金や流動性預金は、担保設定はされていませんが、法的手続に移行すれば相殺可能となるため、保全債権と評価すべきかどうかが問題となることがあります。
　もっとも、事業継続を図りながら再生計画の成立を目指すのが私的整理手続である以上、運転資金を確保することは大前提であり、流動性預金を保全債権とすべきであると主張されることはまずありません。なお、流動性預金をメイン行に集約して運転資金を管理する場合、「法的整理に移行すれば、メイン行がこれを相殺できるとすれば、優先回収を認めることにもなる」などの意見が出されることがあります。この場合、相殺をしないよう約束を取りつけるか、相殺の危険のない金融機関に移動させることもあります（**Q134参照**）。
　非拘束定期預金については、担保設定がされていない以上、保全の対象とすべきではないと考えられますが、直接運転資金などに用いられておらず相殺の合理的期待も高いとして、保全債権として扱うべきであると主張がされるケースも多く認められます。確定的なルールはありませんが、資金繰りに不安がないことやその金額の多寡、金融機関間のバランスも確認しながら、債務者企業、保有金融機関、非保有金融機関の間で調整を行い、全当事者の合意のもと、これを保全債権と扱うこともあります。
　逆に、資金繰りに不安があるケースでは、運転資金が不足した場合に用いる原資ともなり、非保全債権と扱うべきとして調整をすることもありますが、これを保有する金融機関は資金繰りの不安から、かえって解放を拒むため、意見の対立が大きくなるケースもみられます。
イ　登記留保不動産など
　私的整理においては、登記留保不動産や譲渡担保が設定されていても対抗要件を留保しているものについて、金融機関間では担保の存在を認め、保全債権として扱うことは一般的といえます。もっとも、法的倒産手続に移行した場合には、担保権として扱われないことから、私的整理の成立が危ぶまれる場合に備え、対抗要件を留保している金融機関が債権者会議において、対抗要件の具備を強く求め、債権者間での意見調整に時間を要することもあります。
(3) 保全債権額を算定する際の評価
　保全債権額を算定する際の評価時点は、清算BSの作成時と合わせて確定させるのが一般的です。有価証券等市場で売却が可能なものは、同日時点での市場評価額を記載し、その他のものは、基本的には第三者の評価（不動産鑑定その他）を得てこれを記載することになります。
　再生計画の成立後、実際に換価処分して弁済に充てるものについては、評価額はあくまで評価時点における目安にとどまり、実際の処分額に従った弁済がなされる

ことが多いと思われますので、清算価値算定における恣意性が含まれていないか、という点を除き、評価額で争いが生じる例はあまりありません。

一方、カット等を伴う再生計画において、計画成立後も債務者の保有が継続される資産（不動産、在庫、機械類など）が存する場合や、外部スポンサーによる事業承継が行われる中で当該スポンサーが当該資産を対価を支払って取得する場合においては、その評価額を巡って議論となるケースが多くなります。

評価額が高くなると、その保全債権を有する金融機関の保護が厚くなる一方で、清算価値を上回る弁済率を他の金融機関に確保できなくなる危険が高まり、非保全債権を有する金融機関の回収額も低くなります。評価額が低くなると、その逆となり、債権者間の利害対立が先鋭化することもまれではありません。

私的整理である以上、全金融機関の同意が原則であり、担保権消滅などの制度もないため、利害対立が解消されないと計画の不成立につながります。保全債権額の評価を巡る調整は、最も重要かつ困難な調整といっても過言ではありません。そこで、評価が必要となる資産については、財務DDをスタートさせる段階から、評価方法も含め、全金融機関を巻き込んで十分に議論を重ねるとともに、全当事者の合意が得られるよう労を惜しまず調整に努めるか否かが、成立の成否を分けることになります。

（山形康郎）

Q21 弁済原資の分配方法(1) ―プロラタ方式―

弁済原資を分配する際に、その分配額を具体的に算定し、弁済するに当たって、保全債権と非保全債権についてどのように取り扱うのが相当ですか。債権カットした後、分割払いをする場合において、債権カットしない場合と比較して相違はありますか。

1 弁済原資の分配に関する基本原則
　弁済原資の分配については、私的整理手続においても法的整理手続におけるのと同様、公平性が強く要請されます。ここでいう公平性は、形式的な平等性ではなく実質的な衡平性を意味するものです。この点、私的整理GLでも、「再建計画案における権利関係の調整は、債権者間で平等であることを旨とし、債権者間の負担割合については、衡平性の観点から、個別に検討する」(私的整理GL 7(6))とされています。

2 弁済原資の分配方法
(1) 衡平性の具体化としてのプロラタ方式
　弁済原資の分配に関する「衡平性」を実現するための具体的な方法としては、弁済の対象となる債権額に比例して分配を行うプロラタ方式（比例配分方式）によるものとすることが一般的です。私的整理手続の対象とされる債権者は各自が有する「債権」を利害関係の基礎とするものなので、各自の債権額に応じて弁済原資を分配することが衡平に適うと考えられるからです。

(2) 保全債権と非保全債権に対する分配の取扱い
　もっとも、ひとくちにプロラタ方式といっても、必ずしも各債権者が有する債権額に単純に比例させて弁済原資を分配する（完全プロラタあるいは残高プロラタ）というわけではありません。

ア 保全債権に対する全額弁済の保障
　この点、私的整理手続であっても、抵当権や質権などいわゆる物的担保権によって保全されている債権（保全債権）については、法的手続におけるのと同様、担保物の価値相当額の回収は保障されるべきものとされています。したがって、私的整理手続における再生計画全体の中で、保全債権に対して全額回収が保障されるよう弁済原資を分配しなければなりません。
　なお、保全債権に対する弁済について、担保権の対象物件が遊休資産である場合には、これを売却処分することで弁済原資を捻出して保全債権に対する弁済を行うことになります。また、銀行預金であっても質権などの担保権が設定されている場合、特段の事情がない限り当該預金を運転資金に使うことには担保権者たる債権者の了解は得られないでしょうし、他方、当該預金を弁済に充てることで債務者とし

ては金利負担が軽減されるというメリットがありますから、当該預金は保全債権への弁済に充当することが一般的な処理です。これに対して、担保権が設定されていない非拘束の預金については、基本的に、弁済に充当することなく運転資金として使えるようにすることが求められます。もっとも、非拘束の預金であっても、定期性預金については実質的な担保としての性質を有する場合もあり得ることから、運転資金として使えるものとするのか、それとも弁済に充てるのか、その取扱いについて、債務者と債権者（債権者間の公平性・衡平性の問題にも関わるので、ここでいう債権者は預金のある債権者に限らず手続に参加しているすべての債権者です）の間で、協議・検討を要するケースもあります。

　イ　債権カットした後、分割払いする場合の問題点
　以上のとおり、私的整理手続でも保全債権に対しては全額弁済すべきものと扱われる結果、金融支援の内容として債権カット（これに準ずるDES及びDDSを含みます）を伴う再生計画が採用されるケース（債権カット型）では、債権カット額は非保全債権額に比例して決定されることとなります。そうすると、非保全債権額が大きい（あるいは債権額に占める非保全債権の比率が高い）債権者ほど債権カットという経済的負担が大きくなるということになります。
　債権カット型では、各債権者が有する債権額に単純に比例して弁済原資を分配する完全プロラタ方式よりも、非保全債権額に比例して弁済原資を分配する方式（信用プロラタ方式）の方が、債権カットという経済的負担とのバランスをとる意味で、債権者間の実質的な衡平に資するとも考えられます。特に、実務的には、メインバンクなど債権額が大きい債権者（上位行）ほど保全債権の比率が大きく、他方、債権額が小さい債権者（下位行）ほど非保全債権の比率の大きいケースが一般的です。このような場合に完全プロラタ方式を採用すると、下位行としては上位行と比較して債権額に対して債権カットを求められる比率が高い上に、弁済原資の多くが上位行に分配されることになるので、私的整理手続には協力できない、という結論になってしまうおそれもあります。このような場合でも信用プロラタ方式を採用すれば、完全プロラタ方式に比べて下位行に対してより多くの弁済原資が分配されることとなる結果、下位行の協力がより得られやすくなるわけです。

　ウ　債権カットしない場合
　他方、金融支援の内容がリスケジュールのみで債権カットを伴わないケース（リスケジュール型）には、債権カット型のような問題は生じません。そこで、リスケジュール型では、基本的に、完全プロラタ方式を採用することに特段の支障はないものと考えられます。
　もっとも、メインバンクなど一部の債権者（上位行）と他の債権者（下位行）の債権額に大きな乖離があり、かつ、上位行が有する債権の相当部分が保全債権であるというようなケースでは、私的整理手続に対する下位行の協力を得るために、信用プロラタ方式が採用される場合もあり得るものと考えられます。

〔軸丸欣哉〕

Q22 弁済原資の分配方法(2) ―遊休資産の処分―

弁済原資を分配するに当たり、収益からの弁済に加えて自己の遊休不動産を処分したものからの弁済が予定されている場合がありますが、その際に評価額と実際の売買の金額に差異が生じた場合、どのような弁済計画を考えればよいですか。

1 差額発生の場合の処理方法

弁済計画策定後に遊休資産を売却して売却代金から担保権者への弁済を行うことを予定する場合があります。ところが、遊休不動産を売却する場合に、想定価格と実際の売却価格が異なる事態が生じることは避け難いことです。そこで、弁済計画において、そのような場合を想定した処理方法を定めておく必要が生じます。処理方法の選択肢としては、①実際の売却価格（そこから一定額の売却費用等を控除した金額）に基づき担保権者への弁済を行い、その後の残債務に対しては無担保債権と同水準の弁済を実施することとする方法（処分連動方式）、②売却金額の多寡にかかわらず被保全の信用残高の調整を行わず、当初予定の保全額を弁済する方法が考えられます。さらに、両者を組み合わせ、一定時期内に想定価格で処分されなかった場合には処分連動方式による調整を行う方法もあります。

2 処分連動方式のメリットと問題点

処分連動方式のメリットは、実際の物件売却価格に応じた合理的な処理をすることができ、例えば実際の売却価格が想定価格を下回っても、直ちに弁済原資が大きく圧迫されることを避け得る点、弁済計画の作成段階で売却予定価格についての過剰な論争を避けることができる点等にあります。不動産市場は時期により変動することがあることや、想定売却価格どおりの価格での売却を実施することは容易ではないことが多いことを考慮すると、処分連動方式の合理性は高いといえるでしょう。他方、処分連動方式の弁済計画はやや複雑になること、売却の段階で売却価格の当否について金融機関との協議を行うことを要することといった問題点があります。とりわけ、一括売却の方法による場合には、売却総額を各物件にどのように割り付け、各担保権者にどのように配分するかという点についての担保権者との協議には相応の作業を要することとなります。また、処分連動方式の定め方によっては、放棄額が確定しないことにより、上場廃止基準（東京証券取引所有価証券上場規程601条5号等参照）に抵触するといった問題点も考えられます。法的倒産手続ではありますが、更生計画等において、処分連動方式が採用される例もみられますので、私的整理においても参考となるでしょう（『ガイドラインの実務』246頁〔赤川公男＝内藤滋〕、『私的整理計画策定の実務』302頁〔小野沢庸〕、松下淳一＝事業

再生研究機構編『新・更生計画の実務と理論』189頁〔縣俊介ほか〕（商事法務、2014年）。

3 処分連動方式によらない場合のメリットと問題点

他方、処分連動方式によらない場合には、実際の売却価格が弁済計画における想定売却価格と異なる場合にも、想定売却価格をもとに定められた弁済額を担保権者に弁済することとなります。その結果、実際の売却価格が想定売却価格を上回った場合には、債務者の弁済原資に余剰が生じますが、反対に実際の売却価格が想定売却価格を下回った場合には、その差額相当額について債務者の弁済原資が圧迫されることとなります（債権カットを予定する計画案ばかりでなく債権カットを予定しない計画においても弁済資金の調達時期に差異が生じ、弁済資金に影響を与えます）。そこで、債務者としては、弁済計画を作成するに際して、弁済原資の不足を来さないために想定売却価格をある程度確実な（低廉な）金額としておく必要が生じる反面、担保権者としては実際に高価で売却される可能性を見込んで、相当に高額な金額での弁済計画作成を求めることとなり、弁済計画の策定に際して当該物件の売却想定額について金融機関との間で相当の交渉を要します。また、弁済計画における想定売却価格ないしそれを上回る金額での売却が実行できない場合には、その差額に相当する弁済原資の確保を要するため、その弁済原資の調達方法についても検討が必要です。このような交渉がまとまれば、弁済計画の内容は処分連動方式を採用する場合と比較して相当シンプルなものとなりますし、また、不動産の売却を実施する場合の具体的な売却価格の高低は担保権者の利害に直接影響しないこととなり、売却作業は比較的スムーズに進めることができることになるでしょう。

4 いかなる方式をとるか

以上のとおり、処分連動方式の採否についてはそれぞれメリットと問題点がありますが、物件の評価額が高額であり、弁済計画における想定売却価格と実際の売却価格との間に相応の乖離を生じるおそれが否定できない場合には、処分連動方式を基本として検討することが適当であろうと思われます。他方、物件の評価額が低額であり想定価格と実際の売却価格の乖離が生じても僅少にとどまる場合や、実際の買受人が想定できており想定額どおりの売却が相応に確実に見込まれる場合等には、処分連動方式を採用せずにシンプルな弁済計画を作成することが有益です。また、弁済計画における弁済原資の配分方法（**Q60**参照）との整合性、合理性を考慮する必要があります。さらに、一定期間は担保権者の要望を踏まえた適正価格による売却に努め、その売却ができなかった場合には処分連動方式によることとして、両方式を組み合わせることも事案により有益です。

（木村真也）

Q23 弁済原資の分配方法(3) ―平等と衡平―

弁済計画を立案する際に、債権者間の平等について実質的平等が認められるとして、その弁済額等において、差異を設けることが認められるケースにはどのようなものがありますか。

1 実質的平等

私的整理における弁済計画では、対象債権者の権利変更の内容において、対象債権者の間では平等であるのが原則ですが、形式的に平等を貫くとかえって衡平を害する場合には、権利変更の内容に差異を設けることも、衡平を害さない限り、許容されています（実質的平等）＊。

ただし、私的整理は、多数決原理の働く法的手続とは異なり、対象債権者全員の同意がなければ成立しません。よって、債務者が権利変更の内容に差異を設ける弁済計画を立案する場合には、衡平を害さないとしても、対象債権者の理解を得るように努める必要性が法的手続に比べてより高い点を十分に理解する必要があります。

2 差異を設けることが認められるケース

以下、衡平を害さないとして権利変更の内容に差異を設けることが認められるケースを挙げます。

(1) 少額債権

債権額が少額の対象債権者（少額債権者）につき、減免の条件を緩和したり、早期に弁済を完了させたりする弁済計画が作成されることがあります。少額債権者にとって弁済計画に同意する動機づけとなりますので私的整理の成立可能性が高まり、少額債権者が早期に手続から離脱することによりその後の手続的負担が軽減されるなど、他の債権者にとっても合理性があります（少額債権者を最初から対象債権者から除外する取扱いもみられます）。このような弁済計画も、衡平を害さない限り認められています（民再85V、会更47Vも参照）。

衡平を害さないための工夫として、すべての対象債権者につき、債権の一定額以下の部分を優遇するといった段階方式をとることが考えられます。この方式は、すべての対象債権者を対象とすることから平等原則に反しないと考えることもできます。

いずれにせよ肝要なのは、少額部分の範囲の定め方です。債務者の資金繰りの状況や、対象債権者の頭数、債権総額と各対象債権者の債権額の分布、その他個別事情を勘案し、衡平を害することのないように定める必要があります。

＊ 経産省令28条3項、基本要領6(5)⑦、私的整理GL 7(6)など。法的手続における同様の規定として、民事再生法155条1項、会社更生法168条1項、会社法565条。

(2) パーレイト弁済

　子会社や関連会社を含む企業グループ全体が私的整理の対象となる場合、各会社の収益力や財務状態に応じた弁済計画を作成するのが原則です（個別弁済）が、グループ全体を１つの法人と同視して、全体として同一条件での弁済計画が作成されることがあります（パーレイト弁済）。

　企業グループ全体として一体性が認められ、各会社への収益や資産・負債が合理的に割り付けられているとはいえず、対象債権者もグループ全体の信用力に対して与信しているような場合には、個別弁済ではむしろ対象債権者間の衡平を害するおそれが高く、パーレイト弁済を内容とする弁済計画の方が収益や資産・負債の割付けの恣意性を排除し、企業グループ一体での再生の実現可能性を高め、対象債権者間の衡平を図ることができますので許容されると考えられます（『ADRのすべて』310頁〔加藤寛史〕）。ただし、パーレイト弁済方式をとる場合も各会社の清算配当率は上回る必要があります（『ADRのすべて』311頁〔加藤〕）。

(3) 債務者への関与の深い金融機関等

　対象債権者が、対象債権の発生原因、対象債権者の属性、債務者企業との従前の取引の経緯など、個別事情を勘案して、劣後的に取り扱われるのが相当と考えられる理由がある場合には、当該劣後的取扱いを受けてでも私的整理を応諾した方が法的整理より有利な弁済を受けられることを条件に、他の対象債権者との関係で劣後的に取り扱うことも、衡平を害せず許容されると考えられています（『私的整理計画策定の実務』306頁〔小野沢庸〕）。

　例えばメインバンクとして、①窮境の原因となった投資に関与していた、②役員を派遣しており、当該役員が経営判断に関与していたり、財務担当役員のように財務情報に接していたりした、又は③再建計画の策定や履行を主宰し又はそれに関与していたような場合などがあげられています（『ガイドラインの実務』171頁〔長屋憲一〕）。

(4) その他

　プレDIPファイナンスに対して優先返済すること、詐害的な弁済や一時停止後の過誤払いにより優位している対象債権者について、その相当額を劣後的に取り扱うことも、衡平の観点から許容されると考えられています。

　また、上記(3)で述べたのと同じ趣旨で、親子会社間の債権、支配株主の債権、旧経営者又は現経営者の債権について、対象債権者とした上で、他の対象債権者より劣後的に取り扱うことも、衡平の観点から許容されると考えられています。

　さらに、金融機関以外の債権者を対象債権者とする場合に、こうした対象債権者につき金融機関と異なる取扱いをすることも、衡平を害しない限りは許容されると考えられています。ただし、例えば、ファイナンスリース債権者を対象債権者とする場合、金融債権の性質を有する債権範囲の確定や、保全部分として取り扱うリース物件の使用権の評価、当該保全部分に対する弁済期間の設定等を適正に行うなどしますが、対象債権でありかつ非保全となる部分については、上記(1)・(3)などの事情がある場合を除き、金融機関と異なる取扱いをすることは困難と思われます。

(若杉洋一＝大江祥雅)

Q24 弁済計画の期間

 弁済計画を立案する際、どの程度の期間についての計画を立てることが適切といえますか。また「実抜計画」、「合実計画」とはどのようなものをいいますか。

1 弁済計画の前提

弁済計画は、金融支援を受けた後の債務残高について、事業収支や遊休資産等の処分によって弁済原資を捻出し、各金融機関に対して行う具体的な弁済金額及び弁済方法を定めるものです。金融支援の手法には、①借入金の約定の弁済期日の変更等（リスケジュール）、②債権放棄、③DES、④DDSがあります（Q28参照）が、これらの金融支援の手法は、対象会社の実質債務超過の金額及び事業収支によって捻出できる弁済原資の金額を踏まえて選択されます。この点、準則型私的整理手続においては、実質債務超過の解消年数が要件化されています（後記2）ので、リスケジュールだけでは、所定期間内に実質債務超過を解消することができない場合は、債権放棄等の抜本的な金融支援を受ける必要があり、他方、所定期間内に、実質債務超過を解消することができるのであれば、リスケジュールを受けることで足りるということになります。

そして、弁済計画における弁済期間は、選択された金融支援の手法及び事業収支による弁済原資を前提として、「実質債務超過解消年数」及び「債務償還年数」を考慮した上で決めることになります。

2 準則型私的整理手続における弁済計画の期間

(1) 準則型私的整理手続における「実質債務超過解消年数」の要件

対象会社が実質債務超過である場合、再建を果たすためには、私的整理によってこれを解消することが不可欠であり、金融支援を受けたとしても、長期間にわたって債務超過が解消されないような再建計画は、金融機関の同意を得ることが困難です。そこで、準則型の各私的整理手続において、以下のとおり、再建計画に記載すべき内容として、「実質債務超過解消年数」が要件化されています。

ア 私的整理GLにおいては、「実質的に債務超過であるときは、再建計画成立後に最初に到来する事業年度開始の日から3年以内を目処に実質的な債務超過を解消することを内容とする」（私的整理GL7(2)）と規定されており、また、RCC企業再生スキーム及び事業再生ADRにおいても、同様に3年以内の実質債務超過の解消が求められています（RCC企業再生スキーム7(2)、旧省令13Ⅱ①）。

イ 協議会の基本要領においては、「実質的に債務超過である場合は、再生計画成立後最初に到来する事業年度開始の日から5年以内を目処に実質的な債務超過を

解消する内容とする。(企業の業種特性や固有の事情等に応じた合理的な理由がある場合には、これを超える期間を要する計画を排除しない。)」と規定されています(基本要領6(5)②)。

　ウ　上記の実質債務超解消年数は、原則であって合理的な例外を排除するものではありませんので、対象会社の業種特性によっては、所定の期間を超える場合もあり得ます。ただし、この例外については、設備投資の回収期間が超長期とならざるを得ない業種などの場合に限られ、一定の合理性が必要とされており、収益力の低さや負債圧縮の不十分さのゆえに実質債務超解消年数の期間を延長することは許されないと解されています(『ガイドラインの実務』165頁〔上野保〕)。

(2) 準則型私的整理手続における「債務償還年数」の考え方

　基本要領においては、「再生計画の終了年度における有利子負債の対キャッシュフロー比率が概ね10倍以下となる内容とする。(企業の業種特性や固有の事情等に応じた合理的な理由がある場合には、これを超える比率となる計画を排除しない。)」と規定されています(基本要領6(5)④)ので、原則として、計画終了年度における債務残高を10年以内で償還することが可能となるような再建計画を策定する必要があると解されます。

　他方、私的整理GLによる再建計画は、3年以内を目途とした債務超過の解消及び3年以内を目途とした経常損益の黒字化(私的整理GL7(2)・(3))が要件ですので、3年間の弁済期間のみを定め、「残債務の弁済については、3年間の再建計画期間内に協議して定める」としている例が多いようです。これは、3年後の残債務については再建計画期間内に実質債務超過を解消して経常損益が黒字化されているので、借換えや新たなファイナンスなどによる返済が可能となるという考えによります(多比羅誠ほか「私的整理ガイドライン等から会社更生への移行」『裁判外事業再生』216頁)。また、RCC企業再生スキーム及び事業再生ADRにおいても、同様に3年以内の債務超過の解消及び3年以内を目途とした経常損益の黒字化が要件とされています(RCC企業再生スキーム7(2)・(4)、旧省令13Ⅱ①・②)ので、3年間の弁済期間を定め、残債務については、計画期間内に協議するという例が多いようです。なお、RCC企業再生スキームにおいては、再生計画案に含まれる債務弁済計画について、最長期15年と規定されています(RCC企業再生スキーム7(1)(vii))が、必ずしも、債務完済までの弁済計画を盛り込むことが要求されているわけではありません。

(3) 準則型私的整理手続における弁済計画の期間

　以上を考慮すれば、準則型私的整理手続における弁済計画は、各手続における「実質債務超過解消年数」の要件を充足するように、少なくとも、実質的な債務超過を解消する時点までの期間を対象として策定する必要があると解されます。この点、基本要領において、「債権放棄等を要請する内容を含まない再生計画案であって、再生計画案の内容が本要領6(5)②～④のいずれかを満たさない場合であっ

も、本要領6「再生計画策定支援（第二次対応）」の規定に準じて、再生計画の策定を支援することができる」と規定されています（基本要領6(5)⑨）ので、基本要領における5年の「実質債務超過解消年数」の要件を充足しない場合であっても、3年ないし5年程度の事業計画を立案した上で、実質債務超過解消までの弁済計画を作成して、私的整理を進めることが可能な場合もあります。

　また、実質債務超過を解消した後の残債務の具体的な弁済については、上記(2)の債務償還年数の考え方を踏まえて、最長10年間の期間における具体的な弁済方法について合意する例もありますが、「各事業年度の決算確定により算出された返済可能キャッシュフローを弁済原資として、残高シェアによるプロラタ按分により行うこととし、概ね10年以内に完済となるペースで分割返済を行う」という程度の合意にとどめる例もあります。

3　金融機関の判断基準

　私的整理によって再建計画を成立させるためには、対象債権者であるすべての金融機関の同意が必要です。そして、一般的に金融機関は、金融検査マニュアルに基づいて行う債務者区分の判定基準である「実質債務超過解消年数」及び「債務償還年数」を基準として、対象会社が策定した再建計画に同意するか否かを判断しますので、この点を踏まえて弁済計画の期間を検討する必要があります。金融機関としては、再建計画に同意する以上、少なくとも対象会社の債務者区分が要注意先以上にランクアップすることが必要だと考えています（『中小企業再生論［改訂版］』116頁以下参照）。なお、金融機関による債務者区分とは、債務者の財務状況、資金繰り、収益力等により返済の能力を判定して、その状況等により債務者を正常先、要注意先、破綻懸念先、実質破綻先及び破綻先に区分することをいうところ、金融機関は「実質債務超過解消年数」及び「債務償還年数」をベースとして、対象会社の債務者区分を判断しています（金融機関における債務者区分及びそのランクアップについてはQ37を参照してください）。

4　いわゆる「実抜計画」、「合実計画」

　一般的に、リスケジュールを受けた債権は貸出条件緩和債権（銀行規19の2Ⅰ⑤ロ(4)）に該当し、債務者区分として要管理先に区分され、金融機関はその区分に応じた貸倒引当金の計上が必要になりますので、単にリスケジュールを要請するだけでは、金融機関の同意を得ることは難しいといわざるを得ません。しかし、金融機関向けの監督指針において「特に、実現可能性の高い抜本的な経営再建計画に沿った金融支援の実施により経営再建が開始されている場合には、当該経営再建計画に基づく貸出金は貸出条件緩和債権には該当しないものと判断して差し支えない」とされていますので、実現可能性の高い抜本的な経営再建計画（実抜計画）を策定して交渉すれば、金融機関の同意を得ることも可能です。同監督指針において「実現可能性の高い」とは、①計画の実現に必要な関係者との同意が得られていること、②計画における債権放棄などの支援の額が確定しており、当該計画を超える追加的

支援が必要と見込まれる状況でないこと、③計画における売上高、費用及び利益の予測等の想定が十分に厳しいものとなっていること、という要件をすべて充たす計画であるとされ、また「抜本的な」とは、概ね3年後の当該債務者の債務者区分が正常先となることとされています。債務者区分が正常先になることは債務超過の解消を意味しますので、概ね3年後の債務超過解消を目線としますが、同監督指針において、債務者企業の規模又は事業の特質を考慮した合理的な期間の延長を排除しないと付記されていますので、合理的な期間の延長も可能です。

なお、上記の監督指針において、実抜計画としての「経営再建計画」の注記として、協議会が策定支援した再生計画、ADRに従って決議された事業再生計画、REVICが買取決定等した事業者の事業再生計画については、当該計画が上記の「実現性の高い」及び「抜本的な」の要件を充たしていると認められれば、「実抜計画」であると判断して差し支えないとされています。

また、上記の監督指針では「抜本的な」の用語の注記として、「債務者が中小企業である場合の取扱いは、金融検査マニュアル別冊「中小企業融資編」を参照のこと」と明記され、同別冊において、中小企業については「合理的かつ実現可能性の高い経営改善計画」（合実計画）が策定されている場合には当該計画を実抜計画とみなしてよいとされています。合実計画では、計画期間が「概ね3年」から「概ね5年以内」に緩和され、さらに計画の進捗状況が概ね計画どおり（売上高等及び当期利益が事業計画に比して概ね8割以上確保されていること）であり今後も概ね計画どおりに推移すると認められる場合には、最長10年以内の計画も許容されています。そして、計画期間終了後の債務者区分については正常先となることが原則ですが、「計画期間終了後の当該債務者が金融機関の再建支援を要せず、自助努力により事業の継続性を確保することが可能な状態となる場合」は、要注意先であっても差し支えないとされています。その他、すべての金融機関が経営改善計画に基づく支援について正式な内部手続を経て合意していることが文書等で確認されること、金融支援の内容が金利減免、残高維持等にとどまり、債権放棄などの資金提供を伴うものではないことが合実計画の要件とされています。

5 純粋私的整理における弁済期間

実質債務超過年数の解消について、準則型私的整理手続が定める年数を超過する期間を要する場合であっても、純粋私的整理においては、金融機関の債務者区分を意識して、前記の実抜計画・合実計画を策定して交渉することで、中小企業の場合、最長10年の弁済期間という長期のリスケジュールを内容とする再建計画について、金融機関の同意を得ることができるケースも少なくありません。

（清水良寛）

Q25 超過収益の分配

 事業計画を実施していく上で、計画を上回る超過収益が発生した場合、どのように分配するように考えることが適切ですか。

1 超過収益の発生

　私的整理においては、事業計画を立案して、事業によって得られる毎年のキャッシュフロー（税引後営業利益に減価償却分を加えた額）を算出し、必要な設備投資を踏まえて、弁済計画を策定し、この弁済計画に基づく弁済を実施することになります。私的整理による再建を図るためには、対象企業が本来の事業活動によって一定の利益を産み出すことが不可欠であり、この利益から法人税等を控除した金額に、現金支出を伴わない減価償却費を加えて、さらに事業継続に必要な設備投資額を控除したもの（フリーキャッシュフロー）が債権者に対する弁済原資となるのです。

　この点、事業計画は、あくまでも将来の収支予測ですから、その予測には一定の困難を伴いますし、また、金融機関の協力・負担に基づく金融支援を要請するに際しては、二次破綻を回避するために、ある程度保守的に、下振れリスクのない確度の高い事業計画を立案する必要がありますので、実際に事業を遂行した結果、業績が好調で事業計画を上回る超過収益が発生することもあり得ます。そこで、事業計画を前提とした弁済計画との関係で、このような超過収益の取扱いが問題となります。

2 超過利益の分配

　弁済計画における弁済期間は、Q24のとおりであり、その弁済期間内において、少なくとも計画どおりの弁済を実施することが必要ですが、超過収益が生じた場合、追加弁済の実施を検討することになります。

　この点、業績が好調で超過収益が発生したとしても、業績に影響を与える要因は様々であり、例えば、単発的な超過収益の要因が次年度の需要の先食いであれば、次年度は業績が悪化することもあり得ます。また、弁済計画の前提となる事業計画が下振れリスクのない確度の高い保守的な内容であるとしても、外部環境の変化によって業績が悪化し、計画どおりの収益を確保することができない事態が生じるおそれもないとはいえません。したがって、超過収益については、当該事業年度の決算確定後すぐに追加弁済するのではなく、将来計画どおりの収益を確保することができない場合に備えて、弁済計画どおりの弁済を行うための原資に充てるために一定額を留保しておき、所定の弁済期間を更新し、金融機関との間で再契約を締結す

る段階で、留保していた超過収益を残高に応じてプロラタ弁済することが望ましいと解されます。なお、金融機関との間で合意した弁済期間が長期にわたっている場合は、再契約のタイミングが相当先になることもありますので、このような場合は、超過収益の留保額がある程度多くなった段階で、繰上弁済を検討することが現実的です。

他方、超過収益の金額次第では、借入残高に係る金利負担との関係で、超過収益を留保するよりも、つど繰上弁済を実施した方が有利な場合もありますので、このような場合は、超過収益が確定した後、早々にプロラタの繰上弁済を実施することもあります。

また、当初の弁済計画において、保守的な事業計画であることを前提として超過収益が発生した場合、超過収益から必要な設備投資資金を控除した残額が一定金額になったときは、同金額（あるいは、そのうちの一定割合）をその時点における残高シェアに応じてプロラタの繰上弁済・追加弁済を行う旨定めることもあります。なお、会社更生法167条1項5号は、「更生計画において予想された額を超える収益金の使途」を更生計画の必要的記載事項としていますが、実務上は、この予想超過収益金の使途について、「更生計画の遂行に不可欠な運転資金及び設備投資等に充て、さらに余裕があるときは、裁判所の許可を得て、更生担保権及び一般更生債権の繰上弁済に充てる」という程度の記載をすることが多いようです。

（清水良寛）

Q26 計画の担保 —コベナンツ条項とモニタリング—

計画を実行する段階において、その実行を事前に担保する目的で設定される条件にはどのようなものがありますか。また、その条件に違反した場合の効果としてどのような条項が設けられることが多いですか。

1 計画の履行の担保
(1) コベナンツ条項

債権者会議等により再建計画が承認されると、債務者は再建計画に基いて弁済等を実行していくことになりますが、確実に履行されなければ再建計画は画餅に帰しますので、再建計画の履行を確実に担保できるようにすることは債権者にとって非常に重要です。

再建計画が確実に実行されることを目的として、再建計画等に一定の条件が定められ、この条件に該当した場合には、再建計画が取り消される、再建計画によって付与された期限の利益が喪失するという効果が発生するようになっていることがあります。

このような定めを「コベナンツ条項」といいます。コベナンツ条項は、一定の事由が発生した場合に発動する特約であり、シンジケート・ローンなど金融取引に関連する契約で活用されています。コベナンツ条項が存在することにより、債務者によるコベナンツ条項に抵触する行為を抑止し、再建計画の履行の担保に資することとなります。一方、債権者も、債務者にコベナンツ条項規定の事由が発生していないかを注意深く監視することになります。

私的整理手続においては、コベナンツ条項は、再建計画本体や再建計画に基づいて変更された金銭消費貸借契約に規定されることが通常です。前記のとおり、コベナンツ条項に定められた事由の発生は、債務者の期限の利益の喪失という効果に結びついていますが、一般的には請求失期事由とされています。債務者による改善余地がある事由まで安易に当然失期事由になっていると、債権者も硬直的な対応を行うことになり、かえって再建の障害となるおそれがあるからです。

また、再建計画の確実な履行を担保するという目的を果たすために、コベナンツ条項は、債務者の個別の状況や再建計画の具体的な内容に基づいて適切に作成される必要があります。

(2) モニタリング

債権者が、再建計画の実行状況を監視することを「モニタリング」といいます。コベナンツ条項が適切に運営されるために、再建計画がどのように実行されている

のかを債権者として把握することが非常に重要であることはいうまでもありません。債権者は、モニタリングによって、コベナンツ条項への抵触のおそれを判断するだけでなく、再建計画の実行を困難とする事情が生じるおそれを発見した場合には、そのような事態に適切に対応するように債務者に要請することや、債権者としてあらかじめ危機に対応することが可能となるだけでなく、そのような事情を除去するために債務者に助言等が可能かも検討できることになります。

2 コベナンツ条項の具体例

コベナンツ条項には、①報告・情報提供を定める条項、②財務制限条項、③担保設定や資産処分等の一定の行為に対する制限条項などがあります。以下、コベナンツ条項について簡単に紹介します。

(1) 報告・情報提供を定める条項

債務者に対する報告や情報提供の義務を定めるものです。

この義務はモニタリングを実効あらしめるためのものですが、具体的には、試算表や資金繰り表等の基本的な財務情報や経営情報の提供を行う義務を定める条項や、債務者の財務状況や再建計画の履行状況等に影響を及ぼすおそれがある事由が発生した場合に報告を行う義務を定める条項、債務者の財務状況や再建計画の履行状況等に関する事項の情報を提供する義務を定める条項を設定することが、通常よく行われています。

(2) 財務制限条項

財務制限条項とは、債務者の財政状態・経営成績が一定の条件以上であることを求める条項です。財務制限条項については、再建計画の履行を担保することに資するよう債務者の状況、債務者の事業の特性や再建計画の内容に基づいて個別具体的に策定することが有用です。

一般的な条項としては、キャッシュフローを確保させる目的で、税引き前利益に支払利息と減価償却費を加えたEBITDAを支払利息・割引料で除したインタレスト・カバレッジ・レシオ（Interest Coverage Ratio）の維持を求める条項を設定したり、純資産維持を目的として、自己資本比率を一定の率以上であることを求める条項がありますが、より再建計画に直接的に関連づけて、売上げや利益につき、半期又は四半期の実績が複数期連続して未達に終わった場合や、実績の対計画比が一定割合を下回った場合に、財務制限条項違反とするといった事業計画の達成度を指標とした条項もあります。

(3) 担保設定や資産処分等の一定の行為に対する制限条項

再建計画で定められている以外の新たな担保の設定や資産の売却、新たな借入れ、出資、一定額以上の設備投資等を制限する条項となります。計画策定時に想定していなかった事態が生じることもよくあることなので、一般的には債権者の事前承認があれば一定の範囲で制限が解除されるように規定されることが通常です。

（野上昌樹）

Q27 私的整理中の資金調達

 私的整理手続中に融資を受ける場合、どのような形で融資を受けることが多いですか。また、各私的整理手続において、制度上その債権の優先的取扱いを受けることができるプレDIPファイナンスを用いることができるのはどのような場合ですか。

1 はじめに

　事業価値の毀損を最小限化するという私的整理手続の目的を達成するためには、取引債権者や労働者に対して従来どおりの支払を継続する必要がありますが、手元資金が乏しいなどの事情により、私的整理手続中に、取引債権等の支払のための資金需要が発生し、新規の運転資金融資を受ける必要が出てくる場合があります。

　この点、取引金融機関に依頼し非拘束性定期預金を解放してもらう、主要取引先からの買掛金の期限を延長してもらうなどして、資金需要に対応することもありますが、前者は、非拘束性定期預金がない、既に解放されているなどの事情でできないこともありますし、後者は、取引先の買掛金等を保護して事業価値の毀損を防止する趣旨の私的整理を選択していることと必ずしもそぐわない対応といえます。

　法的整理に入った債務者に対して法的整理手続中に行われる運転資金融資のことを「DIPファイナンス」といいます。DIPとは、「Debtor in Possession（占有を継続する債務者）」の略であり、従来どおりの経営陣が事業再建を図っている債務者を意味しますが、経営陣の経営継続の有無にかかわらず、融資対象が法的整理中の債務者であればDIPファイナンスと呼ばれています。私的整理手続中の債務者に対する同様のファイナンスを、法的整理手続中におけるDIPファイナンスと区別して、プレDIPファイナンスと称します。

　融資を実施しようとする金融機関等としては、私的整理手続によって権利（条件）変更される債権よりプレDIPファイナンスが優先的に回収されることが保証されなければ、融資することは困難です。ここでの「優先的に回収」とは、債権の回収順序として、権利（条件）変更される債権に優先して、約定の弁済期に随時弁済を受けることができることを意味します。また、私的整理手続が成立した場合には、成立した計画において優先的な弁済を受けることができることとなります。

　このような優先性が私的整理手続に関与する債権者間で認められるには、私的整理手続がすべての関与債権者の同意により進められる原則であることから、債権者会議等において関与債権者全員が優先性を承認する必要があります。

　関与債権者間において優先性が承認されないプレDIPファイナンスが禁止されているわけではありませんが、優先性の承認を受けることが通常です。

　優先性についての承認があっても、金融機関等としては保全が確実になるわけではないので、プレDIPファイナンスと「同時交換的取引」として、在庫や売掛金に

担保を設定することが一般的です。また、事業再生ADRや協議会による私的整理手続においては、一定の要件の下、プレDIPファイナンスに対して、中小機構による「事業再生円滑化債務保証制度」に基づく保証を受けることができるなどとされています（事業再生ADRについて、『ADRのすべて』155頁以下〔須藤英章〕参照）。

2　各種手続におけるプレDIPファイナンスについて

　私的整理GLでは、「一時停止の期間中の追加融資は、債権者会議の決議、又はその付託を受けた債権者委員会の決定により定めた金額の範囲内で、その定めた方法により、必要に応じて行うものとし、追加融資による債権は対象債権者が有する債権に優先して随時弁済される」とされており（私的整理GL 6⑶、同Q30、Q33）、プレDIPファイナンスを用いるには、対象債権者がプレDIPファイナンスの条件、金額等について検討した上で債権者会議により承認する必要があります。

　協議会や特定調停を活用する私的整理手続においても、対象債権者全員がプレDIPファイナンスの条件に同意し優先性を承認する必要があると考えられます。

　事業再生ADRでは、債権者会議においてプレDIPファイナンスの優先弁済に関する承認が行われるという点において同様ですが（経産省令33、産強58）、プレDIPファイナンスにつき「事業の継続に欠くことができないもの」であること及び前記承認を受けていることについて、特定認証紛争解決事業者の確認（産強58）を受けた場合には、再生手続や更生手続に移行した場合に「衡平考慮規定」の適用を受けることができます（産強59、60）。

　REVICによる私的整理手続でも、プレDIPファイナンスを行った事業者は、強化法58条と同様の機構による優先性の事前確認を受けることができ（機構35）、その場合には、「衡平考慮規定」の適用を受けることができます（機構36、37）。この事前確認の対象は、事業再生ADRとは異なり、債務免除を含む事業再生計画において優先性が記載されていることとなっています。

　「衡平考慮規定」の存在により、優先性の確認を受けたプレDIPファイナンスに基づく債権を優先的に取り扱う再生計画・更生計画の定めが提出・可決された場合には、裁判所は、かかる定めが衡平を害しない場合（民再155Ⅰ、会更168Ⅰ）に該当するか否かを判断することとなり、その場合の考慮すべき対象も、前記確認の対象が異なっていることを反映して、事業再生ADRを経ている場合には、対象債権者が優先性について同意していること（産強59、60）ですが、REVICによる私的整理手続を経ている場合には、REVIC及び対象債権者が事業再生計画に従って債務免除をしていること及びその額となっています（機構36、37）。

　プレDIPファイナンスの促進の観点から、移行後の法的整理において共益債権（民再120Ⅰ、会更128Ⅰ）と解する余地があるといった見解もあり、少額弁済（民再85Ⅴ後段、会更47Ⅴ後段）や和解（民再41Ⅰ⑥、会更72Ⅱ⑥）の活用等も提言されているところです（『ADRのすべて』158頁以下〔須藤〕）。少なくない数の案件において、再生計画や更生計画を待つことなく弁済が進められているといわれています。

〔野上昌樹〕

Q28　金融支援の内容

 金融機関に対して求める金融支援の手法にはどのようなものがあり、それぞれどのような効果を得ることができますか。また、各手法を選択する上でのポイントは何ですか。

1　金融支援の手法と効果
(1)　リスケジュール型

金融機関に対して求める金融支援の手法としては、「リスケジュール型」と「債権カット型」がありますが、そのうちリスケジュール型とは、金融機関との間の約定の弁済期日の変更を受けるという金融支援の手法です。金融機関に対する約定どおりの弁済は困難であるものの、一定期間の猶予や弁済額の緩和を受けることにより再建可能性がある場合に、かかる支援を受けて再建を図るものです。リスケジュールの内容は、当面の融資残高維持、債務支払時期の猶予、支払額の長期分割弁済、金利の率の減額が中心となります（宮川勝之「事業再生計画策定上の問題点(1)」『事業再生ADRの実践』99頁、『中小企業再生論［改訂版］』121頁）。具体的には、元本部分の返済は、①担保物件、その他の余剰資産の処分等による場合を除き、一定期間猶予を受けたり、②計画に定められた金額を支払っていくこととしたり、③収益に応じて按分弁済することとしたりします。利息については、従前の利率で弁済していくことも、計画で定めた利率で支払っていくことも考えられるでしょう（Q30参照）。

(2)　債権カット型
ア　債権カット型の種類

債権カット型の典型は債権放棄ですが、それ以外にもDESやDDSがあります。金融機関からみれば、DESに充てる債権額はその評価減額分を資産消滅と扱うこと、DDSに充てる債権額は貸倒引当金の計上対象になることから、単純なリスケ計画とは相違します（宮川・前掲『事業再生ADRの実践』100頁、『ADRのすべて』331頁〔鈴木学〕、『中小企業再生論［改訂版］』121頁以下）。

イ　債権放棄

債権放棄とは、金融機関から受ける金融支援として、私的整理の再建計画の成立により、対象債権者から債務の免除を受けるものです（直接債権放棄方式。税務上の効果、留意点等はQ43、44を参照してください）。また、直接債権放棄方式以外に、いわゆる「第二会社方式」も、実質的に債権放棄を得る手法です（Q35参照）。

ウ　DES

DESとは、債務の株式化のことです。DESを行うことにより、対象債権者の債

権が資本（株式）に転換されますので、対象企業としては、キャッシュフローにより弁済可能な額にまで債務を減少させ、財務内容の改善に資する効果があります。
　エ　DDS
　DDSとは、既存債務のいわゆる劣後ローンへの借換えのことです。DDSにより当該債務が劣後化されることで、対象企業としては、キャッシュフローが改善され、財務内容の改善に資するという効果があります。また、金融検査マニュアルでは、一定の要件（償還条件、金利設定、劣後性）の下、十分な資本的性質が認められる借入金は、当該債務者の負債ではなく資本とみなすことができるとされており（「金融検査マニュアルに関するよくあるご質問（FAQ）」9－13以下参照）、債務者区分の改善に資するという効果もあります。特に、2011年11月に、金融庁から「「資本性借入金」の積極的活用について」が公表され、金融検査マニュアルにおける資本性借入金について資本とみなすことができる条件が明確化されたことにより、活用がしやすくなりました（その他、債権カット型に関する詳細は**Q31**を参照してください）。

2　各手法の選択のポイント

　対象企業としては、まずはリスケジュール型を検討することになります。しかし、対象企業が再建のための努力を尽くしても、リスケジュールのみでは抜本的再建が図れず、各私的整理手続が定める実質的債務超過解消、経常利益の黒字への転換等の要件（私的整理GL7⑵・⑶、経産省令28Ⅱ、RCC企業再生スキーム7⑵・⑷、基本要項6⑸②～④）を実現できないような場合には、債権カット型をとらざるを得なくなります。もっとも、本格的な再生計画作成に向けた準備期間として3年程度のリスケを実施する「暫定リスケ」を受けることもあります（**Q55**参照）。

　これらに加え、DESやDDSが活用されることもあります。DESの活用は、有利子負債の削減、モラルハザードの抑制、将来の企業価値の増大による利益の享受を重視する場合などが考えられます。一方、銀行法、独占禁止法上の保有規制や債務消滅益の発生による課税リスクがあります。DDSの活用は、例えば協議会版資本的借入金の適用については、①下位行のリスケジュールを促すため、融資シェアが高い主力行が適用し、結果、すべての金融機関がリスケジュールに同意するようなケース、②債権放棄を含む金融支援を実施するため、融資シェアが低く財務的基盤の脆弱な金融機関が債権放棄に代わって適用するケース、③適切なタックスプランの遂行のため、全額債権放棄をするのではなく、債権放棄とともに適用するケース、④破綻懸念先企業で資金需要がある場合に適用してランクアップさせ必要な資金を融資するケースが、その想定される具体的な例としてあげられています（『中小企業再生論［改訂版］』149頁以下）。さらに、概して低金利であるため、金利負担を軽減し、DDS対象外の債務の元金に対する弁済を進める目的で行われることも多いです。一方で、抜本的処理の先送りとならないよう留意が必要です。

（中西敏彰）

Q29 支援の内容を確定させる基準

支援内容を確定させる上で、支援によって、対象企業がクリアする条件としてどのようなものがありますか。また、私的整理の手法ごとに相違がありますか。

1 概説

私的整理において、各手法・手続は、あらかじめ一定の条件を設け、対象企業が作成する再生計画案がその条件を満たすものとなっていることを求めています。

各手法・手続では、再生計画案が条件を満たすことをもって、金融機関にとっても、再生計画案による支援内容が合理的であることが示されることになります。

すなわち、対象企業の二次破綻が防止できる内容でありつつも、過剰支援とまではなっておらず、対象企業のモラルハザードが防止できており、一方で金融機関にとっても、株主代表訴訟リスクがなく、経済的合理性もあり、支援金額が無税処理できるものであることを示します。

そして、金融機関が同意する上で、障害となるおそれのある論点がクリアされていることをもって、債権者調整機能を果たし、私的整理の成立を円滑に進めることに寄与することになります。

これらの条件は、私的整理GLに始まり、これをベースに、協議会スキームにおいては「基本要領」として、事業再生ADR手続においては手続内の規則として設けられた「協会規則」として定められています。

以下にそれぞれの基準を数値基準及び経営者・株主責任に分けて手法・手続別に示します。協議会スキームは、対象企業が中小企業に限定されることから、その特性を考慮して、数値基準や経営者・株主責任が定められており、事業再生ADRは、基本的には私的整理GLに従っています。なお、実質的同義の用語については、比較の便宜上、筆者において統一表記しています。

2 数値基準

(1) 私的整理GL
① 実質的債務超過の場合、再生計画成立後、最初に到来する事業年度開始の日から3年以内を目処に実質的債務超過を解消する
② 経常利益が赤字の場合、再生計画成立後、最初に到来する事業年度開始の日から3年以内を目処に黒字に転換する
③ 破産的清算や会社更生や民事再生等によるよりも多い回収を得られる見込みが確実である等、経済的合理性が期待できる

(2) 協議会スキーム
① 実質的債務超過の場合、再生計画成立後、最初に到来する事業年度開始の日から5年以内を目処に実質的債務超過を解消する

② 経常利益が赤字の場合、再生計画成立後、最初に到来する事業年度開始の日から概ね3年以内を目処に黒字に転換する
③ 再生計画の終了年度（原則として実質的な債務超過を解消する年度）における有利子負債の対キャッシュフロー比率が概ね10倍以下となる
④ 債権放棄等を受けるときは、破産手続による債権額の回収の見込みよりも多くの回収を得られる見込みが確実であるなど、経済的合理性が期待できる
⑤ 債権放棄等を受けないときで、再生計画案の内容が①〜③のいずれかを満たさない場合であっても、再生計画案の策定支援は可能である

なお、①〜③の数値基準には、「企業の業種特性や固有の事情等に応じた合理的な理由がある場合には、これを超える期間を要する計画を排除しない」との例外が定められていますが、実際には、その例外は極めて限定的に解釈された上で運用されているようです（『中小企業再生論［改訂版］』260頁）。また、数値基準を満たさない再生計画案は、策定支援は可能ですが、金融機関における債務者区分の上方遷移（ランクアップ）については推奨していないようです（前掲書261頁）。

(3) 事業再生ADR
① 債務超過状態の場合、再生計画成立後、最初に到来する事業年度開始の日から原則3年以内に債務超過状態を解消する
② 経常利益が赤字の場合、再生計画成立後、最初に到来する事業年度開始の日から原則3年以内に、経常黒字が生じるようになる
③ 弁済額の合計が、予想清算配当額を上回る

3 経営者責任・株主責任
(1) 私的整理GL
① 債権放棄を受けるときは、経営者の退任を原則とする
② 債権放棄を受けるときは、支配株主の権利を消滅させることはもとより、減増資により既存株主の割合的地位を減少又は消滅させることを原則とする

(2) 協議会スキーム
① 経営者責任の明確化を図る内容とする
② 債権放棄等を要請する場合、株主責任の明確化も盛り込んだ内容とする

(3) 事業再生ADR
① 債権放棄を受けるときは、役員が退任する（事業の継続に著しい支障を来すおそれがある場合は除く）
② 債権放棄を受けるときは、株主の権利の全部又は一部が消滅する

4 金融支援依頼の骨子
債権放棄等の金融支援を求める場合には、適切な基準に従ってなされた財務DD及び事業DDの結果、得られた資産評定の結果と事業収益力に基づいて、上記の各数値基準をクリアできるためにどれだけの債務を負うことが可能かを確定させ、これを超える金額について債権放棄等の金融支援を求めることになります。

そして、併せて、再生計画案に経営者責任・株主責任のとり方を明記することによって、金融機関に対して、同意を取りつけることになります。

（山形康郎）

Q30 リスケジュール型の私的整理

私的整理において、リスケジュール型での支援を求めることが適していると考えられるのはどのような状況ですか。リスケジュール型による支援を求める際、担保（信用保証協会を含みます）を有する保全債権と非保全債権についてどのように取り扱うのが相当ですか。

1 リスケジュールとは

リスケジュールとは、借入金の弁済条件を見直し、一定期間、元本の返済を減額ないし据え置く等の変更を行うことをいい、債務者のキャッシュフローを改善し、財務状態を正常化することを目的として行われます。債務者が延滞状態にある場合には、リスケジュールを行うことによって、失期状態という法的に不安定な状態を解消することができます。抜本的な経営改善計画に基づくリスケジュールにより、債務者区分のランクアップの基準や貸出条件緩和債権の卒業基準を充足する場合には、新規の資金調達を受けやすくなるため、金融機関としても、開示債権からの除外や貸倒引当金の戻入れが可能になるというメリットもあります（**Q37**参照）。

リスケジュールは、実務上よく用いられ、最初に検討すべき金融支援手法としても広く認知されています。

2 リスケジュールによる金融支援を求めることが適当である場合

(1) 合理的期間内に有利子負債の償還が可能であること

リスケジュールは、通常、自主再建を前提として（**Q33**参照）、今後得られるフリーキャッシュフローにより、合理的な期間内に、有利子負債の全額を返済することが可能な場合に取り得る金融支援手法です。

合理的期間内に返済の見込みがない場合には、債権放棄、DES等の抜本的な金融支援によらなければ債務者の再建は困難であり、無理にリスケジュールをしても二次破綻の危険が生じます。ただし、BS上は資産超過状態の場合や、金融債権の全額又は全額に近い金額が不動産や保証人等の担保により保全されている場合には、金融機関としては債権放棄等に応じる経済合理性がなく、このようなケースでは、むしろリスケジュールによらざるを得ないものと考えられます。

(2) 合理的期間とは

有利子負債の完済が可能な「合理的期間」は、実質的債務超過状態の解消に要する期間と、要償還債務の償還期間の2つの観点から検討することになります（**Q24**参照）。これは、金融機関が金融支援に応じるか否かの判断基準として、金融検査マニュアルによる債務者区分におけるランクアップの有無を重視しているところ、

ランクアップの基準は、実質的債務超過解消年数と債務償還年数を指標として重視しているためです。

これを受けて、各種の私的整理手続においても、再生計画の要件として、実質的債務超過解消年数と債務償還年数がその指標として定められており、有利子負債の完済が可能な「合理的期間」の目安になります。

すなわち、まず、対象会社が実質的に債務超過状態にあるときは、再生計画の成立後に最初に到来する事業年度開始の日から概ね3年以内を目途に実質的債務超過状態を解消する再生計画であることが求められています（私的整理GL7(2)等）。ただし、中小企業の場合には、リストラの余地も小さく黒字化や債務超過の解消までに時間がかかることが多いため、実質的債務超過状態の解消期間は3〜5年以内が目途になっています（基本要領6(5)）。

また、債務償還年数の基準としては、実質的債務超過状態の解消後における要償還債務の対キャッシュフロー比率が概ね10倍以下であることが求められています（私的整理GL7、基本要領6(5)等）。要償還債務の償還期間が10年以内か否かは、要償還債務（有利子負債－現預金－正常運転資金）をフリーキャッシュフロー（税引後当期純利益＋減価償却費）で除した値が10以下か否かによって判断します。

以上より、リスケジュールによる金融支援を受けるためには、実質的債務超過状態にあるときは、15年以内（まず3〜5年以内を目途に実質的債務超過状態の解消が必要）を目途に有利子負債を完済できることが必要であり、他方、実質的債務超過状態までは至っていないときは、10年以内を目途に有利子負債を完済できることが必要であると考えられます。

なお、合理的な事情がある場合には、さらに長期の返済期間を前提とするリスケジュールも許容されると解されますが、あまりに長期の返済期間は、債務者にとっても決して好ましいものではありません。債務の返済期間が長期になるほど、事業計画の信頼性は低下し、経営者や従業員の士気にも悪影響を及ぼして二次破綻の危険が高くなるためです。製造業等、反復継続的な設備投資が必要となる場合は、投資の回収期間が長期とならざるを得ませんので、通常よりも長期の弁済計画を前提とするリスケジュールが許容される合理的な事情があるといえます。

3 リスケジュールの期間設定

金融機関とのリスケジュール交渉は、上述のような返済期間を内容とする弁済計画を前提に行うことになりますが、実際に金融機関がリスケジュールに応じる期間は、通常、事業計画上の有利子負債の償還期間とは一致しません。事業計画を達成していく限り財務状態は改善していくはずですし、あまりに長期の期限の利益の付与は、金融機関側にとって不確定要素が多く、応じ難いためです。

したがって、通常は、最初に6カ月間又は1年間分のリスケジュールの合意がなされ、その後は6カ月又は1年ごとに、事業計画の達成状況に応じて（概ね80％程度の達成率を要するといわれています）、元本返済額を正常額に戻していきなが

ら、リスケジュールを更新していくという形をとり、財務状態の正常化（実質的債務超過状態の解消）を目途にリスケジュールが終了するケースも多いと思われます。実務上、中小企業がいわゆる実抜計画・合実計画を策定し、リスケジュールを継続していく場合には、リスケジュールの計画期間は概ね5年を超え概ね10年以内で策定される例が大半であり、このようなリスケジュール期間も、計画どおりに進捗（概ね80％の達成率）しており、今後概ね計画どおりに進捗していると認められる限り、許容されています。

4　弁済額を決める基準
(1)　実質的衡平の基準

　複数の金融機関とリスケジュールをする場合、各金融機関に対して弁済可能原資をどのように割り付けるかを検討する必要があります。具体的には、各金融機関の利害状況に応じて弁済額を按分（プロラタ）することになりますが、按分の基準を何に求めるかは、基本的に、借入れの残高を基準とする残高プロラタ、担保（物的担保や保証人以外にも信用保証協会による保証も含みます）によって保全されていない非保全債権の残高を基準とする信用プロラタの2つの考え方があります。いずれにしても、債権者の取扱いは、実質的衡平を確保することが必要です（私的整理GL 7(6)等）。

(2)　実際の状況

　債権放棄（DES等を含みます）を伴う金融支援を受ける場合には、債権放棄額は非保全債権額に比例して決定されるため、弁済原資の配分も信用プロラタによることが適当と考えられます（Q21参照）。他方、債権放棄を伴わないリスケジュールの場合は、単純に信用プロラタを採用すると、本来優先権があるはずの担保権者が保全債権部分について劣後的扱いを受ける結果となってしまうため、基本的には、残高プロラタが適当であると考えられます。

　ただし、実際の金融機関とのリスケジュール交渉では、保全債権の割合が高い金融機関（主としてメインバンク等債権額が大きい上位行）は残高プロラタを主張し、非保全債権の割合が高い金融機関（主として債権額が小さい下位行）は信用プロラタを主張する等、金融機関相互間で意見が対立するケースもあります。また、担保の評価においても関係者間で意見が対立するケースもあります。

　このような場合、信用プロラタを採用すべき場合もありますし、各行個別に行っている担保不動産の評価については、基準を統一する等して、実質的衡平を根拠に意見調整を行うことになります。

　さらに、単純に残高プロラタ、信用プロラタ的な考え方だけでなく、例えば、下位行は、メイン行のいわゆるメイン責任を主張し一定の傾斜をつけた弁済額を主張するようなケースもあり、金融機関相互の納得のいく実質的な衡平を維持する基準を協議する必要があります。

（上甲悌二＝森本英伸）

Q31 債権カット等による金融支援の方法、金融支援額の決定プロセス

私的整理において、債権カット等による金融支援の手法としてどのようなもの(債権カット、DES、DDSなど)が存在し、それぞれの手法の特徴と実施する上で制約となる点はどのような点が考えられますか。また、金融支援額は、どのような考え方、プロセスによって確定し、それをどのように金融機関に対して配分するのが相当ですか。

1 金融支援を求める場合

私的整理における金融支援の方法には、債権カット(債権放棄)、DES、DDSなどの方法(Q28参照)がありますが、リスケジュールによる方法(Q30参照)だけでは再生が図れない場合、これらの方法を検討することになります(会計・税務処理についてはQ43、Q44を参照してください)。

2 債務超過の解消

私的整理において債権放棄等の金融支援を求める場合、一定期間内に債務超過が解消できることを念頭に置くことになります。協議会を利用する場合には、再生計画成立後最初に到来する事業年度開始の日から3～5年以内を目処に実質的な債務超過を解消することが求められていますし、事業再生ADRやRCC企業再生スキーム等では、私的整理GLと同様に、3年以内を目処に実質的な債務超過を解消することが求められています(Q30参照)。この点、法的整理である民事再生では、事業継続を前提とする収益弁済型の場合、最長10年間の事業計画を作成し、再生債権に対する弁済可能な額をもとに、債務免除益の点も検討した上で債権の免除率を算定するのが一般的ですので、異なるところです。

3 債権カット(債権放棄)

債権カット(債権放棄)は、債権者から、直接的に債務を免除してもらう金融支援の方法です。債務超過の解消のために、債務者の自助努力等だけでは不足する場合に、実質的債務超過額の範囲で、債権者として過剰支援とならないよう事業計画を精査して債権放棄額を決めることになります(直接債権放棄)。ただ、経営者責任と株主責任の明確化が求められますので、代表者の辞任や減資等についても検討する必要があります。メイン以外の金融機関は、リファイナンスにより実質処理を終えることが多いでしょう。金融機関による債権放棄が贈与と認定されないよう税務上の対応(法人税基本通達9－4－2。『中小企業再生論[改訂版]』125頁以下参照)を図るためにも、準則のある再建型の私的整理を選択することになるでしょう。

また、第二会社方式（**Q35**参照）により、残った法人の債務につき特別清算等により免除を求める場合も含まれます（第二会社方式による実質的債権放棄については、『中小企業再生論［改訂版］』126頁を参照してください）。この場合、金融機関は、当該債務者企業が清算され、その後の取引継続はないため、処理を終えることになります。

4　債権カット以外の金融支援の方法

(1)　DES

　DESは、債務（Debt）を資本（Equity）に転換（Swap）する金融支援の方法（債務の株式化）です。債務が圧縮される点では債権カットと同様ですが、債務が資本に転換されることで資本が増加する点は異なります。

　債権カットでは、モラルハザードを誘発するおそれがありますが、DESの場合、債権者は株主として残りますので、モラルハザードを抑制でき、再生の暁には、企業価値のアップサイドを株主として享受することができるメリットがあります。

　この点、銀行は、国内の会社の総株主の議決権の5％を超える議決権を取得・保有することを禁止されています（いわゆる「5％ルール」。銀行16の3Ⅰ、独禁11Ⅰ）が、合理的な経営改善のための計画の一環として行われるDESについては、一定の条件で適用が除外されます（銀行16の3Ⅱ、銀行規17の6Ⅲ等、独禁11Ⅰ⑥、公取規8等）。ただ、対象会社が非上場の場合、銀行は取得した株式を換価して回収することは困難ですし、いわゆる償還条件付きDESスキームが採用されても実際上分配可能利益が必要となるなど、再生途上の債務者には厳しい面があります。

　また、債権者が株主となることによる経営介入や配当負担、資本金増加による登録免許税の負担や資本金1億円超で外形標準課税の対象になるなどのデメリットがあります。

(2)　DDS

　DDSは、債権を劣後債権に転換する金融支援の方法です（債権の劣後化。資本性借入金）。債務の減少につながるものではなく、財務内容を直接改善するものではありませんが、返済が後倒しになったり、金利を下げてもらったりすることでキャッシュフローを改善する効果があり、結果として、財務内容の改善が期待できることとなります。また、金融機関にとっても、債権カットではなく、劣後化されたとしても債権が残るため回収可能性を残していますし、金融検査マニュアル別冊（中小企業融資編）に定められた基準に従ったDDSであれば、劣後化された債権の全部又は一部を自己査定上自己資本とみなすことができ、対象会社の債務者区分をランクアップさせることが可能となります。金融機関としては、債権カットには応じられないものの、支援継続の意思がある場合における債権カットに近い中間的な支援方法と位置づけられています（『中小企業再生論［改訂版］』122頁参照）。

5　金融支援額の算定

　以下では、債権放棄の場合を想定していますが、DES、DDSでも同様です。

協議会を利用する場合、財務DDにより実質債務超過額を把握し、事業計画を作成した上で、債権放棄を伴わない場合の予想PL、BS、CFを作成し、この予想BSの3～5年目の実質債務超過額を確認することで、債権放棄を求めるべき金融支援額が決まってくることになります（『中小企業再生論［改訂版］』119頁以下参照）。ただ、予想収益が低いほど債権放棄額が大きくなる関係にあり、収益性の低さはやむを得ないのか、できる限りの施策を講じているのかなどの検証が大切です。

なお、債権放棄を求める場合、金融機関が単独で債権放棄する場合には、金融機関側で税務上無税処理が可能になるようにし、債務者側も、債権放棄を受けると債務免除益が生じることから、債務免除益を吸収できる程度の損金があるのか、損金が足りない場合はどうするのかといった、タックスプランニングも重要となってきます。

6 金融支援額の配分方法

(1) 非保全債権額の按分方式

金融支援額は、債権者である各金融機関の非保全債権（担保権で保全されていない無担保債権部分）を基準に、原則として按分することになります。法的整理では、例えば民事再生においては、再生計画における権利変更の内容は、再生債権者間で平等でなければならないとされており（民再155Ⅰ本文）、この点は私的整理の場面でも原則とされます。私的整理GL 7(6)にも、「債権者間で平等であることを旨と」するとあります。なお、私的整理においては、基準となる債権額を算定するに当たり、物上保証や第三者保証によって担保されている債権額を控除することが通常です（法的整理においては、手続開始時現存額主義との関係で控除していません。『中小企業再生論［改訂版］』127頁参照）。

(2) 実質的平等原則

前述の私的整理GL 7(6)において、債権者間で平等であることを旨としつつ、「衡平性の観点から、個別に検討する」とされているように、実質的平等を担保するために、債務者に対する関与度合い、取引状況等を考慮することとしています（私的整理GL・Q43参照）。この点、民事再生における債権者平等原則も、形式的平等ではなく、債権者にとって実質的に平等であれば足りるとされており（民再155Ⅰただし書）、債権者間に差を設けても衡平を害しない場合が許容されています。したがって、私的整理においても、一律の債権カット率を算定する場合が単純な配分方法となりますが、段階的な債権カット率とする方法や、金融機関の中でも少額の債権の場合に配慮することも可能となってきます。また、実際には、債権者である金融機関の窮境原因や経営への関与の程度や、担保保全の状況等の諸事情を考慮した上で、メイン寄せの弊害の再来とならないよう配慮した実質的な衡平を図ることも必要となる事案もあるでしょう（『中小企業再生論［改訂版］』129頁以下参照）。

（野村剛司）

Q32 自主再建型とスポンサー型

 私的整理において、自主再建型による計画を立案する場合にはどのようなものがありますか。また、スポンサー型による計画を立案する場合にはどのようなものがありますか。

1 自主再建型とスポンサー型の意義
　私的整理における事業再生の類型として、事業再生における経営主体の属性による分類、すなわち「自主再建型」と「スポンサー型」という分類があります。
(1) 自主再建型
　自主再建型とは、窮境に陥った企業の経営主体（経営者・株主）に実質的な変更がなく、自助努力によって事業再生を行う類型をいいます。この場合の私的整理計画の内容の多くは、リスケジュールを行うあるいは債権カット等を伴う金融支援を受けた上で、当該事業の将来収益を弁済原資とした収益弁済計画となることが一般です。なお、税務上の必要や株主責任の明確化の観点から、いわゆる「第二会社方式」のスキームを利用して、直接の債権カットを行わず、特別清算手続を通じて実質的な債権カットを行い、経営者の実質的な変更なく事業譲渡、会社分割等を行う場合もあります。
(2) スポンサー型
　スポンサー型とは、窮境に陥った企業の経営主体（経営者・株主）が実質的に変更され、その新たな経営主体による金融支援・事業支援を前提として事業再生を行う類型をいいます。この場合の私的整理計画の内容は、当該事業の将来収益を弁済原資とした収益弁済計画の場合に加え、事業譲渡、会社分割等を行うことによりその事業価値相当の金員を一括して金融機関等の債権者へ弁済する一括弁済型の計画となる場合があります。多くの場合は、後者の一括弁済型が選択されています。

2 自主再建型とスポンサー型の特徴
(1) 自主再建型
　従前の経営者としては、対象事業を自力で再建させ、経営権の維持を希望する場合が多く、経営者において引き続き経営の意欲と能力がある場合には、自主再建型の私的整理計画が原則的類型として立案されます。
　もっとも、窮境原因において経営者や株主に責任が大きい場合には、経営主体の変更を余儀なくされる場合もありますし、そもそも従前の経営主体では事業再生に必要な十分な事業収益を生み出すことができない場合や資金繰り資金に事欠く場合には、自主再建型による事業再生はできません。
　換言すれば、①経営者において経営権を維持する意欲と能力がない場合、②経営

責任・株主責任の観点から経営主体の変更を余儀なくされる場合、③自主再建では十分な事業収益を生み出すことが困難である場合、④資金繰り資金に事欠く場合には、自主再建型ではなく、スポンサー型あるいは法的整理手続によることになります。

　なお、窮境原因において経営者や株主に責任があり、金融機関がスポンサー型での再生計画を立案すべきと主張する場合においても、経営者保証GLに従った保証債務の履行、経営者等の有する私財の提供、経営者等の有する債権の放棄、あるいは従前の経営者が退任等によって経営の一線から身を引きその親族等が新たな経営者として代替わりを行うなどの方法によって、一定の経営責任・株主責任を果たすことにより、自主再建型による計画への理解が得られる場合もあります。その際には、金融機関等の債権者に対して、事業価値の最大化の観点から、自主再建型によることが有利であることを十分に説明することが重要であるといえます。

(2) スポンサー型

　スポンサー型は、新たな経営主体の信用力による資金援助や事業リストラクチャリングの実施などにより、一般的には自主再建型に比して事業価値の向上が期待できるといわれています。また、事業譲渡、会社分割等の手法をとる場合には、その事業価値相当額についての一括弁済による早期回収が可能となることから、債務免除を伴う私的整理においては、金融機関等の債権者がスポンサーによる一括弁済型の計画を求めることがあります。

　もっとも、事業価値の源泉が経営者の人脈、ノウハウあるいはその能力にあり、代替が困難であるような場合や従業員らの意向などによって自主再建型の方が事業価値の維持・向上に資する場合もあります。また、中小企業のような場合にはそもそもスポンサーが名乗りを上げないこともあり、そのような場合にはスポンサー型ではなく、自主再建型によらざるを得ないことになります。

3　自主再建型とスポンサー型の選定基準

　対象企業にとって、自主再建型とスポンサー型のどちらがより適切な私的整理計画といえるかは非常に難しい問題です。①従前の経営者、株主らの意向、②窮境原因との関係での経営責任、株主責任を明確にできるか否か、③当該事業の規模、事業価値の源泉などといった事業特性とその将来性、④金融機関等の債権者の意向、⑤取引先、従業員らのステークホルダーの意向、⑥社会的影響その他諸事情を総合勘案して、ステークホルダーの共通利益の実現と事業価値の最大化という観点から、当該企業に最適な型をケースバイケースで選択せざるを得ません。

　自主再建型の詳細についてはQ33を、スポンサー型の詳細についてはQ34を、第二会社方式の詳細についてはQ35を、それぞれ参照してください。

（稲田正毅）

Q33 自主再建型

 私的整理において、対象企業が自力で再建を図る、いわゆる自主再建型による再建が図られるのはどのようなケースですか。また、自主再建型による再建が困難となるケースはどのようなケースですか。

1 自主再建が図られるケース

　自主再建型とは、現経営者が経営権を維持したまま自助努力によって再建を果たすことをいい、対象企業の法人格をそのまま用いることもあれば、いわゆる「第二会社方式」のスキームを用いて、従前の経営者が新会社において経営を継続することもあります。

　現経営者としては、対象企業を自力で再建させ、私的整理の開始後も経営権の維持を希望する場合が多いと思われます。

　一般的に、自主再建を図るためには、以下の条件を満たしていることが望ましいと考えられます。もっとも、個別案件の事情に応じて、これらの条件をすべては満たさない場合であっても自主再建が図られることがあります。

(1) 経営者に引き続き経営を行う意欲・能力があること

　当然ではありますが、自主再建を行うためには対象企業の経営者に経営を継続する意欲・能力を有していることが前提となります。

　特に、対象企業の再建のために経営者の技術力や人脈が必要である等、対象企業の事業価値を維持するために経営者の関与が必要とされる場合は、現経営者が経営権を維持することにつき債権者の理解が得られやすく、自主再建に適しているといえるでしょう。

(2) 対象企業に一定の事業価値・資金的余裕があること

　近い将来において、対象企業が自ら一定程度の利益（少なくとも金融機関への利払いが可能な程度の利益）を生み出せるほどの事業価値を有していない場合、自主再建を図ることは困難であるといわざるを得ません。また、私的整理では原則として商取引債権に対する弁済は継続されることになるため、対象企業がそのような弁済を行うに足る資金を有していない場合は、私的整理による自主再建を断念し、法的倒産手続を検討せざるを得ません。したがって、自主再建を行うためには、対象企業に一定の事業価値・資金的余裕のあることが必要と考えられます。

　なお、対象企業全体としては十分な事業価値がない場合であっても、いわゆる第二会社方式（Q35参照）を用いて、収益性が見込める優良部門のみを事業譲渡又は会社分割によって新設会社等に承継させることにより、自主再建が図られるケース

もあります。

(3) 窮境原因に関する経営者の責任等を勘案した上で経営権の維持に一定の経済合理性が認められること

私的整理においては、再建計画につき対象債権者全員の同意を得ることが必要となります。そのため、自主再建を行うためには、従前の経営者が継続して経営に当たることについても対象債権者全員の同意が得られなければなりません。

この点、対象企業が窮境に陥ったことに関して経営者の責任が問われるような事情がある場合、従前の経営者が経営を継続することにつき、対象債権者から理解を得られないことがあります。

もっとも、対象企業が私的整理を行うに至った以上、少なからず経営者に窮境の原因に関する責任が認められる場合が多く、窮境原因につき経営者に多少の帰責性があったとしても、その経済合理性を説明することで債権者の同意を得ることも可能であると思われます。特に中小企業においては、現経営者以外に経営継続に足る意欲、能力及び人脈等を有する者が存在しない場合もあり、窮境の原因につき経営者に責任が認められる場合であっても自主再建が図られるケースも見受けられます。

また、経営者が、対象企業に対する債権の放棄、私財の提供又は役員報酬の減額等の一定の責任を果たすことによって債権者の理解が得られ、現経営者による経営の継続が許容されることもあり得ます。

2 自主再建が困難なケース

(1) 第三者から援助を受けるに伴って資本を受け入れる必要がある場合

第三者からの資金的援助やビジネス上の支援を受けなければならないような場合、当該援助を行う第三者において、株式の取得や減増資によって対象企業の支配権を獲得できることを支援の条件とすることがあります。

このような場合、当該第三者の下で対象企業の再建を図らざるを得ず、自主再建を諦めて、いわゆるスポンサー型での再建を目指すことになります。

(2) 債権者に債権放棄を求める場合

モラルハザード防止や社会的納得という観点から、債権者から債権放棄を受ける場合、現経営者は退任することが原則とされています（経産省令29Ⅰ④、基本要領QA28等）。

もっとも、債権放棄を求める場合であっても、現経営者の経営権維持が認められるケースもあります。例えば、経産省令29Ⅰ④では、「事業再生に著しい支障を来すおそれがある場合」は経営者が退任しないことも許容されており、基本要領QA・Q28では、窮境原因に対する経営者の関与度合い、金融支援の内容、対象債権者の意向、事業継続における経営者の関与の必要性等の種々の事情を考慮して個別に対応すべきとされています。特に、中小企業においては、再建のために経営者の能力や人脈等が必要な場合も多く、そのような場合には、債権放棄を求めつつも

一定の経営責任を果たすことで自主再建が図られることがあります。
　なお、実質的に債権放棄をしてもらう方法として、いわゆる「第二会社方式」のスキームが用いられる場合もあります。

(3) **現経営者に重大な不祥事等がある場合**

　既に述べたとおり、私的整理では、現経営者が経営権を維持することについて、すべての債権者から同意を得る必要があります。
　そのため、例えば、現経営者に会社財産の私的流用や多額の粉飾決算といった重大な不祥事があり、私財提供等の一定の経営責任を果たしたとしても経営権の維持に債権者の理解が得られないようなケースでは、自主再建は困難であるといわざるを得ません。

（溝渕雅男）

Q34　スポンサーを活用した私的整理

私的整理において、スポンサーを活用することが適しているのはどのような場合で、適していないのはどのような場合でしょうか。また、スポンサーを選ぶに当たっては、どのようなことに注意しなければならないのでしょうか。

1　私的整理とスポンサー選定

　私的整理において、再生計画案を作成するに当たっては、実質的債務超過、経常赤字の解消に期間的な制約が課されることから、事業規模、収益性等からして単に金融債務の免除を得たのみでは事業の再生が困難な場合があります。また債務免除を伴う場合には、原則として、経営責任、株主責任をとることが要求されることから、新たな株主、経営陣をどうするのかも大きな問題となってきます。自主再建では、これらの問題点をクリアできず、あるいは返済原資となる十分な事業収益を生み出せない場合には、適切なスポンサーによる支援を再生計画案に盛り込むことで、弁済率を高めることができ、再生計画案に対する金融機関債権者の同意を得ることが可能となることが考えられます。

　債務者としては、私的整理に当たっては、自主再建を前提とした再生計画案を検討する一方で、事業規模、収益性等からして弁済のための十分な収益を生み出せず、自主再建による再生計画案の策定が困難な場合は、スポンサーを活用した再建を検討することになります。また、当該事業に対して、支援の意向を有するスポンサー候補者が複数存在する可能性が高い場合には、金融機関債権者としても、弁済率を高めるためにスポンサーの選定を強く求めることが予想されます。債務者が自主再建の権利を有するかは議論のあるところですが（小畑英一（司会）ほか「《パネルディスカッション》スポンサー選定の実務的課題と新しい論点」『スポンサー選定』162頁以下）、多数の金融機関債権者がスポンサーの選定を求めており、かつ現実的にスポンサーがつくだけの事業価値がある場合に、金融機関債権者の意思に反してスポンサーの選定を行わないことは、債務者の経営陣の保身の色彩が強く、経営責任、株主責任を十分に果たしていないとも考えられます。したがって、再生計画としての要件を充足したものとは評価されない可能性が高く、現実にも、債権者全員の同意を得ることは難しいと考えられます。

　最終的にスポンサーの支援を受けるかどうかは、スポンサーから提示された支援条件等を検討し、金融機関債権者の意向も聴取した上で、決定することになりますが、スポンサーを活用することで、金融機関債権者の同意をより得やすい再生計画案を策定できる可能性がある場合には、スポンサーの支援を受けることを考えるべ

きでしょう。

　しかしながら、当該事業の事業価値の源泉が、当該事業の経営陣が有する取引先との強固な人間関係、独自の事業ノウハウ、従業員に対する求心力等にある企業（オーナーシップの強力な中小企業に多いと思われます）については、そもそもスポンサーがつくかどうか疑問があるとともに、仮にスポンサーがついたとしても、経営陣のスポンサーに対する拒否感が強く、「スポンサーに頼るくらいなら事業継続を断念する」という場合もあり得ます。このような事態を回避するために、経営陣や株主の意向、当該事業の規模、特性、事業価値の源泉、取引先、従業員の状況等を総合的に見極めながら、今後の支援継続、協力に対する金融機関の考え方、経営陣に対する金融機関の反発の程度等をサウンドし、スポンサー選定の必要性とその現実的な可能性について検討することになります。また、このような事業の場合には、事業価値の評価が難しく、そもそもスポンサーの提示する支援条件が、自主再建の場合に比して、必ずしも債権者に有利であるとは限りませんので、その点も考慮に入れておく必要があります。

2　スポンサーの選定における債務者代理人の留意点

　債務者の経営陣は、私的整理の依頼をする際、経営責任、株主責任を問われることは理解していても、第三者のスポンサーの支援を受けた場合、スポンサーの意向によっては、完全に今後の事業運営から排斥されるおそれがあることまでは十分に了解をしていない場合が多いと考えられます。債務者代理人としては、手続を受任するに当たっては、債務者代理人自身が、スポンサーの必要性を認める場合はもとより、金融機関債権者からスポンサーの選定を求められ、スポンサーの意向によって、現在の経営陣が完全に排除される可能性があり得ることを現経営陣に十分に説明して、了解を得ておく必要があります。もちろん、この説明に当たっては、経営陣の心情、事業の再建に対する想いに対して十分に配慮して、時間をかけて了解を得るように努力する必要があります。そうでないと、経営陣との信頼関係が毀損し、最悪の場合、債務者代理人が解任され、手続が混乱をすることもあり得ますので、十分に留意するべきです。

3　スポンサー選定手続と二重の基準

　スポンサーの選定を行う場合に、どのような基準でスポンサーを選定すればよいのか、常に入札手続を取ることが必要なのかという問題がありますが、事業規模、事業分野、収益性等からして、そもそも、時間と費用をかけた入札手続でスポンサーを決める必要性がない場合が考えられます。最近、企業の規模の大小、企業の事業内容（事業基盤が脆弱化かどうか、収益性の多寡）、特定個人への依存度（中小零細のオーナー企業かどうか）、時間的余裕（事業の劣化が進んでいる場合にはスポンサー選定の余裕がなく、早期にスポンサーを決める必要性があることが考えられます）というような要素を総合的に考慮し、入札によってスポンサー候補者を選定することがふさわしい規模及び状況にあるケースであるかどうかを判断するこ

とになるという考え方が唱えられています（『スポンサー選定』43頁以下）。これは、「二重の基準」（「合理性の基準」か「厳格な基準」）と呼ばれており、入札によってスポンサーを選定する必要性がない場合には「合理性の基準」によって、スポンサー選定の相当性について判断をするとされています。合理性の基準が適用される場合には、スポンサーからの支援額が清算価値保障原則を満たしていること、事業維持・継続・拡大の目的、シナジー効果、従業員の雇用維持、取引先との取引条件維持、地域社会への貢献性、経営方針の相当性などを総合的に考慮して、当該スポンサーを選定することに合理性があるかどうかを判断するとされています。

　協議会案件やREVIC案件においては、対象となる会社は、地域の中小・中堅企業が多いことから、スポンサーの引受け手を見つけることが困難な場合が多く、またスポンサーがつく場合であっても、入札によってスポンサーを選定することがふさわしい案件は少ないと考えられますので、原則として合理性の基準で判断することになると考えられます。一方、大型の倒産事案で、複数のスポンサー候補が現実に存在しており、入札手続をとることで弁済を極大化し得る可能性が高い場合には、複数のスポンサー候補者から入札提案を受け、厳格な基準によってスポンサーを選定することになります。この場合、スポンサーからの支援額が、スポンサー選定に当たっての中心的な判断要素となります。

4　スポンサー選定手続の開始時期

　現実に私的整理手続を開始した後、スポンサー選定のために十分な時間をとることが困難な場合も考えられますので、手続を進める前に、ファイナンシャルアドバイザー（FA）を選定する等して、スポンサー候補者についての可能性を検討しておくことが必要です。また、前述した合理性の基準が適用されるような場合、すなわち債務者の事業内容、規模、資金力、緊急性等からして、FAを選定する経済的又は時間的な余裕がない場合、あるいはFAを選定しても有意なスポンサー候補者を探せる可能性が低い場合には、経営者の人的なつながり、メインバンクの紹介等の手法でスポンサーを探すことも検討する必要があります。

　厳格な基準が適用されるべき場合については、原則としてスポンサー選定に当たって入札を行うことになりますが、手続開始前の段階で、入札手続を経ることなく、特定のスポンサー候補者との間で支援契約を締結する必要性がある場合も想定されます。しかしながら、私的整理が成立するためには全金融機関債権者の同意が必要なこと、私的整理手続の場合、法的倒産手続に比して緊急にスポンサーを選定しなくとも事業価値の毀損の可能性は低いことからして、スポンサー選定手続においては、緊急の必要性がある特別な場合を除き、事前に金融機関に十分に情報を提供し、可能な限りその理解を得るように努めるべきであるとともに、選定手続の透明性を図るべきであると考えます。

（上田裕康）

Q35 事業譲渡型と会社分割型、第二会社方式

 第二会社方式による再建スキームを用いるのは、どのような場合ですか。直接の債権放棄に代えて行う場合と、スポンサーに事業を譲渡する場合で、進め方、留意点はそれぞれどのようなものですか。

1 第二会社方式

　第二会社方式とは、財務状況が悪化している企業（旧会社）が、収益性のある事業を事業譲渡や会社分割により切り離して新会社（第二会社）に承継させるとともに、不採算部門は旧会社に残し特別清算手続又は破産手続を通じて金融機関から過剰債務相当額の放棄を受けることにより、事業の再生を図る再建手法の一つです。

　この場合の新会社は、企業外部のスポンサー企業の場合もあれば、債務者企業自身の主要株主やその親族あるいはその従業員等であることもありますが、新会社の経営陣は、経営責任の観点から、基本的には旧会社の経営陣とは変更されることが前提となります。事業等の承継の手法としては、事業譲渡のほか、旧会社が（分社型の）新設分割により旧会社の子会社として新会社を設立した上で、当該子会社の株式を譲渡する方法（新設分割＋株式譲渡）やスポンサー企業側に金銭を対価とする吸収分割を行う方法などがあります。なお、中小企業が第二会社方式による「中小企業承継事業計画」を作成（協議会の支援を受けることもできます）し、その計画が一定の基準を満たせば経済産業局で認定を受けることができ、認定を受けると、①営業上必要な許認可の承継、②税負担（登録免許税・不動産取得税）の軽減措置、③金融支援（低利融資等）といった支援を受けることができます（産強121）。

2 第二会社方式による再建スキームを用いる場合

　第二会社方式による再建スキームを用いる場合の典型例は、債務者企業のスポンサーに選定された企業が、再生を図ろうとする事業部門の事業価値に見合った対価を債務者企業に対して支払い、その対価を弁済原資として金融機関などの債権者へ一括弁済して処理するケースです（スポンサー型）。

　また、債務者企業自身が新会社を設立するなどした上で、再生を図ろうとする事業部門とともに、当該事業部門の事業価値に見合った金融債務等を新会社に承継して、承継された金融債務等を新会社の収益によって分割弁済し、一方で過剰債務と不良資産については旧会社に残し、特別清算手続等により清算することで、実質的に過剰債務部分について、直接の債権放棄を受けたのと同じ形で再生を図るというケースでも、第二会社方式が用いられます（擬似直接放棄型）。

　私的整理手続の下で金融機関から直接の債権放棄を受けることは容易ではありま

せん。直接の債権放棄については、債務者たる対象企業側の事情として、税務上の欠損金の不足から生じる免除益課税のリスクや簿外債務のリスクといった問題があること、さらには、特に中小企業の場合にはまったくの第三者が事業を承継することが難しいなどの理由で株主責任や経営責任の問題をクリアすることが容易でないケースも少なくないこと、他方、金融機関側の事情として、モラルハザードへの警戒や資金支援を継続することが困難になるといった問題があることなどがその原因です(『中小企業再生論［改訂版］』168頁以下参照)。そこで、(特に中小企業の)私的整理の場面では、直接の債権放棄を受けることに代えて、擬似直接放棄型がとられることが多くなっています。

3 第二会社方式を進める手順

(1) 事業価値に見合った対価の算定

スポンサー型であれ、擬似直接放棄型であれ、新会社に承継される事業の対価は、対象債権者が弁済を受ける弁済原資となり、これを超える債権額は、不良資産等の残る旧会社からしか弁済を受けることができない(つまり、実質的に債権放棄することに近い)ことから、新会社に承継される事業価値の評価について、対象債権者(通常は金融機関)に対して事前説明を行い、理解を得る必要があります。

その算定は、事業DDにおいて算出された当該事業の収益力から将来どの程度償還することが可能か、また将来のBSの状況や債務償還年数も視野に入れ、説得力のある数字に基づいたものとする必要があります。なお、この際に新会社の返済能力には事業の収益性に加え、納税負担額も考慮の上慎重に検討することが必要となります。実際の収益力を超えた評価に基づくと、承継後の新会社が二次破綻することにもなりかねませんので、慎重な検討が必要です。

(2) スキームの選択

新会社に事業を移転させるに当たって、事業譲渡を用いるか、会社分割を用いるかについては、許認可の承継や不動産取得税、登録免許税などのコストとの関係も考慮しながら、ケースバイケースの判断がなされます。事業譲渡を用いた方がより短期間に新会社に事業を移転させることができることや新会社が偶発債務を負担するリスクは少なくなるなどのメリットがあります。しかし、第二会社方式の場合には、私的整理手続にあること自体を秘密にして行う必要性が高いことも多く、手続を密行的に進めるという観点からは、取引先との契約関係等の承継について個別の承諾が必要となる事業譲渡よりは、取引先とも契約関係も含めて承継事業を包括的に承継することができる会社分割を選択することも多いのではないかと思われます。

(3) 承継する資産と負債の確定

ア 承継事業に関連する資産・負債の確定

旧会社の財産のうち、新会社に承継する事業に必要な資産と不要な資産とを仕分けし、新会社に承継させる資産を確定させます。また、特に擬似直接放棄型の場合

には新会社に承継する事業価値に見合った負債（通常は、商取引債権の全部と金融債務の一部）も承継するところ、負債の承継・非承継の仕分けについては、慎重に検討することが必要となります。承継されない負債としては、対象債権者の実質放棄部分の負債のほか、現経営者や現株主の有する債権などは、責任を果たす一環として旧会社に残す処理を行うことが多いと思われます。

　イ　承継に関連する会計・税務処理

　税務上、清算手続中の会社であっても債務免除が行われると債務免除益が計上されるため、旧会社において繰越欠損金や一定の要件のもと認められる期限切れ欠損金の損金算入（法人税法59Ⅲ）に加え、新会社への資産の譲渡損を認識することが重要となります。その場合、事業譲渡や会社分割の場合であってもそれが完全支配関係下で行われるものではないこと、さらに会社分割においては非適格分割となる場合には資産の譲渡損が認識されることになります。法人税法上、事業の承継において50％超の支配関係（親族等を含みます）が継続しないときなどの場合には非適格分割に該当します（法人税法２⑫の⑪参照）。企業外部のスポンサー形の会社分割は、通常、支配関係の継続が見込まれないものとして非適格分割に該当することとなります。非適格分割においては、会社分割により新会社に移転する資産は時価で新会社へ移転することとなり、旧会社において譲渡損益が認識されることになります。

　一方、新会社においては、完全支配関係のない会社間での事業譲渡や（非適格）会社分割により取得した資産は時価で承継されることになります。また、この際に客観的な事業価値である対価相当額と取得した純資産価値との差額分については、「資産調整勘定（のれん）」又は「負債調整勘定（負ののれん）」として資産又は負債として認識され、税務上、５年間で強制償却することが規定されています（法人税法62の８）。承継後の弁済計画を立案するに際しても、この損金又は益金の処理を考慮に入れて、納税見込み額を検討することが必要となります。

　なお、消費税等については、事業譲渡は譲渡対象となる資産の種類に応じて基本的に消費税法上の課税資産の譲渡に該当するものと思われますが、会社分割による資産の移転は課税対象外取引になります（新会社株式の譲渡は有価証券の譲渡として譲渡対価の５％相当額を非課税売上げとして考慮する必要があります）。

(4)　旧会社の清算手続

　旧会社は、特別清算手続又は破産手続によって清算されることになりますが、私的整理手続としての第二会社方式は、基本的に手続に参加している債権者全員の同意を得て実行されるものであるので、旧会社が株式会社である限り、特別清算手続を用いるケースが多いでしょう。

４　留意点

(1)　担保が設定されている資産とその被担保債権

　承継資産のうち、抵当権など担保の設定されている資産について、その被担保債

権のうち当該資産の評価額相当額については新会社に承継される一方で、これを超える部分については新会社に承継されず債権放棄を受ける対象となります。したがって、債務者側で一方的に提示すると、その額によって、担保設定を受けている債権者からもその他の債権者からも理解が得られなくなるおそれがあります。評価の根拠となる資料を示しながら、当該担保権者との間で合意形成を行う必要があるとともに、他の金融債権者にも影響が及ぶ事項ですので、適宜情報提供し、理解を得ながら合意形成を進めていく必要があります。

(2) 旧会社の課税問題

第二会社方式は、旧会社の免除益課税問題と事業の再生を切り離すために行いますが、それによって旧会社の免除益課税問題が解決するわけではありません。まず新会社へ資産を移転することで生じる資産譲渡損を損金算入できるように配慮するとともに、貸倒れとならない債権や内容の分からない資産が存在する場合にはその内容について調査することが必要となります。

(3) 租税等の滞納

旧会社において租税の滞納がある場合に第二会社方式を用いるときは、第二次納税義務及び連帯納付責任について留意が必要です。第二次納税義務とは、納税義務者に滞納処分を執行してもなお、徴収すべき額に満たないと判断される場合に、その納税義務者と一定の関係がある者に対しても納税義務を拡張する制度で、例えば事業を譲り受けた他の会社が同族会社であり、かつ旧会社にとって同族会社の判定の基礎となった株主に該当するとき（国税徴収法38、同施行令13）や他の会社に対して無償又は著しい低額の譲渡が行われたとき（国税徴収法39）には、当該他の会社の側にその納税義務が課されることをいいます。新設分割後に新会社の株式をスポンサー企業に譲渡する場合はこのうちの前者に該当し、新会社に第二次納税義務が生じることに留意が必要です。連帯納付責任は、分割型分割の場合、分割法人の分割日前に納税義務が成立した租税債務について、分割承継法人が承継した財産の価額を限度として連帯納付責任を負うとされているものです（国税通則法9の2）。

租税等の滞納の全額弁済が困難である場合、清算結了ができませんので特別清算は選択できませんが、だからといって破産手続を選択した場合であっても、この納税義務が発生するリスクは残ります。したがって、租税等の優先債権について、旧会社の側に残された資産で確実に支払えるかを確認するか、若しくはあらかじめ新会社においても納税義務を承継する可能性があることを想定の上、スキームを検討する必要があります。

（軸丸欣哉＝新川大祐）

Q36 金融支援の経済合理性

 特定の債権者(金融機関)のみが債権カット等の負担を負うことについて、**経済合理性**が認められるためにはどのような要件を充たすことが必要ですか。

1 はじめに
　私的整理においては、取引債権者に対する支払を継続しつつ、金融債権者に対して支払期限の延期や債務免除等の負担を求めることが一般に行われています。債務者は、このような弁済計画について各金融債権者から個別に同意を得ることを要しますが、金融債権者としてはその同意をすることについての経済合理性を問題とすることとなります。債務者としても、弁済計画を作成し、金融債権者に対してそれに基づく負担を求めるべく説明、説得をするために、金融債権者としての経済合理性を踏まえておくことが必要となります。

2 経済合理性の内容
　債権者の「経済的な合理性」とは、債権放棄を行うことで、債務者企業の再生につながり、当該企業向けの残存債権の回収がより確実になることによって、債権者の損失が最小限に抑えられることをいいます。すなわち、各債権者にとっては、債務者が法的倒産処理手続に至った場合に想定される回収額よりも、私的整理において債権放棄を実施し事業を継続させながら回収を図った方が、より多くの回収が見込めることなどがこれに該当します（基本要領QA・Q14、『私的整理計画策定の実務』302頁〔小野沢庸〕、私的整理GL 3(4)、私的整理GL・Q14、『ガイドラインの実務』170頁〔上野保〕、株式会社産業再生機構編著『事業再生の実践(1)』283頁〔河本茂行〕（商事法務、2006年）、多比羅誠「事業再生計画策定上の問題点(2)」『事業再生ADRの実践』109頁）。

3 経済合理性を満たすための具体的要件
　経済合理性を満たすための具体的な要件は、以下のとおりであると考えられます。

(1) 清算配当率を上回ること
　まず、破産手続を行った場合の配当率（清算配当率）を上回ることが必要となります。清算配当率の計算については、破産手続によるような処分を前提とした評価をすることとなります。例えば、不動産は早期売却を前提とした処分価額により、棚卸資産は一括売却をすることを前提とした処分価額、売掛金についても事業を廃止することを前提として現実的に早期に回収可能な金額によることとなります。また、事業を清算することに伴う種々のコスト（原状回復費用、解雇予告手当て、清

算費用等）を考慮した上で弁済率を算出します（Q56参照）。再建型倒産手続における再生計画、更生計画も上記のような清算価値を上回ることが求められる上（清算価値保障原則。民再174Ⅱ④、会更199参照）、仮に私的整理における弁済率が清算配当率を下回るならば金融債権者は破産清算を求めざるを得ないこととなるため、私的整理においてもこれを上回るべきことは当然です。

(2) 再建型倒産手続を利用した場合の弁済率を上回ることの要否

民事再生、会社更生といった再建型倒産手続を行った場合の予想弁済率を上回ることが必要かどうかについては、見解が分かれています。この点、そもそもそのような比較は困難であり不要であるとする有力な見解（『ADRのすべて』293頁〔多比羅誠〕）があるほか、仮にこれが必要であるとしても、再建型倒産手続を行った場合の予想弁済率については、不確定要素について考慮する必要があり一義的には決まらず、再建型倒産手続をとることにより取引債権を含めて支払が禁止されることや、倒産情報が取引先に広がることにより、債務者の信用不安や受注減を来す等との事態が生じて債務者の事業が毀損されることが懸念されること等の要素を考慮すれば、仮に再建型倒産手続をとった場合にも弁済率は相当低率のものとなることを想定せざるを得ないとする指摘も見られます（永石一郎編集代表『倒産処理実務ハンドブック』577頁〔小林信明〕（中央経済社、2007年）、『中小企業再生論〔改訂版〕』34頁参照）。

4 メイン寄せとその経済合理性

私的整理GLの手続等において、その再建手続をメインバンクが主体的に進めることと関係してメインバンクが責任を負うことが求められ、メインバンクの有する債権の免除率を他の金融機関の債権の免除率よりも高くする等メインバンクの負担を重くする内容の弁済計画が作成される例（いわゆる「メイン寄せ」）がみられました。かかるメイン寄せの主張については、事業再生計画の成立を阻害するものとして問題があるとされており（『私的整理計画策定の実務』277頁〔原田伸彦〕、『ADRのすべて』109頁〔清水祐介〕）、さらには、その放棄率いかんによっては経済合理性を欠くおそれがあります（永石編代・前掲書・303頁〔大西正一郎〕）。

（木村真也）

Q37 金融機関のメリット（無税償却・債務者区分等）

私的整理手続を実施することにより、金融機関側において、支援を行う場合に税務上得られるメリット、金融検査に関連して得られるメリットとしてどのようなものがありますか。またこれを充たすためにはどのような要件が必要となりますか。

　金融機関に支援を求める上では、金融機関に及ぼす影響を十分理解した上で再建計画を立案することが望ましいことはいうまでもありません。金融機関にとって再建計画に同意するメリットとしては、最大回収を実現するだけでなく、債権の貸倒損失等に関する税務上の取扱いと金融検査等に関連する影響が挙げられます。

1　税務上の取扱いについて

　法人の有する金銭債権について貸倒れが生じた場合、法人税の所得の計算上、貸倒損失として損金の額に算入されます（法人税法22Ⅲ）。債権放棄を行うとその金銭債権は消滅しますので、法人が貸倒れとして損金経理しているかどうかにかかわらず、消滅した時点で損金の額に算入されることになります。ただし、私的整理手続においては、あくまでも任意の債権放棄等に基づく損失計上となるため、債権放棄による損失が寄付金と認定されないように留意する必要があります。これについては、債権者集会の協議決定等により締結された契約のうち、合理的な基準により債務者の負債整理を定めていると認められるものである場合には、当該協議決定による切捨額は、その事実が発生した日の属する事業年度において貸倒れとして損金の額に算入されます（法人税基本通達9－6－1(3)）。ここでいう「合理的な基準」とは、一般的には、すべての債権者について概ね同一の条件でその切捨額等が定められるものをいいます（**Q44**参照）。

　なお、私的整理GL、中小企業再生支援スキーム、RCC企業再生スキーム、特定認証紛争解決手続（事業再生ADR）、REVIC実務運用基準若しくは特定調停スキームに基づき策定された再生計画により債権放棄等を行う場合には、原則として、法人税基本通達9－4－2の取扱いにより、その債権放棄等による損失を損金算入することができることになっています。

2　金融検査等に関する取扱いについて

　金融検査等に関する取扱いには、自己査定上の債務者区分におけるランクアップと銀行法及び金融再生法に基づく不良債権額の開示に関するものがあります。なお、中小企業金融円滑化法は2013年3月末に終了しましたが、その後も取扱い自体に変更はありません。

(1) 債務者区分

債務者区分とは、債務者の財務状況、資金繰り、収益力等により、返済能力を判定して、債務者を①正常先、②要注意先、③破綻懸念先、④実質破綻先及び⑤破綻先に区分することをいいます。債務者区分の判定においては、実質債務超過解消年数と債務償還年数に係る指標が重視されます。なお、要注意先については、さらに(i)要管理先と(ii)その他の要注意先に分類されることがあり、後述のとおりこの細分類は、債務者区分及び不良債権額の開示において重要なものとなります。

(2) 不良債権の開示

不良債権の開示には、銀行法に基づくリスク債権の開示と金融再生法の資産査定基準に基づく開示があります。リスク開示債権の開示は、銀行法施行規則において開示が必要とされるもので、①破綻先債権、②延滞債権、③3カ月以上延滞債権及び、④貸出条件緩和債権に区分されます（銀行規19の2Ⅰ⑤ロ）。また、資産査定基準に基づく開示は、金融再生法施行規則において開示が求められるもので、債権を(i)正常債権、(ii)要管理債権、(iii)危険債権、及び(iv)破産更生債権及びこれらに準ずる債権に区分されます（金再規4Ⅰ）。これらの債権の関係は【別表】のとおりです。

(3) 要管理先からその他の要注意先へのランクアップ

金融機関が元本返済の猶予を行った場合、原則としてその債権は条件緩和債権（不良債権）に該当します。自己査定上、当該債務者は要注意先の中の要管理先となり、また開示上は不良債権として開示されます。しかし、金融庁の監督指針では、その例外として、条件変更が行われた場合でも「実現可能性の高い抜本的な経営再建計画（実抜計画）」が策定されていれば、貸出条件緩和債権に該当しないとされます。「実現可能性の高い」とは、以下の要件のすべてを充たす計画をいいます。

① 計画の実現に必要な関係者との同意が得られていること
② 支援額が確定しており、追加的支援が必要ないと見込まれること
③ 計画中の売上高、費用及び利益の予測等が厳しく見積もられていること

また、「抜本的な」とは、概ね3年後の債務者区分が正常先となることをいいます（もっとも、債務者企業の規模又は事業の特質を考慮した合理的な期間の延長は排除されません）。また、中小企業である場合には、「概ね3年」が「概ね5年（5年から10年で計画通りに進捗している場合を含む。）」とされ、さらにその時点の債務者区分も「正常先となること」から「正常先（計画終了後に自助努力により事業の継続性を確保できれば要注意先であっても差し支えない。）」と緩和されています。

加えて、債務者が中小企業の場合は、実抜計画を策定していない場合であっても、最長1年以内に当該経営再建計画を策定する見込みがあるときには、最長1年間は貸出条件緩和債権には該当しないものと判断して差し支えないとされていま

す。

　さらに、中小企業の場合には、経営改善に時間がかかることが多い状況を勘案し、後述する「合実計画」が策定されていればそれを実抜計画とみなして差し支えないとされています。

(4) **破綻懸念先から要注意先へのランクアップ**

　金融検査マニュアルでは、「合理的かつ実現可能性の高い経営改善計画（合実計画）」が策定されているときには、破綻懸念先ではなく、要注意先とすることができることが明記されています。合実計画とは以下のものをいいます。

① 計画期間が原則として5年以内で、計画の実現可能性が高いこと
② 計画期間終了後の債務者区分が原則として正常先となる計画であること（計画終了後に自助努力により事業の継続性を確保できれば要注意先でも可）
③ すべての金融機関等において支援を行うことについて合意されていること
④ 支援内容が金利減免等にとどまり、債権放棄などの資金提供を伴わないこと

（新川大祐）

【別表】 債務者区分と債権区分の関係

リスク管理債権	金融検査マニュアルによる自己査定基準	金融再生法による資産査定基準
破綻先債権	破綻先債権：法的・形式的な経営破綻の事実が発生している先に対する債権	破産更生債権及びこれらに準ずる債権（破産更生債権等）：破産、会社更生、民事再生等の事由により経営破綻に陥っている債務者に対する債権及びこれらに準ずる債権
延滞債権 3カ月以上延滞債権 貸出条件緩和債権	実質破綻先債権：法的・形式的な経営破綻の事実が発生していないものの、深刻な経営難の状態にあり、再建の見通しがない状況にあると認められるなど実質的に経営破綻に陥っている債務者に対する債権	
	破綻懸念先債権：現状、経営破綻の状況にはないが、経営難の状態にあり、経営改善計画等の進捗状況が芳しくなく、今後、経営破綻に陥る可能性が大きいと認められる債務者に対する債権	危険債権：債務者が経営破綻の状態には至っていないが、財政状態及び経営成績が悪化し、契約に従った債権の元本の回収及び利息の受取りができない可能性の高い債権
	要注意先債権：金利減免・棚上げを行っているなど貸出条件に問題のある債務者、元本返済若しくは利息支払が事実上延滞しているなど履行状況に問題がある債務者のほか、業況が低調ないし不安定な債務者または財務内容に問題があるなど今後の管理に注意を要する先に対する債権 ＜再分類の場合＞ ①要管理先である債務者に対する債権	要管理債権：**3カ月以上延滞債権**（「破産更生債権等」及び「危険債権」に該当する債権を除く）及び**貸出条件緩和債権**（「破産更生債権等」及び「危険債権」並びに「3カ月以上延滞債権」に該当する債権を除く）
	②その他の債権	正常債権：債務者の財政状態及び経営成績に特に問題がないものとして、「破産更生債権等」「危険債権」及び「要管理債権」以外のものに区分される債権
	正常先債権：業況が良好であり、かつ、財務内容にも特段の問題がないと認められる債務者に対する債権	

第3節 経営者責任

Q38 経営者責任

私的整理手続において、対象企業の経営者について、経営者責任を果たすことを求められるケースとしては、どのような場合がありますか。また、これを果たすために求められる手段としては、どのようなものがありますか。

1 経営者責任を果たすことを求められるケース
(1) 債権放棄を受ける場合

経営者責任の典型として、役員の退任がありますが、私的整理GLでは、対象債権者の債権放棄を受けるときは、債権放棄を受ける企業の経営者は退任することを原則とする、とされています（私的整理GL 7(5)）。事業再生ADRにおいても、事業再生計画案が債権放棄を伴う場合、当該事業再生計画案は役員の退任（事業の継続に著しい支障を来すおそれがある場合を除く）を含むものでなければならないとされています（経産省令29Ⅰ④）。協議会の手続においては、対象債権者に対して金融支援を要請する場合、経営者責任の明確化を図る内容とするとされています（基本要領 6(5)⑤）。これらは、経営者において、安易に債権放棄を求めることがないようにというモラルハザードへの対策として定められているものです。もっとも、例えば経営悪化に伴って、旧経営陣は既に退任しており、新しいスポンサーや主力の金融機関から新たに派遣された経営者が、新経営体制の下で再建計画を作成し、債権放棄の申出を行うなどのケースまで退任を必須としているわけではないとされています（私的整理GL・Q41）。また、新たなスポンサーが選定された場合を除き、平取締役など経営者責任がそれほど大きくない役員については、役員にとどまり、その中から新たな代表取締役が選任されるケースも多いです（多比羅誠「事業再生計画策定上の問題点(2)」『事業再生ADRの実践』125頁）。DESやDDSを行う場合については上記のような定めがありませんが、対象債権者に対する影響に鑑み、経営者責任を求められることもあるでしょう。

(2) 債権放棄を受けない場合

対象債権者から債権放棄を受けない場合は、上述のような定めがないため、経営者は必ずしも退任するものとはされていません。しかし、かかる場合であっても、経営者に窮境原因に対する関与度が高い場合や、経営者の親族や従業員に信頼できる人がいる場合には、経営者責任をとって、経営者が退任する場合もあるでしょう。

(3) 中小企業の特殊性

債権放棄を受ける場合であっても、中小企業においては、現経営陣が今後の企業の再生のために不可欠な技術力や営業力を有していたり、新経営陣として適切な人がいなかったりすることもあります。かかる場合、実現性の高い再建計画が策定で

きることを前提としつつ、事業再生のために欠かせない人材確保のために何らかの工夫が必要となることがあります（私的整理に関するガイドライン実務研究会「「私的整理に関するガイドライン」運用に関する検討結果」第1の4）。事業再生ADR（経産省令29Ⅰ④かっこ書）においても、例外的に退任しない場合が予定されています。また、協議会では「対象債権者に対して金融支援を要請する場合には、経営者責任の明確化を図る内容とする」（基本要領6(5)⑤）との記述にとどまっており、経営者の退任を必須とするものではないとされています（基本要領QA・Q28）。かかる場合には、経営者責任の明確化を図る趣旨から、後述のとおり、私財提供を行うなどの責任を果たすこととしたり、その他けじめの措置を講じたりすることが必要です。また、役員としては退任した上で、顧問や相談役などとして引き続き事業に携わることも考えられます。なお、協議会における再生計画策定完了案件については、いかなる対応がとられたかの概要が四半期ごとに公表されています（http://www.chusho.meti.go.jp/keiei/saisei/kyougikai/index.htm）。

2 求められる手段

(1) 役員退任

求められる手段の典型は、役員の退任となります。窮境原因に対する関与度に応じて、全員が退任する場合や、責任のある役員のみ退任する場合があります。

(2) 役員報酬の削減

債権放棄を受けない場合であっても、役員報酬については、削減を求められる例が多いです。

(3) 私財提供

上述のとおり、債権放棄を求める一方、経営者が引き続き経営に参画する場合には、モラルハザード防止の観点から、私財提供が求められることがあります。この場合、条件等によって経営者にみなし譲渡所得（所得税法59）が生じることがありますので、対応策を検討しておく必要があります（例えば、経営者が保証債務を負っている場合は、保証債務を履行するために資産を譲渡した場合の課税の特例などがあります）。

(4) 支配株主からの脱退

株主責任とも重なりますが、経営者が支配株主の場合、支配株主から脱退することにより、けじめの措置を講ずることがあります。

(5) 経営者の債権放棄等

私的整理手続において、経営者が対象企業に債権を有している場合、かかる債権を放棄することは必ずしも要求されていません。しかし、金融機関等に支援を求めることとの均衡から、当該債権については債権放棄などの処理をすることが相当でしょう。保証債務を負っている経営者が保証債務を履行したことによる求償権も同様です。また、経営者が対象企業に対して負っている債務については、対象企業は回収に努めるべきでしょう（『ガイドラインの実務』269頁〔三森仁〕）。

（中西敏彰）

Q39 株主責任

私的整理において、株主はどのような責任を果たすことが求められますか。また、その程度について、債権カット型とリスケジュール型で違いはありますか。
株主責任を果たす際の一手段として「株主権の希薄化」ということがいわれるケースがありますが、具体的にはどのようなものをいうのですか。

1 私的整理における株主責任

株式会社の株主は、会社に対して株式の引受価額を限度とする出資義務を負うほかは、会社の債務について責任を負わないのが原則とされています（会104）。

しかし、株主は本来債権者よりも劣後する法的地位にありますので（会502等）、私的整理手続において債権者の有する債権の価値が毀損する場合は、株主も相応の責任を負うことが公平かつ正義に適うものであり、債権者以外の利害関係者等の納得も得られ、安易に債権放棄等を求めるモラルハザードへの対策になり得ます（会社が実質的に債務超過であれば、その株式の実質的価値はないともいえます）。

そのため、法的倒産手続と同様、私的整理手続においても、株主の有限責任の範囲内で責任を負わせるべく、いわゆる100％減資等の方法により、既存株主の権利を喪失させたり、既存株主の支配権比率を低下させたりすることがあります。

2 株主責任の程度
(1) 債権放棄を求めるケース

私的整理GLにおいては、対象債権者の債権放棄を受けるときは、再建計画案において、支配株主の権利を消滅させることはもとより、減増資により既存株主の割合的地位を減少又は消滅させることが原則であるとされており（私的整理GL7(4)）、事業再生ADRにおいては、事業再生計画において債権者に債権放棄を求める場合には、株主の権利の全部又は一部を消滅させることが必要とされています（ただし、事業再生に著しい支障を来すおそれがある場合を除きます。経産省令29Ⅰ③)。またREVICにおいては、債権者に債務放棄等の負担をさせる場合には、株主にも相応の責任が求められるのが基本です。さらに協議会では、「第二会社方式」により、スポンサー等新たな株主の出資する会社に対する事業譲渡や会社分割を行い、旧会社は特別清算をすることによって、会社の消滅とともに旧会社株主の権利を喪失させることが多く行われています。その他の私的整理手続においても同様に、債権者に債権放棄を求める場合には、株主にも相応の負担をさせるべく、株主としての権利を喪失させるケースが多く見られます。

また、株主としての権利を喪失させないまでも、資金調達のための第三者割当増資や債務圧縮のためのDESが行われた場合、株主権の希薄化により結果として既存株主が責任を負うをすることになります。

(2) リスケジュールを求めるケース

債権者に債務の返済条件の変更等を求めるケースにおいては、引き続き債権者に対して債務全額の返済を行うことになりますので、債権放棄を求めるケースのように、株主に必ず何らかの負担をさせることまでは要求されていません。ただし、債務放棄のケースの場合と同様、資金調達のための第三者割当増資等に伴い、結果として既存株主が責任を負うをすることがあります。

3 株主権の希薄化とは

株主権の希薄化は、私的整理手続における株主責任を果たす際の一手段ですが、債権放棄型、リスケジュール型のいずれの場合にも起こり得ます。具体的には、会社が特定の第三者（スポンサー等）に対して、時価より低い議決権のある株式を発行した場合、あるいは金融機関等に対してDESが行われた場合、発行済株式数が増加することにより、①既存株主の保有する株式の経済的価値（1株当たりの利益、純資産等）が低下すること、②既存株主の保有する株式の議決権比率（支配権比率）が相対的に低下することを意味します。

しかし、スポンサーの増資による資金調達により、倒産リスクが回避され、増資資金による設備投資等により将来の成長が見込める場合、あるいはDES等により過大な債務が圧縮され、事業価値が向上した場合、既存株主は、（いったん株主権が希薄化するものの）将来的には再び配当あるいは株価上昇という形で利益を受けられる可能性があります。

公表されている事業再生ADRや機構法に基づく手続においても、債権放棄やリスケジュールとともに、スポンサーあるいはREVICに対して、市場価格より低い価格での普通株式又は（配当等において普通株式より優先し、議決権のない）種類株式等が発行されたり、あるいは金融機関によるDESが行われたりすることにより、発行済株式総数が増加した結果、株主権の希薄化が生じています。また、スポンサー等が上場会社の第三者割当増資を引き受ける場合、出資金がリストラや組織再編等の事業再構築費用、設備投資等のあらかじめ決められた使途に充てられるかを含めて経営を監督し、支配権を確保できるよう、増資後の議決権総数の3分の2（少なくとも重要な決定事項について拒否権を発動できる3分の1）以上の議決権を求めることが一般的であり、株主権の希薄化が大きくなる可能性があります。

もっとも、時価より低い価格での第三者割当増資を行うには、このような増資の可否について（場合によれば、発行可能株式総数の増加に関する定款変更の可否についても）株主総会の特別決議を得ることが必要です（会309Ⅱ⑤、199Ⅰ～Ⅲ）。また、著しい株主権の希薄化を防止するため、東京証券取引所では、希薄化率が300％を超える第三者割当増資の場合は、株主及び投資者の利益を侵害するおそれが少ないと取引所が認める場合を除き、その上場を廃止する（東京証券取引所有価証券上場規程601条1項17号、同施行規則601条14項6号等参照）こととしているほか、①希薄化率が25％を超える場合、第三者の意見や株主総会の決議などの株主の意思確認を求めること、②払込金額の算定根拠やその内容、有利発行等に関する充分な開示を義務づける等のルール（東京証券取引所有価証券上場規程432条、402条①a）を定めていますので、留意が必要です。

（柴野高之＝富山聡子）

Q40　個人保証と経営者保証に関するガイドライン

私的整理手続において、対象債権について経営者、経営者以外の者に対して個人保証が設定されていることがありますが、保証債務の履行はどの程度求められることになるのでしょうか。経営者保証GLとはどのようなものですか。経営者保証GLに基づく保証債務の整理とはどのようなものですか。

1　私的整理手続における保証債務の履行

(1)　はじめに

担保・保証に依存しない新しい融資慣行や手法が提唱・実践されているものの、中小企業金融実務では依然として、債権の保全及び経営への規律づけや信用力補完の観点から、経営者による連帯保証が設定されていることが一般的です。

他方、経営者以外の第三者の保証について、金融庁は、主要行等監督指針及び中小地域機関監督指針において、経営者以外の第三者による個人の連帯保証を原則として求めない対応を金融機関に求めています。また、民法の一部を改正する法律案では、経営者ではない第三者による保証契約の成立には公正証書の作成を必要とすることが示されており、個人保証は制限され、保証人の保護の施策が拡充されています。

そのようななか、主たる債務者である企業がその債務の履行に困難を来し、私的整理手続を行う場合、これら個人に設定された連帯保証の履行はどの程度求められるのかについて、以下、説明します。

(2)　債務免除を伴う場合

債務免除を伴う私的整理スキームにおいては、企業の窮境原因が保証人にあるか否かを問わず、保証債務が顕在化する以上、金融機関等は当然に保証人に対して保証債務の履行請求を行うのが一般です。これは、他の金融債務者に対するモラルハザード防止の観点や債権放棄時に無税償却が認められなくなるリスクがある（法人税基本通達9−6−2参照）ことに加え、回収の極大化を図る債権者としての当然の行為であるといえます。

この保証履行に対して、経営者たる保証人は、経営者保証GLに基づく保証債務の整理を並行して行うのが一般的です。

どこまで金融機関が保証の履行を追及するかについては、企業の窮境原因に照らした保証人の責任の程度、地域性、あるいは金融機関等のカルチャーや経営判断によって異なるところですが、あくまでも経営者保証GLに示された枠組みの範囲で調整されることとなります。

なお、経営者ではない第三者の保証人については、直接、経営者保証GLの適用の対象ではないものの、経営者保証GLでは経営者ではない第三者である保証人について除外するものではないとされ（経営者保証GL 3(2)脚注5）、現に、第三者たる保証人に対しても同じ基準で保証債務の整理が行われています。

(3) リスケジュールの場合

　債務免除を伴わないリスケジュールによる私的整理スキームにおいては、必ずしも直ちに保証人に対する保証債務の履行請求が行われるわけでなく、従前と同様に保証人たる地位のままに置かれることもあります。

　もっとも、経営責任を果たす観点から、経営者の交代を行う場合等には、リスケジュールによる私的整理スキームと並行して、保証人について、経営者保証GLによる保証債務の整理が行われることもあります。

2　経営者保証GLとは

(1) 概　要

　経営者保証GLとは、中小企業金融における経営者保証について、主たる債務者、保証人及び金融債権者において、合理性が認められる保証契約の在り方等を示すとともに、主たる債務の整理局面における保証債務の整理を公正かつ迅速に行うための準則を定めたものです。

　経営者保証GLは、2013年12月、行政当局（金融庁、中企庁等）の関与の下、日本商工会議所と全国銀行協会が共同で設置した有識者会議である「経営者保証に関するガイドライン研究会」が、自主的自律的な準則として、策定・公表しました。

　経営者保証GLは、経営者保証に依存しない融資のいっそうの促進を求め、経営者保証の契約時に金融債権者において努めるべき対応の詳細、事業承継等における保証解除の対応など経営者保証の在るべき姿を示したものですが、保証債務の整理のための準則を策定している点に、大きな意義があります。

(2) ガイドラインの性質

　経営者保証GLは、自主的自律的な準則であるがゆえに法的拘束力はないものの、主たる債務者、保証人及び金融機関は、経営者保証GLに定められた準則を尊重し遵守されることが期待されており、現に、金融庁は、2014年1月31日付けで主要行等監督指針及び金融検査マニュアル等を改正し、すべての金融機関に対して、経営者保証GLを遵守することを要求しています。

　これによって、経営者保証GLは、主たる債務者が私的整理手続を行う場合はもちろんのこと、主たる債務者が法的整理手続を行う場合においても、経営者の保証債務の整理のための準則として、現実に機能しています。

(3) 信用情報との関係

　経営者保証GLによる債務整理を行った保証人について、金融債権者は、当該保証人が債務整理を行った事実その他の債務整理に関連する情報（代位弁済に関する情報を含む）を、信用情報登録機関に報告、登録しないこととされています（経営

者保証GL 8(5))。

(4) ガイドラインの示す経営責任の在り方

経営者保証GLにおいては、私的整理に至った事実のみをもって一律かつ形式的に経営者の交代を求めず、従前の経営者が引き続き経営に携わることに一定の経済的合理性が認められる場合にはこれを許容するものとして、保証債務の整理場面における経営者の経営責任の在り方について、一定の指針を設けています（経営者保証GL 7(3)②)）。

(5) 保証債務の履行基準（残存資産の範囲）と残額の免除

経営者保証GLにおいては、破産時における自由財産の範囲を超えて、保証人の手元に残すことのできる一定の残存資産を認めています。例えば、早期事業再生の着手の決断に寄与した保証人については、早期事業再生の着手による増加価値の範囲で、雇用保険の給付期間を参考にした一定期間の生計費や華美でない自宅等の資産を残存資産の範囲に含めることを許容しています（経営者保証GL 7(3)③)）。

そして、残存資産の範囲を超える資産等を弁済原資として保証債務を弁済する計画を立て（経営者保証GL 7(3)④)）、その余の保証債務については、①保証人が開示情報について表明保証をし適切な情報開示をすること、②資力を証明するための必要な資料を提供すること、③主たる債務及び保証債務の弁済計画が経済的合理性を有すること、④表明保証に反した場合には追加弁済を行うことについての契約書面を締結することという要件のすべてを充たす限り、金融債権者において残りの保証債務を免除することが予定されています（経営者保証GL 7(3)⑤)）。

これによる債務の免除については、保証人に免除に伴う収入の実現がないため所得税の課税関係は生じませんし、また保証債権者についても免除に伴う寄付金課税は生じません（「「経営者保証に関するガイドライン」に基づく保証債務の整理に係る課税関係の整理」参照）。

具体的な経営者保証GLに基づく、保証債務の整理手順や留意点については、Q41及びQ42を参照してください。

（稲田正毅）

Q41　経営者保証GLに基づく保証債務整理の手順

 経営者保証GLに基づく保証債務の整理の手順は、どのようなものですか。

1　当事者

　経営者保証GLの適用対象となる主たる債務者としては中小企業・小規模事業者が、適用対象となる保証人としては中小企業の経営者が想定されていますが、いずれも経営者保証GLの趣旨から、弾力的に解されています。対象債権者は、「中小企業に対する金融債権を有する金融機関等であって、現に経営者に対して保証債権を有するもの、あるいは、将来これを有する可能性のあるもの」（経営者保証GL１）とされていますが、保証債務の整理を行う場合においては、例外的に保証人に対する固有の債権をも対象となり得ます（保証人の固有の債権の扱いの問題点は、『ニューホライズン』73頁以下〔小林信明〕を参照してください）。

　保証人が対象債権者に対して経営者保証GLに基づく債務整理の申出をした場合、対象債権者は、合理的な不同意事由がない限り、当該債務整理手続の成立に向けて誠実に対応することが求められています（経営者保証GL７(1)・(3)）。この合理的な不同意事由としては、①債務整理手続や弁済計画の内容などが経営者保証GLの定めやその趣旨に反する場合、②主たる債務者・保証人が適格要件を充たしていない場合が考えられます。②の「適格要件」としては、主たる債務者・保証人が弁済について誠実であることや適時適切な情報開示をしていること、保証人に破産法252条１項（10号を除きます）に規定される免責不許可事由が生じていないことなどがありますが、これらは、形式的・硬直的に解されるべきではありません。適格要件を欠くとされるためには、経営者保証GLが制定された趣旨から、経営者保証GLを適用することが不当と評価される程度の悪質性や重大性が要求されるものと解すべきです（『ニューホライズン』53頁〔小林〕参照）。

2　主たる債務者の整理手続との関連

　経営者保証GLを実施する手続としては、協議会による再生支援スキーム（以下「協議会スキーム」といいます）、事業再生ADR、私的整理GL、特定調停、REVICなどの「準則型私的整理手続」が想定されていますが、経営者保証GL実施の前提として、主たる債務者の債務整理（破産などの清算型、民事再生などの再生型のいずれでも）がなされたか、又はその手続に着手している必要があります。保証債務を整理する場合としては、大きく分けて、①主たる債務者の債務整理と保証人の債務整理を一体として処理する場合（一体利用型）と、②保証債務のみを処理する場

合（のみ利用型。主たる債務者の債務整理が法的倒産手続で行われているとき、又は既に主たる債務者の債務整理が終結しているときなど、主たる債務者との一体処理ができない場合に行われます）があります。①の「一体利用型」は、すべての準則型私的整理手続で実施することが可能ですが、②の「のみ利用型」は、協議会スキームと特定調停に限り、実施することが可能とされています。

3　整理手順

(1)　一時停止等の要請

　各実施手続で経営者保証GLの整理手順は異なりますが、ここでは共通すると思われる特徴を説明します。

　まず、多数の債権者に係る債務整理を公正・公平に行うためには、対象債権者が個別的権利行使を控えることが必要です。そこで、経営者保証GLに従い保証債務の整理の申出をする場合には、原則として、主たる債務者、保証人及び支援専門家（弁護士、公認会計士、税理士等であり、債務者側に立ち、公正・中立的な役割を期待されているものではありません）が連名した書面により、すべての対象債権者に対して同時に、一時停止等の要請（個別的権利行使を一時的に停止することの要請）をするものとされています（経営者保証GL 7(3)①）。この一時停止等の要請が、集団的債務整理手続の開始を意味することになります。

(2)　保証人の弁済計画の内容

　債務整理手続においては、債務者が対象債権に対して弁済する額と時期を定め、その弁済部分を超える債務の免除を内容とする弁済計画案を作成し、すべての対象債権者がこれに同意すれば弁済計画が成立することになります（なお、一体利用型では、主たる債務者と保証人の計画案が併存することになりますが、これらの計画案作成上の問題点については、『ニューホライズン』69頁以下〔小林〕を参照してください）。

ア　弁済原資資産の確定と処分・換価

　弁済計画の前提として、実務的には、財産の評定の基準時（保証債務の整理を対象債権者に申し出た時点、つまり、一時停止等の要請時）において保証人が保有するすべての資産のリストが作成されます。ただ、保証人が保有するすべての資産を対象債権者への弁済原資とする必要はなく、保証人の手元に残せる「残存資産」（経営者保証GL 7(3)③）と、この残存資産を除く資産（以下「非残存資産」といいます。これが弁済原資資産となります）に分けられることになります。保証人の作成する弁済計画案は、非残存資産を処分・換価して得られた金銭をもって、担保権者その他の優先権を有する債権者に対する優先弁済の後に、すべての対象債権者に対して、それぞれの債権の額の割合に応じて弁済を行い、後述のとおりその余の保証債務について免除を受けるという内容となります。

　したがって、弁済計画案を作成する前提として、「残存資産」を決めることが重要となります。

なお、弁済計画においては、非残存資産について、処分・換価する代わりに、「公正な価額」に相当する額を弁済することも可能です。この場合には、当該弁済を原則5年以内（個別事情等を考慮して関係者間の合意により5年を超えることも可能）の分割弁済とする弁済計画も想定されています（経営者保証GL 7(3)④ロ）。
　ここで、「公正な価額」の評価基準が問題となりますが、法的倒産手続における財産の評定の運用に従うことが考えられるとされています（経営者保証GLQA【B.各論】Q7-25）。

イ　債務免除

　保証人は、非残存資産（弁済原資資産）の換価処分代金又は公正な価額相当額の弁済をしてもなお残存する保証債務の免除を受ける旨の条項を弁済計画案に記載することが通常です。この債務免除には、次の事項が前提となります（経営者保証GL 7(3)⑤）。すなわち、①保証人は、すべての対象債権者に対して、保証人の資力に関する情報を誠実に開示し、開示した情報の内容の正確性について表明保証を行うこととし、支援専門家は、対象債権者からの求めに応じて、当該表明保証の適正性についての確認を行い、対象債権者に報告すること、②保証人が開示し、その内容の正確性について表明保証を行った資力の状況が事実と異なることが判明した場合には、免除した保証債務及び免除期間分の延滞利息も付した上で、追加弁済を行うことです。この②は免除の効果が失効することを意味しますが、これには保証人の過失により、表明保証を行った資力の状況が事実と異なる場合も含まれます。ただし、この場合、当該過失の程度を踏まえ、当事者の合意により、当該資産を追加的に弁済に当てることにより、免除の効果は失効しない取扱いとすることも可能です（経営者保証GLQA【B.各論】Q7-31〔2015年改正〕）。

(3)　経済合理性の判断

　保証債務の整理の弁済計画は、対象債権者にとって経済合理性がなければなりません（経営者保証GL 7(1)ハ、同(3)⑤ハ）。この経済合理性は、債務者が破産した場合の配当額と比較して弁済計画による回収額がそれを下回らないことを意味します。例えば、保証人の保有している資産が少なく、後述の自由財産を除けば、非残存資産（弁済原資資産）がなくなるため、弁済計画による弁済がゼロであったとしても、対象債権者には経済合理性が認められることになります。
　この経済合理性は、保証人に資産をどこまで残せるのかの範囲（残存資産の範囲）の上限を画する基準となります。保証人の債務整理についての経済合理性を単独で考えれば、残存資産の範囲は破産法上の自由財産を超えることはできないことになりますが、経営者保証GLの最大の特徴の一つは、この経済合理性について、経営者たる保証人が早期の事業再生等の着手を決断したことを踏まえて、主たる債務と保証債務を一体として判断することとされていることです。具体的な算定方法としては、主たる債務者の債務整理につき、①再生型の場合には破産との比較を、②清算型の場合には時期が遅れたときとの比較をすることになっています（経営者

保証GLQA【B.各論】Q7－13参照)。これによって、自由財産を超える資産を、残存資産として保証人の手元に残すことが可能となります。

　この経済合理性は、経営者が早期に主たる債務者の事業再生等の着手を決断したことを根拠とするので、保証債務の整理開始時において、既に主たる債務者の債務整理が終結していた（権利変更の効力が生じていた）場合には、主たる債務と保証債務の一体としての判断はできず、保証人の債務整理のみの経済合理性が問われることになります。

(4) 残存資産（自由財産とインセンティブ資産）の決定

　経営者保証GLでは、前述の経済合理性の範囲内において、対象債権者は、必要に応じ支援専門家とも連携しつつ、種々の項目を総合的に勘案して、残存資産の範囲を決定することとされています（経営者保証GL7(3)③)。その項目の中で重要なものは、①破産手続における自由財産の考え方と、②経営者たる保証人が主たる債務者の事業再生、事業清算に着手した時期等が事業の再生計画等に与える影響です。

　①は、破産法上の自由財産（破34Ⅲ・Ⅳ）は、残存資産に該当することを示しています。これには、破産実務で通常想定される拡張的自由財産も含まれます。また、破産者の将来の収入は、いわゆる新得財産として、（自由財産ではないものの、それと同様に）破産財団を構成しませんので、経営者保証GLにおいても保証人の将来の収入は弁済原資とはなりません。

　次に②は、経営者たる保証人が早期に主たる債務者の事業再生等の着手を決断したことに対するインセンティブとして、経済合理性の範囲内において自由財産を超える財産を残存資産とすることが認められていることを示しています。この資産は、「インセンティブ資産」と呼ばれます。これが経営者保証GLの重要な特徴です。「インセンティブ資産」には、一定期間の生計費相当額と華美でない自宅等があります。前者は1カ月の生計費の額と一定期間の2つの要素から算定できますが、これらはあくまでも目安であって、経済的合理性の範囲内で、この目安を超える資産を残存資産とすることも差し支えありません（経営者保証GLQA【B.各論】Q7－14参照)。後者について、「華美」かどうかというのは、関係者の納得感を得ることができるかどうかが問題であり、外観にとらわれ過ぎることなく、常識の範囲内で柔軟に判断すべきです。

（小林信明）

Q42　経営者保証GLに基づく保証債務整理の留意点

 経営者保証GLに基づく保証債務の整理の留意点はどのようなものですか。

1　残存資産の範囲

　残存資産には、破産手続における自由財産（拡張を含みます）に加え、主債務者と保証人とを一体とする経済合理性の範囲内で、標準的な世帯を基準とする一定期間の生活費に相当する額（具体的な期間などは経営者保証GLQA【B.各論】Q7－14参照）及び華美でない自宅等を含めることができます。ただし、いわゆるインセンティブは、主債務の整理手続終結後に保証債務の整理を開始した場合には認められず、このような場合には、残存資産は自由財産の範囲に限定されます（経営者保証GL7(3)③）。保証債務の整理を主債務者とは異なる手続で進める場合（単独型・のみ利用）には、インセンティブ算定のため、主債務者の整理手続の情報収集に意を配ることが重要となります。インセンティブが付与される場合、一定期間の生活費及び華美でない自宅に限定されるものではなく、経済的合理性の範囲内であれば、経営者保証GL7(3)③イ～ホの事情を総合的に勘案して決定することができます。2015年7月31日に改訂された経営者保証GLQA【B.各論】Q7－14は、その旨を明確にしています。主債務者が清算型手続をとった場合のインセンティブの算定については、山田尚武＝尾田知亜記「特別清算を用いて主債務の整理を行うと同時に、早期に事業停止をし、資産価値の劣化を防ぐことによりインセンティブ資産を確保しながら「経営者保証ガイドライン」を用いて代表者の保証債務を一体的に整理した事例」債管150号126頁が参考となります。

2　「華美でない自宅」について

　保証人が経営する主債務者について早期の整理着手を促すためには、残存資産の範囲を殊更に狭く解することは相当ではなく、特に保証人にとって最大の関心事である自宅については限定的に解すべきではありません。また、経営者保証GLの規定振りが華美な自宅のみを除外するものであることからも、残存不可となる自宅は、例外的な場合に限られると解されます。華美であるか否かの判断に当たっては、自宅の取得価格、時価（早期処分価格）、面積、グレード、居住人数、所在する地域等を考慮して総合的に判断すべきです。

　もっとも、華美でない自宅に該当する場合であっても、担保が設定されていることが通常です。被担保債権が住宅ローンである場合、住宅ローンは対象債権でないことから整理手続からは除外して約定どおりの弁済を継続し、一方で余剰部分につ

いて残存資産とすることができるかを検討することになります。他方、被担保債権が主債務者の貸金債権などである場合には、主債務者の整理手続の中で保全部分として受戻しなどを検討することとなるでしょう。

3 開示漏れ財産

保証人による表明保証後に財産の存在が判明した場合の追加弁済について定める経営者保証GL7(3)⑤に関して、従来の経営者保証GLQAは、過失による場合であっても対象債権全部について免除が覆り、全額の弁済が必要となるであるような記載振りでした。しかし、前記1の2015年の改訂後は、過失による場合は判明した財産の範囲で追加弁済とすることも可能と明示されています（改訂後のQ7-31）。当初の表明保証に過失による財産の遺漏がある場合の処理を記載するとともに、手続中に判明した場合には表明保証を修正することが必要となります。また、弁済計画にもその旨を明記すべきです。

4 主債務者が複数ある場合の残存資産

保証人が複数の主債務者について保証し、主債務者がいずれも整理手続をとる場合、保証人は、これらの保証債務を併せて経営者保証GLに基づく整理を行うことができます。この場合、保証人の資産を主債務者ごとの保証債務総額で按分した上で、各インセンティブの範囲で残存資産を算出し、これを超える部分をそれぞれの原資とする弁済計画を定めることが公平であると考えられます。

5 免責不許可事由との関係

免責不許可事由（破252Ⅰ（10号を除きます））又はそのおそれがないことを経営者保証GLに基づく保証債務の整理の要件としています（経営者保証GL7(1)ニ)）。もっとも、免責不許可事由には目的要件が定められているものも多く、また、他の要件を含め、実際に該当するか否かについて厳格に検証することが必要です。また、例えば、詐害行為（破252Ⅰ①）があったとしても、保証人が経営者保証GL着手前又は手続中にこれを旧に復すれば、免責不許可事由は治癒されていると考えることも可能でしょう。加えて、裁量免責（破252Ⅱ）となることが相当程度に確実である場合も、モラルハザードを起こすものではなく、また、破産手続を経た場合にも全額の回収が可能となることはおよそ考えられないことからすれば、免責不許可事由がない場合に準じるものとして要件を充たすと解すべきです。

6 特定調停利用時における貼用印紙額

特定調停を利用する場合における申立時の貼用印紙額（民訴費4Ⅰ、民訴8Ⅰ）について、経済的利益が算出不能であることを前提とすることができるか（民訴費4Ⅶ）や、調停成立時に確定する免除額から算出される印紙額との差額を追納することの要否については、**Q83**を参照してください。

（新宅正人）

第4節 税務・会計

Q43 債務者の会計と税務

債務者サイドで私的整理手続の際に留意すべき会計上・税務上のポイント、特に債務者が債権放棄を受ける場合、DESやDDSを行う場合の税務処理上のポイントはどのようなものがありますか。

1 私的整理手続と税務問題

私的整理手続を進めていく場合、債務者作成の事業再生計画案にまで影響を及ぼすため、事前に十分な検討が必要となるのが、債権放棄等（債権放棄及びDES）を伴う場合の債務免除益に対する課税問題（納税による資金流出により事業再生計画の立案が困難になる問題）です。この問題解決を主たる理由として、法人格を継続せず、第二会社方式が選択されることもあります。

その他に、資金繰りの関係では、粉飾決算が行われていた場合の仮装経理による過大申告の場合の還付請求や、直前の納税に対する繰越欠損金の繰戻し還付請求についての検討が必要となります。また、再生の過程で、増減資等が行われる場合には、法人事業税の外形標準課税や法人住民税の均等割への影響（2015年4月1日以後開始事業年度より、2001年4月1日以降に無償減資等による欠損填補を行っている法人は均等割が減少する可能性があります）等も十分検討する必要があります。

2 企業再生税制の内容

債権放棄型の事業再生計画において適用される最優遇の企業再生税制としては、①金銭債権を含むすべての資産の評価益又は評価損を益金又は損金に算入する措置（別表添付を要件とする資産の評価損益の計上で損金経理を要しません。法人税法25Ⅲ、33Ⅳ）と、②①の適用を受ける場合に期限切れ欠損金を控除制限を受けることなく（法人税法57ⅩⅠ）青色欠損金に優先して控除できる措置（法人税法59Ⅱ）があります。

これらの制度が適用できる私的整理手続は、以下の要件を充たす債務処理に関する計画を有する手続（法人税法施行令24の2）となります。

(ⅰ) 一般に公表された債務処理の準則（公正かつ適正なもので、特定の者が専ら利用するためのものでないもの）に従って再生計画が策定されていること
(ⅱ) 債務者の有する資産及び負債につき、(ⅰ)の準則に従って公正な価額による資産評定が行われ、その資産評定に基づき実態BSが作成されていること
(ⅲ) (ⅱ)の実態BSにおける資産及び負債の価額、当該計画における損益の見込み等に基づいて債務免除等をする金額が定められていること
(ⅳ) 2以上の金融機関等又は1以上の金融機関等と地方公共団体が債務免除等をすることが定められていること（政府関係金融機関、REVIC又はRCCは単独

放棄でも可能です。また2013年4月1日からは2以上の金融機関等の有していた青色中小企業者に対する債権が企業再生ファンド（金融庁長官及び経済産業大臣が指定したもの）に譲渡された上で債権放棄されている場合を含みます。租特67の5の2）

　現在では、私的整理GL、協議会再生支援スキーム、REVIC事業再生支援業務、RCC企業再生スキーム、事業再生ADRの5つの手続によるもので、再生計画が上記の要件に該当するかについて第三者機関等（3人以上の専門家アドバイザーや手続実施者等（有利子負債の額が10億円未満の場合には2人でも可能です））が確認したものは、この要件を充たすものとされています（法人税法施行規則8の6）。

　なお、上記5つの手続により債務免除を受けた場合で上記(i)〜(iv)の要件を充たさない場合や特定調停スキーム＊で債務免除を受ける場合等の私的整理手続においては、債務免除等が多数の債権者によって協議の上決められる等その決定について恣意性がなく、その内容に合理性があると認められる場合には、期限切れ欠損金を青色欠損金に優先して控除することはできませんが、期限切れ欠損金の損金算入の規定（法人税法59Ⅱ）については適用が可能となる場合があります（法人税法施行令117、法人税基本通達12－3－1(3)、9－6－1(3)、9－4－1、9－4－2）。

3　評価損益の計上と繰越欠損金

　企業再生税制の適用を受けることができる場合には、期限切れ欠損金や青色繰越欠損金の状況と評価損益等の金額を考慮し、将来の事業・弁済計画（納税がいつどれくらい発生するかのシミュレーションが重要になります）に応じてどのような再生スキームでどれだけの債務免除を受けることが合理的かの検討を行っていくことになります（一般に「タックスプラン」といいます）。

　また、再生手続開始決定による場合には、損金経理方式での評価損の計上（法人税法33Ⅱ）が可能ですが、私的整理手続では認められません。私的整理手続の場合で、どうしても評価損の計上だけが必要となるような場合には、事業譲渡や会社分割（第二会社方式）による損失の計上や資産（負債）調整勘定の計上を検討することになります。なお、第二会社方式により旧会社を清算する場合においても、通常事業年度と同様の損益法による所得課税となりますので、期限切れ欠損金は利用できますが、税務的な検討も詳細に行う必要があります。また、不動産移転による税金（強化法の中小企業事業承継再生計画による第二会社方式の税負担の軽減措置があります）の問題や消費税の課税事業者の選択の検討も必要になります。さらに、子会社が存在する場合にはグループ法人税制の適用等も検討を要します。

＊ 「金融円滑化法終了への対応策としての特定調停スキーム利用の手引き（日本弁護士連合会）」に基づく国税庁2014年6月27日付け回答（特定調停スキームに基づき策定された再建計画により債権放棄が行われた場合の税務上の取扱いについて）。

4 債務者の会計処理

　私的整理手続においては、一定の資産評定基準に従って実態BSが作成され、その実態BSにおける債務超過額に対し、原則3年以内の債務超過状態の解消等が、事業再生計画案の条件として求められます。しかし、実態BSの作成は財務会計外で行われ、財務諸表は基本的には従来どおりの会計基準に従って作成されることになるため、債務免除益を計上した場合等において、実態と乖離した財務内容を表示するケースが存在します。私的整理手続における資産評定基準といくぶんの相違はありますが、減損会計基準を適用し評価損を計上すること等は可能です。しかし、評価益の計上等どうしても相違する部分は残ることになります。

5 DESを行った場合の債務者における会計と税務

　債権者に対する債務を資本金に振り替えることをDESといい、債権放棄と比較しての優位性から活用が図られています。私的整理手続の企業再生税制の適用対象となる場面におけるDESの取扱いについては、「事業再生に係るDES研究会報告書」にその内容が詳しく記載されており、国税庁からも、その取扱いで差し支えない旨の回答（2010年2月22日付け）がなされています。

　なお、DESを税務的な観点から分類すると、適格現物出資と非適格現物出資に分類することができ、適格現物出資の場合には帳簿価額での受入れがなされますが、非適格現物出資の場合には、上記研究会報告書記載のとおり時価で受け入れることになり（法人税基本通達2－3－14）、債務消滅益が計上されることになります（なお、この債務消滅益は企業再生税制の債務免除益等に含まれ、期限切れ欠損金の損金算入の適用対象となります）。また、同様の効果を得る方法として、先に現金払込みがなされて、その資金で借入れの返済を行うという方法がありますが、この形態によるものについては、特に税務上問題になる点はありません。また、会計も同様の処理になると考えられます。さらに、資本金等の増加による影響については注意が必要です。

6 DDSを行った場合の債務者における会計と税務

　債権者が既存の債権を別の条件の債権へ転換することを一般にDDSといいます。金融機関において、資本的劣後ローン（早期経営改善特例型）や十分な資本的性質が認められる借入金（日本政策金融公庫の挑戦支援資本強化特例制度や協議会版資本的借入金といった制度があります）に該当すれば、債務者区分等の判断において資本とみなすことができるため、経営改善計画の中で、従来の借入金をこうした借入金に転換する手段として、その活用が図られています。しかし、債務者のBS上では、あくまで負債に計上されるため、会計的には債務超過の解消に寄与することはありませんし、税務上も負債の中身が変わっただけですので、課税所得に対する影響もありません。

（溝端浩人）

Q44　債権者の会計と税務

債権者サイドで私的整理手続の際に留意すべき会計上のポイント、税務上のポイント、特に債権者が債権放棄を行う場合、DESを行う場合、DDSを行う場合の税務処理上のポイントはどのようなものがありますか。

1　私的整理手続における債権者側の会計上の取扱い

私的整理手続の申出があった場合、債権について特別の会計処理は必要ではありませんが、回収不能見込額について貸倒引当金の設定が必要となります。

私的整理手続において債権放棄が行われた場合には、債権放棄額について貸倒損失の計上が必要となります。会計上、法的に債権が消滅した場合のほか、回収不能な債権がある場合には、その金額を貸倒損失として計上し債権金額から控除します。具体的には、貸倒損失額を債権から直接減額して、当該債権に係る前期貸倒引当金残高があれば、当該貸倒損失額といずれか少ない金額まで貸倒引当金を取り崩し、当期貸倒損失額と相殺します（金融商品会計に関する実務指針123）。

2　私的整理手続の申出があった場合の債権者側の税務上の取扱い

債権放棄するに至らない段階で、（中小法人等又は銀行、保険会社その他これらに準ずる法人等に限り）貸倒引当金を計上することにより、貸倒損失の見込額を税務上損金に計上することができますが、①法令等による長期棚上額や、②債務超過状態の継続等による一部回収不能額、又は③形式基準（法人税法52Ⅰ、法人税法施行令96Ⅰ）に当てはまらない場合には、（②に該当する場合を除き）貸倒引当金を税務上損金に算入することはできません。

3　私的整理手続において債権放棄が行われた場合の債権者側の税務上の取扱い

法人の有する金銭債権について貸倒れが生じた場合、法人税の所得の計算上、貸倒損失として損金の額に算入されます（法人税法22Ⅲ）。金銭債権について債権放棄を行った場合、その債権は法的に消滅しますので、法人がこれを貸倒れとして損金経理をしているかどうかにかかわらず、原則としてその消滅した時点で損金の額に算入されます。私的整理手続においても、債権者集会の協議決定や行政機関又は金融機関その他の第三者の斡旋による当事者間の協議により締結された契約のうち、合理的な基準により債務者の負債整理を定めていると認められるものである場合には、当該協議決定による切捨額は、その事実が発生した日の属する事業年度において貸倒れとして損金の額に算入されることになります（法人税基本通達9－6－1(3)）。ここで、「合理的な基準」とは、一般的には、すべての債権者について概ね同一の条件でその切捨額等が定められるようなことをいいますが、例えば、利

害関係が相対立する第三者同士が、その債権の発生原因、債権額の多寡等に基づく総合的な協議によって切捨額等が決定されている場合には、切捨率に差が生じていても合理的な基準に該当するものとして認められる余地があります。

なお、私的整理手続における貸倒損失は、たとえ債権者集会の協議決定で合意されたものであっても、その決定に強制力はなく、あくまでも債権者による任意の債権放棄等に基づくものですので、その債権放棄が債務者に対する贈与と認定されないように留意する必要があります。ただ、①債権放棄等が業績不振の取引先企業の倒産を防止するためにやむを得ず行われるもので、②合理的な再建計画に基づくものである等債権放棄をしたことについて相当な理由があると認められるときには、寄附金には該当しないものとされます（法人税基本通達9－4－2）。

また、債権者集会の協議決定等によらない場合にも債権放棄を行って債権を消滅させることがあり得ますが、この場合においても債務者の債務超過の状態が相当期間継続し、その金銭債権の弁済を受けることができないと認められるような場合であれば、債権放棄額は債務者に対する贈与とされず、貸倒損失として損金の額に算入されるものと思われます。ただし、債権放棄を行ったことが明らかとなるように少なくとも書面で行う必要があります（法人税基本通達9－6－1(4)）。なお、私的整理GL、中小企業再生支援スキーム、RCC企業再生スキーム、特定認証紛争解決手続（事業再生ADR）、REVIC実務運用基準若しくは特定調停スキームに基づき策定された再生計画により債権放棄等を行う場合には、原則として、法人税基本通達9－4－2の取扱いにより、その債権放棄等による損失を損金算入することができます。

4　DESを行った場合の債権者における会計と税務

(1)　DESを行った場合の債権者における会計処理

DESの手法としては、当該債権者がその債権を債務者に現物出資することによって行われる場合と、債務者が第三者割当増資を行い、債権者がこれを引き受け、同時に払い込んだ現金により債権を回収することによって行われる場合があります。金銭出資と債権の回収が一体と考えられる場合には現物出資による場合と同じ会計処理が行われます（企業会計基準委員会実務対応報告第6号「デット・エクイティ・スワップの実行時における債権者側の会計処理に関する実務上の取扱い」）。

債権者が債権を債務者に現物出資した場合、債権者は当該債権の消滅を認識するとともに、消滅した債権の帳簿価額とその対価としての受取額との差額を当期の損益として処理します（金融商品会計基準11、前掲実務対応報告6号）。ここで対価としての受取額（譲渡金額）とは、取得する株式の取得時の時価となります（金融商品会計基準13、金融商品会計に関する実務指針29）。消滅した債権の帳簿価額は、取得原価又は償却原価から貸倒引当金を控除した後の金額をいいます（金融商品会計に関する実務指針57(4)）。

(2) DESを行った場合の債権者における税務上の取扱い

　現物出資を行った現物出資法人が交付を受ける被現物出資法人の株式の取得価額は、現物出資により給付をした資産の価額、つまり現物出資債権の時価とされます（法人税法施行令119Ⅰ②）。なお、取得に要する費用がある場合にはこれを加算します）。この場合に現物出資債権の時価は合意した回収可能額に基づき評価されることが合理的であると考えられます（2010年2月22日付け文書照会に対する国税庁回答参照）。その結果、債権者の現物出資債権の帳簿価額から上記現物出資債権の時価を控除した金額が譲渡損の額となります。ただし、完全支配関係がある内国法人に対する現物出資など適格現物出資（法人税法2 ⅩⅡのⅩⅣ）による債権の現物出資が行われた場合には、帳簿価額による譲渡とされるため譲渡損益は計上されません（法人税法62の4）。

　なお、債務者が第三者割当増資を行い、債権者がこれを引き受け、同時に払い込んだ現金により債権を回収するような場合には、株式の払込みと債権の弁済が異なる手続に基づいて行われることから、通常は払込金額が当該株式の取得価額となりますが、同族会社で経済合理性を欠くような行為として行われた場合等には、同族会社の行為・計算の否認規定（法人税法132Ⅰ①）の適用があり得ますので、注意が必要です。また、会計上はこの株式を時価まで評価換えがなされますが、税務上は当該評価損を直ちに損金算入することはできません。

5　DDSを行った場合の債権者における会計と税務

(1) DDSを行った場合の債権者における会計

　DDSは、通常、既存債権との法的同一性を維持して行われることが多く、その場合には既存債権の条件変更として取り扱われます（日本公認会計士協会業種別委員会報告第32号「銀行等の金融機関の保有する貸出債権が資本的劣後ローンに転換された場合の会計処理に関する監査上の取扱い」）。しかし、資本的劣後ローンとされることから、貸倒引当金の貸倒見積高の算定に際しては、その劣後性を考慮して実態に即した算定方法を採用する必要があります。貸倒見積高の算定方法としては、①発生が見込まれる損失見込額により算出する方法、②時価を把握することが極めて困難と認められる株式又は種類株式の評価に準じて算出する方法があります。このうち②による場合において、DDSを行った債権部分を資本とみなしても債務超過が解消されないときは、DDSを行った債権の回収可能見込額をゼロと算定することになります。

(2) DDSを行った場合の債権者における税務

　税務上、DDSは既存の債権を別の条件の債権へ転換するに過ぎず、何らの処理を要しません。上記の長期棚上額（5年経過以後の弁済額）とされた債権の貸倒引当金の設定対象とすることが検討課題となります。

（新川大祐）

第5節 私的整理の成立とモニタリング

Q45　合意形成

 私的整理において債権者全員との間で合意形成を図っていく上で留意すべき点は何でしょうか。

1　合意形成の主体

まず、特定調停においては、対象債権者に対し事業再生計画案を説明して理解を求め同意を要請する主体は基本的に対象債務者及びその代理人です。しかし、調停委員会が調停条項案を提示して調整を図ることも少なくありませんし、裁判所がいわゆる17条決定（民調17）による解決を図る場合もあります（Q73、75参照）。

事業再生ADRにおいても、対象債権者に対し事業再生計画案を説明して理解を求め同意を要請する主体は基本的に対象債務者及びその代理人です（Q110参照）。もっとも、合意形成に当たっては手続実施者は仲介者として重要な役割を果たします（Q110参照）。すなわち、手続実施者は、和解の仲介者（ADR法2②）として公平中立な立場で、対象債権者に計画案に対する手続実施者の見解を説明したり、対象債権者の意見等を聴取して計画案の修正を対象債務者に推奨したりする等の役割を果たします（須藤英章「私的整理ガイドラインと事業再生ADR」『裁判外事業再生』127頁、『ADRのすべて』99～101頁〔清水祐介〕）。他の事件の取扱いとの整合性等が問題となるケースでは、JATPの意見・取扱いを参考にするときもあります。

他方、協議会は、債権者会議等におけるDD結果の報告や事業計画案の協議等を通じ積極的能動的に金融調整を行います（従来型スキームの通常型についてはQ57、検証型についてはQ58を、新スキームについてはQ59を参照してください）。公平中立な立場で手続に関与しつつ、積極的に調整機能（特に、政府系金融機関や信用保証協会との関係では、実績において優れた調整機能を果たしていると思われます）を果たします（Q57参照）。また、協議会手続では全国本部の役割（『中小企業再生論〔改訂版〕』293～295頁）も重要です。全国本部には専門知識・ノウハウが集約・蓄積されており、他の事件処理を含め大所高所に立ったアドバイスを通じ合意形成に当たり重要な役割を果たします。

以上に対し、REVIC手続（特に、再生支援決定がなされた場合）では、REVICが主導して事業再生計画の策定支援を行うとともに、金融機関交渉においてもREVICが債権者説明会や個別説明・質疑応答を主体的に行っており、より主体的・積極的に合意形成を図っているといえます（Q90参照）。

2 留意事項

一般的な留意事項を以下に列挙します。ただ、債務者が置かれた状況は様々ですから杓子定規な対応は意味をなしません。債務者としてはあらゆる側面を考慮して各債権者の理解を得る努力をするほかないと考えます。

(1) 事業再生計画の内容の合理性（事業再生計画の内容要件）

ア 事業再生計画の内容の合理性を確保する上でまず重要なことは、手続において定められた事業再生計画の内容要件（基準）を遵守した計画案を策定することです（基準の概要についてはQ29を参照してください）。この際、単に基準を形式的にクリアするだけではなく、その背後にある対象債権者の関心事項にも考慮を及ぼすべきでしょう。具体的には、債務者区分のランクアップによる対象債権者自身のメリット（引当金の戻り益や不良債権比率の改善等。この点に関しては、金融庁の監督指針と金融検査マニュアルの考慮が必要不可欠です）や、金融支援に係る無税処理等の点です（Q37参照）。

イ 実質債務超過状況や過剰債務状況に照らし金融支援の必要性・合理性（過剰支援でないこと）が認められるべきことは当然ですが、加えて、破産（ケースによって再建型法的整理も）と比較した場合の、債権者ごとの経済合理性も必要です（Q36参照）。この際、保全・担保の評価が重要なポイントとなりますが、保全状況によっては債権の回収時間も重要な要素となる場合があります。なお、経済合理性といった場合、単に金融支援額だけでなく、連鎖倒産の影響等「広義の経済合理性」にも着目するべきと思われます（『中小企業再生論［改訂版］』36頁）。

ウ 各債権者間の平等衡平も大変重要です。事業再生計画は平等であることが原則ですが、実質的な衡平性の視点も必要です（Q23参照）。また、もし私的整理開始の直前に保全強化や偏頗弁済がなされている場合には、弁済計画において是正のための措置を講ずる等、適切に対処することが必要となります。

エ 対象債務者の自助努力、経営者責任、株主責任、保証責任に関する合理的な計画を策定することも重要でしょう（自助努力についてはQ19、31を、経営者責任・株主責任・保証責任についてはQ38、39、42を参照してください）。経営者責任に関し、かつては対象債権者の心情的な意見も見受けられましたが、最近では①窮境原因への責任の有無（二次破綻防止の視点）と②経営者交代による事業毀損のリスクとの関係の中で合理的な判断を行う傾向にあるようです（深山雅也（司会）ほか「《パネルディスカッション》事業再生における経営者責任について」NBL939号52頁。特に54頁〔三上徹発言〕参照）。

(2) 事業再生計画の実行可能性

事業再生計画の実行可能性も劣らず重要です。二次破綻を避けるため、対象債務者の実質債務超過状況を適切に査定すべきことは当然ですが、加えて、対象債務者によるできる限りの自助努力や事業DDに沿った事業改善計画も必要不可欠です。その際、直接的な窮境原因の除去だけでなく、経営におけるガバナンスの欠如を解

消する対応（経営者責任・株主責任と密接に関連する問題です）も忘れてはなりません。

(3) **各債権者の業態等立場の違いや感情面への配慮とスケジュールの考慮等**

　現実的な視点として、各債権者の業態等立場の違い（各債権者の財務的体力や業界ごとの慣行の違い等）や感情面への配慮も重要です。債権者（特に、稟議対応をする担当者）の立場に寄り添って、状況報告や稟議対応に資する資料提供を適時適切に労を惜しまず行うことが肝要です。他方で、まずもってメインバンクを味方につけることも忘れてはなりません。そもそも、メインバンクに支援姿勢がなければ、私的整理を俎上に載せることは困難といえます。

　情報格差がないようにすることも重要であり、バンクミーティングを通じた集団的合意形成と個別問題に関する個別協議を組み合わせて合意形成を図ることが少なくありません。また、バンクミーティングを円滑に進行させるための事前すり合わせ作業も重要であり、事業再生計画だけではなく、事業性評価等対象企業の事業及び財務の状況についても、十分すり合わせ（目線合わせ）を行うことが大切です。

　稟議手続等スケジュールの考慮も忘れてはなりません。特に、意思決定機関の開催日（1カ月に1回しか開かれない場合もあります）は重要です。また、債権者の納得感の醸成との観点からは、一定ののりしろを残して当初計画案を策定し、債権者の意見を踏まえ計画案を修正する等の段取りを踏む必要のあるケースもあります。

（三森　仁）

Q46 全員同意の原則

 私的整理の再建計画の成立には対象債権者の全員の賛成が必要ですか。再建計画に対象債権者の一部が反対する場合、どのような工夫がありますか。

1 全員同意の原則
(1) 全員同意の原則
会社更生や民事再生のような法的整理においては、法定多数によって計画案が可決され裁判所の認可を受ければ計画が成立し、反対債権者を拘束できますが、私的整理は、対象債権者と債務者との集団的和解契約ですから、反対する対象債権者を拘束することはできません。したがって、私的整理の再建計画の成立には対象債権者全員の賛成が必要です（全員同意の原則）。

この原則は、事業再生ADR、協議会、REVIC及び私的整理GLによる私的整理といった準則型私的整理においてもおしなべて妥当します（経産省令26、機構28Ⅰ、基本要領6(7)②、基本要領QA・Q34及び私的整理GL・Q44参照）。したがって、いかなる私的整理手続においても、一部の対象債権者が反対すれば再建計画は成立しないことになります。このことは、私的整理の弱点の一つであるといわれています。

(2) 私的整理の多数決化に関する検討
このような私的整理の致命的な弱点を克服するために、私的整理成立の多数決化を導入できないか検討が進められています（政府が策定した『日本再興戦略改訂2015』においても、私的整理において反対債権者がある場合にも事業再生が迅速かつ円滑に行えるよう検討を進める旨述べられています）。直近の検討課題として、簡易再生を用いた実質多数決化への試みを、次なる検討課題として、諸外国の例にもある多数決による可決と裁判所の認可を組み合わせた迅速事業再生手続の創設をそれぞれ位置づけ、さらなる検討が進められることが期待されています（公益社団法人商事法務研究会「事業再生に関する紛争解決手続の更なる円滑化に関する検討会報告書」、須藤英章「事業再生手続の迅速化を目指して」商事2078号62頁以下、山本和彦「多数決による事業再生ADR」NBL1059号31頁以下参照）。

2 反対債権者がいる場合の工夫
(1) 同意の取得と同意に変わる決定
上記のような多数決化への試みが模索されていますが、現状は全員同意の原則が妥当する以上、再建計画に反対する対象債権者がいる場合に、再建計画を成立させるためには、債務者として様々な工夫が必要となってきます。

まず最初に債務者として行うべきことは、いうまでもなく、反対する対象債権者の疑問点などについて可能な限り説明を尽くすなど、その債権者から同意を取得す

べく努力することです。

　また、組織の決裁などの時間的な問題で決議のための会議までには同意できないものの、その後であれば同意できる見込みがあると考えられる場合には、決議のための会議の期日を続行するなどして、同意を取得する方向を目指すべきでしょう。

　同意を取得する見込みが立たない場合や、続行期日においても同意が取得できない場合には、対象債権者を相手方とする特定調停により解決を図ることを検討すべきでしょう。特定調停においては、反対債権者と合意できない場合であっても、調停に代わる決定（民調17、特調22、17Ⅱ、20）により、同意を擬制することが可能であるため（民調18Ⅲ）、再建計画に積極的に同意はできないものの、裁判所（裁判官）の決定には積極的に異議を述べるつもりはない反対債権者の同意を擬制し、再建計画を成立させることができる可能性がありますので、その点も十分に念頭においた対応をすべきでしょう（事業再生ADRが先行していた場合の特定調停における特例につき、産強52参照）。

(2) 再建計画から反対債権者を除外することによる対応

　反対する債権者が少額の債権しか有していないときなど、その対象債権者だけ除外しても再建計画の遂行に支障がないときには、単純にその対象債権者だけを除外して再建計画を成立させることも可能でしょう（基本要領6(7)③、基本要領QA・Q34、私的整理GL・Q44参照）。

　ただし、その債権者に対しては金融支援を求めないという点において、実質的には計画の変更に当たる上、対象債権者は通常少なくとも黙示的には他の対象債権者が同意することを条件として同意していることがほとんどですから、他の対象債権者全員が当該再建計画から反対債権者を除外することに同意することが成立の要件となるでしょう（前記基本要領、基本要領QA参照）。

　また、反対する債権者だけが他の対象債権者と違うカテゴリーに属する債権者である場合、具体的には、反対債権者が商取引債権者であり金融債権者でない場合や金融債権者ではあるものの海外債権者である場合など、異なる扱いをすることに一定の理由がある場合には、反対債権者の有する債権が少額でない場合であっても、再建計画を変更し、当該反対債権者を除外することを検討できる場合があるでしょう。

　逆にいえば、同一カテゴリーに属する債権者であるにもかかわらず、反対しているという以外に合理的な理由のない場合にその債権者を対象債権者から除外することは、前述した債権額が少額である場合を除き、（他の対象債権者の同意も得られない場合がほとんどでしょうが）衡平性の観点から認められないものというべきでしょう。

(3) 再建計画における金融支援内容の変更による対応

　再建計画に反対する理由には様々なものがありますが、その反対する理由が、ある程度合理的な理由に基づき解消できるものであれば、再建計画を変更することにより、反対する債権者の同意を取得することが可能な場合もあるでしょう。

　例えば、担保権としての認定、典型的には、登記留保の担保権を担保として取り扱わないことや、直前の担保設定を再建計画において担保権として認めていないこ

とを理由に再建計画に反対している場合には、合理的な範囲内で担保権を認めることにより同意を得られる場合もあるでしょう。また、担保評価に対する不満から再建計画に反対している場合には、合理的な範囲内で担保評価を見直すことによって同意を得られることもあるでしょう。その他にも、いわゆる少額債権保護の精神に基づき一定額までの債権を全債権者に一律保護する方法を採用したり、メインバンクなどこのような事態に陥ったことに一定の関与が認められる債権者に対し追加でDESを求めたりするなどの方法により、実質的な衡平を図るべく再建計画に修正を施すことによって、同意が取得できる場合もあるでしょう。

再建計画が全体として過剰支援であるとの理由から再建計画に反対している場合には、金融支援額そのものを減縮するなどの方法を講じることにより、反対債権者から同意を取得することが可能になる場合もあるでしょう。いずれにせよ、単に反対する債権者を再建計画から除外することを第一義とせず、当該反対債権者の反対理由によく耳を傾けることが非常に重要であることを認識し対処することが肝要です。

(4) **再建計画の変更についての留意点**

再建計画を変更した場合に、その再建計画を成立させるためには、当然のことながら、反対債権者を含む全対象債権者の同意が必要です。前述のとおり、単に反対債権者を再建計画から除外する場合にも他の対象債権者全員の同意が必要です。

また、スポンサーの支援を前提としている私的整理においては再建計画の変更についてスポンサーの了解を得る必要がありますし、事業再生ADR等の場合には手続実施者等の了解を得る必要もあります。

したがって、変更した再建計画の成立には、それらの者から改めて同意を取得する時間が必要であることについて、十分に留意しておく必要があります。

特に、例えば上場会社の私的整理において次の決算期までに債務超過を解消しておくことが必要な場合、公共工事の入札資格との関係で一定時期までに私的整理が成立していることが事業計画の前提となっている場合など、再建計画の成立時期が事業計画の根幹となっている場合には、再建計画の変更に要する時間を念頭においた対応がより重要になってきます。また、再建計画の成立時期が後倒しになることが、スポンサーの支援金額、極端な場合にはスポンサーの支援の可否そのものに影響してくる場合も十分に想定できます。したがって、対象債権者からの除外を含めた再建計画の変更は、当初の再建計画に対する対象債権者の反応が出揃った段階において、速やかにその実行の可否を検討すべきであり、決議直前における変更は極力避けるようにすべきでしょう。

また、変更後の再建計画は、当然、各種私的整理の支援基準適合性を充たしている必要がありますし（経産省令28、基本要領6、私的整理GL7等参照）、また、衡平性を害するような変更も不可能ですから（経産省令28Ⅲ、基本要領6(5)⑦、基本要領QA・Q30・31、私的整理GL7(6)、同Q42・43参照）、この観点から変更内容に一定の限界があることにも十分に留意すべきでしょう。

（南　賢一）

Q47 私的整理における株主総会対策

 私的整理を実施する上で、株主総会対策が必要となるケースにはどのような場合がありますか。また、株主総会による議決を求める上で、公開会社（特に上場会社）と非公開会社において相違はありますか。私的整理中の企業において、株主総会の決議を必要とする場合、その決議を取得する上で、特に留意しなければならない問題点として、どのようなものがありますか。

1 私的整理において総会決議が必要となるケース

(1) 事業の承継に伴う総会決議

　私的整理に伴い、事業譲渡、会社分割などの方法によって、債務者の事業をスポンサー等の第三者に承継させ、その対価をもって債務の弁済に充てることがあります。また、自主再建を前提に、いわゆる第二会社方式を採用する場合にも、債務者は事業譲渡や会社分割によって、継続させる事業を受皿会社に承継させ、元の会社は清算する、という方法をとります。

　スポンサー等の第三者との合併により、事業の再生を目指す場合もあります。

　このように事業譲渡、あるいは会社分割・合併などの組織再編は、事業再生にとって重要な手段であり、これらの手続を行う場合には、一定の例外を除き、総会決議が必要になります（会467Ⅰ、783Ⅰ、804Ⅰ）。

(2) 増減資・募集株式の発行等に伴う総会決議

　私的整理に伴って新たにスポンサーに出資を求め、あるいは債務の株式化（DES）が行われることがありますが、募集株式の発行に当たっては、総会決議が必要になります（会199Ⅱ）。なお、公開会社の場合は総会決議は不要ですが、特に有利な価額で株式を発行する場合には総会決議が必要です。会201Ⅰ）。

　Q39でみたように、資本減少を行うケースもあります。このときも総会決議が必要です（会447Ⅰ）。なお、株式の発行と同時に資本金の額を減少する場合で、資本減少の効力発生日後の資本金の額が前の資本金の額を下回らないときは総会決議は不要であり、取締役の決定（取締役会設置会社にあっては、取締役会の決議）で足りることとされています（会447Ⅲ）。

(3) 経営合理化に伴う総会決議

　私的整理を進める上で、債権者に対して債権カットやリスケジュールを要請する一方、債務者においてもリストラ、機関の変更、組織再編などの経営合理化策を進める必要が生じることが通常です。ここで、役員の人数や機関など、定款に定めのある事項について変更する場合には、総会決議を経る必要があります（会466）。

2 株主が多数である場合の留意点

　このように、私的整理に伴って総会決議が必要になる場合がありますが、公開会社の場合や、とりわけ上場会社の場合などは、株主が多数で、かつ広範にわたって

いることが通常ですから、議案を可決に導くためにはそれなりの対策を講じる必要があります。例えば、以下のような方法が考えられます。

(1) 株主構成の分析

株主について、安定株主か非安定株主か、法人か個人か又は機関投資家か、過去の議決権行使や総会出席の状況はどうか、といった視点でその構成を分析し、それぞれの属性に応じた対策を検討します。

(2) 説明会の開催

個人株主に対し、総会招集通知の発送後、総会開催までに説明会を開催し、議案の内容を説明するとともに賛成議決権の行使を促すことが考えられます。説明会の場において株主からの質問に十分に回答することで、総会当日は円滑な議事進行が可能になることもあります。

(3) 株主への個別の説明及び働きかけ

多数の議決権を有する株主に対しては、個別に訪問・架電するなどして、議案の内容を説明し、賛成議決権の行使を促します。安定株主に対しては、招集通知発送前の比較的早い段階から説明を行い、理解を求めることもあります。状況によっては個人株主に対し、個別に架電して議決権行使書の返送等を促すことも考えられ、このときは、事前に架電シナリオや想定される質疑応答を準備することもあります。

(4) 議決権の票読み

総会に向けて議決権の票読みを行い、日々情報を更新していきます。

(5) 外部専門業者の活用

総会準備等に関し、総会や議決権行使に関するアドバイザー等の外部専門業者を活用することも一つの方法です。

3 私的整理中の企業において特に留意すべき点

対象企業が私的整理中である場合、総会で議案が可決されることが当該企業における再生計画の条件となっている場合があります。そこで、後にその議決の公正さに疑義が持たれることのないよう、適正手続には特に留意して進める必要があります。また、上場会社の場合には、総会開催のために相当のコストを要することが通常であるため、この点にも留意が必要です。適正手続に関し、以下のような点に留意します。

(1) 議決権のカウント方法

議決権の行使に際し、拍手や挙手によるのではなく、株主に投票用紙を配布して投票箱に投票してもらい、これをカウントして正確に賛成票数を把握することが考えられます。

(2) 総会検査役の選任

株式会社は、株主総会に係る招集の手続及び議決の方法を調査させるため、当該株主総会に先立ち、裁判所に対し、検査役の選任の申立てをすることができます（会306Ⅰ）。

検査役は、招集通知等の総会関係書類を確認し、総会に出席するなどして、招集手続や決議の方法に瑕疵がないかを確認します。

（野村祥子）

Q48 変更契約締結の必要性とそのメリット・デメリット

 再建計画の成立により従前の金銭消費貸借契約等の内容が変更となる場合、成立した合意に基づき変更契約を締結することが必要ですか。変更契約を締結する場合と変更契約を締結しない場合のメリット・デメリットとしてはどのようなものがありますか。

1 変更契約締結の必要性について

　権利義務関係の変更は、原則として当事者間の合意のみで行うことができます。そして、債務者が債権者に対して再建計画を提案し、債権者がこれに同意すれば、当事者間の合意が成立したことになります。そこで、債権者の同意を得て再建計画が成立すれば、権利義務関係変更の法的効果が生じ、金銭消費貸借契約等の内容も変更されるのが原則となります。したがって、変更契約の締結は常に必要なものではありません。

　しかし、①再建計画の内容、②金融支援の内容、③債権者相互間の権利義務関係確定の必要性等によっては、変更契約の締結が必要になります。

　①再建計画の内容に関して、再建計画においては基本的な事項のみを定め、詳細な事項を定めていない場合、再建計画の中に「別途合意するところに従い」といった形で後日の合意を前提とする定めがある場合、再建計画の中に明確でない又は不十分な部分がある場合等は、変更契約を締結して権利義務関係を明確にしないと、再建計画が予定していた法的効果が得られないことがあります。特に、期限の利益喪失事由の設定・変更、報告・資料提供義務等の債務者の誓約事項の設定・変更、権利変更の効力発生時期、先後関係（私財提供を条件に債権放棄の効力が発生する等）、債権者が複数の債権を有する場合の権利変更の対象となる債権の特定、権利変更・弁済等の際の端数処理、繰上弁済時の違約金の負担等については、再建計画に明確な規定がない場合もあるため、変更契約を締結する必要があるか検討するに当たって注意が必要となります。

　②金融支援の内容に関しては、リスケジュールの場合、再建計画に各債権者への弁済時期及び弁済額並びに金利が確定的に記載されていれば、変更契約の締結が不要な場合が多いと思います。なお、弁済額が将来の業績等によって変動する形の再建計画の場合、計画期間中の弁済を内入弁済として扱う前提で、最終弁済期日に一括弁済する形の変更契約を締結することもあります。

　債権放棄の場合、債権放棄後の残債権についてはリスケジュールの場合と同じですが、債権放棄自体についても、対象となる債権、放棄額及び効力発生時期が明確であれば、変更契約を締結する必要性は乏しいと思われます。

DESの場合、変更契約ではありませんが、会社法上の手続等のために各種の書面が必要になります。DDSの場合、長期の契約になり、また契約内容が一定の要件を充たすことを明確にする必要があるため、変更契約を締結する必要があります。

　③債権者相互間の権利義務関係確定の必要性という観点から、債権者間協定（再建計画の対象となった複数の債権者（と債務者）が合意する契約）の締結が必要となる場合もあります。多数債権者の意思結集の手続や、抜け駆け的な債権回収を行った場合の是正方法を合意し、債権者間の相互抑制を行う場合等です。

　なお、担保物権等の設定内容の変更を伴う再建計画の場合、登記等の手続及び権利関係の明確化のために変更契約の締結が必要となる場合が多いと思います。また、変更契約ではありませんが、再建計画に基づき代表者が保証をする場合、再建計画に関する債権者・債務者間の合意の効力が直ちに債務者の代表者に及ぶものではないこと、保証契約を締結する場合は書面による合意が必要なこと（民446Ⅱ）から、代表者個人との書面による合意が必要になります。

2　変更契約締結のメリット・デメリット

　次に、債権者・債務者の二当事者間の変更契約の締結について、メリット・デメリットを説明します。

　変更契約締結の実体上のメリットとしては、権利義務関係の明確化があげられます。また、手続上のメリットとして、弁済日が休日の場合の処理、利息の前払・後払等細かな事項について、再建計画で統一するのではなく変更契約に委ねることで、各債権者の要望に添った柔軟な対応が可能となるという点があげられます。債権者の債権管理という側面からみても、変更後の契約を確認すれば、いちいち再建計画を確認しなくて済むというメリットがあります。

　一方で、実体上のデメリットとして、再建計画との間での矛盾抵触が生じ得るという問題があります。通常、合意が矛盾した場合は後に行った合意が優先しますが、再建計画に変更契約が優先した場合、他の債権者との間で債権者平等に反する結果を招くおそれが否定できません。また手続上のデメリットとしては、再建計画成立後に多数の債権者と同時並行で変更契約を作成・交渉・締結しなければならず、時間と労力がかかるという点があげられます。

　法的手続と異なり、私的整理では、債務者が、債権者の要望に応じて変更契約を締結することが多々あります。

　そのため、上記のデメリットが生じないよう、再建計画策定の段階でも将来の変更契約締結の可能性を見据えて、従前の金銭消費貸借契約等では債権者ごとに異なる定めがなされていても、債権者平等の観点から統一が必要な事項は明確に変更する旨の定めを設ける一方で、債権者ごとに内容が変わっても問題がない事項は債権者の意向によって選択できるようにして、変更契約と再建計画とが矛盾抵触しないように工夫する等、十分な配慮が必要になります。

（金山伸宏）

Q49 モニタリングの意義及び必要性

 私的整理におけるモニタリングとはどのようなものですか。また、モニタリングを行わないといけない場合がありますか。

1 私的整理におけるモニタリングの意味及び意義

　私的整理におけるモニタリングとは、一般的には、債権者等が、事業再生計画成立後、当該計画に定められた事業計画、資金繰り計画、弁済計画等（以下、併せて「事業計画等」といいます）の遂行状況等を監視することを意味します。その主体、方法、違反時の効果等は、事業再生計画において様々に定められますが（詳細はQ19を参照してください）、私的整理のモニタリングに概ね共通する要素は、債務者から債権者等に対し、継続的・定期的に、業績と事業計画等との比較など、事業再生計画の進捗状況の確認と遂行可能性の検証等に必要な情報が開示されることです。

　私的整理におけるモニタリングには、主として以下のような意義があります。

(1) 事業再生計画の遂行状況の確認等

　まず、モニタリングの中核的意義は、債権者が事業再生計画の遂行状況を継続的に確認し、遂行可能性を検証するとともに、必要に応じて債務者に対する改善要求を行えるようにすることにあります。

　すなわち、私的整理の最終的な目的は、事業再生計画が成立した後、当該計画が着実に遂行されて債務者の事業が再建され、債権者に対する弁済が履行されることにあります。そのため、債権者とすれば、継続的に、債務者の業績、資金繰り、弁済実施状況、事業計画等との差異の原因、今後の経営方針等を確認し、債務者が事業計画等の遂行を怠っていないか、又は事業計画等が客観的に遂行困難な状態となっていないかを検証して、必要に応じて債務者に指導や改善要求を行うことが重要です。モニタリングによって、このような計画遂行状況及び遂行可能性の継続的な確認・検証と、必要に応じた指導・改善要求が可能となります。

(2) 債務者のガバナンスの改善

　次に、モニタリングは、債務者のガバナンスを改善する意義を有します。

　すなわち、債務者が経営破綻に至った窮境原因として、経営陣の経営判断に問題があったと認められる場合も少なくありませんが、そのような場合、事業再建のためには、経営陣の刷新にとどまらず、そのような経営を許した企業統治の在り方を改善する必要があります。そのために、モニタリングによって債務者に継続的な説明責任を課すことが有益といえ、これにより債務者は、経営全般において、内部統

制等の向上と適切な経営判断に対する意識を強くすることになります。
(3) 情報及び問題意識の共有と協議の機会の維持
モニタリングは、債権者と債務者との間で情報及び問題意識を共有して、双方にとって必要な協議が適切になされるようにする意義も有します。

すなわち、事業再生計画は将来予測に基づく事業計画を前提に作成されますが、計画遂行期間は数年にわたることが多く、その期間中には、策定時に予測し得ない経済情勢変化など様々な事象が生じ、場合によっては事業再生計画の遂行にも影響を及ぼします。そのような場合、債権者と債務者とで協議して迅速かつ適切に対応する必要があり、殊に事業再生計画のうちの債務弁済に係る計画が遂行困難な場合には事業再生計画を変更する必要も生じ得ます（計画の変更についてはQ51を参照してください）。このような適切な対応を迅速に行うためには、債権者と債務者の双方において経営環境等に関する情報及び問題意識が継続的に共有され、必要な協議を行う機会が維持されていることが必要ですが、モニタリングを継続することで、そのような債権者・債務者間の情報共有と協議の機会が維持されます。

2 モニタリングが必要になる場合
(1) 準則化された私的整理でモニタリングについての定めがある場合
事業再生ADRなどの準則化された私的整理では、モニタリングに関する定めが設けられている場合があります。例えば、事業再生ADRでは、事業再生計画が債権放棄を伴うものである場合、債務者は、債権者及びJATPに対し、少なくとも6カ月に1回の頻度で、事業再生計画の進捗状況を報告しなければなりません（経産省令29Ⅱ、経産省告示2(3)(ⅱ)）。その他の手続でも、基本要領8(1)、私的整理GL 9(2)、RCC企業再生スキーム8(8)などで、モニタリングに関する定めがあります。

(2) 事業再生計画にモニタリングを定める必要性
また、上記(1)の各制度の定めが適用されない場合であっても、事業再生計画に一定のモニタリングに関する措置を定めることが望ましいと思われます。

すなわち、モニタリングの中核的意義は、債権者が事業再生計画の遂行状況を継続的に確認し、必要に応じて債務者に対する改善要求を行えるようにすることにあります。したがって、債権者としては、事業再生計画において、債務者の個別事情に適合しかつ債権者において主導的に実施し得る、適切なモニタリングを定めることが望ましいといえます（なお、金融機関には、一般論として、顧客企業の経営再建の進捗状況を適切に管理する役割も求められています。主要行等監督指針及び中小地域機関監督指針参照）。また、債務者にとっても、事業再生計画を成立させる過程では、経営破綻により毀損した債権者と債務者との信頼関係を回復することが必要不可欠ですが、事業再生計画にモニタリングを規定することが、将来に向けての真摯な経営改善努力の一環として評価され、債権者との信頼関係回復・事業再生計画の合意形成に資する側面もあります。

（大石健太郎）

Q50 モニタリングの方法及び実効性の担保

私的整理におけるモニタリングは誰がどのような形で行うのですか。その実効性を担保するにはどのような工夫がありますか。

1 モニタリングの方法
(1) 実施主体、期間

私的整理におけるモニタリングは、債務者が継続的・定期的な情報開示を行い、債権者が事業再生計画の進捗状況を確認するという形で行われます。また、協議会などの機関がモニタリングに関与することが予定されている場合もあります（基本要領8(1)）。

債権者数が多数に上る場合、債権者委員会を組成することや、債権者代表を定めることも考えられます。債権者代表を定める場合、基本的には債権シェアが高い債権者が適するといえます。

また、モニタリングの精度を高めるため、弁護士・公認会計士等の外部専門家を関与させる場合、専門的見地での客観的なモニタリングが期待できます。特に、例えば事業再生ADRの手続実施者等を務めた弁護士等にモニタリングへの関与を求める場合には、事業再生計画の内容、成立経緯、問題意識等への理解が深く、より有効なモニタリングを期待できる側面があります。

モニタリングの期間は、最長では事業再生計画の遂行が完了する時までとなりますが、それ以前の段階で経営再建が確実なものと見込める場合もあり得ますから、黒字化達成予定年度と債務超過解消予定年度のうち遅い年度を目途とするなど、事案に応じて柔軟に定めることが適当と考えられます。例えば、協議会によるモニタリングは、企業の状況、再生計画の内容及び決算期等を勘案した上、再生計画が成立してから概ね3事業年度を目途とするものとされています（基本要領8(1)）。

(2) 実施方法

モニタリングは、継続的・定期的に、債務者による書面報告や会議によって、計画遂行状況の確認と遂行可能性の検証を行うという方法をとることが通常です。

書面報告による場合、債務者から各種資料や報告書面を提出させ、これを債権者が確認することになります。債権者代表や外部専門家が関与する場合、これらの者が開示資料・報告書面を確認した上で確認結果を含めて債権者全員に配布する、という形も考えられます。会議による場合、債務者に資料提出及び口頭説明をさせ、必要な質疑等を行います。債権者代表や外部専門家が関与する場合、これらの者で構成する小規模の会議と全債権者が参加する全体会議とを交互に開催するなど、債

権者・債務者の負担を勘案した適宜の組合せをすることが考えられます。

実務的には、個別具体的な事情を勘案し、書面報告と会議とを複合的に用いることがあります（例えば、四半期ごとの書面報告と、半期又は事業年度ごとの会議など）。

(3) 対象事項

モニタリングでは、債務者の①損益概況、②業務及び営業の状況、③事業再生計画との比較、④BS、PL、資金繰り実績及び予測、⑤その他重要事項など、事業再生計画の遂行状況を確認し遂行可能性を検証する上で必要な事項を、適宜検証対象とします。モニタリングでは、対象事項についての単純な数値確認にとどまらず、計画と実績との差違の原因分析や経営方針の合理性の確認・検証が重要ですから、これを可能とする十分な資料開示や説明が望まれます。

(4) モニタリングを踏まえた助言・指導等

モニタリングにより債務者の経営状況に問題があると判断された場合、債権者や外部専門家は適切な助言や指導を行い、債務者はこれを踏まえ一層の経営改善に努める必要があります。また、モニタリングにより事業再生計画の遂行に支障が生じていると判断される場合、直ちに債務者と債権者とで協議し、計画変更も含めた適切な措置をとる必要があります。

2　モニタリングの実効性の担保

(1) 違反時の効果の規定

モニタリングは、債務者による情報の開示が前提となりますが、債務者と債権者との信頼関係のもと、債務者がモニタリングのためになすべき作業を懈怠（モニタリング違反）した場合の効果は特に定めないことも多いと思われます。もっとも、場合によっては、その実効性担保のために、モニタリング違反の効果を事業再生計画又はこれに基づく金銭消費貸借契約（以下「変更契約」といいます）に規定することも考えられます。

例えば、モニタリング違反を事業再生計画の取消事由とすることが考えられます。ただし、違反内容とペナルティーとの均衡を欠くことのないよう、履行催告や釈明機会付与を前提とすることが考えられます。また、一部債権者が当該規定を濫用しないよう全債権者や過半数債権者の同意を前提とすることも考えられます。

また、事業再生計画又は変更契約において、モニタリングに協力することをコベナンツ条項とすることが考えられます。コベナンツ条項違反は、一般に、変更契約における期限の利益の喪失事由とされます。

(2) 役員等の派遣や株主としての地位に基づく監督

債権者（例えば主要取引金融機関）の人員を債務者の役員等とすることは、モニタリングの適切性を高めると考えられます。また、事業再生計画に基づきDESを行う場合、無議決権株式とすることが一般的ですが、一定の事由（債務者の義務違反等）により議決権株式に転換できる設計とすることなどで、債務者の義務遵守を促す工夫も考えられます。

（大石健太郎）

Q51 計画が遂行できなくなった場合

  再建計画中に計画が遂行できなくなった場合において、計画を変更する場合の注意点としてどのようなものがありますか。計画変更の決議はどのようにして行うか、計画変更の対象債権者としてはどのような債権者を対象とすることが考えられますか。また、再建計画を変更した場合、債権放棄やDESに応じた債権者の取扱いはどうなりますか。

1 「計画が遂行できなくなること」の意義

再建計画の成立後に、経済環境の変化その他の事情により、当初予定していた計画が遂行できなくなることがあります。

再建計画には、債権者に対する権利変更やそれに基づく債務弁済に係る計画のみならず、債権者の権利とは直接の関係がない事業再構築計画などが定められていることがありますが、後者は、それが特に債権者の権利変更の同意の条件となっていると解されるような場合を除き、債権者の同意を得ることなく変更可能と解されます（ただし、当該事項の未実現によって債務弁済に係る計画の遂行ができないという場合は、債務弁済に係る計画の変更の問題となります。『ガイドラインの実務』110頁〔小林信明〕）。

2 再建計画の遂行ができない場合に想定される事態

債務者が再建計画を遂行できない場合は債務不履行となるので、債権者は強制執行や担保権実行等の権利実現のための手段をとり得ます。また、計画遂行不能という事態は、複数の債権者について同時に生じることが多いと思われ、債権者が法的整理手続の開始申立てを行うことも想定されます。

3 再建計画の遂行ができなくなった場合の方策

(1) 特定の債権者の個別同意

再建計画の遂行ができなくなった場合でも、特定の債権者の弁済猶予や特定の担保権者の担保実行が回避できれば計画が遂行できる場合で、当該変更が他の債権者への不利益とならない場合は、特定の債権者とのみ個別交渉し、再度の権利変更をしてもらうことが考えられます。当該債権者が、不利益な扱いを了解するならば、権利変更を否定する理由はなく、(2)の全対象債権者の同意を得る場合と比べ容易に再建計画の不履行を回避できます。この場合は、後に当該債権者から、同意の前提に錯誤があった等の主張がなされないよう、充分な情報開示の上、明確な同意を得る必要があります。

(2) 再建計画の変更

また、全対象債権者の同意を得て、再建計画の変更をすることが考えられます。

私的整理GLは、債務弁済計画を履行できないときは、変更再建計画案について対象債権者全員の同意を得ない限り、法的倒産処理手続開始の申立てをするなど適宜の措置をとらなければならないと規定しています（私的整理GL9⑶）。

(3) 計画変更上の留意点

変更する事情や必要性、変更内容の合理性について全対象債権者に充分に説明する必要があります。また、対象債権者全員の同意により成立した再建計画の変更ですから、計画変更の場合にも全対象債権者の同意が必要です。私的整理GLにおいては、対象債権者全員の同意が必要な旨の規定があります（私的整理GL9⑶ただし書き）。なお、再建計画の中にあらかじめ対象債権者の多数決で計画変更が可能である旨の条項が定められている場合は、それが対象債権者全員の合意内容となっているので、当該条項に従った計画変更が可能と考えられます。ただ、このような条項は再建計画が対象債権者全員の合意で成立することと抵触するので、一定の条件や場面を限定するのが通常だと思われます。

計画変更の手続は、再建計画に変更手続の定めがあればそれに従うこととなります。再建計画に特段の定めがない場合、計画変更のために対象債権者に事情を説明しその同意を得る手続には特に限定はありません。しかしながら、計画の変更の場面においても、再建計画の成立において採用された手続に準じることが、債権者にとっても安心感があり、例えば計画成立時に債権者集会を開催していたのであれば、変更時にも同様に債権者集会を開催するのがよいと考えます。

私的整理GLにおいては、当初の再建計画成立に係るガイドラインの定めが適用されると考えられ（『ガイドラインの実務』110頁〔小林信明〕）、また、事業再生ADRの場合は、計画の成立時に手続が終了するので、計画変更時にはそのまま事業再生ADR手続を用いることはできず、手続実施者も不在となりますが、可能な限り当初の事業再生ADR手続に準じて処理することがよいと考えられます。なお、改めて事業再生ADRを利用することは、時間、費用、労力の点から合理的ではないように思われます。協議会における再生計画の変更に関しては、Q69を参照してください。

(4) 再建計画の変更内容

再建計画における権利変更の内容としては、弁済期限の猶予（リスケジュール）、債権放棄あるいはDESがありますが、再建計画の変更内容としては、当初の再建計画に基づく権利変更を前提としてさらなる権利変更（さらなる期限延長、債権放棄やDESを求める場合）を加えるもの（追加変更）と、当初の再建計画においてなされた権利変更を撤回した上で改めて権利変更を行うもの（撤回変更）が考えられます。

撤回変更の場合ですが、弁済期限の猶予は、猶予の撤回により当初の弁済期限の

約定が復活することになりますが、その内容をもとに改めて再度の権利変更を定めることは可能です。

一方、債権放棄がいったん確定的になされた場合は、当事者の合意があっても消滅した一部又は全部の債権が復活することはないと考えます（藤原総一郎編著『企業再生の法務』30頁〔島田知子＝林浩美〕（金融財政事情研究会、2012年））。債権放棄の効力がいったん発生した場合は、税務上、会計上の処理もなされており、現実的にも困難と思われます。また、DESは新株発行を伴うものなので、再建計画に基づく合意のうちDESに関する条項（通常の募集株式発行における引受契約に当たる条項）を合意解約しても、新株発行の効力は覆らないと考えられ（会828Ⅰ②参照）、DESの撤回は難しいものと思われます。なお、計画に従った返済の完了を条件として残債権の放棄の効果が発生する旨定められているような場合は、債権放棄の効力は発生しておらず、当該条件の見直し、当該条項そのものの撤回による対処が可能です。

4 法的整理手続への移行と問題点

私的整理においては通常金融機関等一部の債権者のみが権利変更の対象となりますが、再建計画成立後に法的整理手続に移行した場合、権利変更の対象となった債権とそれ以外の債権とをまったく同一に扱ってよいかという問題があります。事業再生ADR手続に関し、計画が履行できず法的整理手続に移行する場合において、債権カットやDESに応じた金融機関の不利益が大きいため、決議された計画は法的整理手続でもなるべくそのまま生かせるようにすべきだとの指摘もあります（須藤英章（司会）ほか「《パネルディスカッション》事業再生ADRの実践(2)」『事業再生ADRの実践』192頁〔多比羅誠発言〕）が、再建計画の成立によりいったん生じた権利変更を遡ってなかったことにするというのは、民事再生法189条7項、190条のような明文がない限りは、解釈上は困難であると思われます。この点、再建計画において、再建計画に基づき変更された債権について法的整理手続の開始決定があれば私的整理手続前の状態に復する旨の条項を入れておくという対応も考え得るところです。

（宮崎信太郎）

第6節 東日本大震災による被災者の保護

Q52 東日本大震災による被災者の保護

 個人債務者の私的整理に関するガイドライン、東日本大震災事業者再生支援機構、産業復興機構、産業復興相談センターはそれぞれどのようなものですか。

1 被災者の二重ローン問題に対応する各制度

2011年3月11日に発生した東北地方太平洋沖地震とそれに伴い発生した津波、及びその後の余震等により大規模な地震災害が引き起こされ、また、福島第一原子力発電所事故により深刻な放射能汚染がもたらされました。被災地の復興支援策のうちいわゆる二重ローン問題（被災後も残る被災前からの債務負担により、再建のための必要資金の調達が困難であったり、新たな借入れによる債務負担に苦しめられたりすること）への対応策として、いわゆる個人版私的整理ガイドライン、産業復興相談センター（以下「相談センター」といいます）、産業復興機構（以下「復興機構」といいます）、東日本大震災事業者再生支援機構（以下「震災支援機構」といいます）といった制度が設けられました。

2 個人版私的整理ガイドライン 〈http://www.kgl.or.jp/〉

正式名は「個人債務者の私的整理に関するガイドライン」（以下「個人版GL」といいます）で、2011年7月15日に策定されました。

個人版GLは、被災により住宅ローンや事業性ローン等の既往債務を弁済できなくなった個人の債務者の私的整理手続を公正かつ迅速に進めるための準則であり、民間関係者間で定められた自主的ルールです。

個人版GLの手続は、個人版私的整理ガイドライン運営委員会（以下「運営委員会」といいます）によって運営されています。相談窓口は、東京本部のほか青森、岩手、宮城、福島、茨城の各支部に置かれ、各県の支部には登録専門家（弁護士、公認会計士、税理士、不動産鑑定士、金融実務専門家等で運営委員会にあらかじめ登録された者）がいます。本部には運営協議会が置かれ、運営協議会は登録専門家に対し、ガイドラインの解釈、運用上の助言指導等を行い、登録専門家は債務者の債務整理の申出や、弁済計画案の策定等を支援し、弁済計画案に対する確認報告書を作成します。

債務者による個人版GLの利用による債務整理の申出後、債務者が弁済計画案を策定し、運営委員会が報告書を作成し、弁済計画案を債権者に示し、債権者との間で合意が成立すると弁済計画案が効力を生じます。

個人版GLの利用のメリットは、①個人信用情報の登録などの不利益の回避、②運営委員会に登録された弁護士費用への国の補助、③手元に残せる現預金の上限が

500万円を目安に拡張される（被災状況、生活状況などの個別事情によります）ことです。

2016年6月17日現在で、債務整理の成立件数は1,347件です。

3 相談センター及び復興機構〈http://www.chusho.meti.go.jp/kinyu/kikan.htm〉

(1) 相談センター

相談センターは、協議会の体制を拡充し、被災事業者に対するワンストップの相談窓口として、旧産活法41条に基づき、被災事業者の再生を支援する認定支援機関として、2011年10月7日の岩手での設立を皮切りに、青森、宮城、福島、茨城及び千葉の各県に設立されました。相談センターは、被災地の事業者の各種相談に応じ、事業者の業況、被災状況等を調査・把握し、各種支援制度の紹介、新規融資の調達支援、弁済条件の変更、債権買取等の中から事業者に適する手法を検討します。そして、相談センターが支援の必要があると判断した場合支援開始を決定し、債権者間調整を行ったり、債権買取及び新規融資について債権者の合意が得られれば、復興機構に対し債権買取要請を行います。なお、相談センターにおいて震災支援機構による支援が相当であると判断する場合には震災支援機構に案件が引き継がれることもあります。

(2) 復興機構

復興機構は、被災各県において組成された投資ファンドの総称です。各投資ファンドは、正式名を「○○（○○は県名）産業復興機構投資事業有限責任組合」といい、震災前から存在する金融機関の債権の買取りを行います。中小機構と地域金融機関及び県が有限責任組合員で、民間事業者が無限責任組合員です。2011年11月11日の岩手県における組成を皮切りに、宮城、福島、茨城及び千葉県において組成されました（青森県にはありません）。相談センターからの債権買取要請に応じ各県の復興機構が債権買取を行い権利変更を行います。原則10年経過時に地域金融機関を中心にリファイナンスや債権譲渡を行うことで投資の回収を行い、併せて復興機構は所要の債権放棄を実行し、被災事業者への再生支援を完了します。なお、2016年5月31日現在、千葉と茨城においては、買取業務は終了しています。

(3) 活動状況

2016年5月31日現在の相談センターの相談受付件数の合計は5,157件で、産業復興機構による債権買取決定は326件です。

4 震災支援機構〈http://www.shien-kiko.co.jp/〉

震災支援機構は、株式会社東日本大震災事業者再生支援機構法（以下「震災機構法」といいます）に基づき、預金保険機構と農水産業共同組合貯金保険機構を株主として、2012年2月22日に設立され、同年3月5日に業務を開始しました（本社は仙台市。東京本部のほか必要に応じ出張所を設置しています）。

震災機構法は、かつての株式会社産業再生機構法、株式会社企業再生支援機構法（現在の機構法）と類似し、支援対象、関係金融機関、支援手続、支援基準等につ

いて、震災機構法、施行令、施行規則等により詳細が定められており、準則化された私的整理手続の一つです。震災支援機構が、震災前から存在する金融機関の債権の買取りを行った上で権利変更を行う（債務免除、支払期間の延長、DDS等）等して被災事業者の債務負担を軽減した上で、金融機関からの復興資金の借入れを支援する点で、相談センター、復興機構の業務と類似しますが、震災支援機構によるつなぎ融資、保証、出資といった機能を有している点などに特徴があります。震災支援機構の支援期間（債権の保有期間）は、支援決定から15年以内とされています。

支援対象となるのは、政令で定める指定地域（なお、2011年3月12日の長野県北部地震の被災地域も対象です）の事業者であり、放射能被害のあった農作物に関しては、東京や静岡等にまで指定地域が及んでいます。一方、施行令で定める大企業や第三セクターは支援の対象外とされています。

2016年5月31日時点で679件の支援決定がなされ、うち債権の買取りを行うものは646件です。

5　各制度の現状と今後の検討課題

震災から5年を経過し、復興機構の一部における債権の買取期間は終了しており、震災支援機構の支援決定も2017年2月22日までとされています（なお、震災機構法上1年間の期間延長の可能性があります）。いずれの制度においても、新規の取組案件は減少していますが、債権買取を行う復興機構、震災支援機構においては、事業者への事業再生支援を引き続き行っています。

東日本大震災以前の震災被害（阪神・淡路大震災など）には、二重ローン問題へ対応する類似の制度はなく、東日本大震災において初めてこの問題に対応する制度が設けられました。その後も多くの自然災害（竜巻、水害、地震）が起こっていますが、それらの自然災害への被災者はこれらの制度の支援対象ではありません。

ただ、個人の被災者に関しては、2015年12月25日に、全国銀行協会を事務局とする「自然災害による被災者の債務整理に関するガイドライン研究会」により「自然災害による被災者の債務整理に関するガイドライン」が策定され、2016年4月1日から適用されています。詳細は**Q52**を参照してください。

（宮崎信太郎）

第7節 自然災害による被災者の保護

Q53 自然災害による被災者の債務整理に関するガイドライン

 自然災害GLとはどのようなものですか。

1 自然災害GLの概要及び性質

自然災害GLは、自然災害の影響によってローンの支払が困難となった債務者の再建を支援するために、破産手続等の法的倒産手続によらず、特定調停手続を活用した債務整理を行う場合の指針となるガイドラインです。自然災害GLは、2016年4月1日から適用されています。

自然災害GLは、金融機関等関係団体が自然災害により被災した個人債務者の債務整理を公正かつ迅速に行うための自主的・自律的な準則です。法的拘束力はないものの、金融機関等である対象債権者、債務者並びにその他の利害関係人によって、自発的に尊重され遵守されることが期待されています。

2 自然災害GLの対象

(1) 対象となり得る債務者

自然災害GLは、2015年9月2日以降に災害救助法の適用を受けた自然災害(以下「災害」といいます)の影響を受けたことによって、住宅ローン、住宅のリフォームローンや事業性ローン等の既往債務(災害の発生以前に負担していた債務)を弁済できなくなった個人の債務者であって、破産手続等の法的倒産手続の要件に該当することになった債務者を対象とします。

(2) 対象債権者

対象債権者の範囲は、銀行、信用金庫、貸金業者、リース会社、クレジット会社、債権回収会社、信用保証協会などです。ただし、自然災害GLに基づく債務整理を行う上で必要なときは、その他の債権者を含みます(自然災害GL 3(2))。

(3) 登録支援専門家

自然災害GLに基づく債務整理を的確かつ円滑に実施するために、弁護士、公認会計士、税理士及び不動産鑑定士の専門家(登録支援専門家)が、債務者及び債権者のいずれにも利害関係を有しない中立かつ公正な立場で自然災害GLに基づく手続を支援します(自然災害GL 4(1))*。

3 一時停止

自然災害GLにおいても、債務整理を公正衡平に行うために、一時停止の制度が定められています(自然災害GL 7(1))。一時停止の期間中においては、対象債務者は、資産処分及び債務消滅に関する行為等が禁止されます。また、すべての対象債

権者についても、債務消滅に関する行為や担保権の実行等が禁止されます。
4　自然災害GLに基づく債務整理手続の手順
　自然災害GLに基づく債務整理の手続は、①手続着手の申出、②登録支援専門家の委嘱の依頼（登録支援専門家の委嘱）、③債務整理の申出、④調停条項案の作成及び提出、⑤調停条項案にかかる同意あるいは同意の見込みの取得、⑥特定調停の申立て、⑦特定調停の成立という手順で実施されます。

(1)　手続着手の申出
　対象債務者が自然災害GLに基づく債務整理の申出を行おうとする場合には、対象債権者のうち、当該対象債務者に対して有する債権の元金総額が最大の者（主たる債権者）に対して、自然災害GLに基づく手続に着手することを申し出ます（手続着手の申出）。
　手続着手の申出を受けた主たる債権者は、手続着手の申出を受け付けてから10営業日以内に、自然災害GLに基づく手続に着手することへの同意又は不同意の意思表示を書面により行います（自然災害GL 5(1)）。

(2)　登録支援専門家の委嘱の依頼
　主たる債権者から同意書面を受領した対象債務者は、弁護士会等の各団体（登録団体）を通じて、全国銀行協会に対し、登録支援専門家を委嘱することを依頼することになります。全国銀行協会は登録団体の推薦を踏まえて、登録支援専門家の委嘱を行います（自然災害GL 5(2)）。

(3)　債務整理の申出：債務整理の開始
　主たる債権者の同意書面を受領した対象債務者は、すべての対象債権者に対して、自然災害GLに基づく債務整理を書面により同一の日に申し出ることになります（自然災害GL 6(1)）。

(4)　調停条項案の作成及び提出
　対象債務者は自然災害GLに基づく債務整理の申出から原則として3カ月以内に調停条項案を作成の上、登録支援専門家を経由して、すべての対象債権者に提出します（自然災害GL 8(1)）。

(5)　調停条項案にかかる同意あるいは同意の見込みの取得：特定調停の申立ての前提
　自然災害GLに基づく債務整理に当たっては特定調停手続を利用することとし、特定調停の申立ての前提として、すべての対象債権者から調停条項案にかかる同意

＊　登録支援専門家の具体的な支援の内容は、①債務整理の申出の支援、②債務整理の申出に必要な書類の作成及び提出の支援、③調停条項案の作成の支援、④調停条項案の作成に係る利害関係者間の総合調整の支援、⑤調停条項案の対象債権者への提出及び調停条項案の対象債権者への説明等の支援、⑥特定調停の申立てに係る必要書類の作成及び特定調停の申立後当該特定調停手続の終了までの手続実施の支援です（自然災害GL 4(2)）。

あるいは同意の見込みを得ることが必要です（自然災害GL 9⑴）。

そこで、対象債務者は調停条項案の提出後、すべての対象債権者に対して、調停条項案の説明、質疑応答及び意見交換を同日中に行うこととされています（自然災害GL 8⑺）。なお、対象債務者は必要に応じて、登録支援専門家に調停条項案の説明等の支援を求めることができます（自然災害GL 8⑺）。

そして、対象債権者は調停条項案の説明等がなされた日から原則として1カ月以内に、対象債務者及び登録支援専門家に対して、調停条項案にかかる同意あるいは同意の見込みの旨又は不同意の旨を書面により回答することとし、登録支援専門家はその結果を取りまとめ、速やかに全対象債権者に通知します（自然災害GL 8⑻）。

⑹ 特定調停の申立て

すべての対象債権者から調停条項案にかかる同意あるいは同意の見込みを得た対象債務者は、簡易裁判所に対し、特定調停法3条1項に基づき特定調停（特定債務等の調整に係る調停）の申立てを行うこととなります（GL 9項⑴）。

特定調停手続においては、調停委員会が公正中立な第三者的立場から双方の意向を確認しながら、調停条項案が公正かつ妥当で経済的合理性を有するものであることを確認した上で、最終的に調停条項が確定します。

5 調停条項案の内容

⑴ 調停条項案の具体的内容

調停条項案の具体的内容は、債務者の状況によって、①収入弁済型、②清算型、③事業継続型に分かれます。

収入弁済型の調停条項案においては、弁済の総額は、対象債務者の収入、資産等を考慮した生活実態等を踏まえた弁済能力により定めるものとされます。また、清算型の調停条項案においては、原則として、対象債務者が債務整理申出の時点において保有するすべての資産を処分・換価して、弁済を行い、その余の債務について免除を受ける内容とされます。なお、収入弁済型の要件を充たす債務者が、清算型の調停条項案を作成することは、妨げられないとされています（自然災害GL 8⑵1ハ）。さらに、事業継続型の調停条項案においては、対象債務者の自助努力が十分に反映され、事業見通し及び収支計画を記載し、概ね5年以内を目途に黒字に転換すること等を内容とする事業計画を含めることを原則とします。

⑵ 保証債務の扱い

対象債務者の対象債権者に対する債務を主たる債務とする保証債務がある場合、通常想定される範囲を超えた災害の影響により主たる債務を弁済できないことを踏まえて、保証履行を求めることが相当と認められる場合を除き、保証人（ただし、個人に限ります）に対する保証履行は求めないこととされています（自然災害GL 8⑸）。

（富永浩明）

第 2 章

中小企業再生支援協議会

Q54 中小企業再生支援協議会とは

 協議会とはどのような機関であり、私的整理の手続においてどのような役割を果たしますか。

1 協議会の組織概要
(1) 協議会

協議会は、中小企業に対する再生計画策定支援等の再生支援事業を実施するため、経済産業大臣から認定を受けた商工会議所等（以下「認定支援機関」といいます）に設置される組織です（産強127、128）。

協議会は、厳密には、各地域の商工会議所、商工会連合会、政府系金融機関、地域金融機関、中小企業支援センター等の代表が委員となって、地域の実情に応じた業務実施の方針等を定める会議体のことを指し、実際に中小企業の個別の相談を受けたり、再生計画策定支援を行ったりするのは、認定支援機関における支援業務部門となります。もっとも、実際に再生支援業務を行っている支援業務部門のことを「中小企業再生支援協議会」と呼ぶことの方がむしろ一般的なので、以下では会議体としての協議会と支援業務部門とを区別することなく「協議会」として説明します。

(2) 全国本部

各地の協議会の活動を支援するため、中小機構内に全国本部という機関が設置されています。全国本部は、各地の協議会のサポート、外部専門家の派遣、中小企業再生支援業務の運用基準の統一、協議会の活動状況や再生支援ノウハウの収集、分析及びセミナーや研修等による共有化等を主な業務としています。複雑困難な案件や拠点が複数の都道府県にまたがる案件などでは、協議会と協働して個別案件に関与することもあります。また、2014年の強化法の施行により、全国本部が個別案件を取り扱うこともできるようになりました（産強133②）。

2 協議会の特徴
(1) 私的整理手続としてのメリット・デメリット

協議会が行う私的整理手続（以下「協議会スキーム」といいます）は、基本要領に従って進められます。この基本要領に基づいて実施される協議会スキームは、準則化された私的整理手続の一つとして機能しており、基本的には事業再生ADRなどと同様に、私的整理手続一般のメリット・デメリットが該当します（Q4、Q6参照）。すなわち、メリットとしては、①商取引債権者を手続の対象に含めないことにより事業価値の毀損防止が図れること、②取引金融機関の同意により計画が成

立するため計画成立後も取引金融機関からの協力が得られやすいことなどがあげられます。これらのメリットは、事業基盤が脆弱で間接金融に頼らざるを得ない中小企業者にとっては重要なものといえます。他方デメリットとしては、金融債権者全員からの同意を得なければならないことなどがあげられます。

(2) 協議会スキーム固有の特徴

協議会スキームは、他の準則化された私的整理手続と比べ、中小企業を対象とする手続である点に大きな特徴があります。すなわち、中小企業は数が多く、業種や企業形態も多種多様な上に地域性も強いため、きめ細かくその再生支援を行う必要性が高いといえます。また、金融債権者の合意を得られる内容の再生計画案を策定するためには、事業面のみならず、会計、税務、法務、金融等の複合的な知識と経験が必要となりますが中小企業の多くはこのような知識や経験を有さず、外部の専門家に依頼しようにも、その人脈や費用を有していません。

そのため、協議会スキームは、事業再生に関する解決方針の決定、再生計画案の策定、債権者間の合意形成等において、能力・費用が十分でない中小企業にとっても利用しやすいよう様々な配慮がなされています。

ア　手続利用の容易性

協議会は、全国47都道府県に1カ所ずつ設置され、事業再生に関する知識と経験を有する専門家（税理士、公認会計士、弁護士、中小企業診断士、金融機関出身者など）である統括責任者と統括責任者補佐が常駐して、常時、中小企業者からの相談を受け付け（第一次対応）、一定の要件を充たす債務者企業に対しては再生計画策定支援（第二次対応）を実施しています。第二次対応を行う場合の協議会の関与の内容や程度も、事業再生ADRにおける手続実施者のそれと比べ、広範かつ主体的能動的であるということができます。さらに、手続を主宰する協議会に対する報酬は発生せず、DD費用の一部についても国の補助を得られる場合があるなど、他の私的整理手続と比べて費用も割安となっています。

イ　手続運用の柔軟性

基本要領では、私的整理GLや事業再生ADRの手続準則と異なり、債権者会議の開催や一時停止の通知が義務づけられていません。

また、2012年5月の基本要領の改訂により、従来の手続よりも簡易迅速な手続（新スキーム）が新設されるとともに、再生計画策定支援にかかる標準処理期間は原則として2カ月とすることが明記されました（基本要領6(8)①）。ただし、これは従来型の手続を排除するものではなく、ケースバイケースでの柔軟な手続運用が可能となっています。このことはメリットである反面、スケジュールに縛りがないため、手続の予測可能性の確保や迅速な処理が図りにくくなるといったデメリットも生じ得ます。

ウ　再生スキームの多様性

協議会スキームでは、リスケジュールやDDS（資本性借入金）といった条件変

更を内容とする計画から、DES、直接債権放棄、第二会社方式による実質的な債権放棄といった抜本的な金融支援を伴う計画まで、幅広い再生計画の策定が行われており、再生ファンドによる債権買取、出資、融資等を再生計画の内容に組み込むケースもあります。さらに、協議会では、中小企業金融円滑化法の出口戦略として、数値基準（Q65参照）には適合しないものの、本格的な再生計画策定に向けた準備として、原則3年以内のリスケジュール計画を協議会版「暫定リスケ」として容認し、当該計画の策定支援にも取り組んでいます（『中小企業の事業再生と中小企業再生支援協議会』63頁）。このように多様な再生スキームが用意されていることは、債権者の円滑な合意形成に資するといえます。

3 協議会の役割

協議会は、債務者企業と対象債権者のいずれにも属さない中立公正な立場で、中小企業者からの相談を受け付け、一定の要件を充たす債務者企業については再生計画策定支援や金融調整等を実施します。

また、2014年2月に経営者保証GLの適用が開始されたことに伴い、経営者保証GLに基づく保証債務整理支援業務が協議会事業に加えられました（基本要領柱書）。

(1) 第一次対応

協議会は、中小企業者からの申出により、相談企業の実態を把握し、事業再生に向けた相談に対して適切な助言、支援施策・支援機関の紹介をします。

(2) 第二次対応

協議会が(1)で把握した相談企業の状況に基づき、再生計画策定支援を行うことが適当であると判断した場合には、外部専門家を活用しつつ、主要債権者等との連携を図りながら具体的で実現可能な再生計画の策定支援を行います。

具体的には、個別支援チームの編成、債権者会議の開催を含む手続の主宰、再生計画案の策定支援及びその内容調査、金融調整など協議会スキーム全般にわたって中立公正な立場を維持しながら主体的能動的に関与する役割を果たしています。

(3) 経営者保証GLに基づく保証債務の整理手順の実施

協議会における保証債務整理支援業務は、整理手順に従って行われ（基本要領9）、債務者企業の再生支援と同様、窓口対応（第一次対応）と弁済計画策定支援（第二次対応）をその業務内容としています（詳細はQ71、Q72を参照してください）。

（西村　賢）

Q55　協議会による再生支援手続

 協議会による再生支援手続はどのように進行しますか。

1　協議会による再生支援手続

協議会による再生支援手続は、①窮境にある中小企業者からの相談を幅広く受け付ける「窓口相談」、②事業の収益性等が認められる相談企業について再生計画の策定を支援する「再生計画策定支援」、③再生計画策定支援により再生計画が成立した相談企業への「モニタリング」の大きく3つの手続に分けられます。これらの手続の内容は、基本要領に規定され、全国の協議会は、同要領に従って支援を実施しています。

2　窓口相談（第一次対応）とは

窓口相談（第一次対応）とは、窮境にある中小企業者からの申出を受けて協議会の常駐専門家である統括責任者（プロジェクトマネージャー）又は統括責任者補佐（サブマネージャー）が相談を受けるもので、これまで協議会が行った第一次対応件数は3万5千社に及びます（『中小企業の事業再生と中小企業再生支援協議会』35頁）。協議会への相談の経緯は、中小企業者が自発的に来訪するケースや金融機関が債務者企業に相談を勧めているケースがあり、近年では後者のケースが大半を占めています（前掲書38頁）。第一次対応では、常駐専門家が、相談企業が持参する資料（例えば3期分の税務申告書等）の分析やヒアリングによって相談企業の経営状況や財務状況を把握し、経営課題に対する助言を行うとともに、事業の収益性等を確認し、再生計画策定支援への移行の要件を充たすか否かを判断します。

また、第一次対応では、再生計画策定支援への移行の可否を判断するだけでなく、事業の収益性が認められないなどの理由により再生計画策定支援に移行できない相談企業に対して、適宜、事業改善の方法や金融機関への対応方法、又は弁護士へ相談することなどを助言します。さらに、事業の収益性が認められない場合であっても、中小企業診断士等の専門家を活用して事業面での支援を行うことにより、収益性を改善し、改善後に再生計画策定支援に移行するケースもあります。このような再生計画策定支援開始前の相談企業に対して外部専門家による支援を実施することを、協議会では「1.5次対応」と呼称しています（基本要領6(2)③参照）。

3　再生計画策定支援（第二次対応）とは

再生計画策定支援（第二次対応）とは、事業の収益性等の要件を充たし再生計画策定支援を行うことが適当であると判断した相談企業について、私的整理手続によ

【別表1】 各スキームの相違点等

分類	従来型スキーム		新スキーム
	通常型	検証型	
再生計画案の調査報告	統括責任者による調査（債権放棄等を伴う再生計画については弁護士による検証）		統括責任者による検証
事業DD及び財務DD再生計画策定支援	協議会から委嘱された外部専門家が実施	協議会から委嘱された外部専門家が検証（注1）	必要に応じて、債務者又は主要行の依頼で外部専門家が実施
想定される主なスキーム（注2）	債権放棄、実質的な債権放棄、DES、協議会版資本的借入金		リスケジュール、DDS

(注1) 事業DD、財務DDおよび再生計画策定支援は、債務者が依頼した専門家が実施。
(注2) 新基本要領においては、他のスキームの利用を制限していない。

【別表2】 各スキームの手続の流れ

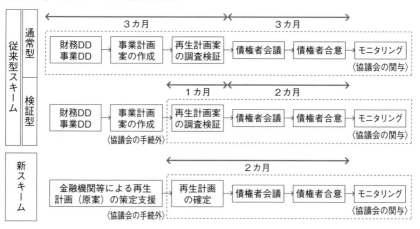

り再生計画の成立を目指す手続です。協議会による私的整理手続又は単に「協議会スキーム」という場合、この再生計画策定支援の手順を指すことが一般的です。
　第二次対応の手順は、従来の基本要領では、①再生計画策定支援の開始、②個別支援チームの編成、③財務及び事業DDの実施、④再生計画案の作成、⑤再生計画案の調査報告、⑥債権者会議の開催と再生計画の成立、というものでしたが、2012年4月に公表された政策パッケージで中小企業の経営改善・事業再生の促進等を図るとされたことを受け、基本要領は2012年5月に改訂され、従来の手続よりも簡易

迅速な手続（以下「新スキーム」といい、改訂前の基本要領に基づく従来の手続を「従来型スキーム」といいます）が新設されました。

　この基本要領の改訂により、これまで必須であった外部専門家の個別支援チームへの選任、財務及び事業DDの実施、並びに債権放棄等の要請を伴う再生計画案に対する弁護士による調査報告書の作成が、必要に応じてこれらを実施するものとされました（基本要領6(3)①、(4)①、(6)①）。

　しかし、協議会の実際の運用では、これまでと同様に「従来型スキーム」を維持した上で、中小企業金融円滑化法の出口対応として、協議会が従前よりも拡大した対応を行うべく新たな手続を「新スキーム」として追加したものと整理されています（藤原敬三「金融円滑化法の出口に向けた中小企業再生支援協議会の対応」金法1950号27頁）。

　すなわち、改訂後の基本要領の下でも、改訂前の基本要領に定められた、個別支援チームに外部専門家として公認会計士又は税理士を選任し、選任された外部専門家により財務及び事業DDの実施（又は検証）がなされ、債権放棄等を要請する内容を含む再生計画の策定を支援する場合は外部専門家として弁護士を選任し、当該弁護士が調査報告書を作成する、という手続は「従来型スキーム」として維持され、現在も債権放棄等を伴う案件などにおいて活用されています。

　従来型スキームには、債務者企業にあらかじめ代理人弁護士等が就いており、財務及び事業DDを実施し、再生計画案を作成した上で協議会に相談を申し込むケースもあり、そのような場合には、個別支援チームの外部専門家が、DDの内容及び再生計画案の内容を検証し、調査報告書を作成します。このような従来型スキームの手続を「検証型」といい、協議会が編成する個別支援チームが財務及び事業DDを実施する手続を「通常型」と呼称しています。

　他方で、上述のとおり、基本要領の改訂後、簡易迅速な手続として、個別支援チームに外部専門家を選任せず、協議会として財務及び事業DDの実施（又は検証）を行わない「新スキーム」にも取り組んでいます。

　なお、協議会において、これまでに第二次対応が完了した（再生計画が成立した）企業は約1万社に及びます（『中小企業の事業再生と中小企業再生支援協議会』42頁）。

4　計画成立とモニタリング：基本要領8

　協議会は、再生計画が成立し再生計画策定支援が完了した相談企業について、主要金融機関と連携して、再生計画の達成状況等のモニタリングを実施しています。モニタリングの対象は、事業計画の達成状況と再生計画の実施状況です。モニタリングの時期、回数は、適時適切に行うものとされており、モニタリングの期間は、企業の状況や再生計画の内容等を勘案した上で、再生計画が成立してから概ね3事業年度（再生計画成立年度を含みます）を目途として、決算期を考慮しつつ、必要な期間を定めるものとされています。

モニタリングの結果、再生計画を変更する必要があると認められるときは、相談企業の求めに応じて、必要な支援を行うことができるとされ、外部専門家による事業改善に向けた支援等を行います。また、返済条件の緩和、金融機関の損失負担の変更など、再生計画の重要な修正又は追加が必要であると判断した場合には、再度再生計画策定支援に準じた支援を行うことができるとされています。

5　従来型スキーム（通常型・検証型）と新スキームの特徴及びスケジュール

従来型スキームと新スキームの特徴と手続の流れをまとめたものが、【別表1】、【別表2】です。

なお、従来型スキーム（通常型）の内容や手続の流れについてはQ57、従来型スキーム（検証型）の内容や手続の流れについてはQ58、新スキームの内容や流れについてはQ59を、それぞれ参照してください。

（加藤寛史）

Q56 協議会による再生支援基準

 協議会による再生支援の基準について教えてください。

1 協議会による私的整理手続（協議会スキーム）の支援対象

協議会を利用できる相談企業は中小企業者に限定されており、上場企業等の大企業や学校法人は利用できません。「中小企業者」の定義は、強化法2条において、業種ごとに資本金又は従業員数によって規定されています。なお、2015年2月より、これまで利用対象外とされていた医療法人が、一定の要件を充たす場合、その対象とされることになりました。

また、再生計画策定支援の対象となるためには、次の①、②の要件、債権放棄等（直接債権放棄、第二会社方式による実質的な債権放棄、DES）の要請を含む再生計画の策定を支援する場合には、これに加えて③～⑤の要件を充たすことが必要です（基本要領6(1)）。

① 過剰債務、過剰設備等により財務内容の悪化、生産性の低下等が生じ、経営に支障が生じている、若しくは生じる懸念のあること
② 再生の対象となる事業に収益性や将来性があるなど事業価値があり、関係者の支援により再生の可能性があること
③ 過剰債務を主因として経営困難な状況に陥っており、自力による再生が困難であること
④ 法的整理を申し立てることにより相談企業の信用力が低下し、事業価値が著しく毀損するなど、再生に支障が生じるおそれがあること
⑤ 法的整理の手続によるよりも多い回収を得られる見込みがあるなど、対象債権者にとっても経済合理性があること

いずれの要件も私的整理手続一般に求められる要件と同等であり、「中小企業者」である点を除いては、支援対象として特別な限定はありません。

2 協議会スキームにおける金融支援の内容

協議会スキームでは、リスケジュールやDDSといった条件変更を内容とする再生計画から、DES、直接債権放棄、第二会社方式による実質的な債権放棄（債務者企業の事業を会社分割又は事業譲渡により別会社に譲渡した後、債務者企業について特別清算手続又は破産手続を申し立て、当該手続の中で対象債権者から債権放棄を得る手法）といった債務の減免を伴う金融支援を内容とする再生計画まで、債務者の状況や対象債権者の意向を踏まえて、様々な再生計画が策定されています。

協議会スキームでは、2008年10月に協議会版「資本的借入金」というDDSの手法が導入された後、2011年11月に金融庁が公表した「「資本性借入金」の積極的活

用について」を受けて「資本的借入金」の条件等が見直され、現在、3つの類型に整備された協議会版「資本的借入金」が公表されています（協議会版「資本的借入金」についてはQ70を参照してください）。いずれの類型の協議会版「資本的借入金」も、金融庁より「十分な資本的性質が認められる借入金（資本性借入金）」とみなすことができると認められています。また、地域によっては中小機構と地域金融機関の共同出資によって中小企業再生ファンドが創設されており、それらの地域では、中小企業再生ファンドを活用した再生計画が策定されるケースもあります。

さらに、中小企業金融円滑化法の出口戦略として、本格的な再生計画作成に向けた準備期間として3年間のリスケジュールを実施する「暫定リスケジュール」（暫定リスケ）を導入しています。暫定リスケでは、協議会スキームの「数値基準」（後記3参照）の充足が求められていませんが、暫定リスケ期間中に、本格的な再生に向けた債務者企業（経営者）の意識改革や経営改善等の自助努力を実施し、場合によっては廃業や法的整理に進むことを見極めるなど当該期間を有益に活用することが期待されるもので、単なる「先送り」ではないことに留意が必要です。

なお、協議会スキームにより成立した再生計画の内容については、四半期ごとに中企庁のウェブサイト上に公表されています。また、中小企業再生ファンドの設置状況については、中小機構のウェブサイト上で確認することができます。

3 支援対象となる基準（数値基準）

協議会スキームでは、再生計画案の内容として以下の内容を充足することが求められています（基本要領6(5)）。

① 債務者企業の自助努力が十分に反映された内容であること
② 債務者企業に実質的な債務超過がある場合は、再生計画成立後最初に到来する事業年度開始の日から5年以内を目処に実質的な債務超過を解消する内容であること
③ 経常利益が赤字である場合は、再生計画成立後最初に到来する事業年度開始の日から概ね3年以内を目処に黒字に転換する内容であること
④ 再生計画の終了年度（原則として実質的な債務超過を解消する年度）における有利子負債の対キャッシュフロー比率が概ね10倍以下となる内容であること
⑤ 経営者責任の明確化を図る内容であること
⑥ 債権放棄等を要請する場合は、株主責任の明確化を盛り込んだ内容であること
⑦ 債権者間で衡平性（実質的平等）が保たれた内容であること
⑧ 債権放棄等を要請する場合は、破産手続による債権額の回収の見込みよりも多くの回収を得られる見込みがあること

このうち、②〜④は、一般に「数値基準」と呼称されており、再生計画案を作成する上で十分に留意しなければならない基準です。実質的な債務超過解消年数に関する②の基準は、他の私的整理手続（私的整理GL、事業再生ADR等）では3年以内とされていますが、協議会スキームでは5年以内とされている点が異なっています。また、過剰債務性に関する④の基準は、他の私的整理手続では規定されていない基準です。

なお、協議会スキームでは、金融支援の内容として債権放棄等の要請を伴わない（つまりリスケジュールを内容とする）再生計画案の場合には、実質的債務超過解消年数（上記②）や有利子負債の対キャッシュフロー比率の基準（上記④）を満たさない再生計画の策定が許容されています（基本要領6(5)⑨）。また、暫定リスケの場合は、本格的な再生計画作成に向けた準備期間として3年間のリスケジュールを実施するものであるため、数値基準を満たすことが求められていません。

4　財産評価基準

　協議会スキームにおいては、他の私的整理手続と同様に、再生計画案作成の基礎として実質的債務超過額を把握することが不可欠であるため、個別支援チームの外部専門家である公認会計士又は税理士による財務DDが実施されています。なお、これまで必須とされていた公認会計士又は税理士による財務DDについて、2012年5月の基本要領の改訂で「公認会計士又は税理士による財務面（資産負債及び損益の状況）の調査分析及び中小企業診断士等による事業面の調査分析については、必要不可欠な場合に限り実施するもの」と変更されています（基本要領6(4)①）が、これは同改訂で新設された簡易迅速な手続に合わせる形で変更されたもので、基本要領改訂前の従来の協議会スキームに基づいた再生計画策定支援（従来型スキーム）においては、公認会計士又は税理士による財務DDの実施又は検証を行っています。

　財務DDを通じて実態BSが作成され、実質的債務超過額を把握します。また、清算価値保障の原則は、私的整理手続においても経済合理性の観点から当然に要求されるものであり、清算価値に基づく清算BSの作成も不可欠です。

　実質的債務超過額は、帳簿上の資産負債を時価評価した実態BSを作成し把握しますが、その評価基準は一義的に定まっているものではありません。専門家たる公認会計士が採用する評価基準に基づいて評価されるものです＊。

　なお、基本要領に基づき策定された再生計画について、2005年度税制改正による資産評価損益の計上（法人税法25Ⅲ及び33Ⅲ）と期限切れ欠損金の優先控除（同法59Ⅱ①）の適用を受けられるか否かは明らかではありません。協議会において、これらの税制の適用を受ける再生計画案の策定を支援する場合には、基本要領とは別に制定されている「中小企業再生支援スキーム」（旧「中小企業再生支援協議会の支援による再生計画の策定手順（再生計画検討委員会が再生計画案の調査・報告を行う場合）」。2015年3月の協議会基本要領の改訂により「中小企業再生支援スキーム」に名称が変更されました）に従って再生計画案が策定される必要があります。同スキームには別紙として「実態貸借対照表作成にあたっての評価基準」が定められていますので、この評価基準に従って実態BSを作成する必要があります。

（加藤寛史）

＊　私的整理手続における財産評価基準については、『ガイドラインの実務』271～296頁〔土屋章〕に詳述されています。

Q57 協議会による私的整理手続 (従来型スキーム・通常型)

協議会による私的整理手続(従来型スキーム・通常型)の流れや再生計画成立までにどのくらいの期間が必要か教えてください。

1 従来型スキームと新スキーム

2012年5月の基本要領の改訂により、従来の手続よりも簡易迅速な手続(以下「新スキーム」といいます)が新設されましたが、改訂前の基本要領(以下「旧基本要領」といいます)に基づく従来の手続も「従来型スキーム」として維持しており(藤原敬三「金融円滑化法の出口に向けた中小企業再生支援協議会の対応」金法1950号27頁)、現在も債権放棄等を伴う案件などにおいては「従来型スキーム」に基づいて再生計画策定支援が行われています。本稿では従来型スキームの通常型について解説します。従来型スキームのうち、債務者企業が再生計画案を作成して相談する場合(従来型スキーム・検証型)の手順についてはQ58を、新スキームの手順についてはQ59を参照してください。

2 協議会による私的整理手続(従来型スキーム・通常型)の手順

(1) 窓口相談(第一次対応):基本要領5

協議会による再生支援は、まず債務者である中小企業者からの相談の申出によって始まります。窓口相談では、協議会の常駐専門家である統括責任者(プロジェクトマネージャー)又は統括責任者補佐(サブマネージャー)が、相談企業からの相談に応対します。常駐専門家は、中小企業者から事業の再生に向けた取組みの相談を受け、以下に掲げる事項等を把握し、課題の解決に向けた適切な助言、支援施策・支援機関の紹介を行うこととされています。

・企業の概要
・直近3年間の財務状況(財務諸表、資金繰り表、税務申告書等)
・株主、債権債務関係の状況(取引金融機関等)
・事業形態、構造(主要取引先等)
・会社の体制、人材等の経営資源
・現状に至った経緯
・改善に向けたこれまでの努力及びその結果
・取引金融機関との関係
・再生に向けて活用できる会社の資源
・再生に向けた要望、社内体制の準備の可能性

窓口相談に当たっては、事前に債務者企業の本店が所在する都道府県の協議会に

電話し、相談日時を予約した上で訪問する必要があります。また、税務申告書等債務者企業の財務状況、事業状況等が分かる資料の持参を要請されますので、これらの資料を用意して相談する必要があります。

　常駐専門家は、窓口相談で把握された債務者企業の状況に基づいて、債務者企業について再生計画の策定を支援することが適当であるか否かを判断します。したがって、再生計画策定支援を速やかに開始してもらうためには、債務者企業について、基本要領に規定された再生計画策定支援の対象となる企業の要件（基本要領6(1)）を判断できる情報を整理して提供する必要があります。

　なお、債務者代理人として相談する場合には、税務申告書等の原資料とともに債務者企業の概況をＡ３用紙１枚程度にまとめて相談すると円滑で効果的な相談が可能になります。【参考１】は、金融機関の事前相談用に協議会が作成し推奨している書式であり、債務者企業の概要と状況の把握に必要となる情報が一覧でき、参考になるものと思います。

(2) **再生計画策定支援（第二次対応）開始：基本要領6(1)・(2)**

　統括責任者又は統括責任者補佐が、窓口相談段階で把握した債務者企業の状況に基づいて債務者企業について再生計画の策定を支援することが適当であると判断した場合には、債務者企業の承諾を得て、主要債権者に対して債務者企業の財務及び事業の状況並びに再生可能性を説明し、再生計画策定支援を行うことについての意向を確認します。統括責任者は、主要債権者の意向を踏まえ、認定支援機関の長と協議の上、再生計画策定支援の開始を決定します。

　主要債権者の意向確認とは、再生計画策定支援を開始するか否かを判断するための意向確認であり、事業性が認められないなどの理由により破産的清算を求めるなど、主要債権者が当該債務者企業の事業の再生を検討することについて否定的でないことが確認されれば足り、具体的な再生計画への同意の可能性まで確認する必要はないものとされています（基本要領QA・Q18）。これは、協議会が、再生の可能性のある企業についてできるだけ広く再生計画の策定を支援し、再生計画策定支援の過程で金融機関の調整を図っていくことを志向している表れであり、他の私的整理手続（私的整理GLや事業再生ADR）とは異なっているといえます。

　また、再生計画策定支援が開始されると、統括責任者と債務者企業の連名で、必要に応じて、対象債権者となる金融機関等に対して、元本又は元利金の返済の停止や猶予、対象債権者の個別的権利行使や債権保全措置等の差し控えの要請を行います。これを協議会では、「返済猶予等の要請」と呼称しています（基本要領QA・Q21）。「返済猶予等の要請」については、Q62を参照してください。

(3) **個別支援チームの編成：基本要領6(3)**

　再生計画策定支援の開始を決定すると、統括責任者は、当該債務者企業の再生計画策定支援を実施するため、個別支援チームを編成します。個別支援チームは、協議会の常駐専門家である統括責任者、統括責任者補佐のほか、弁護士、公認会計

士、税理士、中小企業診断士等の外部専門家によって構成されます。個別支援チームには、必ず公認会計士又は税理士を含めることが求められ、債権放棄等（直接債権放棄、第二会社方式による実質的な債権放棄、DES）の要請を伴う再生計画の策定を支援することが見込まれる場合には、原則として弁護士及び公認会計士を含めることが求められます（旧基本要領6(3)①）。

(4) **財務DD、事業DDの実施：基本要領6(4)①**

再生計画案の作成の前提として債務者企業の財務及び事業の状況を把握するため、個別支援チームのメンバーである公認会計士又は税理士が財務DDを実施し、中小企業診断士等が事業DDを実施します（旧基本要領6(4)①）。私的整理GLや事業再生ADRでは、債務者企業が委託した公認会計士等が手続開始前にあらかじめ財務DDや事業DDを実施し、事業計画案及び再生計画案を作成していますが、協議会スキームでは、債務者企業においてDDが実施されておらず、再生計画策定支援（第二次対応）の過程で実施されるケースが一般的です。

(5) **再生計画案の作成：基本要領6(4)・(5)**

債務者企業は、財務DD及び事業DDの結果に基づいて事業計画案及び再生計画案を作成し、個別支援チームは、債務者企業による再生計画案の作成を支援します（旧基本要領6(4)①）。

協議会では、再生計画案の作成過程で、個別支援チーム、債務者企業、対象債権者による会議（債権者会議又はアドバイザー会議と呼称しています）を開催し、DDの結果の報告や作成された事業計画案の協議検討などを行い、合意形成を図っていきます。債務者企業は、対象債権者との調整の結果を踏まえて、最終的な再生計画案を作成します。

(6) **再生計画案の検証、調査報告書の作成：基本要領6(6)**

金融支援の内容が債権放棄等（直接債権放棄、第二会社方式による実質的な債権放棄、DES）を伴う場合には個別支援チームのメンバーである弁護士が（旧基本要領6(6)）、それ以外（リスケジュールやDDS）の場合には統括責任者が、再生計画案の内容の相当性及び実行可能性を調査し、調査報告書を作成の上、対象債権者に提出します。調査報告書には、以下の内容を記載することとされています。

① 再生計画案の内容
② 再生計画案の実行可能性
③ 法的手続と比較した経済合理性（私的整理を行うことの経済合理性）
④ 金融支援の必要性
⑤ 金融支援の合理性

(7) **債権者会議の開催：基本要領6(7)**

再生計画案が作成され、統括責任者又は弁護士による調査報告書が作成された後、再生計画案の説明、再生計画案の調査結果の報告、質疑応答及び意見交換を行うための債権者会議が開催されます。この債権者会議で、対象債権者に対し、同

意・不同意の意見を表明する期限が定められます。なお、債権者会議を開催せず、再生計画案の説明等を持ち回りにより実施することも許容されています。

(8) **再生計画の成立・完了：基本要領6(7)・(8)**

再生計画案に対する対象債権者全員からの同意が文書等で確認できた時点で再生計画は成立します。対象債権者の同意・不同意を確認する方法としては、同意書面を徴求する方法や決議のための債権者会議を開催して口頭で同意・不同意を確認し議事録に残す方法などによっています。

(9) **再生計画の不成立・終了：基本要領6(9)**

再生計画策定支援の開始後に対象債権者との合意形成が不調に終わるなどの事情により再生計画の成立の見込みがないと判断された場合や、再生計画案に対する対象債権者全員の同意が得られなかった場合には、手続は終了します。

3　協議会スキームのスケジュール

窓口相談から再生計画策定支援の開始までの期間は、相談企業の状況の把握次第であり、ケースバイケースです。相談企業に代理人弁護士が就いているようなケースでは、迅速、効率的な情報提供が期待できますが、相談企業の多くは、財務や事業内容を把握できる資料がないなど状況の把握に時間がかかるケースが多いです。また、相談企業について事業性の判断がつかないような場合には、第二次対応を開始する前に簡易なDDを実施したり、事業改善を図ることにより事業性が認められる可能性があるような場合には外部専門家の助言などによって事業改善を図ったりした上で、第二次対応を開始することもあります。

再生計画策定支援のスケジュールも、ケースバイケースであり、標準的なスケジュールが定まっているわけではありません。協議会スキームでは、私的整理GLや事業再生ADRと異なり、手続開始後に財務DDと事業DDを実施し再生計画案を作成するため、その期間が必要となります。この再生計画案を作成するまでの期間として、通常3～6カ月程度を要します。その後、再生計画案に対する合意形成の期間として2～3カ月程度かかるため、第二次対応開始から完了までの期間は5～9カ月程度が一般的なようです（『中小企業再生論［改訂版］』60～62頁）。協議会スキームでは、スケジュールを画するルールは定められておらず、案件に応じて、基本要領に準拠しつつ、柔軟な運用がなされています。参考に、スケジュールの一例として、【参考2】を示します。

また、従来型スキーム通常型のモデルケースについては、山形康郎「中小企業再生支援協議会の下での私的整理」債管152号32頁が参考になります。

（加藤寛史）

【参考1】 債務者の概況

<table>
<tr><td rowspan="7">対象先・概要</td><td colspan="2">対象先</td><td></td><td>支店名</td><td></td><td colspan="2">【債務者区分の決定根拠】</td></tr>
<tr><td colspan="2">連絡先</td><td></td><td>債務者区分</td><td></td><td colspan="2"></td></tr>
<tr><td colspan="2">業種
(事業内容)</td><td></td><td>住所</td><td></td><td colspan="2"></td></tr>
<tr><td colspan="2">資本金</td><td>従業員数</td><td>設立年月日</td><td></td><td colspan="2"></td></tr>
<tr><td colspan="2"></td><td></td><td>代表者</td><td></td><td colspan="2"></td></tr>
<tr><td colspan="2"></td><td></td><td>主要金融機関</td><td>① ②</td><td colspan="2">③</td></tr>
<tr><td colspan="3">事業内容・沿革</td><td rowspan="2">株主構成</td><td></td><td>名前</td><td>株数</td></tr>
<tr><td colspan="3"></td><td></td><td></td><td></td></tr>
</table>

（　　）年（　　）月　　　　　　　　　　　　　　　　　　　　　　　　　　単位：百万円

<table>
<tr><td rowspan="20">財務内容及び問題点</td><td colspan="2">資産の部</td><td>決算</td><td>修正</td><td>実質</td><td colspan="2">負債の部</td><td>決算</td><td>修正</td><td>実質</td></tr>
<tr><td colspan="2">売上債権</td><td></td><td></td><td></td><td colspan="2">支払債務</td><td></td><td></td><td></td></tr>
<tr><td colspan="2">棚卸資産</td><td></td><td></td><td></td><td colspan="2">短期借入金</td><td></td><td></td><td></td></tr>
<tr><td colspan="2">その他</td><td></td><td></td><td></td><td colspan="2">その他</td><td></td><td></td><td></td></tr>
<tr><td colspan="2">流動資産計</td><td></td><td></td><td></td><td colspan="2">流動負債計</td><td></td><td></td><td></td></tr>
<tr><td colspan="2">土地</td><td></td><td></td><td></td><td colspan="2">長期借入金</td><td></td><td></td><td></td></tr>
<tr><td colspan="2">建物</td><td></td><td></td><td></td><td colspan="2">その他</td><td></td><td></td><td></td></tr>
<tr><td colspan="2">その他</td><td></td><td></td><td></td><td colspan="2"></td><td></td><td></td><td></td></tr>
<tr><td colspan="2">有形固定資産</td><td></td><td></td><td></td><td colspan="2">固定負債計</td><td></td><td></td><td></td></tr>
<tr><td colspan="2">無形固定資産</td><td></td><td></td><td></td><td colspan="2">負債合計</td><td></td><td></td><td></td></tr>
<tr><td colspan="2">投資有価証券</td><td></td><td></td><td></td><td colspan="2">資本の部</td><td></td><td></td><td></td></tr>
<tr><td colspan="2">関係会社株式</td><td></td><td></td><td></td><td colspan="2">資本金</td><td></td><td></td><td></td></tr>
<tr><td colspan="2">その他</td><td></td><td></td><td></td><td colspan="2">その他</td><td></td><td></td><td></td></tr>
<tr><td colspan="2">投資等</td><td></td><td></td><td></td><td colspan="2"></td><td></td><td></td><td></td></tr>
<tr><td colspan="2">固定資産計</td><td></td><td></td><td></td><td colspan="2"></td><td></td><td></td><td></td></tr>
<tr><td colspan="2">繰延資産</td><td></td><td></td><td></td><td colspan="2">自己資本</td><td></td><td></td><td></td></tr>
<tr><td colspan="2">資産合計</td><td></td><td></td><td></td><td colspan="2">負債・資本合計</td><td></td><td></td><td></td></tr>
</table>

<table>
<tr><td rowspan="10">業績推移等</td><td></td><td>年　月期</td><td>年　月期</td><td>年　月期</td><td>年　月期</td><td colspan="3"></td></tr>
<tr><td>売上高</td><td></td><td></td><td></td><td></td><td colspan="3"></td></tr>
<tr><td>営業利益</td><td></td><td></td><td></td><td></td><td colspan="3"></td></tr>
<tr><td>経常利益</td><td></td><td></td><td></td><td></td><td colspan="3"></td></tr>
<tr><td>当期利益</td><td></td><td></td><td></td><td></td><td colspan="3"></td></tr>
<tr><td>減価償却</td><td></td><td></td><td></td><td></td><td colspan="3"></td></tr>
<tr><td>決算上自己資本</td><td></td><td></td><td></td><td></td><td colspan="3">（　　）年（　　）月</td></tr>
<tr><td>修正</td><td></td><td></td><td></td><td></td><td colspan="2">収益弁済原資</td><td>百万円</td></tr>
<tr><td>実質自己資本</td><td></td><td></td><td></td><td></td><td colspan="2">債務超過解消年数</td><td>年</td></tr>
<tr><td>総借入</td><td></td><td></td><td></td><td></td><td colspan="2">債務償還年数</td><td>年</td></tr>
</table>

			金融機関名	年	月期	シェア	年	月期	シェア	年	月期	シェア	保全額	引当額
年 商		百万円	銀行取引状況											
年 齢		歳												
	④	⑤												
関係	名前	役職												
	役員構成													
			その他											
			合計											

主要項目コメント及び問題点	現状と課題認識
	(1) 現 況
	(2) 問 題 点
	対 応 方 針

【参考2】 協議会スキームのスケジュール（例）

項目	4月	5月	6月	7月	8月	9月	備考
AD会議 債権者会議	第一回 AD会議 ㉘		第二回 AD会議 ㉛	第三回 AD会議 ⑯	第四回 AD会議 ⑭　㉛	第一回 債権者会議 　㉚	第二回 債権者会議
財務DD	㉘ →		（仮）現地調査・ 報告書作成 　　→ ㉛ →	全体調整・ 報告書纏め ⑯			
事業DD	㉘ →		（仮）分析調査・ 報告書作成 　　→ ㉛ →	全体調整・ 報告書纏め ⑯			
再生計画策定 調査報告書作成				⑯ ←→	調査報告書 作成 ⑭　　㉛	㉚	8/31 再生計画案・ 調査報告書確定 9/30 同意書徴求・ 再生計画成立
関係者				再生計画 策定支援			
会社	◎			◎	◎　◎	◎	
AD・弁護士 ・会計士 ・診断士	◎ ◎ ◎		◎ ◎ ◎	◎ ◎ ◎	◎ ◎ ◎　◎ ◎ ◎	◎ ◎ ◎	
メイン銀行	◎			◎	行内 調整 ◎ → ◎	行内 調整 → ◎	
その他行					行内 調整 ◎ → ◎		
協議会	◎		◎		◎　◎	◎	進捗管理、 債権者調整交渉

Q58 協議会による私的整理手続（従来型スキーム・検証型）

 債務者があらかじめ再生計画案を作成して相談した場合（従来型スキーム・検証型）の手続の流れを教えてください。

1 協議会スキームの基本手順

協議会スキームの手順である基本要領は、地域性や費用面の理由などから弁護士等の専門家へのアクセスが難しい中小企業者が専門家に委託せず自ら申し出て手続を進めることを基本型として定められています。したがって、Q57のとおり、再生計画策定支援（第二次対応）の開始後に、統括責任者が常駐専門家（統括責任者及び統括責任者補佐）と外部専門家（弁護士、公認会計士等）からなる個別支援チームを編成し、個別支援チームの公認会計士又は税理士による財務DD及び中小企業診断士等による事業DDを実施し、これらのDDの結果に基づいて債務者企業による再生計画案の作成を支援し、対象債権者との金融調整についても、協議会の常駐専門家が中心となって、積極的能動的に行われます。

これらの点は、手続開始前に債務者企業に代理人弁護士等が就き、債務者企業において財務DD及び事業DDを実施し、再生計画案の作成を完了している、私的整理GLや事業再生ADRと大きく異なる点であるといえます。

2 債務者企業があらかじめ再生計画案を作成して相談した場合（従来型スキーム・検証型）の手順

もっとも、協議会スキームでも債務者企業に代理人弁護士が就いており、あらかじめ公認会計士やコンサルタントに依頼して財務DDと事業DDを実施し、債務者企業が再生計画案を作成した上で窓口相談が申し込まれる場合があります。このような場合には、個別支援チームの外部専門家によるDDを改めて実施することはせず、債務者企業が実施したDDの内容及び債務者企業が作成した再生計画案の内容を個別支援チームの外部専門家が検証し、調査報告書を作成する手順となるのが一般的です。この手順は、私的整理GLや事業再生ADRの手順とほぼ同じであり、個別支援チームの専門家が、私的整理GLの専門家アドバイザー、事業再生ADRの手続実施者と同等の役割を果たします。

このように、債務者企業があらかじめ再生計画案を作成し相談を申し込む場合には、第二次対応開始後の財務DD及び事業DDの実施と再生計画案の作成支援の期間が省略されるため、手続開始から2～3カ月で再生計画を成立させることも可能です。

なお、協議会は、中立公正な第三者機関として、債務者企業及び債権者（金融機

関等）のいずれの代理人でもなく、中立公正な立場から、債務者企業の財務内容、事業内容を十分に調査、検討した上で、債務者企業による再生計画の策定を支援し、合意形成のために債務者企業と債権者双方との調整を実施することとされており（基本要領QA・Q３）、個別支援チームの外部専門家も、同様の立場から、DDと再生計画案の検証を行います。債務者企業が実施したDDの内容やこれに基づいて債務者企業が作成した再生計画案の内容は、ややもすると債務者企業に有利になり過ぎていたり、主要債権者の意向に従い過ぎていて不適切な場合があります。そのような場合には、個別支援チームの検証結果を受けて、協議会から、DDの内容の修正や追加調査を求められたり、再生計画案の内容の修正や変更を求められたりすることがあります。また、DDの内容が不充分である場合には、改めて個別支援チームの公認会計士によるDDが実施されることもあり得ます。

したがって、あらかじめDDを実施し再生計画案を作成して相談する場合には、個別支援チームによる検証に堪えられるよう充分なDDを実施する必要があります（**Q63**参照）。

なお、債務者企業の代理人弁護士は、あくまで債務者代理人として事業再生を進めますので、協議会とは立場が異なります。したがって、債務者代理人と協議会では、財務DD、事業DDの内容や再生計画案（金融支援の内容や経営者責任のとり方など）に対する考えが一致しないことがあり得ます。しかし、再生手続における申立代理人と監督委員、事業再生ADRにおける債務者代理人と手続実施者の関係と同様に、債務者代理人としては、このような立場の違いを認識し、協議会及び対象債権者の理解を求めていく姿勢が重要です。

3　債務者企業に代理人弁護士が就いている場合の金融調整の方法

協議会スキームでは、協議会の常駐専門家が積極的能動的に金融調整を行っており、債務者企業に代理人弁護士が就いている場合であっても、協議会が積極的能動的に金融調整を行うことが可能です。なお、金融調整をコンサルタント等の弁護士でない者が行うことは弁護士法に抵触するおそれがありますので注意が必要です。

債務者企業代理人としては、対象債権者の種別や反応などを踏まえ、第三者たる立場の協議会に調整してもらうことが合意形成に有効であると考えられる場合には、積極的に協議会を活用することが肝要です。なお、各協議会の金融調整能力には差があるものの、地域金融機関や信用保証協会、政府系金融機関との間で、定期的に情報交換等を行うなどしており、これらが金融調整にも役立つこともあり得ますので、そのような観点からも、協議会による金融調整を活用することも有効であると考えられます。

従来型スキーム・検証型のモデルケースについては、山形康郎「中小企業再生支援協議会の下での私的整理」債管152号33頁が参考になります。

（加藤寛史）

Q59　協議会による私的整理手続（新スキーム）

  2012年5月の基本要領の改訂による新たな再生計画策定支援スキーム（新スキーム）の内容を教えてください。

1　新たな再生計画策定支援スキーム

　中小企業金融円滑化法の出口対策として、2012年4月20日に、内閣府、金融庁及び中企庁による政策パッケージが公表されました。政策パッケージでは、協議会の機能強化策として、金融機関等による主体的な関与やDDの省略等により、新たに簡易・迅速な再生計画策定支援の方法を確立することとし、具体的には、標準処理期間を2カ月に設定、各地の協議会ごとに再生計画策定支援の目標件数を設定し、2012年度全体として3,000件を目指す、ということが定められました。

　これを受けて、中企庁は、2012年5月に基本要領を改訂しました。この改訂を受けて、協議会では、改訂前の基本要領に基づく再生計画策定支援スキームを「従来型スキーム」、改訂により設けられた新たな簡易・迅速な再生計画策定支援スキームを「新スキーム」（又は「簡易型スキーム」）と区別して運用しています（藤原敬三「金融円滑化法の出口に向けた中小企業再生支援協議会の対応」金法1950号27頁）。

2　新スキームの内容

　新スキームは、中小企業金融円滑化法の出口対策として、簡易・迅速な再生計画策定支援を実現するために導入されたものです。新スキームは、事前に主要金融機関が、自己査定資料をベースとした簡易な財務・事業分析を行い、その結果を踏まえて債務者企業との間で再生計画案を作成した上で、協議会に持ち込み、協議会の統括責任者がその内容をチェックするという手続であり、従来型スキームと異なり、協議会が委嘱した個別支援チームのメンバーとしての外部専門家の関与（財務DD・事業DDの実施又は検証）がない点に大きな特徴があります（『本書追補版』Q104〔加藤寛史〕）。

　もともと従来型スキームにおいても、債務者企業側が依頼した専門家において、財務DD及び事業DDが行われ、それを踏まえて作成された再生計画案が持ち込まれた場合には、協議会が委嘱した外部専門家が検証する「検証型」という手続があり、実施された財務DD及び事業DD並びにその結果策定された再生計画案の信頼性が高い場合には、2～3カ月の期間で完了することも可能とされていました（Q58参照）。したがって、新スキームと従来型スキームの検証型では、事前に実施される債務者企業の実態把握が、債務者企業が依頼した専門家によるDDによるのか、主要金融機関による自己査定資料などをベースにした簡易な財務・事業分析に

よるのかの違いはありますが、債務者企業の実態把握に基づき策定された再生計画案を協議会においてチェックするという意味では、基本的な構造は異なりません（新スキームと従来型スキームの相違点等については**Q55**【別表1】を参照してください）。

新スキームにおいては、主要金融機関による、自己査定資料をベースとした簡易な財務・事業分析という形で債務者企業の実態把握がなされることになり、金融機関が自らのコンサルティング機能を発揮して企業の再生に主体的に関与する場面であるとともに、事業分析の観点からは近年金融庁が重点項目として推進する事業性評価とも相乗効果が期待できる場面といえます。

これまで説明したとおり、政策パッケージにおいて「デューデリジェンスの省略」と記載され、改訂後の基本要領でも「デューデリジェンスは必要不可欠な場合に限り実施」と規定されていますが、債務者企業の実態把握という意味におけるDDは常に必要であって、ここでいう「省略」とは協議会が外部専門家に委嘱してDDを実施したり債務者企業側で実施したDDの検証を行ったりはしないこと、を意味するに過ぎず、DD自体を省略するという意味ではないとされています（藤原・前掲29～30頁、『本書追補版』Q104〔加藤寛史〕）。

3　新スキームが想定するケース

新スキームは簡易・迅速な再生計画策定支援を実現するために導入されたものであり、主要金融機関による自己査定資料をベースとした簡易な財務・事業分析を前提に再生計画案が策定される以上、金融支援の内容はリスケジュールが想定されています。例えば、企業規模が比較的小規模で、取引金融機関もそれほど多くなく、また窮境状況も軽くリスケジュールによる金融支援で足りるような場合には、新スキームが妥当する典型例とされています。もっとも、リスケジュールによる金融支援を要請する場合であっても、企業規模が大きい場合や、粉飾などの窮境原因や取引金融機関の数などに照らして金融調整が難航することが見込まれる場合には、新スキームよりは、外部専門家が関与する従来型スキームがなじむといえます。

また、債権放棄等（直接放棄、第二会社方式による実質的債権放棄、DES）の抜本的金融支援を伴う再生計画案を策定する場合には、税務面や金融庁検査等における影響も考慮すれば、金融機関は外部専門家によるDDの実施又は検証及び外部専門家の弁護士による再生計画案の調査報告を求めるものと考えられ、従来型スキームが活用されることになるでしょう。

さらに、DDSによる金融支援を検討する場合には、ケースによっては、従来型スキーム・新スキームいずれの場合も考えられるところです。もっとも、協議会版「資本的借入金」を活用する場合（協議会版「資本的借入金」については**Q70**を参照してください）には、いわゆる協議会の数値基準が求められるため、債権放棄等と同様に、従来型スキームが活用されることが一般的でしょう（藤原・前掲30～31頁、『本書追補版』Q104〔加藤寛史〕）。

（三澤　智）

Q60 窓口相談（第一次対応）の事前準備

  協議会への相談前に、債務者企業の代理人弁護士として何を準備しておくべきでしょうか。取引金融機関の了解を得ておく必要はありますか。

1 代理人弁護士による窓口相談

債務者企業が既に弁護士に私的整理を依頼し、当該代理人弁護士が窓口相談を行うケースとしては、①代理人が再生計画を作成して私的整理を進めていく中で、一部の金融機関から協議会の利用を要請されたり、債務者代理人が再生計画に対する金融機関の反応を考慮して協議会の支援が必要であると考えたりした場合等、再生計画が既に作成されているケースと、②協議会に再生計画作成や金融機関調整を依頼する方が金融機関の理解を得やすいことや、協議会からDD費用等の支援を受けられることを期待して、再生計画作成前に窓口相談するケース、が考えられます。

また、債権放棄を伴う再生計画を予定している場合、協議会の利用により、債務者企業の保証人は経営者保証GLを利用して債務者企業と一体で債務を整理することができます。そのため、再生計画作成の前後にかかわらず、債務者企業とその保証人の一体再生の便宜を図ることを目的として、協議会に窓口相談することも考えられます。

2 再生計画作成後に窓口相談する場合

(1) 留意点

代理人弁護士が作成する再生計画は、債権放棄等を伴う抜本的なものが多いと考えられますが、協議会の手続で当該再生計画が利用できるのであれば、計画作成までの手続期間を省略ないし大幅に短縮できるので、短期間で金融機関の合意を得られる可能性があります。

債務者代理人が既に財務DD等を行った上で再生計画を作成して窓口相談した場合、協議会では、原則として改めてDD等を実施せず、財務DDや再生計画等を協議会の個別支援チームが検証する運用にしています（Q58参照）。もっとも、再生計画の基礎となる財務DDに本質的な問題があったり、再生計画の基本的な枠組みを修正する必要があったりすれば、再生計画作成までの手続をやり直さざるを得なくなり、時間も費用も二重にかかることになります。また、一部の金融機関が債務者代理人作成の再生計画を前提に内部承認手続を進めていたような場合には、金融機関の混乱を招き、かえって合意形成が難しくなりかねません。

債権放棄等に際し、地方銀行や中小企業向け金融機関が協議会の利用を希望することも多いので、代理人弁護士は、将来協議会を利用することも考慮に入れて、あ

らかじめ協議会の基準に適合するように私的整理の手続を進めておく必要があるでしょう。

(2) 財務DD

代理人弁護士が事前に財務DDを行う際は、協議会の手続に精通している監査法人や公認会計士に財務DDを依頼して、協議会の標準様式に従って不足なく財務DDを行うことが重要です（協議会の財務DDの内容についてはQ63を参照してください）。また、協議会においても、各金融機関の担保保全額を算定するに当たり担保不動産の鑑定評価が必要になりますので、あらかじめ鑑定評価書を入手しておけば、効率的です。

さらに、協議会では、中小企業診断士等に事業DDを依頼していますが、債務者企業が事業DDを行うことはあまりないと思われます。そこで、財務DDにおいて、①事業内容の詳細、②外部環境分析、③内部環境分析、④SWOT分析、等の事業DDの内容を追加してもらうこと等によって、第二次対応後の手続が円滑に進むと考えられます。

(3) 再生計画

協議会は、再生計画の作成基準を有していますので、債権放棄等を伴う場合、事前に作成する再生計画は当該基準を満たすように作成しておく必要があります。すなわち、原則として①5年以内の実質債務超過解消、②3年以内の経常利益黒字化、③計画最終年度の有利子負債が概ねキャッシュフローの10倍程度、④経営者責任・株主責任の明確化、⑤衡平性、⑥経済的合理性（法的整理よりも弁済率が高いこと）、を満たすように再生計画を作成しておけば、少なくとも重要な修正を行うことなく、協議会において利用できると考えられます。なお、合理的な再生計画作成のためには、その基礎となる財務三表が合理的に作成されていなければなりませんので、財務DDを依頼した公認会計士等に再生計画の作成支援を依頼することが望ましいと考えられます。特にタックスプランニングに重要な誤りがあると、再生計画を修正しなければなりませんので、少なくとも税務については、専門家の支援を得ておくべきです。

一方、金融機関の同意を得ないまま会社分割等が行われて、既に重要な事業が移転されているような場合、公正性に疑義があることから、原則として協議会で再生支援を受けることはできませんので、注意してください。

(4) 窓口相談の際に代理人弁護士が準備する事項

再生計画案を作成した代理人弁護士が窓口相談する場合には、第二次対応及びその後のスケジュールの目途を早期に判断してもらえるよう、窓口相談において協議会が把握すべき事項（Q57【参考1】参照）を書面でまとめて効率よく説明し、財務DD報告書、事業計画、再生計画案等を提出して、これらの問題点や修正の必要性等を迅速に検証してもらうことが重要です。また、金融機関との交渉状況や金融機関の協議会への要望等を的確に説明して、手続進行に当たり考慮してもらうよう

努めるべきです。さらに、債務者企業の保証人が一体型の経営者保証GLの利用を希望する場合は、あらかじめ資産調査の上、希望する保証人の弁済計画の概要を説明する必要があります。

　再生計画策定後の窓口相談に際し、必ずしも金融機関の同意を得る必要まではないと考えますが、少なくとも、全金融機関に対し、協議会の手続が迅速・円滑に進むよう、協力を依頼する必要があります。

　また、協議会の第二次対応後に既に作成した再生計画を大幅に変更しなければならなくなった場合、将来の混乱を避けるため、金融機関に対し迅速にその旨を説明する等、金融機関との意思疎通を欠かさないようにすべきでしょう。

3　再生計画作成前に窓口相談する場合

　前記2(4)と同様に、窓口相談において協議会が把握すべき事項（**Q57【参考1】**参照）を書面でまとめて効率よく説明した上で、再生計画についての希望や経営者保証GL利用の希望があれば、その概要を説明するべきです。窓口相談する際に、必ずしも取引金融機関（主要金融機関）の同意が必要とされているわけではありませんが、債権放棄等を伴う抜本的な私的整理を行う可能性がある場合には、メインバンク（主要金融機関）から協力が得られるか否かが極めて重要になってきます。したがって、債務者代理人が抜本的な再生計画策定を予定している場合には、窓口相談に先立って、少なくともメインバンクに債務者企業の状況を説明し、協議会を利用した私的整理手続への協力を求める必要があると考えます。メインバンクとともに窓口相談するのが理想ですが、そうでない場合でも、協議会に窓口相談することの同意（又はこれに反対しない旨の回答）を得ておくことが肝要と考えられます。

（谷津朋美）

Q61 再生計画策定支援（第二次対応）

 再生計画策定支援（第二次対応）が開始されるための要件は何でしょうか。

1 再生計画策定支援（第二次対応）開始の業務手順

基本要領によれば、相談企業から支援業務部門に対する再生計画策定支援の申込みを受けた統括責任者又は統括責任者補佐は、窓口相談段階で把握した相談企業の状況をもとに、再生計画の策定を支援することが適当であると判断した場合には、相談企業の承諾を得て、主要債権者に対し、財務及び事業の状況並びに再生可能性を説明し、主要債権者の意向を確認します（基本要領6(2)①）。次いで、統括債権者は、確認された主要債権者の意向を踏まえ、認定支援機関の長と協議の上、再生計画の策定を支援するか否かを決定します。そして、この支援決定を受けて、相談企業に対する再生計画策定支援（第二次対応）が開始されることになります（基本要領6(2)②）。

なお、主要債権者の意向確認については、具体的な再生計画への同意の可能性や積極的な同意の有無を確認する必要はありません。主要債権者が、再生計画策定支援（第二次対応）に準拠した事業の再生を検討することにつき否定的でないことが確認できれば足ります（基本要領QA・Q18参照）。

2 再生計画策定支援（第二次対応）開始の要件
(1) 対象企業に関する要件

基本要領によれば、協議会は基本的に次の**ア～オ**の要件を充たす中小企業者を対象としつつ、地域経済や雇用への影響等を勘案し、個別相談企業ごとにケースバイケースで判断して再生計画の策定支援を行うものとしています（基本要領6(1)）。

　ア　過剰債務、過剰設備等により財務内容の悪化、生産性の低下等が生じ、経営に支障が生じている、若しくは生じる懸念があること

　イ　再生の対象となる事業に収益性や将来性があるなど事業価値があり、関係者の支援により再生の可能性があること

中小企業の場合、表面的な財務情報だけでは実態としての収益性・事業価値を把握することが困難なことが多いと思われます。また、中小企業の場合には対象事業が単一事業の場合が多く、しかも、少なくとも相談時に事業収益が上がっていないことや将来的な事業計画を策定できておらず、事業価値に疑義があることも往々にしてあります。このように中小企業においては客観的に事業価値を認めるのに困難を伴うことが多いため、この要件を充足できるかしばしば問題となります。換言す

れば、第三者的な目線で事業の見直しをしたとき、対象事業に収益性や将来性が認められ事業価値を見出すことができるか否か、これが再生計画策定支援の対象企業となるか否かの最大のポイントといって過言ではありません。

なお、債権放棄等（実質的な債権放棄及びDESを含みます）の要請を含む再生計画の策定を支援する場合は、相談企業は、上記に加え、次の要件を充たす中小企業者であることが必要です。

　ウ　過剰債務を主因として経営困難な状況に陥っており、自力による再生が困難であること

　エ　法的整理を申し立てることにより相談企業の信用力が低下し、事業価値が著しく毀損するなど、再生に支障が生じるおそれがあること

　なお、ここでいう「事業価値が著しく毀損する」とは、例えば、法的整理によった場合、納入業者など一般の商取引債権者まで手続に取り込むことになるため、原材料や商品の仕入れができなくなったり、再建型とはいえ「倒産」のレッテルが貼られ、ブランドイメージが劣化し、ユーザーが相談企業の製品・商品の購入や発注を回避する行動をとったりするなどして、結果として、事業の継続が困難となり、清算に向かざるを得なくなるケースなどを指すものと解されています（基本要領QA・Q14）。

　オ　法的整理の手続によるよりも多い回収を得られる見込みがあるなど、対象債権者にとっても経済合理性があること

　「対象債権者にとっての経済的な合理性」とは、債権放棄を行うことで、相談企業の再生につながり、当該企業向けの残存債権の回収がより確実になることによって、債権者の損失が最小限に抑えられることをいいます。換言すれば、債権者にとって、相談企業が例えば破産法や民事再生法などの法的整理の手続によった場合に想定される回収額と比較して、いわゆる協議会スキームにより策定された再生計画に基づく債権放棄を実施し事業を継続させながら回収を図った方がより多くの回収が見込めることなどがこれに該当します（基本要領QA・Q15）。

(2)　いわゆる1.5次対応活用による再生計画策定支援の開始

　統括責任者は、窓口段階で把握した相談企業の情報によっては上記開始要件を充足するか直ちに判断することができない場合であっても、特に事業面の支援が必要な場合において、中小企業診断士等の外部専門家を活用し、事業面の支援を行うことによって相談企業の事業価値等を確認し（いわゆる「1.5次対応」）、再生計画の策定支援が適当であると判断するに至れば、相談企業に対する再生計画の策定支援を開始することが可能です（基本要領6(2)③参照）。2013年度以降1.5次対応が大幅に増加しています（『中小企業の事業再生と中小企業再生支援協議会』40頁）。

3　協議会版暫定リスケ

　2013年3月に中小企業金融円滑化法が終了しましたが、同法の利用先の多くは、現段階で本格的な再生計画を作成することが困難な企業群と考えられました。そこ

で、中小企業金融円滑化法終了のソフトランディングを図る方策の一つとして、協議会は、2012年度途中から、たとえ2で述べた再生計画策定支援（第二次対応）開始の要件を充足するか疑問のある相談企業であるとしても、3年程度の暫定計画期間に金融機関によるコンサルティング機能の発揮と相談企業経営者の意識改革等により事業・財務の再構築がなされ、期間経過後に本格的な再生計画が策定される見込みがあれば、本格再生に向けた準備期間として暫定リスケ計画（原則3年以内）の策定支援を行う事業を開始しました（『中小企業再生論［別冊版］』8頁以下参照）。2012～2014年度の暫定リスケの累計件数は2,800件に達し、協議会の完了案件全体の約43％を占めています（『中小企業の事業再生と中小企業再生支援協議会』64頁）。

（佐藤昌巳）

Q62 返済猶予等の要請

 協議会が行う「返済猶予等の要請」では、債権者に対してどのような内容の要請を行うのでしょうか。この要請に応じない場合、手続はどうなるのでしょうか。

1 「返済猶予等の要請」とは

私的整理GLでは、主要債権者と債務者が連名で、書面により対象債権者に一時停止の通知を発することにより、私的整理が開始するとされています（私的整理GL4(3)・(5)）。また、事業再生ADRでは、手続開始時に、債務者と事業再生ADR事業者の連名で、書面により対象債権者に対し一時停止の通知が発せられます（経産省令20。Q118参照）。

協議会による私的整理手続では、手続準則である基本要領に、一時停止の通知に相当する手続は規定されておらず、一時停止の通知はなされません。もっとも、債務者企業の資金繰り等の事情から必要性が認められる場合には、統括責任者と債務者企業の連名で、書面等により、対象債権者の全部又は一部に対して、元本又は元利金の返済の停止や猶予を求める「返済猶予の要請」や対象債権者の個別的権利行使や債権保全措置等の差し控えの要請を行うことがあるとされています（基本要領QA・Q21）。これを協議会では、「返済猶予等の要請」と呼称しています。

2 「返済猶予等の要請」の方法・時期

基本要領には、「返済猶予等の要請」についての定めはなく、通知の方法、時期についても柔軟な運用がなされています。

実際、再生計画策定支援の開始時に、債権者会議の招集通知と一緒に「返済猶予等の要請」を書面により全対象債権者に通知を行う運用を基本としている協議会もありますし、再生計画策定支援の開始後に、資金繰り状況等を踏まえて適宜「返済猶予等の要請」を書面で通知したり、債権者会議において口頭で確認している協議会もあり、通知の方法・時期は、協議会によって、また案件によって様々です。

協議会が支援対象とする案件では、対象債権者が限定された地域の金融機関であり、かつ少数であることがほとんどであるため、画一的な手続として「返済猶予等の要請」を行わなくても、債務者企業と対象債権者が協議し合意しながら手続を進めていくことが可能であることから、このような柔軟な運用ができるものと考えられます。

ただし、「返済猶予等の要請」の時期については、再生計画策定支援（第二次対応）の開始以降に行うべきであり、再生計画策定支援の開始前に行うことはできません。統括責任者が当該債務者企業について再生計画策定支援を開始することが適

当であるとの判断をしていない段階で、協議会として、対象債権者の権利行使を制限する「返済猶予等の要請」をすることは適切でないからです。もっとも、債務者企業の資金繰りが厳しい場合には、再生計画策定支援の開始前に、債務者企業が単独で、取引金融機関に対して返済の猶予を要請することも珍しくありません。

3 「返済猶予等の要請」の内容

「返済猶予等の要請」の内容は、対象債権者に対して、元金又は元利金の返済の猶予を要請するとともに、以下の行為を差し控えるよう要請するのが一般的です。

① 通知日における「与信残高」（手形貸付・証書貸付・当座貸越などの残高）を減らすこと
② 弁済の請求・受領、相殺権を行使するなどの債務消滅に関する行為をなすこと
③ 追加の物的人的担保の供与を求め、担保権を実行し、強制執行や仮差押え・仮処分や法的倒産手続の申立てをすること

返済の猶予を求める対象を元金のみとするか元利金とするかについては、資金繰りの状況を勘案して決めることが一般的ですが、利払いの継続も困難なケースが多く、利払いの猶予も含めることが多いようです。

また、「返済猶予等の要請」の期間についても基準はなく、再生計画策定支援の予定スケジュールに従って支援期間中の猶予を求める運用や、一定期間を定めた上で必要に応じて延長する運用など、協議会によって様々です。

4 「返済猶予等の要請」に応じない場合

「返済猶予等の要請」に対して、対象債権者の一部が応じなかった場合であっても、直ちに手続が終了するものではありません。「返済猶予等の要請」は、必ずしも全対象債権者に対して一律に要請することが求められているわけではなく、柔軟な運用が認められています。したがって、他の対象債権者の合意を得て要請に応じない対象債権者への返済を継続しながら手続を進めることや、手続を進めながら当該対象債権者の理解を得るべく協議を継続することもあり得ます。

しかし、協議会の案件は、対象債権者に政府系金融機関や信用保証協会が含まれていることが一般的であるところ、これらの金融機関等においては、公平性の観点から、一部の対象債権者を例外的に取り扱うことについて相当な理由を求められるのが通常です。したがって、「返済猶予等の要請」に応じない対象債権者がいる場合には手続の継続は困難となり、手続を終了せざるを得ないこととなります。

なお、実務上、政府系金融機関や信用保証協会を含むほとんどの金融機関が、協議会による「返済猶予等の要請」に対して協力的なようです。

（加藤寛史）

Q63　個別支援チームの編成

 協議会による私的整理手続（従来型スキーム）において編成される個別支援チームの構成、役割を教えてください。

1　基本要領の改訂
協議会の手続や基準等を定めている基本要領は政策パッケージの策定に伴い2012年に改訂されています。これに伴い個別支援チームの構成等も一部変更されています。

2　個別支援チームの編成
第二次対応の開始が決定されると統括責任者は統括責任者や統括責任者補佐から構成される個別支援チームを編成します（第二次対応についてはQ61を参照してください）。

現在の基本要領では外部専門家は必要に応じて含めることとされています（基本要領6(3)①参照）が、従来型スキームでは、個別支援チームには外部専門家も含めて構成します。外部専門家としては公認会計士、税理士、中小企業診断士、不動産鑑定士、弁護士等が考えられます。

3　個別支援チームの立ち位置
個別支援チームは、支援業務部門の下に組織されますが、債務者企業と債権者のいずれの立場でもありません。公正・中立な第三者的立場で合理的な再生計画案の策定の支援を行います。このような公正・中立な立場を担保するために、外部専門家が選任される場合は、債務者企業や主要債権者（メインバンク等）との間に利害関係のない者から、統括責任者が選任することになります（基本要領6(3)③参照）。

4　個別支援チームの構成メンバーの役割
(1)　債務者企業の実態調査
個別支援チームの目的は、債務者企業の再生計画案の策定を支援することです。

その前提として従来は財務DDと事業DDを行ってきました。現在の基本要領では財務DDや事業DDは必要不可欠な場合に実施することとされています（基本要領6(4)①参照）が、従来型スキームでは外部専門家による財務DDと事業DDが行われます。

事業DDでは中立的な立場での債務者企業の客観的な現状分析のみならず、将来の再生にとって核となる事業の選定、収益改善のための課題、その課題の改善方向を、財務DDでは、債務者企業の実質的な財務状況やキャッシュフローの推移の調査のみならず、窮境原因やその除去の可能性、タックスプラン等を念頭において行

う必要があります。

(2) 個別支援チームにおける弁護士の役割

現在の基本要領では弁護士は必要に応じて選任されることになりますが、従来型スキームでは、債権放棄等の案件では原則として弁護士の関与が求められています。外部専門家として弁護士が選任された場合の役割は公正中立な立場で債務者企業の再生計画の策定を支援して、再生計画案の内容の相当性及び実現可能性を検証して、調査報告書を作成することです。

なお、協議会スキームでの平等は形式的な平等ではなく民事再生と同じ実質的な平等です。この実質的な平等を図るのは外部専門家でも弁護士に期待されている重要な役割の一つです。

(3) 常駐専門家と外部専門家の連携

協議会における再生計画案には一定の数値基準が求められますので、事業DDや財務DDを行う段階から、統括責任者を中心として、情報交換や打ち合わせを行い、財務DD・事業DDの調査結果を確認しながら進めていきます。

また、財務DDや事業DDは事業計画の策定に密接に関わるものですから、財務DDと事業DDを行う外部専門家間でも連携や情報交換を行いながら調査を行い、両者に矛盾がないように実施します。

(4) 調査報告書の作成における役割

再生計画案の内容の相当性及び実現可能性を調査して、調査報告書を作成しますが、内容の相当性については特に数値基準に留意する必要があります（**Q65**参照）。

この調査報告書は原則として統括責任者が作成します。個別支援チームに弁護士が含まれている場合で、債権放棄等を含む再生計画案を作成する場合は、弁護士が作成することも可能とされています（基本要領6(6)①）。従来型スキームで債権放棄等を含む再生計画案を作成する場合は弁護士が作成します。

債権放棄等を含む再生計画案を作成する場合は、再生計画案の内容の相当性や実現可能性のみならず、法的手続と比較して、私的整理を行うことの経済的合理性を説明する必要があります。破産手続で清算した場合は当然として、民事再生等の再建型の法的手続と比較した場合の経済的合理性も検討する必要があります。

(5) 債権者会議の開催と金融機関の合意

再生計画案と調査報告書を債権者に送付した上で、債権者会議を開催します（**Q68**参照）。債権者会議では、主に統括責任者から債権者（金融機関）に対して再生計画案の調査結果や再生計画案に関する説明を行います。

(石川貴康)

Q64 財務DD・事業DDの実施

 協議会による私的整理手続（従来型スキーム）では、財務DD・事業DDをどのように行うのでしょうか。債務者企業において専門家によるDDを行っている場合も改めてDDを行うのでしょうか。

1 協議会におけるDD

窓口相談後、協議会が相談企業の再生計画の策定を支援することが適当であると判断した場合には、外部専門家を含めた個別支援チームが編成されます（第二次対応）。迅速・簡易な「新スキーム」は別ですが、従来型スキームの個別支援チームは、公認会計士又は税理士による財務面（資産負債及び損益の状況）の調査分析及び中小企業診断士等による事業面の調査分析を通じ、相談企業の財務及び事業の状況を把握し、それに基づき相談企業の再生計画の作成を支援するものとされています。協議会は、事業再生の専門的知識を有する公認会計士・税理士や中小企業診断士にDDを依頼しますが、協議会が債権放棄を伴う再生支援を行う場合、公認会計士の関与が必要とされていますので、このような場合の財務DDは、公認会計士（監査法人）が担当しています。なお、2012年5月の基本要領の改訂により、財務DD等の省略ができることとされていますが、従来型スキームでは、財務DDの実施又は検証が必須とされ、債権放棄を伴う案件では、公認会計士による財務DDの実施又は検証が必要とされています（従来型スキーム・通常型についてはQ57、検証型についてはQ58を参照してください）。

2 財務DD

(1) 概　要

債務者企業の事業再生のためには、財務状況の現状分析（実態BS）だけでは足りず、破綻原因及びその除去可能性や将来収益力を分析し、過大債務の額を把握する必要があります。また、債権放棄を伴う再生計画の場合、金融機関別の担保取得状況を把握したり、法的整理との比較を検討したりする必要があります。さらに、窮境に陥った企業では、現在及び将来の資金繰りに注意を払い続けなければなりません。このように事業再生における財務DDでは、多岐にわたる項目について専門的知識を利用した調査が必要です。

また、公正な再生計画作成のためには、その作成の基礎となる財務DDにも公正性・公平性が求められます。そこで、協議会における財務DDは、客観的第三者の視点で実施される必要があります。

(2) 財務DDの具体的内容

全国本部は、再生支援の基礎になる財務指標を含めた財務調査報告書のひな形を

公表しており、協議会における財務DDは、これに基づいて実施することが望ましいとされています。なお、全国本部公表の財務DDの詳細は、『中小企業再生論［改訂版］』67頁以下に記載のとおりですので、ご参照ください。

前記ひな形では、財務DDにおいて事業再生に不可欠な「窮境の状況を照射する7つの指標」を把握する必要があるとされ、これらは財務調査報告書の結果要約において「窮境の状況」として記載するものとされています。ここで、「7つの指標」とは、①実質債務超過、②収益力、③フリーキャッシュフロー、④過剰債務、⑤債務償還年数、⑥非保全額、⑦税務上の繰越欠損金、です。

　ア　実質債務超過

調査日現在の資産及び負債を時価評価した場合の債務超過額です。ひな形では、①資産の含み損益考慮前のもの（財務会計上の修正事項のみを反映したもの）、②①に加え資産の含み損益も考慮したもの、③②に加え中小企業特性まで反映したもの（役員所有の資産価値を加算したもの）の３つを算定するものとされています。

　イ　収益力

財務DDにおいて把握された過年度の要修正事項をPLに反映して、実態PLを作成し、債務者企業の正常収益力を把握する必要があります。可能な限り、事業別、地域別、商品別等の実態収益力を把握することが有用です。正常収益力は、実質債務超過解消期間の分析等に利用されます。

　ウ　フリーキャッシュフロー

協議会におけるフリーキャッシュフローは、「金融機関に支払可能な額」という視点で算定しています。したがって、前記正常収益力からみなし法人税額及び設備投資見込額を減算し、非資金費用（減価償却費等）及び支払利息を加算し、運転資本の増減額を調整して、正常フリーキャッシュフローを把握しています。

　エ　過剰債務

協議会では、金融機関の有利子負債から、正常運転資金（営業債権＋棚卸資産－仕入債務）並びに現預金及びその等価物（換金性のある有価証券等）を控除した額を要償還債務と考えます。協議会における再生計画（債権放棄を伴うもの）では、原則として再生計画最終年度で債務償還年数10年以内であることが求められることから、前記フリーキャッシュフローの10倍を超える部分が過剰債務と試算されます。

　オ　債務償還年数

協議会での債務償還年数は、前記要償還債務について利息を支払いながら償還するのにかかる年数を算定しますので、前記要償還債務を支払利息控除後のフリーキャッシュフロー額で除して算定します。ここで利用するフリーキャッシュフロー額は、前記ウ記載のフリーキャッシュフロー計算とは、支払利息額を加算しない点が異なります。

カ　非保全額

　金融機関に債権放棄を要請する場合、担保権で保全されていない債権額が対象になりますので、金融機関が設定している担保権を評価して、金融機関ごとの非保全額を算定する必要があります。そのため、協議会では、不動産鑑定を行っています。信用保証協会が保証している場合は、保証履行により被保証金融機関に代位しますので、これを見込んで非保全額を算定しておく必要があります。

　キ　税務上の繰越欠損金

　金融機関から債務免除を受けても、これに見合う税務上の欠損金がなく、債務免除益課税が生じることになれば、金融機関から免除の同意を得ることは困難です。また、税金債務は最優先で支払うべき債務であるため、タックスプランニングを誤ると、再生計画の実現可能性に大きな影響を与えます。そこで、財務DDにおいて、税務上の繰越欠損金の金額やその行使期限、期限切れ欠損金の有無等を調査します。

　ク　その他の調査事項

　財務DDでは、債務者企業の概要（沿革、株主、役員、事業、組織、従業員、事業所等）を把握し、株主・役員等との取引関係を調査します。また、前記「7つの指標」に加え、実態財務諸表の推移等を分析するなどして窮境原因とその除去可能性を調査します。

　さらに、私的整理は、営業劣化を伴う法的整理よりも弁済率が高いことに合理性が認められるため、その最低額を画する清算価値（破産配当見込額）を算定する必要があります。

3　事業DD

　事業DDの方法や内容は、債務者企業の状況によって様々ですが、協議会における事業DDでは、概ね下記を中心に調査が行われています。事業DDでは、下記の分析結果等に基づき問題点の指摘と改善案の提案がなされ、これを踏まえて事業計画の方向性が検討されます。

　(1)　**基本情報**

　財務DDで調査される債務者企業の概要と同様ですが、特に事業の内容について詳細に調査します。

　(2)　**外部環境分析**

　債務者企業の属する業界や市場の客観的情勢、競合他社の状況、債務者企業の業界における地位、事業の一般的リスク等が分析されます。

　(3)　**内部環境分析**

　債務者企業のビジネスモデルを分析するとともに、事業別、商品別、営業所別、その他のプロフィットセンター別の指標を分析し、他社指標等との比較を行うことにより、優位性、劣後性を検討します。

(4) **SWOT分析**

前記(1)から(3)までの内容を分析し、債務者企業の「強み（Strengths）」、「弱み（Weaknesses）」、成長の「機会（Opportunities）」、成長への「脅威（Threats）」を分析します。

4 債務者企業がDDを行っている場合

債務者企業が自らの費用で財務DD等を行った後に協議会に支援を依頼した場合、協議会は、原則として財務DD等のやり直しまでは求めず、財務DD等を協議会の個別支援チームが検証する運用にしています（検証型についてはQ58を参照してください）。しかしながら、債権放棄を伴う再生計画において、税務上の問題が生じる懸念があるような場合や、財務DD等の内容に本質的な問題がある場合では、債権者・債務者企業双方に説明の上、財務DD等の修正ややり直しがなされることもあります。

債務者企業が行う財務DD等に不備があると、個別支援チームの検証に時間がかかったり、また追加調査等を行う必要が生じたりして、時間を要します。さらに財務DD等のやり直しが必要になると、時間も費用も二重にかかることになり、大きな無駄が生じます。したがって、債務者企業が事業再生のために財務DD等を行う場合は、あらかじめ事業再生に精通している公認会計士（監査法人）に財務DDを依頼したり、全国本部の公表するひな形に従って財務DDを行ってもらうよう依頼したりすることが肝要です。

（谷津朋美）

Q65 再生計画案の内容

 協議会による私的整理手続(従来型スキーム)において求められる再生計画案の内容を教えてください。

1 再生計画案に記載すべき事項

(1) 記載事項の概要

協議会が行う私的整理手続(協議会スキーム)において策定される再生計画案には、①企業の概況、②財務状況(資産・負債・純資産・損益)の推移、③実態BS、④経営が困難になった原因、⑤事業再構築計画の具体的内容、⑥今後の事業見通し、⑦財務状況の今後の見通し、⑧資金繰り計画、⑨債務弁済計画、⑩金融支援(リスケジュール、DDS、債権放棄等)の内容を記載する必要があるほか、⑪経営者責任を明確化し、⑫金融支援の内容として債権放棄等[1]を要請する場合には、株主責任も明確化する必要があります(基本要領6(5)①・⑤・⑥)。

事業再生ADRにおける再生計画案でもほぼ同様又は類似の事項の記載が要求されていますが、このほかに自己資本充実のための施策を記載することが求められています。また、経営者責任及び株主責任については要求される内容や解釈運用が異なります。

(2) 自己資本充実のための施策

事業再生ADRでは、自己資本充実のための施策を再生計画案に記載することが要求されています(経産省令28Ⅰ③)。実質債務超過にある会社が早期に債務超過を解消するため、スポンサーによる出資など資本増強策を検討すべきであることは事業再生一般に共通していえることです。したがって、協議会スキームにおいても、自己資本充実のための施策を検討し、可能な限り再生計画案に記載するべきといえます。

(3) 債権放棄等における株主責任の明確化

債権者に債権放棄等を要請する場合、債権者に劣後する立場にある株主にも相応の責任をとるべきであるとの観点から、他の準則化された私的整理手続と同様[2]、

---

[1] 債権放棄等とは、直接的な債権放棄のほかに、DESや債務者企業の事業を会社分割又は事業譲渡により別会社に譲渡した後、当該企業について特別清算手続又は破産手続を申立て、当該手続の中で債権者から債権放棄を得る、いわゆる第二会社方式を含みます(基本要領QA・Q13参照)。

[2] 厳密には私的整理GLや事業再生ADRにおいて株主責任が要求されるのは「債権放棄」を要請する場合に限定されています(私的整理GL7(4)、経産省令29Ⅰ③)。

協議会スキームにおいても株主責任の明確化を図ることが要求されています（基本要領6(5)⑥）。

株主責任の内容としては、私的整理GLにおいて、支配株主については権利の消滅を、他の一般株主については増減資により既存株主の割合的地位を減少又は消滅させることを原則としており（私的整理GL7(4)）、協議会スキームにおいてもこの考え方が基本的には踏襲されています（基本要領QA・Q27、Q29）。なお、会社分割等により優良事業を切り出す、いわゆる第二会社方式による場合には、旧会社の特別清算手続又は破産手続の中で株主責任が果たされることになります。

ただし、中小企業は、いわば家業として事業を行っているケースも多く、経営者一族を一掃してしまうと、かえって取引先を喪失し事業価値を毀損するおそれもあります。そこで、協議会スキームにおいては、窮境原因に関与した経営者の株式については権利を消滅させるとしても、窮境原因に関与しない一族の株式を残すことを許容するなど、株主責任に関しても案件に応じて柔軟な解釈がなされています（『中小企業再生論［改訂版］』136頁以下参照）。

(4) 経営者責任の明確化

事業再生ADRでは、債権放棄を要請する場合には、原則として役員が退任することとされています（経産省令29Ⅰ④）。

これに対して協議会スキームでは、債権放棄に限定せず、債権者に対して金融支援を要請する場合には、経営者責任の明確化を図ることが要求されています（基本要領6(5)⑤）。他方、この経営者責任の内容としては、経営者の退任を必須とするものではなく、窮境原因に対する経営者の関与度合い、対象債権者の意向、相談企業の事業継続における経営者関与の必要性など種々の事情を考慮して個別に対応することとし、役員報酬の削減、経営者貸付の債権放棄、私財提供や支配株主からの脱退等も含まれるものとされています（基本要領QA・Q28）。

これは、債権放棄に限らず、金融支援を要請するような窮境状況にある企業については、窮境原因を除去する観点からも経営者の責任を問題とする必要があるとはいえ、その責任の内容は、経営者の窮境原因への関与度合い、当該企業の再生のための必要性等の観点から個別に検討するべきである、との考えに基づいています。

もっとも、協議会スキームにおいても、債権放棄のような重たい金融支援を要請する場合には、そのような窮境に至らせた経営者は基本的には退任すべきであると解されています。ただし、中小企業の中には、社長が会社の顔となっており容易に代替が利かない場合や、代わりの経営者を見つけることができない場合も少なくありません。このように現経営者の退任を求めることが債務者企業の再生に重大な支障をもたらすような場合には、債権者から特段の異議がない限り、退任までは求めず、私財提供等により経営者責任を果たさせることも許容されています（『中小企業再生論［改訂版］』134頁以下参照）。

2 再生計画案に求められる要件

協議会スキームにおける再生計画案は、その内容において、①債務者企業の自助努力が十分に反映されたものであること、②数値基準を満たしていること、③権利関係の調整について債権者間で衡平性（実質的平等）が保たれていること、④債権放棄等を要請する場合は、破産手続による債権額の回収の見込みよりも多くの回収を得られる見込みがあること、の各要件を充足する必要があります（基本要領6(5)①～④、⑦～⑨）。

このうち②の数値基準以外については、他の準則化された私的整理手続においても同様又は類似の要件が求められています（私的整理GL7、経産省令28）。

3 数値基準

(1) 数値基準の内容

協議会スキームにおける再生計画案は、原則として以下の数値基準を充足する必要があります（基本要領6(5)②～④）。

① 実質債務超過の場合は、5年以内を目処に実質債務超過を解消する内容であること
② 経常損失の場合は、概ね3年以内を目処に黒字に転換する内容であること
③ 再生計画の終了年度（原則として実質債務超過を解消する年度）における有利子負債の対キャッシュフロー比率が概ね10倍以下となる内容であること（基本要領QA・Q26）

なお、いずれの基準についても、企業の業種特性や固有の事情等に応じた合理的な理由がある場合には、これを超える期間を要する計画を排除しないとされています。ただし、この合理的な理由については、造船業等の大型受注産業など極めて限定的に解されています（『中小企業再生論［改訂版］』259～260頁参照）。

私的整理GL及び事業再生ADRで要求される数値基準は、②の要件は同じものの、①の実質債務超過の解消年数は原則3年以内とされており、③の過剰債務性に関する要件はありません（私的整理GL7(2)・(3)、経産省令28Ⅱ①・②）。実質債務超過の解消年数が、私的整理GLや事業再生ADRでは3年以内とされているのに対し、協議会スキームでは5年以内とされているのは、協議会スキームが対象とする中小企業については、大企業に比べて経営改善に時間がかかることが多いことに配慮したものと解されます。

(2) リスケジュールにおける数値基準の緩和と限界

協議会スキームでは、債権放棄等を要請する内容を含まない再生計画案については、数値基準のいずれかを満たさない場合であっても再生計画の策定支援をすることができるとされています（基本要領6(5)⑨）。このような数値基準の例外は、全国には債権放棄等を伴う金融支援には一切協力できないという金融機関が存在するという現実の中にあっても、中小企業者の再生計画策定支援を幅広く行うことで、雇用の維持や地域経済の維持発展に貢献することを志向して設けられたものです

(加藤寛史「中小企業再生支援協議会における案件処理の現状と課題」『裁判外事業再生』68頁参照)。

　なお、協議会スキームを含む準則化された私的整理手続に則って策定された再生計画案に従って経営再建が開始される場合には、基本的には債務者企業の債務者区分をランクアップさせ、当該貸出債権を貸出条件緩和債権すなわち不良債権に該当しないものとして取り扱ってよいと監督指針及び金融検査マニュアルで認められています（私的整理手続における債務者区分のランクアップについてはQ37を参照してください）。この点は、金融機関等債権者が再生計画案に同意する一つのインセンティブとなり得るのですが、債務者区分のランクアップは協議会案件すべてについて自動的に認められるわけではありませんので、数値基準を満たさない再生計画案については、再生計画案を作成する債務者（代理人）も、これに同意する対象債権者も、慎重に判断する必要があるといえます。

　さらに、協議会では、中小企業金融円滑化法の出口戦略として、数値基準には適合しないものの、本格的な再生計画策定に向けた準備として、原則3年以内のリスケジュール計画を協議会版「暫定リスケ」として容認し、当該計画の策定支援にも取り組んでいます（『中小企業の事業再生と中小企業再生支援協議会』63頁）。

4　保証債務の一体整理を図る場合における弁済計画案の内容

　協議会スキームにおいて、主たる債務の整理とともに、経営者保証GLに基づいて保証債務の整理も一体として行う場合、原則として、主債務者の再生計画案に保証人の弁済計画案も記載する必要があります（整理手順4⑸なお書）。

　この場合の弁済計画案の内容は、経営者保証GL7⑶②（経営者の経営責任の在り方）、③（保証債務の履行基準（残存資産の範囲））、④（保証債務の弁済計画）、及び⑤（保証債務の一部履行後に残存する保証債務の取扱い）の規定に従った内容とする必要があります（整理手順4⑸）。ただし、「経営者の経営責任の在り方」については、主たる債務の整理手続で作成する再生計画案に記載されるのが一般的です（整理手順QA・Q35）。なお、経営者保証GLにおける対象債権者としての経済合理性の判断の仕方や残存資産の範囲の考え方は、「上限」の基準を示したものであり、一定の幅があると考えられますので、弁済計画案の作成に当たっては、事案に応じて、すべての対象債権者との間で合意形成が可能な内容とする必要があります（整理手順QA・Q36）。

（西村　賢）

Q66　再生計画案の策定の手順

 協議会による私的整理手続（従来型スキーム・通常型）では、再生計画案の策定はどのように行うのでしょうか。

1　再生計画案の策定手順

協議会の私的整理手続（従来型スキーム・通常型）では、再生計画案の策定に先立って、協議会が委嘱した専門家による財務DD及び事業DDが行われます（Q64参照。なお、従来型スキーム・通常型についてはQ57を参照してください）。それらの結果は、それぞれ調査報告書にまとめられ、対象債権者に配布されて説明されます。財務DDでは、実態債務超過額、過剰債務額等が明らかにされ、事業DDでは、債務者企業の事業性、SWOT分析、環境要因分析等がなされるとともに、それぞれ窮境原因とその除去可能性、再生計画案策定上の問題点等が指摘されます。他方、債務者企業は、それら調査報告書の指摘事項を踏まえた上で、窮境原因を除去するための施策を盛り込んだ事業計画（売上げ・利益・資金計画）を策定します。

協議会は、以上の調査報告書の内容及び債務者企業側で策定した事業計画をもとに、対象債権者や債務者企業側から意見を聴取しつつ、実態債務超過額、過剰債務額と事業の状況や今後の収益力の比較を行い、基本要領の数値基準（基本要領6⑸②～④。Q65参照）等に照らし、債権放棄等の金融支援の必要性についてある程度の見極めを行います。また、財務DD及び事業DDで明らかになった窮境の原因との関係で、将来の適切な経営体制が構築できる状況かどうかについても併せて見極めを行い、新たな出資者あるいはスポンサーを得ることの必要性や可能性についても、一定の方向感を見出していきます。協議会は、個別支援チームを構成する専門家の意見も活用しつつ、この段階で、可能な範囲で、それらの方向感等について、対象債権者の基本的な理解を醸成していきます。このように、財務DD及び事業DD及びそれらに関する対象債権者や債務者企業側とのやりとりを通じて、一定の見極めを行い、方向感を見出しつつ、具体的な再生計画案の策定に移っていくことになります。

2　再生計画案の記載事項と策定の具体的な手順

再生計画案は、協議会の常駐専門家や外部専門家から構成される個別支援チームの作成支援を受けつつ、債務者企業側が作成することになっています。事案が複雑な場合等、債務者企業だけで対応することが困難な場合には、債務者企業が代理人弁護士を選任し、個別支援チームとの協議の下で、その弁護士が中心となって再生計画案を策定する場合もあります。再生計画案の記載事項は、①企業の概況、②財務状況（資産・負債・純資産・損益）の推移、③実態BS、④経営が困難になった原因、⑤事業再構築計画の具体的内容、⑥今後の事業見通し、⑦財務状況の今後の

見通し、⑧資金繰り計画、⑨債務弁済計画、⑩金融支援（リスケジュール、追加融資、債権放棄等など）を要請する場合はその内容、とされています（基本要領6⑸①）。また、金融支援を要請する場合には、経営者責任、株主責任、保証責任を記載し、法的倒産手続との比較（法的倒産手続による場合よりも経済合理性があること）についても記載されることになります（基本要領6⑸⑤・⑥・⑧）。

　債務者企業側は、協議会の個別支援チーム（**Q63**参照）の支援を受けながら上記の記載事項に留意しつつ、再生計画案を策定していきます。上記記載事項には、財務DDや事業DDで明らかにされている項目が多く含まれており、実務的には、債務者企業側においては、主としてそれ以外の3で述べる項目について検討し、再生計画案を策定していくことになると考えられます。

3　債務者企業側が主として検討すべき再生計画案策定の要点

⑴　まず、債務者企業側には、充分な自助努力や窮境原因の除去策を織り込んだ、客観的に対象債権者を説得するに足りる事業計画（売上げ・利益・資金計画）を策定することが求められます。具体的には、企業ごとに様々なものが考えられますが、例えば、売上げ・利益の維持・増加施策、経費等の節減施策、不採算事業・拠点の廃止等のPL改善諸施策や経営管理体制の不備の改善や必要に応じて経営陣の刷新等を検討する必要があると考えられます。債務者企業としては、協議会の支援を受けつつも、自ら策定した事業計画が実現可能性を有することについて、過去の実績や環境要因等を考慮しつつ、客観的な検証に耐え得るものとして説明する必要があります。

⑵　また、債権放棄等を含む抜本的な再生計画案の策定を要する場合において、債務者企業の自助努力のみによっては事業計画の実現可能性に懸念を持たれたり、旧経営陣に問題があり今後の経営管理体制を刷新すべきであったりするケースについては、スポンサーつきの再生計画案とするのが適切であることも考えられます。そのような場合には、対象債権者との質疑や個別支援チームの外部専門家の意見を踏まえつつ、債務者企業側としても、事業の再生のために、スポンサーを得ることについて、検討すべきこととなると考えられます。

⑶　債権放棄を含む金融支援を要請する再生計画案の場合には、経営者責任、株主責任、保証責任についても、債務者企業側としても、金融支援要請の当然の前提として、協議会から指導・示唆される内容を踏まえて、覚悟を決め、必要な措置を盛り込む必要があります。経営者責任については、窮境原因を作った経営陣は退任すべきとの要請を踏まえつつ、今後の事業上必要不可欠な人材かどうかが考慮されることになります。債務者企業としては、従来の経営陣の退任を原則論として意識しつつ、事業上不可欠な者を、役員の企業に対する貸付金の放棄、役員報酬の削減、私財提供等の他の責任のとり方を明確にした上で、対象債権者の理解を得て残すことを検討すべきこととなります（中小企業における経営者責任については**Q38**を参照してください）。

　株主責任については、債務者企業が債務超過である場合には、株主価値はゼロですし、債権放棄等の金融支援の要請の前提として当然ゼロであることを明らかにすべきという要請が働きますので、債務者企業としては、株式の無償取得・消却（あ

るいは第二会社方式の場合の清算・破産）等により明確にすることになります。この過程では、中小企業の場合、親族が株式を保有しているケースが多くみられますので、その協力を得ることが必要となってきます。また、全株式の取得・消却等をする場合には、新たな株主構成をどうするかの問題も生じますが、窮境原因との関連のない今後の事業を担うべき役職員等に新株式を引き受けてもらったり、ガバナンス上適切な第三者の協力が得られる場合には、その第三者に引き受けてもらうことも検討する必要があります。

　最後に、保証責任については、債務者企業の金融債務の保証人は、協議会の手続において、私財を開示するとともにその内容が事実であることを表明保証した上、原則として余力のある資産は換価の上保証履行し、残余の保証債務の免除を対象債権者に要請することが考えられます（他方で企業に対する求償権は放棄することが要請されます）。また、経営者保証GL（**Q41**参照）の適用開始に伴い、協議会の私的整理手続において経営者等の保証債務を整理する手順が公表されたため、この手順に基づいて保証債務の整理を要請することも考えられます（同手順については**Q71**を参照してください）。

　対象債権者からみれば、保証履行は当然であり、また、保証履行がなければ債権放棄時に無税償却が認められなくなるリスクがある一方で、再生計画の遂行に関わる経営者たる保証人についてその後の経営に悪影響を及ぼさないようにする必要があることから、保証問題の処理についても、再生計画策定・遂行と併せて一体的に処理することが基本的に要請されると考えられます。

(4)　金融支援の具体的な内容

　金融支援の具体的な内容については、すでに述べたとおり、実態債務超過額、過剰債務額と事業の状況や今後の収益力の比較を行い、基本要領の数値基準等に照らして見極められることになります。そして、その見極めに応じて、リスケジュール、金利の低減、DES、DDS（特に資本的劣後ローン）、債権放棄、追加融資等、事案に応じて、必要と認められる手法が採用されることになります。なお、債権放棄を含む金融支援を要請する再生計画案の場合、免除益課税の問題や地域金融機関の直接債権放棄に対する消極的な姿勢等があることから、協議会において債権放棄を要する事案では、いわゆる第二会社方式が採用されることが多いとされています（最近では、協議会における債権放棄案件のうち約8割が第二会社方式を利用しているとされています。なお、第二会社方式が多く採用されている理由については、『中小企業再生論［改訂版］』168～174頁を参照してください）。

　各対象債権者の金融支援要請の内容については、各対象債権者の債権の保全・非保全の状況に応じ、衡平性を有するものとすることが求められます（基本要領6(5)⑦）。この衡平性については実質的な平等概念であり、一定の合理的理由がある場合には債権者間で異なる取扱いをすることが許容される場合もありますが、最終的には、協議会の個別支援チームの専門家（弁護士）の意見を得る必要がありますので（**Q67**参照）、そのような場合には再生計画策定に当たっての衡平性の考え方について事前に協議会とのすり合わせが必要となると考えられます。

〔田口和幸〕

Q67　再生計画案の検証・調査報告書の作成

 協議会による私的整理手続（従来型スキーム）では、再生計画案の検証・調査報告書の作成はどのように調査が行われるのでしょうか。

1　調査報告書の位置づけと記載事項

　協議会の私的整理手続（従来型スキーム）では、再生計画案は、協議会の常駐専門家や外部専門家から構成される個別支援チームの作成支援を受けて、債務者企業側が作成することとなっています（Q66参照。なお、従来型スキーム・通常型についてはQ57を参照してください）。作成された再生計画案が、債権放棄等を要請する内容を含む場合には、個別支援チームのメンバーである弁護士が、再生計画案の相当性及び実行可能性を検証し、その結果を取りまとめた調査報告書を作成します（債権放棄等の要請に至らないリスケジュール等を要請する再生計画案の場合には、協議会の統括責任者が調査報告書の作成主体となります。基本要領6(6)①）。なお、2012年5月の基本要領の改訂により、基本要領上は弁護士による調査報告書の作成が任意的なものとされました（基本要領6(6)①ただし書）が、債権放棄等を要請する内容を含む場合には、実務では、改訂前と同様に弁護士による調査報告書の作成が必要とされています。

　そして、その調査報告書は、対象債権者に配布され、対象債権者が再生計画案に対する同意・不同意の意思決定に供されることとなります。調査報告書は、外部専門家が、第三者の立場で、再生計画案の相当性及び実行可能性についての調査結果を述べるものであり、対象債権者の合意形成にとって重要な意味を有します。

　債権放棄等を要請する内容を含む再生計画案の調査報告書には、①再生計画案の内容、②再生計画案の実行可能性、③法的手続と比較した経済合理性（私的整理を行うことの経済合理性）、④金融支援の必要性、⑤金融支援の合理性を記載することとされています（基本要領6(6)②）。なお、③については債権放棄等を内容とする再生計画案の場合に記載される事項です。

2　債権放棄等を内容とする再生計画案の検証・調査報告書作成に至る調査の概要

　債権放棄等を内容とする再生計画案の検証は、専門家を含む個別支援チームにより、その全般にわたって行われます。専門家は、その役割に応じ、財務面については主として公認会計士が、事業面については主として中小企業診断士が、①経営者責任・株主責任・保証人責任の内容の合理性、②法的手続と比較した経済合理性、③金融支援の衡平性や合理性については主として弁護士がそれぞれ検証し、必要な場合には、債務者企業に対し意見等を述べることにより、修正、変更、追加等を促

すこととなります。もっとも、再生計画案の作成に先立って、協議会の個別支援チームによる財務調査報告書及び事業調査報告書が行われていることが多く、その場合には、再生計画案は、それらの調査報告書の記載内容を踏まえて作成されますので、その場合の財務面・事業面の検証・調査は、主として、それら財務調査報告書及び事業調査報告書の内容が再生計画案に適切に反映され記載されているかを確認しつつ、弁護士として追加して指摘すべき事項の有無について検討することになると考えられます。

また、調査報告書は、既に述べたとおり、対象債権者が再生計画案に対して同意・不同意を決定することに向けられたものですので、再生計画案に対する質疑を通じて明らかになった、具体的な事案における対象債権者それぞれの関心事、懸念事項等に対応するものとして作成されることになります。

3 検証・調査の要点：主として外部専門家（弁護士）の視点から

(1) 窮境原因とその除去のための施策等

債務者企業の窮境原因は、財務調査報告書や事業調査報告書において明らかにされ、その除去のための施策は、再生計画案の前提をなす事業計画において示されることとなります。したがって、まずもって、債務者の窮境原因の除去のための施策が適切に盛り込まれているかどうかが検証されることとなります。その一環として、中小企業の場合、窮境原因が企業のガバナンスの問題に由来することが多いことから、今後の経営体制が適切に改革され、その点の原因が除去されているといえるかを検討することとなります。

また、事業計画においては、相応の自助努力が織り込まれているかどうかを検証する必要があります。対象債権者に対して債権放棄等を要請する前提として、債務者企業としてなし得る自助努力を行うのでなければ、対象債権者の再生計画案に対する同意を得ることが困難と考えられることから、その自助努力の内容の合理性が検討されることになります。

(2) 再生計画案の実行可能性

再生計画案の実行可能性については、再生計画案の前提をなす事業計画の実行可能性を前提に、金融支援の必要性に応じた金融支援要請が過不足なく行われており、二次破綻のおそれがないといえるかどうかが検証されるべきこととなります。前者の事業計画については、事業面・財務面から、①外部環境要因の予測との整合性や、②事業計画に盛り込まれた施策の妥当性、実行可能性、③実績と比較し、①②の要素を織り込んだ場合の数値計画の整合性等の検証が行われることになります。また、今後の経営を担う経営者へのインタビューや第三者（スポンサー企業等）の支援を受ける場合のその第三者へのインタビュー等により実行可能性について確認が行われることが考えられます。また、債権放棄等を伴う場合には、債権放棄等により、企業に課税リスクが生じないか税務面の検証が不可欠となります。以上を総合して、再生計画案の実行可能性についての調査結果が述べられることとな

ります。

(3) 経営者責任・株主責任・保証責任の内容の合理性

ア 経営者責任については、窮境原因とその除去のための施策とも関連する問題です。中小企業の場合、現経営陣は、窮境原因に関係していることが多く、退任させるべきだという考え方もあり得る一方、その企業の経営にとって必要不可欠である場合も考えられ、その場合にまで退任となれば再生は不可能ということになります。したがって、後継者の有無や経営関与の能力・意思のある適切な第三者が得られるか等の個別具体的な事情に応じ、窮境原因の除去の観点、経営者責任を果たすとの観点及び再生計画案の実行可能性の観点を総合的、客観的にみて合理的な責任のとり方になっているといえるかを検証することとなります。具体的には、現経営者が窮境原因との関連が強く、代替的な経営体制が構築できる場合には退任という方向に働き、他方、他に適切な経営体制がとり得ず、事業上も代替性がまったくない場合には、現経営陣の続投もやむを得ないとの方向に働くこととなると考えられます。そして、現経営陣が必要不可欠であると判断される場合には、他の方法により経営者責任を果たしているといえるか、が検証されることとなります。具体的には、役員の会社に対する貸付金の放棄、役員報酬の削減、私財提供等が考えられます（『中小企業再生論［改訂版］』134～136頁参照）。

イ 株主責任については、債権放棄等を対象債権者に要請する事案においては、債務者企業は債務超過であり、株主価値はゼロであるから、債権者に劣後する株主の責任を明確化すべきであるという要請が働くこととなります。したがって、減増資により、原則として既存株主の権利を消滅させること等により、株主責任が果たされているかどうかを検証することとなります。なお、いわゆる第二会社方式を内容とする再生計画案の場合、旧会社は特別清算又は破産により清算され、株主価値がゼロであることが法的手続において明確となるため、当然に株主責任が果たされることとなります。

また、既存株主の権利の消滅を内容とする再生計画案の場合、その後の株主構成をどうするかは、ガバナンスの問題として検証する必要があります。この点についても、中小企業においては、上記アの経営者問題と同様の問題があります。個別具体的な債務者企業に即した適切な株主構成となっているかを検討する必要がありますが、今後も経営を担うのが適切とされた経営陣が一定の株式を保有する株主構成とすることは妨げられないものと考えられます。

ウ 保証責任については、中小企業の場合、金融機関からの借入れについて、経営者が連帯保証していることが多く、その親族が連帯保証・物上保証をしている例もみられますが、対象債権者に対し、債権放棄等を要請する前提として、それら保証責任が果たされることとなっているかが検討されることになります。具体的には、対象債権者に対して担保提供されている保証人や物上保証人の資産は原則として処分し、別途資力のある保証人については私財をもって保証履行をし、債務者企

業に対して取得する求償権を放棄することが適切に計画されているかが検証されることとなります。なお、経営者保証GL（**Q41**参照）の適用開始に伴い、協議会の私的整理手続において経営者等の保証債務を整理する手順が公表されました。この手順に基づいて保証責任を果たすとする計画の場合、計画の内容が同手順に基づくものであるか検証する必要があります（**Q71**参照）。

(4) **法的手続と比較した経済合理性**

　法的手続と比較した場合の経済合理性については、財務調査報告書において、債務者企業の清算BSが作成され、債務者企業が破産に至った場合の破産配当率についてあらかじめ検討されています。加えて、必要に応じ、外部専門家である公認会計士と連携して再建型の法的手続（民事再生等）との比較を検討し、それら法的手続における対象債権者の回収見込額と再生計画案における対象債権者の回収見込額との比較を行い、後者の方が大きいといえるかについて検証が行われることになります。なお、業種によっては、そもそも法的手続になじまない場合や法的手続によった場合に事業が大きく毀損する場合も考えられ、そのような場合には、再建型の法的手続との比較については、具体的な数値比較によるまでもないとされることが考えられます。

(5) **金融支援の衡平性や合理性**

　ア　金融支援の合理性については、前記(4)にみた法的手続との比較のほか、全体として、金融支援の必要性に照らして合理的な内容となっているか、すなわち過剰支援になっていないかとの視点でも検討されることになります。この点については、一定の自助努力を含む事業計画を前提に、協議会基本要領における数値基準（**Q56**参照）を満たしているかが検証されることになります。また、いわゆる第二会社方式による再生計画案の場合には、別途専門家（公認会計士）による事業価値評価を行い、新会社に対し、合理的な価格で事業が移転され、それに対応する負債が承継されているといえるかが検証されます。

　イ　金融支援の衡平性については、対象債権者にとって衡平性を有する金融支援の内容となっているかどうかが検証されます。不動産鑑定評価を前提に適切に担保割付けが行われ、その結果算出される無担保債権の額に応じて債権放棄要請がなされるのが原則であると考えられますが、「衡平」は実質的な平等概念であると一般に考えられており、債権の額（少額債権の取扱い）や融資の性格の差異、窮境原因への関与、役員派遣の有無、過去における情報の偏在による利益状況の差異の有無等の個別具体的な事情に応じ、金融支援要請の内容について、主要な債権者とそれ以外の債権者に区別を設けるなど異なるものとした場合であっても、実質的な平等を害しないと評価することが考えられます。したがって、金融支援要請の内容が対象債権者について一律に定められていない場合については、そのような異なる取扱いが衡平性を有するものであるかについて、上述の具体的な事情に照らして総合的に評価・判断することとなると考えられます。

〔田口和幸〕

Q68 債権者会議の開催

 協議会の手続において債権者会議は開催されるのでしょうか。開催されるとしたら、どのようなときに債権者会議が開催されるのでしょうか。

1 基本要領における債権者会議

協議会が行う私的整理手続（協議会スキーム）は、基本要領に定められる内容、手続、基準等に従って実施されます。

協議会スキームにおいては、債務者企業による再生計画案が作成された後、金融支援を要請する金融債権者（対象債権者）全員を対象とする債権者会議を開催し、再生計画案の説明、再生計画案の調査結果の報告、質疑応答及び意見交換、対象債権者が再生計画案に対する同意・不同意の意見を表明する期限を定めることとしています。ただし、債権者会議を開催せず、再生計画案の説明等を持ち回りにより実施し、対象債権者から個別に同意・不同意の意見を書面で表明してもらう方法によることも許容されています（基本要領6(7)①、基本要領QA・Q33）。

また、債権者会議とは位置づけられていませんが、基本要領において、債務者企業、主要債権者及び個別支援チームは、財務及び事業の状況の調査分析や再生計画案作成の進捗状況に応じて適宜会議を開催して協議・検討を行い、再生計画案について相談企業と主要債権者との合意形成を図ることとされており、この会議には、必要に応じて主要債権者以外の対象債権者、スポンサー候補等も参加することができるとされています（基本要領6(4)③）。

事業再生ADRや私的整理GLでは、対象債権者全員を招集する債権者会議を開催しながら手続を進めることが義務づけられ、各会議の開催時期や会議の目的も準則により規律されているのに比べ、協議会スキームでは、上述のとおり、債権者会議の開催の要否、時期、目的について厳格な規律はありません。

2 協議会スキームにおける債権者会議の運用

しかしながら、協議会スキームも対象債権者全員の合意を必要とする私的整理手続の一つですから、関係者の足並みを揃えながら、適時適切かつ平等に情報提供を行うとともに、意見交換を通じて合意形成可能な合理的内容の再生計画案を策定し、円滑に計画合意の実現を図る必要があります。

そこで、協議会スキームにおいても、原則として対象債権者全員が出席する会議を定期的に開催する運用がなされています。

ただし、協議会スキームは、①財務及び事業のDDの実施、再生計画案の策定支援、再生計画案の調査及び報告、合意に向けた金融機関調整を協議会が主体的に行

う通常型に加え、②債務者企業にあらかじめアドバイザー等が就いていて、これらの者が作成した財務及び事業DD報告書や再生計画案の内容を、第二次対応開始後に個別支援チームが検証する検証型がありましたが、さらに、③中小企業金融円滑化法の出口対応として基本要領が2012年5月に改訂され、外部専門家の個別支援チームへの選任、財務及び事業DDの実施等を必須としない、従来の手続よりも簡易迅速な手続が新設され（基本要領6(3)①、(4)①、(6)①）*、手続自体が多様化しています。また、会議開催の地理的な困難性や案件の緊急性など、地域や案件によって会議開催（不開催）の必要性等も異なり得ます。

そのため、協議会スキームにおける債権者会議の運用は、時期、開催頻度、内容、名称等、地域や事案ごとに相当異なり、各地の協議会が、円滑な計画合意の実現に向け、実情に応じて工夫しながら柔軟に債権者会議を開催しています。これは基本要領の趣旨にも合致し基本的には望ましいことといえます。しかし他方で、スケジュール管理や債権者会議の運用に関する協議会の裁量が広いため、地域ごとの運用の差が大きかったり、会議を通じた情報提供やスケジュール管理が適切になされなかったりすると、手続に対する予測可能性が奪われ、対象債権者をはじめとする関係者の信頼を損なうことになりかねません。

そこで、全国各地の協議会と全国本部とが協働して、適切なスケジュール管理と債権者会議の在り方について、継続的に検討・改善されていくことが期待されます。

3　保証債務整理支援業務における債権者会議

2014年2月に経営者保証GLが適用開始されたことに伴い、経営者保証GLに基づく保証債務整理支援業務が協議会事業に加えられました（基本要領柱書）。この保証債務整理支援業務は、整理手順に従って行われます（基本要領9）。

保証債務整理支援業務における債権者会議等の開催の要否、時期及び会議の目的は、上記1で記載した債務者企業における債権者会議のそれと同様の定めとなっています（整理手順4(7)①、整理手順QA・Q43）。

主債務者と保証人との一体整理を行う場合には、主債務者の弁済計画に保証人の弁済計画も含めることとされ（経営者保証GL7(2)イ）、また、統括責任者は、一体整理が円滑に進むように助言を行うこととされているため（整理手順4(2)⑤）、保証債務整理支援業務における債権者会議は、主債務者における債権者会議と同時又はそれに含めて開催されることが多いものと解されます。

（西村　賢）

---

*　なお、協議会の実際の運用では、改訂前の基本要領に基づく従来型の手続を維持した上で、中小企業金融円滑化法の出口対応として、協議会が従前よりも拡大した対応を行うべく新たな手続を「新スキーム」として追加したものと整理されています（藤原敬三「金融円滑化法の出口に向けた中小企業再生支援協議会の対応」金法1950号27頁）。

Q69　再生計画の履行とモニタリング

再生計画成立後の再生計画の履行はどのようになされるのでしょうか。また、協議会は再生計画の履行に関与するのでしょうか。

1　再生計画の履行の内容

対象債権者全員の同意が得られることにより再生計画は成立します。再生計画成立後、債務者企業と対象債権者の双方は、再生計画に従って計画を履行する必要がありますが、履行すべき内容は、成立した再生計画の内容によって様々です。

私的整理により成立した再生計画には、対象債権者の有する債権に係る条件変更や債権放棄などの権利変更だけでなく、債務者企業の自助努力としての不稼働資産の処分、役員報酬の減額や、株主責任としての増減資、株式の無償譲渡、保証責任の履行や破産の申立てなど、実に様々な内容が定められます。

また、第二会社方式を内容とする再生計画の場合には、債務者企業から譲受会社への事業譲渡又は会社分割による事業の承継、承継後の債務者企業の特別清算又は破産による清算が必要であり、これらの法的な手続を実行することが必要となります。

対象債権者の有する債権に係る権利変更についても、民事再生や会社更生の場合とは異なり、再生計画とは別に権利変更に係る合意書（条件変更に係る覚書、債権免除通知書、債権放棄確認書など）を取り交わすことが一般的です。

このように、再生計画の履行に当たっては、法的な手続の履行や法的な文書の取り交わしなどが必要な場合がほとんどであり、弁護士等の専門家によるフォローアップが不可欠です。

2　協議会の関与

協議会による再生計画策定支援は、再生計画の成立により完了します（基本要領6(8)）。協議会は、再生計画策定支援が完了した後、債務者企業の事業計画達成状況等について、企業の状況、再生計画の内容及び決算期等を勘案した上、再生計画が成立してから概ね3事業年度（再生計画成立年度を含む）を目途としてモニタリングをするものとされており（基本要領8(1)）、このモニタリングの一環として、再生計画の履行状況を確認することとなります。しかし、協議会が主体的に再生計画の履行に関与するものではありません。再生計画の履行は、あくまでも当事者である債務者企業と対象債権者に委ねられています。

上述のとおり、再生計画の履行に当たっては、権利変更に係る合意書の締結や、事業譲渡又は会社分割の実行、特別清算又は破産の申立て等、法的な助言を必要と

する手続が多く、弁護士の関与が不可欠な場合が少なくありません。そこで、債務者企業に代理人弁護士が就いておらず依頼する顧問弁護士等がいないような場合には、協議会において弁護士を紹介することにより、再生計画を確実に履行できるよう支援しています。

また、対象債権者が、DDSやリスケジュール、金利減免等の条件変更を実行するに当たって、他の対象債権者の条件変更の実行を相互に確認したいといった要望が出る場合があります。このような場合には、協議会が第三者としての立場で、各対象債権者と債務者企業間の合意書等を集約し対象債権者全員に配布するなどして、再生計画の履行をサポートしています。

3　再生計画の変更

協議会では、モニタリングの結果、再生計画による返済条件の緩和や金融機関の損失負担の変更（追加の債権放棄）など、再生計画の重要な修正又は追加が必要であると判断した場合には、再生計画策定支援（第二次対応）に準じた支援を行うことが可能とされています（基本要領8(2)）。

当初から十分に実行可能性が認められる再生計画を策定すべきであり、安易な再生計画の変更は金融債権者の理解も得られにくく、避けるべきです。また、協議会が公費により運営されている点を踏まえれば、安易に再度の支援を受けることは好ましくありません。しかし、事業基盤が脆弱な中小企業者は、例えばリーマンショックや東日本大震災といった事態ばかりでなく、原油や原材料価格の高騰などの影響を受け業況が急激に悪化する場合があることは否めません。したがって、そのような場合には、協議会へ再度相談し、より抜本的な金融支援を受けるべく再生計画を変更することを検討すべきであり、協議会ではそのような企業に対する再度の支援を行っています。

なお、再生計画の内容が中小企業金融円滑化法の出口戦略として協議会が導入した「暫定リスケ」（**Q56**参照）の場合、計画期間満了後に協議会において再度の暫定リスケを内容とする再生計画を策定することはできないものとされており、債務者企業は抜本的な再生に向けた再生計画を策定するか、場合によっては廃業や法的整理を選択することになります。

〔加藤寛史〕

Q70　協議会版「資本的借入金」

協議会による私的整理手続における金融支援手法として協議会版「資本的借入金」が公表されていますが、金融庁が公表した「資本性借入金」とは異なるものでしょうか。その内容を教えてください。

1　協議会版「資本的借入金」とは

　協議会版「資本的借入金」とは、協議会が策定支援する再生計画において、債務者企業について、DDSにより、借入金の一部を、金融検査マニュアルに記載されている「十分な資本的性質が認められる借入金」（以下「資本性借入金」といいます）に転換するものです。「資本性借入金」は、金融検査マニュアル上、資本とみなすことが可能であり、これにより対象債権者としては、資本不足に直面している債務者企業のBSの改善が図られ債務者区分のランクアップなどにより与信取引の継続や新規融資が可能となります。また、債務者企業としても、「資本性借入金」への転換により金利の減免効果や新規借入が可能となるなど、双方にとってメリットのある金融支援手法となるものです。

　協議会版「資本的借入金」は、協議会による私的整理手続における金融支援の一手法として活用することを目的として、2008年11月に創設・公表され、金融庁からも「資本性借入金」と認められました。創設当時の協議会版「資本的借入金」は、①15年一括償還であること、②金利は0.4％であること、③10年間の期限前弁済が禁止されていること、④無保証・無担保であること、を条件とするものでしたが、あまり利用が進まなかったのが実態でした（藤原敬三「金融円滑化法の出口に向けた中小企業再生支援協議会の対応」金法1950号32頁）。

　また、従前の「資本性借入金」については、当時の「金融検査マニュアルに関するよくあるご質問（FAQ）」（以下「FAQ」といいます）において、協議会版「資本的借入金」と日本政策金融公庫の「挑戦支援資本強化特例制度」が「資本性借入金」として例示されているに過ぎず、「資本性借入金」として取り扱われるための貸出条件が必ずしも明確ではありませんでした。

　そこで、金融庁は、2011年11月に、「「資本性借入金」の積極的活用について」を公表し、これにより金融検査マニュアルにおいて「資本性借入金」として取り扱われるための貸出条件が明確化されることになりました。具体的には、いわゆる3条件として、①償還期間は5年超、②金利設定は事務コスト相当の金利の設定も可能、③劣後性の要件として「必ずしも担保の解除は要しない（但し、一定の条件を満たす必要）。」、と明示されました（FAQ 9 − 14〜16、9 − 18）。

このような条件の明確化を受けて、協議会は、2012年4月に新しい協議会版「資本的借入金」を公表しました。具体的には、「15年・無担保型」、「5年超・無担保型」及び「5年超・有担保型」の3つの類型であり、その概要は**【別表】**のとおりです。

なお、「15年・無担保型」は、金利について従前0.4％とされていたのが、事務コスト相当の金利設定が可能と変更された以外は、2012年4月改訂前の協議会版「資本的借入金」と同一であり、期限前弁済の禁止など条件が厳しいこと等から、無担保型の場合は「5年超・無担保型」の利用が多いとされています（加藤寛史＝三澤智「中小企業再生支援協議会版「資本的借入金」契約書（ひな型）の逐条解説（上）」金法1979号15頁）。

2 担保付き借入金の場合

本来、「資本性借入金」は、資本に準じて、「法的破綻時の劣後性」が確保される必要があるため、無担保型が原則となります。しかしながら、上記金融庁による条件の明確化により、既存の担保付き借入金について「担保解除を行うことが事実上困難な場合」な場合には、例外的に一定の仕組みが備わっていれば、有担保型が認められることになりました（FAQ 9 - 18～19）。

これを受けて、新しい協議会版「資本的借入金」において、担保付き借入金であっても、「担保解除を行うことが事実上困難な場合」には「資本性借入金」として認められる「5年超・有担保型」が導入されました。ここでいう「担保解除を行うことが事実上困難な場合」とは、具体的には、担保付き借入金を「資本性借入金」に転換した場合において、なおも担保からの回収可能性がある場合が該当するとされています。例えば、協議会が策定支援した再生計画において担保付き借入金の一部を協議会版「資本的借入金」に転換する場合において、同計画に基づき通常借入金の返済が進み、計画期間終了時において担保余力が生じるような計画になっていれば、該当すると考えてよいでしょう（藤原・前掲34頁）。

なお、担保からの回収可能性は再生計画策定時（転換時）の担保評価額により判断され、協議会の手続においては、再生計画の策定に当たって実施される財務DDでの評価額に基づくのが一般的です（加藤＝三澤・前掲17頁）。

3 保証付き・物上保証付き借入金の場合

第三者による保証付き又は物上保証付き借入金については、仮に保証履行された場合又は担保実行を受けた場合に、「資本性借入金」とされるための3条件（①5年超という長期償還不能な状態、②事務コスト相当の金利設定、③劣後性）が、保証人又は物上保証人（以下「保証人等」といいます）が取得する求償権に引き継がれないため、「資本性借入金」には該当せず、本来は無保証型が原則とされています。しかしながら、上記金融庁による条件の明確化により、「資本性借入金」とされるための3条件が保証履行後も確保できる仕組みが備わっていれば、例外的に有保証型であっても「資本性借入金」として認めることもできるとされました

(FAQ 9 -22)。

　これを受けて、新しい協議会版「資本的借入金」においても、保証人等が、将来保証履行又は担保実行後に取得する求償権について、「資本性借入金」とされるための3条件が適用されることについて事前に同意した場合に限り、協議会版「資本的借入金」に転換することが可能となりました。

　なお、担保付き借入金を保証人等による保証付き・物上保証付きのままで協議会版「資本的借入金」に転換する場合には、転換後の債権と将来取得する求償権との債権の性質の差異、保証履行又は担保実行により取得した求償権と弁済による代位によって取得する原債権（転換後の債権）の権利行使の方法などの問題から、保証人等を不利益・不安定な地位に置く可能性があり、実務上留意が必要です（藤原・前掲34頁、加藤寛史＝三澤智「中小企業再生支援協議会版「資本的借入金」契約書（ひな型）の逐条解説(下)」金法1980号119～121頁）。

4　信用保証協会による保証付きの場合

　信用保証協会による保証付き借入金については、従前は、信用保証協会による代位弁済後に同協会の求償権について協議会版「資本的借入金」に転換することは可能とされていましたが、保証付き借入金のまま協議会版「資本的借入金」に転換することが認められていませんでした。しかしながら、2014年の制度改正により、信用保証協会による保証付き借入金のまま協議会版「資本的借入金」に転換することが可能となりました。

（三澤　智）

【別表】 中小企業再生支援協議会版「資本的借入金」商品一覧

	15年・無担保型	5年超・無担保型	5年超・有担保型
対象先	基本要領における、再生計画策定支援対象企業（各地の協議会が第二次対応として認めた案件）とする。	同左	同左
貸出期間	15年期限一括返済	5年超に設定した期限に一括返済	同左
適用金利	事務コスト相当の金利設定可能 当初5年間は固定金利とする（注1）。	同左	同左
（法的破綻時の）劣後性	あり	同左	なし（ただし、法的破綻に至るまでの間、他の債権に先んじて回収しない仕組みあり）
期限前返済の可否	原則として10年間期限前返済を禁止	期限前返済の禁止規定なし	同左
担保の取扱い	無担保	同左	有担保（注2）
保証の取扱い	無保証	無保証（ただし例外あり（注2））	同左
みなし資本の逓減方法	残存期間が5年未満の場合、1年ごとに債権額の20％ずつ資本とみなす部分を逓減させる。	同左	同左

（注1） 従前の協議会版「資本的借入金」（年0.4％程度）との変更点
（注2） 「金融検査マニュアルに関するよくあるご質問（FAQ）」参照

Q71 協議会における経営者保証GLの整理手順（一体型）

 協議会の私的整理手続で、経営者保証GLに基づいて経営者の保証債務を整理することはできますか。主債務者の整理と合わせて保証債務を整理する場合の手続を教えてください。

1 整理手順

経営者保証GL（Q40参照）が公表されたことを受けて、2014年5月、中企庁は、協議会による私的整理手続（協議会スキーム）において経営者保証GLに基づく保証債務の整理を行う場合の支援業務の内容、手続、基準等を定めた整理手順を策定・公表しました。また、2015年4月、整理手順について実務上留意すべき事項を取りまとめた整理手順QAも公表しています。

整理手順には、主たる債務の整理について協議会スキームを利用し、同スキームと並行して保証債務の整理について整理手順に準拠して行う「一体型」と、主たる債務の整理について法的整理手続（破産、民事再生、会社更生、特別清算）若しくは協議会スキーム以外の準則型私的整理手続（事業再生ADR、私的整理GL、特定調停等）を利用し、保証債務の整理について整理手順に準拠して行う、又は主たる債務の整理について協議会スキームが終結した後に保証債務の整理について整理手順に準拠して行う「単独型」の2つの手続を定めています（経営者保証GL7(2)イ・ロ、整理手順QA・Q4）。各手続の手順については、一体型については後記2を、単独型についてはQ72を参照してください。

なお、協議会では、2016年3月時点で、191名（一体型168名、単独型23名）の保証人について、整理手順に基づく保証債務の整理を実施しています＊。

2 一体型の手続

(1) 窓口相談（第一次対応）：整理手順3

整理手順に基づいて保証債務の整理を希望する保証人は、保証人の資産調査等を行う支援専門家（原則として弁護士）と連名で、協議会に対して窓口相談を申し込みます（以下、保証人と支援専門家を総称して「保証人ら」といいます）。窓口相談では、協議会の常駐専門家である統括責任者（プロジェクトマネージャー）又は統括責任者補佐（サブマネージャー）が応対します。常駐専門家は、保証人らから保証債務の整理に向けた取組みの相談を受け、以下に掲げる事項等を把握し、課題の解決に向けた適切な助言、支援機関等の紹介を行うこととされています。

・保証契約の概要

＊ 中企庁ウェブサイト（http://www.chusho.meti.go.jp/keiei/saisei/kyougikai/2704.htm）。

- 主たる債務者たる中小企業者（以下「主債務者」といいます）の法的債務整理手続又は準則型私的整理手続（経営者保証GL7(1)ロに規定する法的債務整理手続又は準則型私的整理手続）における状況
- 保証人の資産及び債務の状況
- 主債務者の資産及び債務の状況
- 保証人の破産法252条1項（同法10号を除きます）に規定する免責不許可事由に関する状況
- 取引金融機関との関係
- 主債務者の窮境原因、経営責任の内容
- 残存資産（経営者保証GL7(3)③に規定する保証人の手元に残すことのできる資産）の範囲に関する意向
- 弁済計画の方針

　窓口相談に当たっては、これらの事項の確認に必要となる資料、例えば、保証契約書、主債務者に関する資料、主債務者の手続に関する資料、保証人の資産や債務の概要が分かる資料、残存資産に関する書類（不動産であれば、登記簿、固定資産税評価書等）といった資料を持参する必要があります。一体型の場合、主債務者に関する資料を協議会は保有しているため、主債務者に関する資料は適宜省略することができます（整理手順QA・Q16）。

(2)　**弁済計画策定支援（第二次対応）：整理手順4(2)**

　統括責任者は、窓口相談で把握した保証人及び主債務者に関する状況をもとに、弁済計画策定支援が適当であると判断した場合、保証人らの連名で、保証人の資産に関する状況、インセンティブ資産（Q41参照）に関する意向、免責不許可事由（そのおそれ）の有無を示した書面の提出を受けます。その上で、統括責任者は、常駐専門家が確認した債権者の意向を踏まえ、認定支援機関の長と協議の上、弁済計画の策定を支援するかどうかを決定します。

　対象債権者の意向確認とは、弁済計画策定支援を開始するに当たり、弁済計画の成立が見込めるか否かを判断するための意向確認であり、弁済計画策定支援が開始されると個別支援チームの外部専門家の費用について保証人本人に費用負担が発生すること等も踏まえ、対象債権者が、利用申請書の内容に基づいた弁済計画案の方針に対して合理的な不同意事由がなく弁済計画の成立の見込みがあることを確認します（整理手順QA・Q27）。

　また、弁済計画策定支援が開始されると、原則として、保証人らと協議会の連名で、対象債権者となる金融機関等に対して、保証債務等の返済の停止や猶予、対象債権者の個別的権利行使や債権保全措置等の差し控えの要請（返済猶予等の要請）を行います。一体型の場合では、主たる債務に関する協議会スキームにおける再生計画策定支援（第二次対応）の開始と同時に整理手順に係る弁済計画策定支援（第二次対応）を開始するときは、主たる債務に関する返済猶予等の要請と保証債務に

関する返済猶予等の要請を同時に行うことができます（整理手順QA・Q28）。

(3) **個別支援チームの編成：整理手順4(3)**

弁済計画策定支援の開始を決定すると、統括責任者は、当該保証人の弁済計画策定支援を実施するため、個別支援チームを編成します。個別支援チームは、協議会の常駐専門家である統括責任者や統括責任者補佐のほか、弁護士の参画が必須とされています。一体型の場合、主債務者の再生計画策定支援の個別支援チームのメンバーが整理手順に係る個別支援チームのメンバーを兼ねることができ、主たる債務と保証債務の一体整理を円滑に進める観点からはそれが望ましいといえます（整理手順QA・Q32）。

(4) **弁済計画案の作成：整理手順4(4)・(5)**

保証人は、開示した情報の内容の正確性について表明保証を行うとともに、個別支援チームによる支援のもと、経営者保証GL7(3)②～⑤に定めた内容の弁済計画案を作成します。一体型の場合、原則として、主債務者の再生計画案の中に保証人の弁済計画案を記載することになります（整理手順QA・Q34）。

(5) **弁済計画案の調査報告：整理手順4(6)**

個別支援チームに参画した弁護士は、弁済計画案の内容の相当性及び実行可能性を調査し、調査報告書を作成の上、対象債権者に提出します。調査報告書には、以下の内容を記載することとされています。

① 弁済計画案の内容
② 弁済計画案の実行可能性
③ 経済合理性
④ 破産手続における自由財産及び担保提供資産に加えてその余の資産を残存資産に含める場合には、その相当性

一体型の場合、原則として、主債務者の再生計画案の中に弁済計画案が記載されているため、当該再生計画案に対する調査報告書の中で弁済計画案に対する調査内容について記載されるのが通常です（整理手順QA・Q42）。

(6) **債権者会議の開催：整理手順4(7)**

弁済計画案が作成され、弁護士による調査報告書が作成された後、弁済計画案の説明、弁済計画案の調査結果の報告、質疑応答及び意見交換を行うための債権者会議が開催されます。この債権者会議で、対象債権者に対し、同意・不同意の意見を表明する期限が定められます。なお、債権者会議を開催せず、弁済計画案の説明等を持ち回りにより実施することも許容されています。

(7) **弁済計画の成立・完了：整理手順4(8)**

弁済計画案に対する対象債権者全員からの同意が文書等で確認できた時点で弁済計画は成立します。対象債権者の同意・不同意を確認する方法としては、同意書面を徴求する方法や決議のための債権者会議を開催して口頭で同意・不同意を確認し議事録に残す方法などによっています。一体型で主債務者の再生計画案の中に保証

人の弁済計画案が記載されている場合、再生計画案についての同意をもって、弁済計画案について同意があったものとみなすことができます（整理手順QA・Q46）。

(8) **弁済計画の不成立・終了：整理手順4(9)**

弁済計画策定支援の開始後に対象債権者との合意形成が不調に終わるなどの事情により弁済計画の成立の見込みがないと判断された場合や、弁済計画案に対する対象債権者全員の同意が得られなかった場合には、手続は終了します。一体型で主債務者の再生計画案の中に保証人の弁済計画案が記載されている場合、対象債権者から再生計画案については同意を得られる見込みであるものの、弁済計画案について同意を得られる見込みがないときは、再生計画案と弁済計画案を分離して再生計画案については成立させ、弁済計画策定支援は終了させることになります（整理手順QA・Q45）。

3 一体型の留意点

整理手順に基づいて一体型で保証債務の整理を行うためには、主債務の整理に関する協議会スキームが終結（再生計画策定支援の完了）するときまでに、整理手順に基づく保証債務の整理を開始しておく必要があります。

具体的には、①協議会スキームにおける主債務者の窓口相談（第一次対応）と同時に整理手順による窓口相談（第一次対応）を実施し、協議会スキームに基づく主債務者の再生計画策定支援（第二次対応）の開始に合わせ、整理手順に基づく保証債務の整理を開始するか、②主債務者の再生計画策定支援（第二次対応）が開始した後、完了するときまでの間に、整理手順に基づく保証債務の整理を開始する必要があります。いずれの場合においても、原則として主債務者の再生計画案に保証人による弁済計画案を含めることとなるため、協議会スキームの進捗に合わせ、適切なタイミングで、整理手順における弁済計画策定支援（第二次対応）の開始及び返済猶予等の要請を行うことができるよう、窓口相談及び利用申込みを行う必要がある点に留意が必要です。

なお、一体型において、保証債務の整理が必要となるのは、主たる債務の整理において債権放棄等の要請を含む再生計画を策定する場合ですが、協議会スキームでは、再生計画策定支援（第二次対応）の開始後に、財務及び事業DDを実施することが通常であるため、再生計画策定支援の開始時には対象債権者に対して要請する金融支援の内容が明らかではありません。このような場合、当初から主債務者の再生計画策定支援（第二次対応）と同時に整理手順に基づく保証債務の整理を開始するのではなく、主たる債務の整理手続の過程で債権放棄等を要請する方針となった時点で整理手順に基づく保証債務の整理を開始する（上記②）ことになります（整理手順QA・Q6）。

（堀口　真）

Q72 協議会における経営者保証GLの整理手順（単独型）

 主債務者が民事再生や破産などを行った場合、協議会の私的整理手続で経営者の保証債務の整理のみをすることができますか。

1 単独型の手続

協議会による私的整理手続（以下「協議会スキーム」といいます）において、経営者保証GLに基づいて保証債務の整理を行う場合、保証人は、整理手順に準拠して保証債務の整理を申し出る必要があります。

整理手順には、主たる債務の整理について協議会スキームを利用し、同スキームと並行して保証債務の整理を整理手順に準拠して行う手続（一体型）と、主たる債務の整理について法的債務整理手続若しくは協議会スキーム以外の準則型私的整理手続を利用して保証債務の整理を整理手順に準拠して行う、又は主たる債務の整理について協議会スキームが終結した後に保証債務の整理を整理手順に準拠して行う手続（単独型）の2つの手続を定めています。

一体型と単独型の手続の流れは基本的に同じであり、以下のとおりです。手続の詳細はQ71を参照してください。
① 窓口相談（第一次対応）（整理手順3）
② 弁済計画策定支援（第二次対応）（整理手順4(2)）
③ 個別支援チームの編成（整理手順4(3)）
④ 弁済計画案の作成（整理手順4(4)・(5)）
⑤ 弁済計画案の調査報告（整理手順4(6)）
⑥ 債権者会議の開催（整理手順4(7)）
⑦ 弁済計画の成立・完了（整理手順4(8)）
⑧ 弁済計画の不成立・終了（整理手順4(9)）

なお、単独型に特有の留意点は以下のとおりです。

(1) 窓口相談（第一次対応）：整理手順3

窓口相談では、主たる債務者たる中小企業者（以下「主債務者」といいます）の整理状況等を把握する必要がありますが、単独型は一体型と異なり、主債務者の整理手続が協議会の外で行われているか又は既に終結しているため、主債務者の整理手続の進捗やその内容を確認しながら手続を進める必要があります。例えば、主債務者の整理手続が民事再生である場合には、財産評定の内容や再生計画の内容を確認しなければ経済合理性を判断できず、インセンティブ資産（Q40参照）を残存資産に含めることを検討することができないため、再生計画の認可決定が出た後に弁済計画案に対する調査報告書が作成されることになると考えられます。また、主債務者の整理手続が破産手続である場合には、破産債権者に対する配当額が確定した

後に弁済計画案に対する調査報告書が作成されることになると考えられます。なお、主債務者の整理手続の進捗やその内容を確認するためには、民事再生申立代理人又は監督委員、破産管財人等の関係者の協力を得る必要がある点にも留意が必要です（整理手順QA・Q8）。

(2) 弁済計画策定支援（第二次対応）：整理手順4(2)

主たる債務の整理手続が終結した後、保証債務の整理について単独型で第二次対応を開始する場合、対象債権者は主たる債務の整理手続終結時点で保証人からの回収を期待し得る状況にあり、自由財産の範囲を超えて保証人に資産を残すことについて対象債権者にとっての経済合理性が認められないことから、残存資産の範囲は自由財産の範囲に限定されることに留意が必要です（経営者保証GL7(3)③、経営者保証GLQA【B.各論】Q7-20、整理手順QA・Q9）。なお、主たる債務の整理手続が協議会スキームである場合、同スキーム終結後に保証債務の整理に関する第二次対応が開始（単独型）されたときは、残存資産の範囲は自由財産の範囲に限定されますが、同スキーム終結前に第二次対応が開始（一体型）されれば、自由財産の範囲を超えて残存資産とする余地が生じることから、保証人がインセンティブ資産を残存資産に含めることを希望するときは、同スキーム終結前に第二次対応が開始されるように手続を進めることに留意が必要です。

2 単独型の留意点

(1) 保証人及び支援専門家による事前の金融調整

単独型は、主たる債務及び保証債務を協議会スキームで一体整理を図る一体型とは異なり、原則として協議会スキーム以外の手続で主たる債務を整理するため、一体型と比べて対象債権者の理解を得ることが困難となります。特に主たる債務の整理が法的整理手続による場合、債権者は保証人から回収を図る意向が強くなるため、弁済計画案を成立させることは容易ではありません。

そこで、保証人が整理手順において負担する費用（個別支援チームに参画する弁護士費用等）や弁済計画案策定等に要する時間が弁済計画不成立によって無に帰することを避けるため、単独型で保証債務を整理する場合は、保証人及び支援専門家においてあらかじめ対象債権者との間で金融調整を図った上、全対象債権者の積極的な事前同意を得る必要があるとされています＊。

(2) 対象債権者の範囲

主債務者が負う金融債務以外のリース債務や商取引債務の保証債務を保証人が負う場合、主たる債務の整理を法的整理手続とし、保証債務を単独型で整理するときは、これらの保証債務が顕在化しているため、弁済計画の内容として保証履行（弁済）を行う見込みであれば、偏頗弁済のリスクを回避するため、これらの保証債務に係る債権者を対象債権者に含めることを検討する必要があると考えます。

(堀口　真)

＊　髙井章光（司会）ほか「≪座談会≫経営者保証ガイドラインの運用開始から2年目を迎えて」金法2018号9頁〔藤原敬三発言〕。

第3章

特定調停

Q73　特定調停の目的

 特定調停の目的・特徴は何ですか。

1　特定調停の目的

特定調停の目的は、支払不能に陥るおそれのある債務者の経済的再生に資するため、金銭債務に係る利害関係の調整を促進することです（特調1）。すなわち、法人か個人かを問わず、債務者が経済的に破綻するおそれがある場合に、法的倒産手続の一歩手前の段階において、金銭債権を有する債権者との間で、金銭債務の支払条件の変更、担保関係の変更等の利害関係の調整を行うことにより、債務者の経済的再生を図ることを目的としています。

2　特定調停の特徴

(1)　特定調停法

特定調停は、民事調停の特例として、特定調停法により規定されています。したがって、特定調停法や特定調停手続規則に規定されていない部分については、民事調停法や民事調停規則の規定によることになります（特調22、特調規9）。特に、民事調停法17条に基づく決定（17条決定）は、当事者間において、ほとんど意見がまとまっていながら細部において一致できない場合や、また、特に金融債権者からの要望で裁判所案が提示されることにより解決を図るという場合に、多く活用されています。

(2)　民事調停手続との違い

民事調停法には規定がなく、特定調停法によって特に定められた規定がいくつかあります。

ア　公正かつ妥当で経済的合理性を有する調停条項

特定調停も他の民事調停と同様に、当事者間で合意し、その内容が調書に記載されることによって調停が成立します（民調16）。しかし、申立人が経済的に破綻するおそれがある状態なため、調停不成立となり、若しくは調停が成立しても履行ができなかった場合には、倒産手続へ移行する可能性が高いことから、調停条項については、公正かつ妥当で経済的合理性を有するものでなくてはならないとされています（特調15、17Ⅱ）。したがって、たとえ当事者間で合意したとしても、公正かつ妥当で経済合理性を有していない場合には、調停委員会は調停不成立で事件を終わらせることができるとされています（特調18）。この経済合理性については、債権者にとって破産の場合より有利であり、かつ債務者にとっても将来の返済可能性がある場合と解されています（菅野雅之「倒産ADRのあり方」『倒産の法システ厶

(4)』21頁)。

　イ　当事者の責務等

　特定調停法10条は、当事者は、調停委員会に対し、債権又は債務の発生原因及び内容、弁済等による債権又は債務の内容の変更及び担保関係の変更等に関する事実を明らかにしなければならないとしています。これは、各債権に対する弁済計画の立案を迅速かつ的確に進めるため、申立人だけでなく、相手方である債権者等にも事実を明らかにさせ、資料を提出させることとしたものです（特調規4参照）。

　ウ　判決等に基づく民事執行手続等の停止

　民事調停では、現状の変更又は物の処分の禁止その他調停の内容たる事項の実現を不能にし又は著しく困難ならしめる行為の排除を命ずることができ（民調12）、一定の要件の下で民事執行手続等を停止することができます（民調規5）。特定調停においては、①民事執行手続を停止できる場合について、「特定調停の円滑な進行を妨げるおそれがあるとき」を加え、②担保の提供なく執行停止を行う余地を認め、③裁判及び調書等に基づく民事執行の手続についても停止の対象としています（特調7。**Q77**参照）。

　エ　調停委員会作成による調停条項による解決

　申立人による調停条項案でまとまらない場合には、調停委員会から調停条項案を提示し調整を図ることも少なくありません。これは、単に調停委員会案の調停条項案を提示する場合（特調15）のほか、調停委員会が作成した調停条項をもって、当事者間で合意が成立したものとみなす制度が置かれています（特調16、17）。まず、当事者が遠隔地に居住していることやその他の事由によって出頭が困難と認められる場合に、その当事者があらかじめ調停委員会提示の調停条項について受託する旨の書面を提出していれば、他の当事者が出席してその調停条項案を受諾した場合には、全当事者間において合意が成立したものとみなされます（特調16）。また、両当事者から共同にて、調停委員会の調停条項に服する旨を記載した書面による申立てがなされ、調停委員会が作成した調停条項が告知された場合には、当事者間に合意が成立したものとみなされます（特調17）。

(3)　いわゆる17条決定（民調17）

　調停が成立する見込みがない場合において、相当であると認めるときは、裁判所は、当該調停委員会を組織する民事調停委員の意見を聴き、当事者双方のために衡平に考慮し、一切の事情をみて、職権で、当事者双方の申立ての趣旨に反しない限度で、事件の解決のために必要な決定をすることができるとされています（いわゆる17条決定。民調17）。裁判所から17条決定による調停条項案が示され、告知日から2週間以内に異議が出されなければ、当該調停条項案は裁判上の和解と同一の効力が生じます（民調18Ⅴ）。当事者において、意見がほとんどまとまっていながら細部において一致できない場合や、特に金融債権者からの要望で裁判所案が提示されることにより解決を図るという場合に、比較的多く利用されています。

（髙井章光）

Q74 特定調停の手続

 特定調停の手続はどのようなものですか。

1 事前協議
　通常は、債務者と金融債権者との間で一定の事前協議が行われ、ある程度の話し合いの土台ができた段階で、第三者である裁判所が入ることでさらに詳細について調整が期待できる、というような状況において申立てがなされるのが一般的です。

2 管　轄
　相手方の住所、営業所・事務所の所在地を管轄する簡易裁判所又は当事者が合意で定める地方裁判所若しくは簡易裁判所が裁判管轄です（特調22、民調3）。大型の事案については地方裁判所に申し立てられることが多いようです。同一の申立人に係る複数の債権者について事件はできる限り併合して行わなければならず（特調6）、同一の申立人の事件は同じ調停手続で行うことが望ましいため、裁判所は、管轄を有していなくとも、事件処理のために適当であると認めるときは、事件を他の管轄裁判所に移送し又は自ら処理することができます（特調4）。

3 申立て
　特定調停の申立てを行う債務者（特定債務者）は、金銭債務を負っている者であって、①支払不能に陥るおそれのあるもの、②若しくは事業の継続に支障を来すことなく弁済期にある債務を弁済することが困難であるもの、又は③債務超過に陥るおそれのある法人です（特調2Ⅰ）。①と②は法人か個人かを問いません。申立人が、特定調停手続による調停を行うことを求める旨の申述をすることにより手続が始まります（特調3Ⅱ）。
　特定調停の相手方は、特定債務者に対して金銭債権（貸金債権であろうと取引債権であろうと労働債権であろうと問題はありませんが、金融債権であることが一般的です）を有する者その他の利害関係人であり、具体的には特定債務者に対して財産上の請求権を有する者及び特定債務者の財産の上に担保権を有する者（以上、「関係権利者」といいます。特調2Ⅳ）です。租税債権者は、民事に関する紛争（民調1）に該当せず、対象となりません。特定債務者は、すべての金融債権者を相手にすることもできますし、一部の金融債権者のみを相手とすることも可能です。ただし、一部の債権者のみを相手としたとしても、調停条項案は公正かつ妥当で経済的合理性を有する内容のものでなければなりませんので、他の債権者と比べ著しく有利な条件での調停条項は許されないと考えられています（『一問一答特

調』21頁)。そのため、特定調停の結果について利害関係を有する関係権利者は手続に容易に参加することができ（特調9）、また、調停委員会は利害関係人を調停手続に参加させることができます（民調11Ⅱ）。

　申立人は申立てと同時に（やむを得ない理由がある場合は申立後遅滞なく）、財産の状況を示すべき明細書その他特定債務者であることを明らかにする資料及び関係権利者の一覧表を提出しなければなりません（特調3Ⅲ、特調規2）。そのほか、申立人が事業者である場合には、関係権利者との交渉の経緯及び申立人の希望する調停条項の概要を明らかにしなければならず、法人の場合は労働組合若しくは従業員の過半数の代表者の名称を明らかにしなければなりません（特調規1）。

4　調停機関による調停

　調停の申立てがなされると、裁判所は弁護士等の専門家からなる調停委員会を組織します（特調8）。ただし、裁判所が相当と認めるときは裁判官のみで調停を行うことができます（民調5Ⅰただし書）。

　進行日程については事案の内容や裁判所の運用によって異なりますが、まず申立直後に裁判所と申立人との間で準備期日が開かれ、この準備期日において申立人が求める調停内容や問題点の確認などが行われるとともに、大雑把なスケジュールが決められます。その後、申立てから1カ月以内に第1回調停期日が開催され、それ以降は1、2カ月以内ごとに調停期日が開催されます。

　申立人は（場合によっては相手方も）、調停委員会に対し、債権又は債務の発生原因及び内容、弁済等による債権又は債務の内容の変更及び担保関係の変更等に関する事実を明らかにしなければなりません（特調10）。調停委員会は、必要がある場合には、当事者又は参加人に対して事件に関係のある文書や物件の提出を求め、又は職権で事実の調査や証拠調べをすることができます（特調12、14）。申立人から調停条項案が提出されると、調停委員会は、その調停条項案が公正かつ妥当で経済的合理性を有するかについて調査を行い、また、関係権利者との意見調整を行います。

　調査の結果、問題がなく、また関係権利者も同意する場合には調停成立となり、裁判所は裁判上の和解と同一の効力を有する調停調書を作成します（民調16）。また、調停委員会が調停条項を示すことにより解決を図る場合もあります（特調15〜17）。さらに、裁判所が解決案を決定において示し（民調17）、その告知日から2週間以内に異議が出されなければ、当該解決案は裁判上の和解と同一の効力が生じますので（民調18Ⅴ）、この17条決定による解決が図られる場合も少なくありません。しかしながら、17条決定に異議が出されたり、当事者間に合意が成立しなかった場合には事件は終了します。事件終了から2週間以内に債権者が訴えを提起した場合には、調停申立時に訴えの提起があったものとみなされます（民調19）。

（髙井章光）

Q75 調停委員・調査嘱託

 特定調停における調停委員の役割を教えてください。また、調査嘱託がなされた場合の手続を教えてください。

1 調停委員の役割
(1) 調停委員会と調停委員

特定調停は、経済的再生に向け金銭債務に係る利害関係の調整を促進することを目的として（特調1）、任意の合意を斡旋する手続（裁判所内の倒産ADR）です。その手続を実施する機関が調停委員会であり、裁判所は、裁判官単独での調停の場合（民調5Ⅰただし書。強化法52条につきQ81参照）を除き、調停委員会によって特定調停を行います（特調22、民調5Ⅰ）。調停委員会は、裁判官である調停主任（民調7Ⅰ）1人及び裁判所が指定する民事調停委員（特調22、民調7Ⅱ）2人以上で組織します（特調22、民調6）。

(2) 調停委員の人選

特定調停の調停委員には専門的知識経験が必要であり、裁判所は、事案の性質に応じて必要な法律、税務、金融、企業の財務、資産の評価等に関する専門的な知識経験を有する者を指定します（特調8）。

各庁が事案に応じて、一般民事調停の調停委員に加えて、弁護士、公認会計士又は税理士等も調停委員として指定し、専門知見を活用しています。大規模複雑事案を地方裁判所で審理する場合があり、東京地裁・大阪地裁では、倒産事件に通じた弁護士及び公認会計士を選任する体制が整備されています。

(3) 調停委員・調停委員会の役割

ア 手続の実施者

調停委員は調停委員会を構成し、手続の実施者として期日に出席して、事案調査・当事者間調整・調停条項案の検討など全般的に活動して合意を斡旋します。

イ 調停前の措置

調停前の措置（特調22、民調12）は調停の進行に関する調停委員会の自由裁量的な処分です（弁済禁止命令等）。執行力はなく事実上の効果が期待され、例えば債権者に申立日現在の債権残高維持、申立日以降の預金に相殺権の不行使を求める措置命令により一時停止に相当する効果を得ます（多比羅誠「特定認証ADR制度の概要と特定調停の実務」債管119号56頁）。

ウ 積極的事案解明

債務者と金融債権者の間で事前協議を経て、話し合いの土台をもって申立てがなされることが一般的です。民事調停一般に事前準備が必要ですが（民調規9）、と

りわけ特定調停では、手続当初から債務者の資産負債の全体像を明らかにすることが求められ（特調3Ⅲ）、当事者は債権債務の発生原因や内容を明らかにする義務を負い（特調10）、第1回期日前に資料が整うことが期待されます。

その上で調停委員会が手続進行を主導し、当事者双方から事情を聴取し、調整します。調停委員会は自ら職権で事実の調査をし、必要な場合には証拠調べもできます（職権調査主義。民調12の7Ⅰ）。

エ　調停条項案の検討・作成

調停条項案は原則としてまず債務者が提示するので、公正かつ妥当で経済的合理性を有する内容であるかを調停委員会がチェックします。調停委員会は自ら調停条項案を作成して提示できます。特定債務者の経済的再生に資するとともに、公正かつ妥当で経済的合理性を有する内容でなければなりません（特調15～17）。

オ　調停に代わる決定をする際の意見

調停が成立する見込みがない場合に相当と認めるとき、裁判所は当事者双方のため衡平に考慮し、一切の事情をみて、職権で、当事者の双方の申立てに反しない限度で、事件の解決のために必要な決定ができます（いわゆる「17条決定」。民調17、特調20、17Ⅱ）。決定に際して、裁判所は調停委員の意見を聴きます。

2　調査嘱託がされた場合の手続

(1)　調査嘱託とは

調査嘱託は尋問、鑑定等と並ぶ証拠調べの方法の一つ（調査の嘱託を受ける者が証拠方法）であり、調停委員会は、官公庁その他相当であると認める者に必要な調査を嘱託できます（特調規9、民調規16）。実務上、調査嘱託を活用するのは、事業再生計画案を前提とする比較的大規模で複雑な法人事案を地方裁判所で扱う場合で、その中でも特に必要が認められる場合に限られています。

(2)　調査嘱託の手続、内容

調査嘱託を行う場合、調停委員会は、事前相談を経て、調停申立後速やかに、第1回期日前に、事業再生の知見を有する弁護士に調査を嘱託し、事業再生計画案の合理性・相当性について調査・評価を命じます。弁護士は公認会計士を補助者として調査します。予納金は更生・再生並みになります。調査報告書の提出期限は事案によりますが、概ね1～1.5カ月程度です。調査調整が終わって合意成立見込みの生じた時が望ましいとの指摘もあります（『はい6民』562頁）。その内容は、債務者の実態BSを作成した上、事業再生計画案について実現可能性、清算価値保障原則等を検討するなど詳細であり、裁判所、調停委員会、債権者らが、事業再生計画案が公正かつ妥当で経済的合理性を有する内容であるかを判断する重要な資料として機能します。第1回期日で調査嘱託について説明し（事業再生ADRの概要説明会議に相当）、報告書提出後、説明や質疑の機会を設けた上、第2回期日で計画案（調停条項）を説明（同協議会議に相当）して、第3回期日で合意を成立させることが目標になるでしょう（同決議会議に相当）。実際の審理期間は1カ月程度、場合によっては1年以上かかるケースもあります。

（清水祐介）

Q76 調査の方法

 調停手続において、調査が必要な事項が生じた場合の調査方法について教えてください。

1 調査の必要性（当事者の責務と職権調査）
(1) 資料の必要性

特定調停は経済的再生に向けた任意の合意を斡旋する手続であり、その調停条項は公正かつ妥当で経済的合理性を有するものでなければなりません（特調15、17Ⅱ）。調停委員会は債務者が提示する調停条項案が公正かつ妥当で経済的合理性を有するか判断し、場合によっては自ら条項案を作成するので、残債務額や支払能力など調停条項案・事業再生計画案に関する事項全般について正確な資料が必要です。

(2) 当事者の責務

債務者は、申立てと同時に、やむを得ない場合でも遅滞なく、財産の状況を示すべき明細書その他特定債務者であることを明らかにする資料及び関係権利者の一覧表を提出しなければならず（特調3Ⅲ、特調規2Ⅰ）、当事者双方が、債務の発生原因及び内容、弁済等による債権又は債務の内容の変更及び担保関係の変更等に関する事実を明らかにしなければなりません（特調10、特調規4）。調停委員会は、必要がある場合には、当事者又は参加人に対して事件に関係のある文書又は物件の提出を求めることができます（特調12）。罰則（特調24Ⅰ）に裏付けられた強力な制度であり、当事者の責務規定（特調10）の実効性を確保しています。

(3) 職権調査

職権調査主義が採用され、調停委員会は自ら職権で事実の調査や証拠調べができます（民調12の7Ⅰ）。特定調停では、民事訴訟法の例による厳格な証拠調べ（民調22、非訟53）よりも、事実の調査が多く利用されます。事実の調査は、民事訴訟法の厳格な規定によらず資料を収集するものであり、当事者や参考人からの事情聴取、書証、意見聴取など様々な方法で機動的に行われます。

2 事実の調査

便宜のため、様々な者に事実の調査をさせることができます。①調停主任（民調7Ⅰ）である裁判官（民調12の7Ⅱ）、②当該調停委員会を組織する（主任以外の）調停委員（民調規13Ⅰ）、③裁判所書記官（調停主任である調停委員が調停委員会の決議により命じます。民調規13Ⅱ）に加えて、④他の地方裁判所又は簡易裁判所に事実の調査を嘱託することができ（民調22、非訟51Ⅰ）、⑤嘱託により職務を行う裁判官はさらに他の裁判所に嘱託することができ（非訟51Ⅱ）、⑥嘱託を受

けた裁判所は、調停委員又は裁判所書記官に事実の調査をさせることができます（民調規15Ⅰ）。調停委員に意見の聴取をさせることもできます（民調規15Ⅱ）。

3　意見聴取

調停委員会は他の裁判所に関係人の意見聴取を嘱託できます（民調規14）。

当事者からの意見聴取のほかにも意見聴取ができます。調停委員会は、特定調停のために必要があると認めるときは、官庁、公署その他適当であると認める者に対し、意見を求めることができます（特調14Ⅰ）。当該調停委員会を組織していない調停委員の専門的な知見に基づく意見を聴取することもできます（民調規18）。法人の申立てに係る特定調停については、当該申立人の使用人その他の従業員の過半数で組織する労働組合、又は過半数を代表する者の意見を求めます（特調14Ⅱ）。

4　調査嘱託

(1)　調査嘱託の利用

調停委員会は、必要な調査を官庁、公署その他適当であると認める者に嘱託することができます（特調規9、民調規16）。実務上、調査嘱託を活用するのは、比較的大規模で複雑な事案を地方裁判所で扱う場合で、その中でも特に必要が認められる場合に限られています。事業再生の経験と知識を有する弁護士に調査嘱託し、弁護士は公認会計士を補助者として事業計画案の合理性・相当性を調査し、調停期日にも同席するなど活動します（鹿子木康「東京地裁民事第8部における特定調停の運用状況」債管119号65頁）。

(2)　調査の内容

調査嘱託に付される事業再生計画案の調査事項は、債務者の財務内容、事業内容・事業計画に基づく再建の見込み、弁済計画の遂行可能性、相当性（破産配当との比較）等です。事案によって債権者が調査希望事項（隠匿資産の有無、他の金融機関への偏頗行為や担保提供の有無、コンプライアンス体制の整備状況など）を申し出る場合もあります。調査報告書の提出期限は、事案にもよりますが、概ね1〜1.5カ月程度です。調査調整が終わって合意成立見込みの生じた時が望ましいとの指摘もあります（『はい6民』562頁）。

(3)　調査報告書

調査を嘱託された弁護士は、公認会計士を補助者として調査を行い、報告書を作成します。事案により異なりますが、概ね①当事者等から事情を聴取し、財務資料の提供を受け、②債務者が作成する実態BSを精査して債務超過の有無・額を検討し、③窮境に陥った経緯と原因を分析し、その除去が再建計画案で図られているかを検討し、④将来の資金計画や損益計画、債務免除益その他税務処理など再建計画を検討し、⑤詐害行為、相殺禁止、役員損害賠償事由などを検討した上、⑥弁済計画案の公平性、清算価値保障を検討します（多比羅誠「事業再生手続としての特定調停」新堂幸司＝山本和彦編『民事手続法と商事法務』19頁（商事法務、2006年））。報告書は裁判所、調停委員会、債権者が、事業再生計画案・調停条項の公正性、妥当性、経済合理性について判断する重要な資料となります。

（清水祐介）

Q77　民事執行手続停止の制度

 特定調停を利用する場合に民事執行手続を停止する方法を教えてください。民事調停における場合の方法との違いは何ですか。

1　民事執行手続の停止の制度
(1)　特定調停手続における民事執行手続の停止の制度の趣旨

特定調停手続により、債権者と債務者の間で合意をしようとしている際に、債務者に対する債務名義に基づく強制執行や担保権の実行手続としての民事執行手続が進行し、債務者の経済的再生に必要な財産が処分される事態となると、特定調停の前提が失われ、目的を達し得ないことになります。例えば、債権者がことさら調停を有利に進めようとして民事執行手続としての差押えをした場合（濫用的な民事執行手続の利用といえるような場合）や、民事執行手続の開始後に特定調停の申立てがなされて、差押債権者も民事執行手続は取り下げないが、特定調停手続には応じてよいという意向を持っている場合などです。

特定調停手続では、特定調定事件の係属する裁判所は、事件を特定調停によって解決することが相当であると認める場合に、特定調停の成立を不能にし若しくは著しく困難にするおそれがあるとき、又は特定調停の円滑な進行を妨げるおそれがあるときは、当事者（債権者又は債務者）からの申立てにより、特定調停が終了するまでの間、担保を立てさせて、又は立てさせないで、特定調停の目的となった権利に関する民事執行の手続の停止を命ずることができます（特調7Ⅰ本文）。

(2)　特定調停手続における民事執行手続の停止の対象及び停止のための手続

停止の対象となるのは、債務名義に基づく強制執行や担保権の実行手続としての民事執行手続ですが、給料、賃金、賞与、退職手当及び退職年金並びにこれらの性質を有する給与に係る債権に基づく民事執行の手続については、これら労働債権の保護の観点から、停止の対象から除外されています（特調7Ⅰただし書）。また、公租公課に基づく滞納処分は、そもそも公租公課である債権が特定調停手続における権利調整の対象となりませんので、滞納処分も停止の対象とはなりません。

特定調停法上の民事執行手続の停止を申し立てようとする者は、①当該民事執行の手続の基礎となっている債権又は担保権の内容、②当該民事執行が担保権の実行手続である場合は担保権によって担保される債権の内容、③当該民事執行の手続の進行状況、④特定債務等の調整に関する関係権利者の意向、⑤調停が成立する見込みについて明らかにし、その証拠資料を提出し（特調規3Ⅰ）、申立ての理由を疎明する必要があります（特調7Ⅲ）。民事執行手続を停止するためには、「事件を特定調停によって解決することが相当であると認める場合」であることが要件となっ

ていますので、申立人（債務者）が相手方債権者らの意向について何ら疎明をしない場合や、特定調停が不動産競売事件の売却実施命令や開札期日の直前に申し立てられた場合（特定調停の申立てが民事執行手続の停止を主目的とするものと認められる場合）には、この要件を欠くことになると考えられます。

　裁判所は、必要があると認めるときは、停止の申立ての対象となっている民事執行の関係権利者を審尋することができます（特調規3Ⅱ）が、審尋の方法は特に限定されていませんので、書面やファクシミリ、電話による審尋も可能と解されます。

　裁判所が民事執行の停止を命じた場合、停止の命令に対して即時抗告ができる（特調7Ⅳ）ほか、当事者の申立てにより、裁判所は、担保を立てさせ又は立てさせないで、当該民事執行手続の続行を命ずることができます（特調7Ⅱ）。

(3) 民事執行手続の停止の効力

　民事執行手続の停止の命令は、当該執行手続を停止するのみであり、取消しを認めるものではないため、既に差押えがなされている場合には、停止の命令後も差押えの効力は存続します。特定調停法上の民事執行手続の停止の効力は、特定調停事件が終了するまでの一時的なものであるため、特定調停が調停成立により終了した場合だけでなく、「公正かつ妥当で経済的合理性を有する内容」の調停が成立する見込みがなく特定調停が終了した場合も、停止の効力は失われます。

2　民事調停規則5条に基づく民事執行手続の停止の制度との違い

　特定調停法上の民事執行手続の停止の制度と民事調停規則上の民事執行手続の停止の制度の違いは以下のとおりです。

　(1)　民事調停規則5条は、「裁判及び調書その他裁判所において作成する書面の記載に基づく民事執行の手続」を停止の対象から除外しています。一般の民事調停において、これらの書面に基づく民事執行手続が容易に停止されることは裁判所において作成された書面の威信を保つ上で好ましくありませんが、特定調停は経済的に破綻するおそれがある債務者が債権者との間で調整を行おうとする手続であり、仮に調停が成立しなければ法的倒産に至るおそれが少なくないことから、特定調停法では、裁判所において作成された書面に基づくものも含めて、個別の民事執行手続の停止を認めています。ただし、前述したとおり、特定調停手続においても、労働債権に基づく民事執行手続は停止の対象外です。

　(2)　特定調停法上の民事執行手続の停止においては、停止を求めることができる場合として、「調停の成立を不能にし又は著しく困難にするおそれがあるとき」に加えて、「特定調停の円滑な進行を妨げるおそれがあるとき」にも認めており、要件を緩和しています。

　(3)　民事調停規則5条に基づく民事執行手続の停止の場合は、担保の提供が必須ですが、特定調停法上の民事執行手続の停止は、担保の提供のない停止も認めています。

（上野　保）

Q78 特定調停手続の終了

 合意が成立した場合の手続を教えてください。調停条項にはどのようなことを記載するのでしょうか。諸般の事情により、積極的な合意がなされない場合の対応方法を教えてください。

1 調停条項の内容
(1) 調停条項の実体的要件

特定調停手続において当事者間に合意が成立したときは、その合意内容に従った調停条項が記載された調書が作成され、調停が成立します（民調16）。特定調停手続の調停条項は、「特定債務者の経済的再生に資するとの観点から、公正かつ妥当で経済的合理性を有する内容」でなければなりません（特調15、17Ⅱ、18Ⅰ）。「公正」とは、公平で、かつ法令に反しないことを意味し、公平には担保権者と一般債権者との間にその地位の優劣に応じた差を設けることを含みます。「妥当」とは、特定債務者の経済的再生のために適切なそれにふさわしいものであることを意味し、「経済的合理性を有する」とは、当事者の双方にとって、そのような内容の合意をすることが経済的に合理的であることをいい、特に債権者からみて、債務者が破産に至った場合の債権の回収と比較してより有利な回収ができることを意味します。

特定調停手続の調停条項が充たすべき実体的要件は「公正かつ妥当で経済的合理性を有する内容」であることに尽き、協議会やREVIC、事業再生ADRといった他の私的整理手続の再生計画において充たすべきと定められている明示の数値要件（実質債務超過解消の年限、黒字化までの年限、有利子負債の対キャッシュフロー倍率の上限値）は定められていません。調停条項が「公正かつ妥当で経済的合理性を有する内容」であるかどうかの判断は調停委員会が行うことになりますが、調停委員会は、特定調停手続に顕れた一切の資料（特調3Ⅲ、10、特調規2Ⅰ、4）を総合して判断します。調停委員会は、労働組合等に対して意見を求める（特調14Ⅱ）ほか、当事者に対して事件に関連する文書の提出を求めること（特調12）や官庁等からの意見聴取をすること（特調14Ⅰ）ができるので、それらの結果も判断の材料とすることになります。

(2) 調停条項の内容

調停調書の記載は、確定判決と同一の効力を有し（民調16、民訴267）、債務名義（民執22⑦）となりますので、調停条項に定める権利義務の内容は、一義的に明確になるように記載する必要があります。一般的に、特定調停手続の調停条項として記載される事項としては、①経済的再生に向けた基本方針、②債権額（債務額）の確認、③権利変更（債務の全部又は一部の免除、期限の猶予）の内容、④権利変更後の弁済計画及び弁済方法、⑤清算条項、⑥調停費用の負担といったものであり、

これに加えて、担保権の措置、期限の利益喪失条項、モニタリングの実施方法、利害関係人の義務などを定めることもあります。

2 調停条項案の書面による受諾

特定調停手続の当事者である債権者又は債務者が、遠隔の地に居住していること等の理由で出頭することが困難であると認められる場合は、その当事者が期日に出頭することなく調停条項案を受諾する旨の書面を提出することで、当事者間に合意が成立したものとみなすことができます（特調16、特調規7）。特定調停手続は、複数の債権者を相手方として、1つの裁判所で併合して扱うことになるため、遠隔地の当事者がいる場合や期日の都合がつかない場合でも合意を得やすくしたものです。

3 積極的な合意がなされない場合の調停成立等の方法

(1) 調停委員会が定める調停条項

特定調停手続では、当事者が共同で書面により調停委員会が定める調停条項に服する旨の申立てをしたときは、調停委員会が事件の解決のために適当な調停条項（公正かつ妥当で経済的な合理性を有するものでなければなりません。特調17Ⅱ）を定めて、当事者双方に告知することで、当事者間の合意が成立したものとみなされます（特調17）。当事者が任意に合意をすることはできないものの、調停委員会からの公的な判断が示されればそれに従う意思がある場合のために、仲裁的な解決手段を認めたものといえます。調停委員会が定める調停条項が告知された後は申立ての取下げはできず、当事者は調停委員会が定めた調停条項に拘束されます。

(2) 民事調停法17条の決定

特定調停手続は、民事調停手続の一種ですので、民事調停法17条に基づく調停に代わる決定、いわゆる17条決定の制度も利用できます。すなわち、調停成立の見込みがないものの相当な場合には、裁判所は、調停委員会の意見を聴いて、当事者双方のために衡平に考慮し、一切の事情をみて、職権で、当事者双方の申立ての趣旨に反しない限度で、事件の解決のために特定調停に代わる決定をすることができます。当事者が17条決定の告知を受けてから2週間以内に異議の申立てがなければ、17条決定は確定し、裁判上の和解と同一の効力を有することとなります（民調18）。

裁判所が17条決定をすることについて当事者からの申立ては必要ありませんが、当事者が所定の期間内に異議を申し立てれば、17条決定は効力を失います。このように17条決定は拘束力の弱い決定ではあるものの、例えば、特定調停手続の当事者となった金融機関や地方自治体が、諸般の事情により積極的な同意の意思表示をするのは困難であるものの、特定調停の成立による債務者の経済的再生に積極的に反対して法的倒産手続による処理を求めるものではないという意向の場合には、実質的な調停の成立に向けて有用な制度といえます（馬杉榮一＝坂口唯彦「北海道住宅供給公社の特定調停手続」金法1732号34頁参照）。

17条決定の内容についても、調停条項と同様に「公正かつ妥当で経済的な合理性有する内容」であることが求められます（特調20）。

〔上野　保〕

Q79　地方裁判所での審理

　地方裁判所での運用を教えてください（東京地裁、大阪地裁、その他）。

1　東京地裁における特定調停
(1)　担当部
　東京地裁における特定調停は、更生事件などを担当する商事部である民事第8部（以下「8部」といいます）が担当しています。ただし、事務分配上は、特定調停事件は民事第22部の担当であるため、受理は民事第22部で行い、その上で8部に所属する裁判官が事件を担当するという取扱いとなっています。事前相談は8部で対応しています。

(2)　対象事件
　8部における特定調停手続については、鹿子木康「東京地裁民事第8部における特定調停の運用状況」（債管119号65頁）に詳細な解説がなされています。8部の取扱事件は、以前は私的整理手続が先行した事件が中心であったようですが（鹿子木・前掲65頁では、「一定の再建計画に基づき私的整理ガイドライン又はこれに準ずる私的整理手続を経由した事件であって、相手方は当該手続において同意に至らなかった金融機関に限られるのであり、単なる債務弁済調停は当部の取扱事件ではない」とされています）、最近では、調停前において私的整理手続が実践されていないケース（中規模以上の企業）も多いようです。

(3)　申立て及び予納金
　特定調停を地方裁判所で行うには、当事者の合意が必要ですが（民調3Ⅰ）、8部では、管轄合意書がなくても、相手方が異議なく調停期日に出頭して応じれば黙示の合意があったものとして調停を進めているようです（鹿子木・前掲66頁）。また、申立てにおいては事前相談がなされる場合が多いと考えられます。筆者（髙井）が経験した事案でも事前相談を行い、今後の進行について調停委員を選任するのか、それとも調査嘱託を行うのかなどの方針について裁判官と協議しました。申立書貼付の印紙は債権額などに関わらず一律に一債権者につき6,500円のようです。予納金は鹿子木・前掲論文によると、調査嘱託における調査報酬等のため、ある程度高額にならざるを得ず、概ね1,200万円となっているようですが、実際にはケースバイケースの対応もなされているのではないかと思われます。

(4)　進　　行
　調停においては、裁判官1名の単独型と調停委員2名を選任する調停委員型があります。単独型の約半数は弁護士に対して調査嘱託を実施しているようです。ま

た、調停委員型であっても弁護士に対して調査嘱託を実施したケースもあります。事案の内容によって、単独型か調停委員型か、調査嘱託を実施するか否かが決められているものと思います。審理期間は1カ月以内で終了する場合から1年以上かかるものまで、これも事案によって大きく異なるようです。調停成立に至ることが容易ではないケースも多くあるようですが、調停成立のほか、いわゆる17条決定（特調22、民調17）により解決した事案もあります。

2　大阪地裁における事業再建型特定調停

(1) 担当部

　大阪地裁の倒産専門部である第6民事部（以下「6民」といいます）では、合意管轄により大阪地裁に申し立てられた特定調停事件のうち、法人の私的整理に係る特定調停事件が取り扱われています。大阪地裁の事務分配規程上は第10民事部（建築・調停部。以下「10民」といいます）に配付される事件ですが、同規程上、6民の裁判官が10民の裁判官とみなされて処理されることになっています。したがって、立件は10民ですが、最初の事前相談から手続の終了まで6民で取り扱われます（6民における特定調停の運用等については、『はい6民』561頁以下を参照してください）。

(2) 申立て及び予納金

　申立てに当たっては、まず裁判所書記官による事前相談が行われ、その後、裁判官との面談が行われます。この面談では、申立書のドラフトや事業再生計画案等をもとに、事件の概要・問題点や進行の方法、調停成立の見込み等について打ち合わせがなされます。なお、6民で取り扱われる特定調停では、申立ての時点で相手方である債権者に同意を求める事業再生計画案が策定されていることが前提であり、この当初の事業再生計画案の合理性及び相当性等を検証しつつ、相手方債権者の意見等も取り入れて適宜修正・調整等を行い、最終的な合意形成を目指すことになります。

　なお、申立てに際して、後述する調査嘱託先弁護士の費用・報酬に充てるための予納金を納める必要があります。金額については、調査の難易度や見込まれる調査期間の長短等を考慮し、通常再生事件の予納金とのバランスも考慮した上で、事件ごとに個別に定められることになっています。なお、6民がこれまで取り扱った事件の多くは中型ないし大型案件であり、予納金は数百万円以上とのことです（『はい6民』563頁）が、予納金の額について一定の基準があるわけではなく、実際にはある程度柔軟な対応をしてもらえるケースもあるようです。

(3) 申立後の進行等

　6民では、申立人が策定した事業再生計画案の合理性及び相当性等を調査するため、特定調停手続規則9条、民事調停規則16条に規定される調査嘱託が行われます（なお、『はい6民』562頁では、「調停が成立するためには、相手方である債権者らが事業再生計画案の合理性、相当性を認めて、これに同意することが必要」になると解説されており、申立時点で相手方債権者が同意していない場合は、調査嘱託が行われることになります）。そのため、特定調停申立時にこの調査嘱託の申立ても

行うことになります。調査嘱託先には、更生管財人経験者など倒産事件に精通した弁護士が選任され、同弁護士は、公認会計士を補助者として起用するなどして、事業再生計画案及び資料を精査して調査結果を報告するだけでなく、申立人及び相手方債権者その他の関係者からのヒアリング、論点整理、意見調整等も行い、合意形成に向けた活動も行います。

調停は裁判官の単独調停の方法で行われ、調停期日は調査嘱託先弁護士も同席して開かれるのが通常です。調停期日は、調査嘱託先弁護士の調査と並行して進行し、当該調査等の過程で明らかとなった論点や当事者の意見等を共有しつつ、論点の絞り込みや事業再生計画案の修正等を適宜行いながら、合意形成へ向けて進められます。なお、大阪地裁では、いわゆる17条決定がなされた例はないとのことです。

(4) その他

近時、事業再生ADR手続において、法人とともに保証人である代表者個人が経営者保証GLに基づき保証債務の整理を同時申請していた事案について、法人と代表者とを併せて大阪地裁に特定調停の申立てをして受理された例があるとのことです。

3 他庁の例

東京地裁及び大阪地裁以外の地裁においても、上記手続に準じた事業再生型の特定調停が取り扱われている例や、申立会社の規模などから低額の予納金で運用を実施している例があるとのことであり、司法型の私的整理として活用が期待されるところです。

4 具体的事例

特定調停は非公開の手続であり、対外的には情報公開がなされないことがほとんどですが、少し古くなるものの、公開された事案についてご紹介します。

(1) クリスタ長堀株式会社

第三セクターである同社につき、6民に申立てがなされた後、8カ月間合計5回の調停期日で調停成立となった事案（中森亘＝中西敏彰「「クリスタ長堀株式会社」の特定調停による再建事例」債管120号4頁以下）。

(2) 北海道住宅供給公社

地方公社として初めて特定調停手続により再生した事例（馬杉榮一「「北海道住宅供給公社」の特定調停手続」債管120号9頁以下）。

(3) 千葉県住宅供給公社

第三セクターである同社につき、8部に申立てがなされた後、9回の調停期日を経て、約1年後に17条決定により成立した事例（判時1884号144頁。多比羅誠「事業再生手続としての特定調停」新堂幸司＝山本和彦編『民事手続法と商事法務』36頁（商事法務、2006年））。

（髙井章光＝中森　亘）

Q80 清算型特定調停

 会社を清算する予定で特定調停にて負債処理ができますか。

1 清算型特定調停の問題点
(1) 会社清算をする場面において特定調停を活用する意義
債務超過の状態にて会社を清算する方法としては、破産や特別清算があります。しかしながら、破産は破産管財人による短期間での換価処分を予定しており、事業用資産の処分や担保不動産の処分において十分な時間をかけて高額での処分することが困難な場合があります。また、特別清算は株式会社以外の法人は対象外とされ、さらに会社を解散させた上での手続であるため、事業が継続している場合には利用しにくい場合があります。解散後の2カ月間の弁済禁止期間を経てからの手続とならざるを得ない点も利用しにくい理由となります。

他方、特定調停は、株式会社以外の法人でも利用することができ、会社を解散させずに手続に入ることができるため、迅速かつ、事業活動を完全に停止しないままでも対応が可能となります。さらには、最近では、経営者保証GLを利用して保証人について特定調停にて債務免除を得る場合が多くなっていることから、法人と保証人を特定調停で併合審理することによって、一体的解決を図ることができることにも大きな利点を見出すことができます。

(2) 問 題 点
特定調停法1条は、「この法律は、支払不能に陥るおそれのある債務者等の経済的再生に資するため」と記載し、「債務者等の経済的再生」を目的としていることから、清算型特定調停は許容されないのではないか、という疑問が生じます。このような疑問・問題は、同じく再建型手続である民事再生や会社更生、旧法の和議においても問題点とされています（民事再生に関する論文として、富永浩明「民事再生手続の発展的利用」『実務と理論』51頁、佐村浩之＝内田博久編著『民事再生〈リーガル・プログレッシブ・シリーズ12〉』327頁〔内田博久〕（青林書院、2014年）参照）。

2 清算型特定調停の許容性
(1) 他の再建型手続との比較
先ほど述べたように、再建型手続である民事再生等においても、清算目的での利用が問題とされていましたが、現在においては清算目的の利用を認める見解が多く、実務でも事例が積み重なっている状況にあると考えられます。例えば、民事再生について、富永・前掲論文では、①民事再生は事業の再生を図ることを目的としているが（民再1）、会社更生も事業の維持更生を目的としており、それにもかかわらず会社更生法185条1項で清算的更生計画を許容していることから、民事再生

でも清算的再生計画は許容されてよい、②債権者において特段の不利益は生じない、という理由で、清算型民事再生を肯定しています。

(2) 清算型特定調停の許容性

前述のとおり、清算目的での特定調停の利用の必要性が十分に存在するにもかかわらず、これまで清算型特定調停に関して検討した論考はないようです（なお、本書追補版38頁〔髙井章光〕では、肯定する結論のみ述べています）。特定調停法1条の「債務者等の経済的再生に資するため」という法文をどのように解するかが一番の問題となります。

特定調停は民事調停の特則であり（特調1、22）、そもそもは当事者の協議によって解決を図るという制度です。民事調停法1条は、「民事に関する紛争につき、当事者の互譲により、条理にかない実情に即した解決を図ることを目的とする」としていますから、清算目的にて債権者・債務者間にて金銭債権処理を協議し解決を図ることは、民事調停では何ら問題はありません。民事調停での処理が問題ないものであれば、特定調停において、その特徴である多数の債権者の集団的な紛争解決を図る機能を利用して、清算目的にて債権者・債務者間の金銭債務の解決を図ることとしても何らの不都合はないはずです。特定調停は、民事調停を集団的債権処理の場面でより運用しやすい内容とした手続ですが、民事調停との手続上の差はそれほど大きいものはなく、債権者・債務者双方とも、民事調停と比べた場合に、特定調停における負担の違いはほとんどありません（民事執行手続の停止制度の適用が拡大している点がありますが、当事者にとって重大な問題とまではいえません）。他方、民事再生など他の法的再生手続は、債権者の権利行使に何らの制約のない状況と比べて、手続に入ると債権者の権利行使に著しい制約がかかりますので、手続の適用範囲を拡大することについては慎重になるべきという議論が生じます。

特定調停は民事調停と比べて、債権者の権利行使における制約にはほとんど違いはありませんので、その適用範囲を厳格に制約する必要はないと考えます。したがって、特定調停法1条の「債務者等の経済的再生に資するため」とは、特定調停利用における主要な利用目的について、その制度趣旨を明確にするために掲げたに過ぎず、この目的以外の利用を厳格に許さないとするものではないと考えます。なお、筆者が申立代理人となって事案において、清算目的での特定調停の成立事例があります（髙井章光＝犬塚曉比古「清算型スキームの中で主債務を特定調停手続で整理するとともに、保証債務についても「経営者保証ガイドライン」に則り特定調停手続にて一体的に整理した事案」債管153号99頁参照）。

(3) 清算型特定調停の要件

清算型特定調停が許容されるとしても、調停条項は、「公正かつ妥当で経済的合理性を有する内容のものでなければならない」（特調15、17Ⅱ）とされており、この経済的合理性の内容には清算価値保障原則が含まれるとされていますので（『一問一答特調』9頁）、破産の場合よりも弁済額が多額である必要があります。ただし、清算型手続一般にいえることですが、予想破産配当率との優位性がわずかとならざるを得ない場合も少なくありませんので、わずかでも予想破産配当率より優位であれば、清算価値は保証されており経済的合理性が認められることになります。

（髙井章光）

Q81 特定調停と他の手続との連携

 他の手続（事業再生ADRや協議会の手続）と連携して利用される場合について教えてください。

1 特定調停が選択される理由

　事業再生ADR又は協議会の手続が難航した場合に、債務者は法的手続を直ちに選択せず、特定調停手続を選択することがあります。その理由としては、①（金融調整のみを原則とする）私的整理における交渉結果を極力有効活用したい（そのため可能であれば私的整理の延長的な性格を有する特定調停手続でまとめたい）という関係者の思いに加えて、②特定調停においては17条決定を行うことが認められているため、最終的には同決定による解決も視野に入れることができるからです。ここでいう17条決定とは、民事調停法に定められた手続であり、同法17条は「裁判所は、調停委員会の調停が成立する見込みがない場合において相当であると認めるときは、当該調停委員会を組織する民事調停委員の意見を聴き、当事者双方のために衡平に考慮し、一切の事情を見て、職権で、当事者双方の申立ての趣旨に反しない限度で、事件の解決のために必要な決定をすることができる」と規定しています（なお特定調停法22条は「特定調停については、この法律に定めるもののほか、民事調停法の定めるところによる」と規定していることから、17条決定の利用が可能となっています）。ただし17条決定に対しては、当事者又は利害関係人は当事者が決定の告知を受けた日から2週間以内に異議の申立てをすることができるとされています（民調18Ⅰ）。

　なお、強化法52条は事業者が特定調停の申立てをした場合（当該調停の申立ての際に特定調停法3条2項の申述をした場合に限ります）において、当該申立前に当該申立てに係る事件について事業再生ADRが実施されていた場合には、裁判所は、当該手続が実施されていることを考慮した上で、民事調停法5条1項ただし書の規定により裁判官だけで調停を行うことが相当であるかどうかの判断をすることを要求しています。また、日弁連では、中小企業金融円滑化法が2013年3月末日に終了したことへの対応策として、主に中規模以下の中小企業の事業再生を支援するため、最高裁、中企庁と協議の上、特定調停制度を活用するスキームを策定し、同年12月から同スキームの運用が開始されています（Q83参照）。

2 特定調停手続の留意点

　この点、協議の場面が他の手続から特定調停に変わったことによって債務者・債権者間の状況の改善が図れる可能性は存在し、また特定調停の中において、弁済金

額・弁済条件を改めることによって、対象債権者の理解が得られやすくなることもあります。しかしながら17条決定に対しても前述の異議制度が設けられている点には留意が必要です（かつて第三セクターを巡るケースでは17条決定を関係者が尊重するケースは存在しましたが、そのようなケースと異なり、他の手続において対象債権者が反対した理由を掘り下げて分析する必要があるかと思います）。そのため、債務者代理人としては特定調停手続が不成立に終わった場合の対応方法も検討しておく必要があります。

3　特定調停の相手方

特定調停を利用する場合には、①従来の私的整理における対象債権者全員を相手方とする方法と、②反対意見の対象債権者のみを相手方とする方法が存在します。この点、前者の方法は公平ですが、特定調停が長期化するおそれがあります。また後者の方法の中には、［②－1］私的整理を維持した上で行う方法と、［②－2］反対意見の対象債権者には私的整理から離脱してもらった上で私的整理を成立させる方法が存在します。このうち［②－1］の方法はやはり公平ですが、私的整理自体が長期化するおそれがありますし、［②－2］の方法は私的整理は長期化しない反面、公平性に疑義が生じるおそれがあります。このようにいずれの方法にも一長一短がある以上、各事案の状況に応じて使い分けるべきと思われます。

4　裁判所との事前相談等

ところで、特定調停を申請する際にはあらかじめ裁判所に事前相談を行うことが望ましいと思われます。これは、①裁判所によっては私的整理から特定調停に移行する際に一定の前提条件を付して運用している場合があり、②特定調停については債務整理について相応の知識・経験を有する調停委員候補が調停委員に選任されることが望ましいところ、そのような候補を当該裁判所が有しているかどうかは各裁判所の状況によるからです。次に、私的整理においては一時停止を求めている場合が多いですが、特定調停には民事再生等に設けられている保全処分が存在しません。そこで、①特定調停手続に移行した場合、当該一時停止に代わる調停前の措置命令（民調12Ⅰ）を求めるか、②求めるとしてどのような内容であれば裁判所が対応可能かについても事前に相談を行うことが望ましいと思われます。また、特定調停の進め方はかなり柔軟なケースが多いかと思われます。例えば、短期間で案件をまとめる必要があり、かつ裁判所等の協力が得られる場合には1～2週間程度で期日が設定されるケースもあります。他方、それほど短期間でまとめる必要がない場合には1カ月程度の期間をおいて期日が設定されるケースもあります。さらに特定調停全体の進め方も、既に存在する計画案をベースに調停委員が内容を検証して計画に対する意見を述べる場合もあれば、債務者・債権者の意見を聴取しながら段階的に合理的な調停案を形成していくケースもあるかと思われます。

（柴原　多）

Q82　特定調停の税務

 特定調停によって債務免除を受けた場合の債務者側・債権者側の税務対応について教えてください。

1　解　説

　国税庁は2014年6月27日、「特定調停スキームに基づき策定された再建計画により債権放棄が行われた場合の税務上の取扱いについて」と題する日弁連と日税連の連名による文書照会に回答しました。照会は、中小企業の再生のため、簡易裁判所の特定調停制度を活用したスキーム（特定調停スキーム）を利用した場合の債権放棄について、債権者における法人税基本通達9−4−2の適用、及び債務者における法人税基本通達12−3−1の適用について対象としました*。
　特定調停スキームは、REVICや事業再生ADR等の私的整理手続のバリエーションの一つであり、中小企業の再生支援を目的に日弁連が最高裁や中企庁と協議し、日税連も検討に参加して策定したものです。
　国税庁の文書回答によると、簡易裁判所の特定調停制度を活用した特定調停スキームを利用した場合、①債権者側は、法人税基本通達9−4−2の合理的な再建計画に基づくもので相当の理由がある場合に該当し、債権放棄により供与される経済的利益の額は寄附金の額に該当しないものとされ損金の額に算入できること、②債務者側は、法人税基本通達12−3−1(3)の多数の債権者によって協議の上決められ、決定について恣意性がなく、内容に合理性があると認められる場合に該当し、期限切れ欠損金の損金算入の適用が可能となることが明らかにされました。

2　債権者の税務取扱い

　債権者である法人が有する金銭債権を放棄した場合の税務処理の論点としては、寄附金と貸倒損失の2点があります。

(1)　寄　附　金

　法人税基本通達9−4−2においては、法人が債権放棄等（債権放棄、無償・低利貸付け等）をした場合において、その債権放棄等が合理的な再建計画に基づくもので、相当な理由があると認められるときは、債権放棄等により供与する経済的利益の額は、寄附金の額に該当しないものとされています。そして、合理的な再建計画かどうかは、支援額の合理性、支援者による再建管理の有無、支援者の範囲の相当性及び支援割合の合理性等について、個々の事例に応じ、総合的に判断しますが、例えば、利害の対立する複数の支援者の合意により策定されたものと認められ

---

* http://www.nta.go.jp/shiraberu/zeiho-kaishaku/bunshokaito/hojin/140630/index.htm

る再建計画は、原則として、合理的なものと取り扱うこととされています。

　国税庁文書回答によれば、特定調停スキームは、所定の手順に従い、利害が対立するすべての債権者の同意を得て策定された再建計画であり、通達の定める支援額の合理性、支援者による適切な再建管理、支援者の範囲の相当性、支援割合の合理性等を有すると考えられるため、特定調停スキームを利用した場合、合理的な再建計画に基づくもので相当の理由がある場合に該当し、債権放棄等により供与される経済的利益の額は寄附金の額に該当しないものとされ損金の額に算入できることとされました。

(2) 貸倒損失

　法人税基本通達9－6－1(3)においては、法人の有する金銭債権について、法令の規定による整理手続によらない関係者の協議決定で、行政機関又は金融機関その他の第三者のあっせんによる当事者間の協議により締結された契約で合理的な基準により負債整理を定めているものは、その事実の発生した日の属する事業年度において貸倒れとして損金の額に算入することとされています。

　特定調停スキームの国税庁照会において、貸倒損失に関する記載はありませんが、債務者の財務状況によっては寄附金よりも貸倒損失に該当する場合もあります。国税庁は、質疑応答事例「法人税基本通達9－6－1(3)ロに該当する貸倒損失(特定調停)」において、特定調停スキームによって策定された再建計画に基づき、金銭債権のうち回収することができないと認められる部分の金額を放棄（切捨て）した場合には、貸倒れとして損金算入することができる旨を明らかにしています。

　なお、寄附金に該当しない損金と貸倒損失とは、法人税法上の損金という意味では同じですが、貸倒引当金の計算や消費税の貸倒控除の計算等で違いが生じます。

3　債務者の税務取扱い

　法人が債務の免除を受けた場合の税務処理の論点としては、期限切れ欠損金と資産の評価損の2点です（【参考図】）。

(1) 期限切れ欠損金

　法人が債務の免除を受けた場合、債務免除益に対する不合理な課税を防ぐため、法的整理手続や私的整理手続でも債務の免除等が多数の債権者によって協議の上決められる等その決定について恣意性がなく、かつ、その内容に合理性があると認められる資産の整理がある場合には、法人税法施行令117条5号の再生手続開始の決定に準ずる事実等に該当し、法人税法59条2項（会社更生等による債務免除等があった場合の欠損金の損金算入）、いわゆる期限切れ欠損金の適用が認められます（法人税基本通達12－3－1(3)）。

　期限切れ欠損金とは、法人の設立以後に発生した欠損金のうち、青色欠損金（事業年度開始日前9年以内の年度に開始した年度に発生したもの）よりも前に発生したものをいいます。

　国税庁文書回答によれば、特定調停スキーム、すなわち所定の手順に従って策定された再建計画が特定調停手続を経て成立し債務免除を受けた場合、債務者は法人

【参考図】

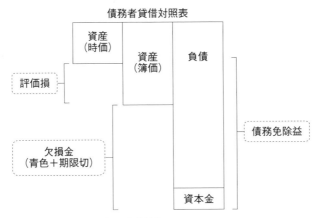

評　価　損＝資産時価－資産簿価
欠　損　金＝負債＋資本金－資産簿価
債務免除益＝負債＋資本金－資産時価

税基本通達12－3－1(3)の債務免除等が多数の債権者によって協議の上決められる等その決定について恣意性がなく、かつ、その内容に合理性があると認められる資産の整理があったことに該当するため、法人税法59条2項の期限切れ欠損金の損金算入の適用が認められることとされました。なお、青色欠損金と期限切れ欠損金の両方がある場合は、青色欠損金を先に損金算入します。

(2) 資産の評価損

　法人が有する資産に含み損失がある場合、欠損金としてはいまだ実現していないため、評価損としての計上が認められないと、債務免除益課税を受けるおそれがあります。法人税法33条においては、物損の事実があった場合や法的整理手続、資産及び負債の価額の評定に関する事項等を有する私的整理手続があった場合に限って評価損の計上を認めています。特定調停スキームは、債務者の有する資産及び負債の価額の評定に関する事項等が定められていないため、法人税法施行令24条の2第1項1号には該当しないことから、法人税法33条4項に定める資産の評価損の計上は認められません。したがって、含み損資産を有する法人が特定調停スキームを利用したとしても、評価損の計上は認められないことに留意が必要です。この場合には、処分して実現損とするか、第二会社方式を用いて譲渡損を計上するか、評価損の計上が認められる法的手続や準則型の私的整理手続（ADR等）とするか等の検討が必要かと思います。

(植木康彦)

Q83 中小企業を対象とした新スキームの概要・手続

 中小企業を対象とした簡易裁判所での特定調停の運用方法・手続について教えてください。

---

1 中小企業金融円滑化法の出口対応としての特定調停活用の意義
(1) 中規模以下の中小企業の再生のプラットフォームとしての特定調停

　中小企業金融円滑化法終了後、多くの中小企業が経営破綻の危機に陥っていると考えられます。しかし、金融機関との間で、中規模以下の中小企業が、中立な第三者機関の関与の下で負債処理を協議する場（プラットフォーム）は、私的再生手続では協議会、REVICしかありませんでした。そこで、最高裁、日弁連、中小企業庁等の関係団体の調整を経て、2013年12月から、特に中規模以下の中小企業の再生を図るプラットフォームとして、これまであまり中小企業の再生には利用されていなかった特定調停の新しい運用が開始されました。

(2) 中規模以下の中小企業事業再生における特定調停の利点

　中規模以下の中小企業は、事業基盤が脆弱であり、倒産という風評被害をできる限り避ける必要があるため、再生のための手続としては金融債権者のみを相手とする私的整理が望ましいと考えられます。特定調停においては、金融債権者のみを相手とすることができ、裁判官や企業再生の専門的知識経験を有する調停委員の仲介を受けることによって債権者の賛成を得ることが期待できますし、民事調停法17条に基づく裁判所の決定によって解決を図ることが期待できます。また、一定の条件を満たせば、債務免除について債権者側にて無税償却が認められていますし、債務者側においても期限切れ欠損金を免除益に充当することが認められています（**Q82**、特定調停における税務については、後藤登「事業再生における会計・税務」日本弁護士連合会・日弁連法律支援センター編『中小企業のための金融円滑化法出口対応の手引き』（商事法務、2013年）を参照してください）。

2 新しい特定調停の運用
(1) 概　　要

新しい特定調停の運用の特徴は以下の点にあります。
① 地方裁判所本庁併置の簡易裁判所にて実施する。
② 申立前段階において、申立代理人が主体的に金融債権者と調整を実施し、その後の特定調停によって同意が得られる一定の見込みがあることを前提としている（事前調整型）。
③ 原則として、特定調停手続内において財務DDや事業DD等を実施せず、1、

2回の期日での成立を目指す。

　今後、中小企業の再生のために活用されることが増加することに備え、特定調停が比較的短期間で簡易に処理されるように、申立代理人が主導して、申立前段階に金融債権者と十分な協議・調整を行った上で申立てを行うこととされています。このため、日弁連において特定調停手引（円滑化法対応）を策定し、申立書や添付資料・調停条項案などの書式とともに公表しています（日弁連ウェブサイト及び髙井章光「特定調停を活用した新しい中小企業再生手続の運用」債管143号153頁以下参照）。

(2) 手続の流れ

　事前調整型の運用ですから、申立前の手続が重要となります。申立前の手続では、まず、受任した弁護士が税理士、公認会計士などの専門家チームを組成した上で、メインバンク等の金融機関に現状と方針を説明し、同時に再生への協力・リスケジュール（元本弁済の据置き等）の要請を行います（バンクミーティングを開催する場合もあります）。その後、弁護士らは事業計画を中心とする経営改善計画案と清算BSを作成して、金融機関に提示し説明を行った上で意見交換を行います。この意見交換を経て計画案などは修正され、金融機関において調停条項案（弁済条件）に対する同意が得られる見込みが形成された段階で、特定調停を申し立てることになります。

　この金融機関の「同意の見込み」とは、概ね、金融機関の支店の取引担当者レベルの同意が得られており、最終決裁権限者（本店債権管理部など）の同意が得られる見込みがあることなどの状況をいうとされていますが、経営改善計画案に積極的に同意をするわけではないがあえて反対もしない（したがって、民事調停法17条の決定がなされた場合には異議の申立てをしないと見込まれる）場合も含まれるとされています。「同意の見込み」の内容については、ケースバイケースの判断にならざるを得ず、申立書添付資料として提出される「経過報告書」において、各金融債権者との交渉の経過を報告することによって、申立代理人の意見を示すことになります。

　申立後の手続の進行については、ある程度の事前調整がなされているため、1、2回での調停期日において、調停委員会が、事前に作成された経営改善計画案や清算BS、調停条項案についてチェックし、債権者との意見調整が行われることを想定しています。

(3) 申立て

　相手方の住所、居所、営業所若しくは事務所の所在地を管轄する簡易裁判所又は当事者が合意で定める簡易裁判所であり、かつ地方裁判所本庁に併置される簡易裁判所に申立てを行うことになります。申立てにおいては、調停申立書・訴訟委任状・資格証明書のほか、関係権利者一覧表、経営改善計画案、特定債務者の資料等、調停条項案、経過報告書を添付することとされており、これらの添付書類の書

式は日弁連が用意しています。一通の申立書によって、複数の金融機関を相手として申し立てることが可能であり、信用保証協会の保証付き債権がある場合は、代位弁済前であっても信用保証協会を利害関係人として参加させることができます。

(4) 印　紙　代

特定調停申立てにおいては印紙の貼付が必要となります。この印紙の金額については、各裁判所において取扱いが統一されていないようです。特定調停は、他の民事調停と異なり申立人の経済的再生を図る手続（特調１）ですので、当該関係権利者の総債権額や、調停手続によって債務免除を受けた金額を経済的利益とみなして算出するのではなく、経済的利益は算出不能として、訴額を160万円、印紙代は6,500円とすることが相当であると考えます（筆者が最近経験したケースは、いずれも6,500円の印紙代として扱われました）。

破産手続では法人の場合の印紙代は1,000円、個人は1,500円とされ、民事再生においても１万円とされていることとの金額的均衡からも、特定調停の印紙代を6,500円とすることは相当であると考えます。

しかしながら、裁判所によって取扱いが異なりますので、事前に裁判所に確認し、またその負担リスクについて関係者に理解を求めておく必要があります。

(5) 経営者保証GL

保証人の保証債務処理について、会社の債務と一体処理を目指す場合には、会社と保証人と一緒に特定調停を申し立てることが考えられます。その場合、保証債務処理は経営者保証GLに従って行われることが想定されています。保証人の保証債務のみを単独で、特定調停にて経営者保証GLで処理する場合のために、日弁連は、特定調停手引（経営者保証GL）を策定しています（日弁連ウェブサイト参照）。

（髙井章光）

Q84　新スキームにおける保証人（一体型）の取扱い

　中小企業の負債処理と一緒に、経営者保証GLに対応して保証債務を特定調停で対応する運用や手続を教えてください。

1　一体型が原則形態であること

　経営者保証GLに基づく保証債務の整理には、主たる債務と保証債務の一体整理を図るケース（一体型）と、保証債務のみを整理するケース（単独型）の2つがありますが、主たる債務の整理につき特定調停の申立てをするか係属中である場合には、保証債務の整理についても、一緒の申立て「一体型」を原則とすべきです（経営者保証GL7⑵イ）。

　これに対し、主たる債務の整理として特定調停が終結した後で、保証債務の整理のために特定調停の申立てをすることは、単独型の一類型として考えられますが、残存資産の範囲が自由財産に限られ、インセンティブ資産を残す余地がなくなってしまうことに留意が必要です（経営者保証GLQA【B.各論】Q7-23）。

2　事前協議
⑴　債権者との事前調整

　日弁連では特定調停手引（円滑化法対応）を定めており、これを経営者保証GLに対応できるように改訂しています。また、保証人に関する部分として、特定調停手引（経営者保証GL）も定めています。なお、日弁連中小企業法律支援センターが編者となり出版した『特定調停運用実務』には、両手引のほか、特定調停の運用事例等も紹介されていますので、参考にしてください。

　両手引では、特定調停申立前に金融機関と事前調整を行うことを求めていますので、代理人弁護士は、税理士・公認会計士等と協力し、調停申立前に経営改善計画案、清算BS、保証人の資産目録、調停条項（弁済計画）案、表明保証書・確認報告書等を策定し、金融機関と協議して、同意の見込み（又は積極的には反対しない旨の意向を受けた上で）を得る必要があります。

　代理人弁護士は、資産調査及び資産目録の作成に当たっては、財産評定基準時点の預金残高だけでなく、過去の預金通帳の履歴を確認し、財産流出がなかったかの確認まで行うべきです。流出している場合には流出財産を戻すよう保証人を説得することも必要になります。

　対象債権者との協議において重要になるのが、保証人の残存資産の範囲の交渉（調停条項案）です。ここで注意が必要なのは、一体型の場合には、必ず主債務の処理と保証債務の処理が同時に行われることになりますので、対象債権者の回収見

込額の増加額（この算出方法については、経営者保証GLQA【B.各論】Q7－16参照）を上限として、残存資産を残すことが可能である点です。一定期間の生計費に相当する金額生計費（経営者保証GLQA【B.各論】Q7－14参照）は目安に過ぎず、これを超える残存資産を残すことも可能です。代理人弁護士は、経営者保証GL7(3)③イ～ホに掲げる要素（保証人が主たる債務者の事業再生や再生計画等に与える影響が大きいこと、信頼性など）を粘り強く説明し、理解を得ることが大切です。

(2) 一時停止等の要請：特定調停手引（経営者保証GL）4(1)

　保証人は債権者に対し、申立前に保証債務について一時停止等の要請を申し出ておく必要があります。一時停止等の要請は、原則として、主たる債務者、保証人、支援専門家（特定調停の場合には原則として申立代理人弁護士）が連名した書面により行われること、すべての債権者に対して同時に行われることが必要です（経営者保証GL7(3)①イ～ハ）。

　一時停止等の効力が発生した時点は、保証債務の弁済計画策定に当たっての財産評定の基準時となるため（経営者保証GL7(3)④ｂ）、一時停止等の要請を行った時期を明確に記録化しておくべきです。

3　特定調停手続の申立て

(1) 当事者及び管轄裁判所

　一体型の場合、保証人の債権者が主たる債務者の債権者とすべて同一であるときは1通の申立書での申立てが可能です。保証人と主債務者の債権者が一部でも異なるときは、同時申立てであったとしても、別々の申立書により申立てをすることになりますが、並行して審理することが望ましいことから、関連事件があることを申立書において明記することが必要です。

　また、管轄裁判所は、地方裁判所に併設された簡易裁判所に申し立てることが予定されています（特定調停手引（円滑化法対応）5(2)イ参照）。

(2) 申立書の記載事項及び提出すべき書類

　特定調停手引（円滑化法対応）5(2)ウや同手引の別紙、特定調停手引（経営者保証GL）6に書式、記載例のほか添付資料等が記載されていますので、参照しながら作成しましょう。

　申立書において、自由財産を超える資産を残存資産とすることを希望する場合には、その必要性について申立書に記載しておくことが望ましいでしょう。提出資料としては、保証人について、①保証人用資産目録兼予想配当総額試算表、②保証人用関係権利者一覧表、③保証人用月次収支表、④保証人用調停条項案、⑤表明保証書・確認報告書が必要です。このうち、⑤表明保証書・確認報告書の提出時期は、調停成立か17条決定のときまでに提出すれば足りますが、債権者の稟議の便宜上、早期に準備しておくべきでしょう。

4 審理

　特定調停は、主たる債務者の経営改善計画及び保証債務の弁済計画等について各債権者の同意が事前に見込まれることが前提となっていますので、1～2回の調停期日で終結することが想定されています。第1回調停期日では、調停委員が債権者の意向を確認します。事前に十分な調整が行われている場合には、第1回期日に調停成立又は17条決定が出されることになります。さらなる調整が必要な場合には、期日間に債務者と債権者との間で、残存資産の範囲や弁済条件等について協議、調整を行い、合意に達すれば、第2回期日以降に調停成立又は17条決定が出されることになります。

（宮原一東）

Q85　新スキームの想定事例・実例

 簡易裁判所において中小企業の事業再生や経営者保証人の保証債務の処理に利用される新しい特定調停の運用が想定される事例の特徴や運用された実例について教えてください。

1 新スキームの利点を活かした想定事例の特徴

中小企業の事業再生や経営者保証人の保証債務の処理のために、2013年12月より新たな運用が開始された簡易裁判所における特定調停のスキーム（新スキーム）の活用が想定される事例には、次のような特徴があります。

(1) 事業価値の毀損を回避すべきこと

新スキームは、専ら金融機関との間で債務の調整を行い、取引先には債務返済が困難となっている事実は秘匿されますので、法的再生手続でなく私的再生手続として位置づけられます。前者ですと、取引先の債務も免除の対象になるので対外的な信用を失い、取引先から現金取引を求められたり風評被害にさらされたりして、事業価値を毀損するおそれが高いというデメリットは否定できません。特に中規模以下の中小企業はかかる事業価値の毀損に耐えられないことが多く、新スキームはこれを回避することができます。

(2) 債務免除の必要があること

債務免除に対しては、モラルハザードや公平性の観点から、金融機関は一般に極めて慎重です。手続的には、債権者側の無税償却や信用保証協会による求償権放棄が認められることが必須です。中小企業の私的再生手続として協議会が多く利用されていますが、支援方法の大半はリスケジュールであり、債務免除が少ないのが実情です。

債務者企業の側から金融機関に対して事業存続のために抜本的な債務免除を求めるのであれば、司法機関（裁判官や専門家調停委員）を介した中立公正な手続という特徴があり、無税償却や信用保証協会の求償権放棄が認められる新スキームを積極的に活用することが考えられます。

(3) 柔軟な設計が求められること

事業再生ADR、REVIC、協議会等の準則型私的整理手続は、再生計画の策定手順や再生計画の内容の数値基準があらかじめ決められています。

窮境に陥った中小企業は、窮境原因、外部環境や内部資源も様々であり、どのような施策でどこまで立ち直っていけるかは千差万別です。新スキームは、調停申立てまでに、債務者企業が金融機関と協議を重ねて十分に事前調整を行うことが前提とされます。再生計画の内容や計画策定までのスケジュールを柔軟に設定する必要

がある事案であれば、新スキームが活用されるべきです。
(4) 債務者が高額な手続費用を負担できないこと
上記(3)で述べた準則型私的整理手続は、DD等の手続費用の負担が重くなりがちであるため、これらの費用負担が難しい中規模以下の企業は新スキームを利用するのが便宜です。
(5) メインバンクが不在等であること
中規模以下の中小企業は、メインバンクが不在だったり、融資額が大きくないためメインバンク主導での調整が期待できない場合が少なくないですが、この場合は債務者企業が主導する新スキームを利用するのが有効です。
(6) 17条決定が求められること
再生計画に積極的には賛成できないが異議は述べないという消極的同意のスタンスをとる金融機関が存在する場合には、17条決定（民調17）を使える新スキームが有効です。
(7) 中規模以下の中小企業による利用が期待されること
以上のとおり、中規模以下の中小企業が金融機関に対して抜本的な債務免除を求めていく事案において、広く新スキームは活用されるべきと考えられます。もちろん、経営改善を実践して実現性のある再生計画を策定し、一定の収益力を上げていくことは当然の前提となります。

2 新スキームが利用された実例
(1) 第二会社方式
金融機関が直接的な債務免除を認めることは難しいことから、次のように第二会社方式が行われています。

ア 自力で負債完済が困難な企業が、代理人弁護士を通じて金融機関と債務返済の協議を重ね、ファンドが出資して設立した第二会社に事業譲渡を行い、事業譲渡代金の一括支払を受けて負債の一部返済に充てて清算をしましたが、①第二会社方式での再建、②事業譲渡代金額、③弁済金額及び債務免除額、④特別清算手続により最終弁済を行うことについて、新スキームにより金融機関から同意を得て、調停を成立させた事案があります（高橋理一郎「新運用による特定調停手続を利用した事業再生の一例」『特定調停運用実務』）。

イ 自力での負債完済が困難な企業（分割会社）が、代理人弁護士を通じて金融機関と債務返済の協議を重ね、会社分割により事業を新設会社又は承継会社（新会社）に承継させ、新会社が対金融機関負債の一部を債務引受して10年の分割返済を行い、分割会社は会社分割後に遅滞なく破産又は特別清算の申立てを行うことを計画し、かかる計画について新スキームにより金融機関から同意を得て、調停を成立させた事案があります（日弁連主催の事業再生シンポジウム「特定調停スキームと経営者保証ガイドラインの運用と実例」（2016年3月2日開催）における宮原一東弁護士の報告）。

ウ　筆者が債務者代理人として経験した事例でも、自力で負債完済が困難な企業（旧会社）が、従業員が設立した会社（新会社）に事業を承継させ、新会社が旧会社の対金融機関負債の一部を債務引受して3年の分割返済を行い、旧会社は資産を処分して換価代金を負債の一部返済に充て、旧会社の経営者保証人は経営者保証GLに基づいて資産の一部を換価して保証債務の一部返済をしつつ自宅不動産をインセンティブ資産として残し、旧会社と経営者保証人は債務の免除を受けるという内容の再生計画について、新スキームにより金融機関から同意を得て、調停を成立させたことがあります。

(2)　今後の方向性

　新スキームは、債務者企業の実情に応じて、金融機関との協議を重ねて、柔軟に再生計画の内容やスキームを策定し、スケジュールを設定できる強みがあります。また、一体型で会社を清算して経営者保証人が保証債務の免除を受け、経営者の再起を支援するという活用方法も考えられます。中小企業の事業再生のために、様々な局面で多様な類型で活用されることが期待されます。

　　　　　　　　　　　　　　　　　　　　　　　　　　　　（堂野達之）

Q86 経営者保証GL対応特定調停スキーム（単独型）の概要・手続

 経営者保証GLに対応して保証人のみを特定調停で対応する運用や手続を教えてください。

1 運用の概要
(1) 一体型と単独型
経営者保証GLは主たる債務と保証債務の一体整理を図るよう努めることと規定し、一体型を原則としています。単独型の利用場面としては、①主たる債務について法的手続の申立てがなされ、又はこれらの手続が係属中か既に終結している場合、②主たる債務についての準則型私的整理手続が既に終結している場合、③主たる債務について準則型私的整理手続の申立てがなされ、又はこれらの手続が係属中であるが、主たる債務の準則型整理手続とは別に保証債務について特定調停手続の申立てをする場合が考えられます。

特に、債権者が、保証債務の整理について積極的な同意はできないが民事調停法17条による裁判所の決定があれば従う、という意向を示している場合などに単独型の利用が期待されます。

(2) 単独型のための手引の作成
日弁連は最高裁民事局と協議の上、2014年12月に特定調停手引（経営者保証GL）を制定しています。単独型で特定調停手続を利用する場合はこの特定調停手引（経営者保証GL）を参照して進めることになります。

2 手続の流れ
(1) 一時停止等の要請
経営者保証GLの適用を受けるためには、特定調停の申立前に、保証人が経営者保証GLに基づく保証債務の整理を申し出る必要があります。

実務上は、主たる債務者、保証人と支援専門家（多くの場合は保証人の代理人弁護士）が連名した書面で一時停止等の要請を行うことになります（特定調停手引（経営者保証GL）別紙書式8参照）。

(2) 事前調整の重要性
特定調停を円滑に行うためには調停の申立前に対象債権者と十分な事前調整を行うことが極めて重要です。特定調停を申し立てる前提として、すべての債権者から同意が得られる見込みがあることが望ましいでしょう。特定調停の申立てに際しては調停条項案の添付が求められていますので、事前調整の中で調停条項案を作成して理解を求めておくことが大切です。また、主たる債務の整理手続の終結後に保証債務の整理を開始したときはいわゆるインセンティブ資産を残すことができない点は注意が必要です。インセンティブ資産は「回収見込額の増加額」を上限として認

められることになりますし、経済合理性は主債務と保証債務を一体として判断しますので、単独型の場合は主たる債務の整理手続での弁済条件についても説明をしておきます（インセンティブ資産と経済合理性の判断基準については、Q41を参照してください）。保証人保有資産についても事前に開示した上で評価が問題となりそうなものはその裏付け資料を集め、それに基づく説明をしておくと申立後の手続が円滑に進むことになると思われます。

(3) **特定調停の申立て**

保証人（債務者）を申立人、対象債権者（金融機関等）を相手方として簡易裁判所に申し立てます。対象債権者が複数名いても通常は1件で申し立てます。

管轄についてはQ83を参照してください。

(4) **申立書の作成**

申立書の記載例については特定調停手引（経営者保証GL）の別紙書式1が参考になります。

単独型においては、一体整理が困難な理由、法的整理手続ではなく経営者保証GLで整理する理由を記載します（経営者保証GL7(3)④イa）。

経営者保証GLを利用するためには一定の要件が定められている（経営者保証GL7等）ので申立書にはこれらの要件を充たすことを記載します。

その他の記載事項として特定調停を申し立てるまでの経緯、申立前の対象債権者との交渉経過を記載します。

(5) **添付書類**

申立書には、①資産目録兼予想配当総額試算表、②関係権利者一覧表、③月次収支表、④調停条項案、⑤表明保証書・確認報告書等を添付します（特定調停手引（経営者保証GL）6(4)）。

(6) **調停期日の進行**

調停期日の進行は基本的には一体型と同じです。

第1回目の期日では申立人からの確認や対象債権者への意向確認が行われ、弁済計画案への理解が得られているのであれば調停が成立することになります。また、積極的には同意できなくても裁判所の決定であれば異議を述べないという場合は17条決定（民調17）をしてもらうことも検討します。

続行する場合でも期日間に対象債権者と交渉を行い、可能な限り2回目の期日で調停が成立するように努力します。

3　一体型と単独型の相違点

前述のように、単独型の場合は一体整理が困難である理由と、法的整理によらず経営者保証GLで処理する理由を記載する必要がありますが、それ以外の要件は同じです。特定調停を選択した場合の進行も基本的には変わりません。もっとも、経済合理性については主たる債務と保証債務を一体として判断することから単独型においては主たる債務の回収見込額を別途の資料で提出・説明する必要があります。

（石川貴康）

Q87 特定調停における調停条項(一体型・単独型)

 中小企業の再生手続を簡易裁判所にて行う新スキームにおける調停条項の内容を教えてください。

1 はじめに

新スキームにおける調停条項案は、債務整理を受任した弁護士が、税理士・公認会計士等と協力し、特定調停申立前に財務・事業DDを実施して経営改善計画案を策定し、これに基づく弁済計画案として対象債権者と事前調整を行い、特定調停申立時に提出します。主たる債務者である企業のみならず、その経営者等の保証債務を整理するために特定調停を申し立てる場合は、保証人の調停条項案も提出します。申立時に調停条項案の提出を必要とすることは、一体型、単独型いずれも同じです。

経営者保証GLに基づき保証債務の整理を特定調停手続で行う場合には、経営者保証GLに沿ったものにする必要があります。

特定調停において、当事者間の合意により調停が成立し、あるいは民事調停法17条に基づく裁判所の決定によって、弁済計画である調停条項が定まることになり、いずれも裁判上の和解と同一の効力を有します(民調17、18V)。

2 モデル条項案:日弁連作成の調停条項のひな形

新スキームは、経営改善計画案の内容として、既存債務について、金融機関による全部若しくは一部の免除、弁済期限や利息の変更(リスケジュール)、又は資本性借入金への変換(DDS)が必要とされる場合を対象としています。

日弁連は、特定調停手引(円滑化法対応)において主たる債務者についての調停条項のひな形(リスケジュール型、債務免除型、DDS型)を、特定調停手引(経営者保証GL)において保証人用ひな形(経営者保証GL対応(保証人)用、一括返済型・単独型)を、それぞれ提示しています(『特定調停運用実務』、日弁連会員用ウェブサイト参照)ので参照してください。以下、上記各ひな形を前提に説明します。

3 主債務者に関する条項で留意すべき点
(1) 弁済計画の基本方針

主債務者の経営改善計画案に基づく弁済計画、すなわち将来の収益からいくらをどの程度の期間で分割弁済を行うとか、第三者への事業譲渡や第二会社方式による事業譲渡代金により一括弁済を行い残債務の免除を受けるとか、債務の一部を資本性借入金に変更するなどの内容を記載します。

弁済計画の内容として既存債務の免除がなされる場合、対象債権者にとっては、合理的な債権放棄であるとして、寄付金の額に該当しないとされ、税務上損金の額に算入できることが必要になりますし、免除を受ける債務者としては債務免除益に対して期限切れ欠損金の利用が認められるようにしたいところです。また、信用保証協会の求償権放棄を受けるために、保証協会の求償権放棄基準に合致していることも必要となります。

これらの目的のためには、調停条項が経営改善計画案に則って作成されていることを明示する必要がありますので、調停条項案に経営改善計画案の作成日付を付して特定したり、経営改善計画案を調停調書に添付したりします。

(2) 弁済方法債務の確認

対象債権者の債権の内容と額を確認した上で、その弁済方法を定めます。具体的には、リスケジュール型では、弁済の猶予や弁済期限の延長による分割弁済の給付条項を、債務免除型では、債務免除の形成条項と分割弁済又は一括弁済の給付条項を、DDS型では、債務の一部の分割弁済又は一括弁済の給付条項と、残部を資産性借入金に変更する旨の形成条項を定めています。

また、第二会社方式で再建を図る場合には、新会社を利害関係人として参加させ、新会社が弁済を行う限度において、旧会社の債務を重畳的に債務引受し、弁済を行う旨の条項を設けることもあります。

(3) その他

期限の利益喪失条項、約定の弁済を完了した場合には担保権を解除する旨の条項、清算条項及び調停費用についての定めなどの条項を定めます。

4 保証人に関する条項で留意すべき点（表明保証条項等）

(1) 保証債務の弁済計画に定めるべき事項

経営者保証GLによる保証債務の弁済計画案においては、以下の事項を定めることが必要になります（経営者保証GL 7(3)④）。

① 単独型の場合、主たる債務と保証債務の一体整理が困難な理由及び保証債務の整理を法的債務整理によらず、経営者保証GLで整理する理由
② 保証人の財産の状況
　　財産評定時（経営者保証GLに基づく保証債務の整理を対象債権者に申し出た時点）の資産目録を作成して、別紙として調停条項に添付し、当事者相互に資産の状況を確認する旨の条項を設けます。
③ 保証債務の弁済計画（原則5年以内）及び資産の換価・処分の方針
④ 保証債務の減免、期限の猶予その他権利変更の内容
⑤ 保証債務の追加弁済に関する条項

(2) 弁済計画と残存資産

経営者保証GL 7(3)③では、経営者たる保証人が早期に主債務者の事業再生や事業清算に着手したことにより、対象債権者の回収見込み額を増加させた場合、その

増加額を限度として、経営者たる保証人に破産手続における自由財産を超える資産（以下「残存資産」といいます）の保有が認められます。そこで、回収増加額の算定を前提として、どのような財産を残存資産とし、どの財産を換価処分して対象債権者にいくら弁済するかを定めます。対象債権者に対する弁済は、担保権者その他の優先権を有する債権者に優先弁済した後、すべての対象債権者（債権額20万円以上）に対し、債権額按分による弁済を行い、その余の債務は免除を受ける内容とします。

(3) 保証債務免除の要件
ア 資産に関する表明保証

経営者保証GLは、保証債務の減免を受ける場合、保証人が資産の内容を開示して、その内容の正確性について表明保証を行うこと、その支援専門家には表明保証が適正であることを確認した旨の表明保証書の提出を求めています（経営者保証GL7(3)③柱書・⑤イ）。そして特定調停手引（経営者保証GL）ではこの表明保証書のひな形も提示していますので参照してください）。

そこで、調停調書に当該表明保証書を添付し、申立人である保証人と債権者において、表明保証書記載のとおり、保証人が表明保証した事実の確認条項を設けます。

イ 表明保証違反の場合の保証債務追加弁済に関する条項

保証人の資産の状況が表明保証した内容と異なっていたとか、資産の隠匿を目的とした贈与等がなされていたことが判明したときには、免除した保証債務相当額と免除期間分の利息を追加で支払うことを書面で契約することが保証債務免除の要件とされています（経営者保証GL7(3)⑤ニ）ので、保証債務追加弁済の条項も調停条項に記載することになります。

なお、この保証人の資産状況が表明保証した内容と異なっていた場合とは、それが保証人の過失による場合も含まれるとされています（経営者保証GLQA【B.各論】Q7-31）。ただし、2015年7月31日に改訂された経営者保証GLQA【B.各論】Q7-31では、過失の程度を踏まえ、当事者の合意により、新たに判明した資産をもって追加的に弁済することにより、債務免除失効の効果を発生させない取扱いとすることも可能としています。よって、過失による表明保証違反の場合に備えて、調停条項には当該資産により追加弁済を行うことにより、債務免除の効力を失効させない旨の条項を盛り込むことも検討しておくべきでしょう。

（渡邉敦子）

Q88 新スキーム（単独型）の想定事例・実例

 新スキーム（単独型）はどのような事案で利用されていますか。

1 新スキーム（単独型）の想定事案
(1) 主債務者につき破産手続や特別清算手続をとる事案
　主たる債務者について破産手続をとらざるを得ない場合や、主たる債務者につき特別清算手続をとる場合には、準則型私的整理手続の一つである新スキーム（単独型）により保証人の保証債務を整理することが想定されます。
　ただし、主たる債務者につき清算手続をとる場合には、以下の①が②を上回るなど、経済合理性が認められることが経営者保証GL活用の要件となります（経営者保証GL7(1)ハ及び経営者保証GLQA【B.各論】Q7－4）。
　① 現時点において清算した場合における主たる債務の回収見込額及び保証債務の弁済計画（案）に基づく回収見込額の合計金額
　② 過去の営業成績等を参考としつつ、清算手続が遅延した場合の将来時点（将来見通しが合理的に期待できる期間として最大3年程度を想定）における主たる債務及び保証債務の回収見込額の合計金額
　例えば、清算手続が1年遅延した場合に一般債権者の回収額がゼロと見込まれる一方、現在の破産又は特別清算で一定の配当又は弁済が可能な場合には、経済合理性が認められると考えられます。
　また、例えば主たる債務者の破産手続では破産債権者への配当ができない事案（異時廃止事案）であっても、保証人の資産によって現時点では一定の弁済が可能であり、かつ将来時点では保証人の資産を主たる債務者の運転資金に充てる等により保証人の資産の減少が見込まれるような場合には、経済合理性が認められ、新スキーム（単独型）の活用が可能であると考えられます。

(2) 主債務者につき再生手続や更生手続をとる事案
　主たる債務者について、再生手続又は更生手続がとられる場合にも、当該手続の中で保証債務を一体処理することは通常できないため、新スキーム（単独型）の活用が想定されます。

(3) 主債務者の準則型私的整理手続における保証債務の一体処理が困難な事案
　主債務者につき準則型又は非準則型私的整理手続がとられる場合でも、保証債務の一体処理が困難なケースでは、新スキーム（単独型）の活用が想定されます。
　具体的には、例えば保証人の資産調査に時間がかかる一方で、資金繰り等の事情から主債務者の整理は早急に行う必要があるケースや、保証人の弁済計画について、裁判所の関与が望ましい場合などが考えられます（いわゆる17条決定（民調

17）の活用が効果的と思われるケースも含みます）。

2 新スキーム（単独型）の実例

(1) 主債務者につき破産手続を選択した事案

　主債務者については破産手続を選択せざるを得なかったものの、保証人である代表者及びその配偶者については破産手続を避けるべく新スキーム（単独型）を選択し、金融機関のほか経営者保証GLの対象債権者とならない一般債権者も特定調停で整理した事案が報告されています（神戸俊昭＝塚田学「法人の代表者およびその配偶者について特定調停手続を利用し「経営者保証ガイドライン」に基づく保証債務の整理を行った事案」債管146号119頁）。

　当該事案では、代表者について全額免除による弁済額ゼロを和解内容とし、配偶者については自宅不動産を知人に売却し債権者への弁済に充てつつ、知人の協力を得て引き続き居住を認める和解内容とした点や、遠隔地の債権者に配慮し、調停期日への出席が不要な17条決定を用いた点でも実務上の工夫がみられます。

(2) 主債務者につき特別清算手続を選択した事案

　主債務者については、非準則型の私的整理手続で、債権者の了解の下でスポンサー企業へ事業譲渡をした後、特別清算手続により法人を清算し、保証人である代表者については新スキーム（単独型）を用いて保証債務を整理した事案が報告されています（山形康郎＝加藤明俊「スポンサー企業への事業譲渡後、破産手続を回避することを目的として、経営者保証ガイドラインに即して特定調停手続により保証債務を整理した事例」債管150号136頁、三村藤明＝大宅達郎「特定調停を用いた経営者保証ガイドラインの成立事例報告」NBL1030号4頁）。

　当該事案のように、新スキーム（単独型）は、非準則型の私的整理手続の出口としても活用の余地があると考えられます。

(3) 主たる債務者につき準則型私的整理手続を選択した事案

　主債務者については協議会の関与の下で第二会社方式によりスポンサーへ事業譲渡し、保証人である代表者や旧代表者については特定調停により保証債務を整理した事案が報告されています（金融庁『「経営者に関するガイドライン」の活用に係る参考事例集』平成27年12月改訂版・事例40及び41）。

　当該事案では、旧代表者の保証債務については準則型私的整理手続による一体処理をした一方で、現代表者や前代表者については、協議会の関与しない関連会社に係る保証債務も負っていたことや、より公平性、透明性を確保すべく裁判所が一定程度関与している特定調停を活用した旨が報告されています。

3 新スキーム（単独型）の利点

　新スキーム（単独型）は、主債務者の手続が清算型の法的手続（破産、特別清算）、再生型の法的手続（民事再生、会社更生）、準則型私的又は非準則型私的整理手続のいずれであっても併用可能である点や、当事者主導による事前調整の中で柔軟な計画策定が可能であるという点、裁判所が関与することにより経済合理性の検証や透明性の確保が図られる点、申立手続や期間、費用が比較的簡易・迅速・安価である点で、様々な利害関係者にとって利点の多い手続であると思われます。

（大宅達郎）

第4章

地域経済活性化支援機構

第1節 総論

Q89 株式会社地域経済活性化支援機構（REVIC）とは

 株式会社地域経済活性化支援機構（REVIC）とはどのような機関であり、私的整理の手続において、どのような役割を果たしますか。

1 REVICの設立・改組の経緯
(1) REVICの設立

REVIC（Regional Economy Vitalization Corporation of Japan：地域経済活性化支援機構）は、2008年秋以降の金融経済情勢の急速かつ大幅な悪化等を受けて我が国地域経済が低迷を余儀なくされるなか、地域経済の再建を図るため、有用な経営資源を有しながら過大な債務を負っている事業者の事業再生を支援することを目的に、株式会社企業再生支援機構法に基づき、2009年10月にETICとして設立されました。

REVICの事業再生支援については、2012年3月、中小企業金融円滑化法の最終延長が決定されたことに伴い、金融機関によるコンサルティング機能のいっそうの発揮を後押しすること等を目的とする法改正がなされ、事業者への再生支援決定期限を従前より1年半延長する等の措置が講じられました。同年4月には、内閣府、金融庁及び中企庁において政策パッケージが取りまとめられ、ETICと協議会との間で、案件の相互仲介や、ETICからの専門ノウハウの提供等に係る枠組みの整備等の連携強化が図られています。

(2) REVICへの改組

2013年3月には、地域経済の低迷が続くなか、地域の再生現場の強化や地域経済の活性化に資する支援を推進していくことが喫緊の政策課題になっていること等を踏まえた再度の法改正がなされました。事業再生支援に係る決定期限をさらに5年間（2018年3月末まで）延長する等の改正がなされるとともに、従来の事業再生支援に加えて、地域経済活性化事業活動に対する支援に係る業務を担う機関へと改組され、商号を現在のものに変更しました。この法改正により、REVICによる支援期間が3年以内から5年以内へと延長されたことと併せて、再生支援決定に係る基準が緩和され、中小企業等に対する、より足の長い事業再生支援が可能となりました。また、大規模事業者を除き、再生支援対象事業者名は、原則として公表されないことになりました。

さらに、2014年10月には、特定支援決定（機構32の2）、貸付債権等の信託引受け（機構22Ⅰ④、32の9）、特定専門家派遣業務の拡充（機構32の11）、特定組合出資業務（機構22Ⅰ⑦、32の12）等、事業再生や地域経済活性化の支援がいっそう効

果的に進められることを目的とする法改正が施行されました。

2　機構の組織概要

(1)　REVICの主務省庁、出資者等

REVICの主務省庁は、内閣府、総務省、財務省、厚生労働省及び経産省です。政府及び金融機関は、預金保険機構経由等でREVICに出資（約261億円）しており、REVICは半官半民の組織です。REVICは、東京に本社が、大阪、福岡及び仙台に事務所が、それぞれ設置されています。

(2)　地域経済活性化支援委員会

REVICには、主務大臣の認定を受けた「大規模な事業者」又はREVICの取締役会から委任を受けた事業者に対する再生支援について、再生支援の決定・撤回、債権買取り、出資、保有債権等の処分等の決定に関する判断を公正中立な立場から最終的に担う役割を負った機関として、地域経済活性化支援委員会が設置されています。

3　REVICの役割

(1)　REVICの再生支援業務の概要

REVICの再生支援業務は、事業者・主要債権者らからの事前相談に始まり、事業再生計画の策定支援、再生支援決定、関係金融機関との協議・調整、買取決定・出資決定、事業再生計画の実行、債権や株式等の処分を経て再生支援業務の完了に至ります。

(2)　事業再生計画の策定支援

事業再生計画の策定当事者は、あくまで事業者ですが、REVICは、財務、事業、法務等に係る資産査定（DD）を通じ、事業者の状況を詳しく把握し、また主要債権者の協力を得ながら、関係金融機関や経営者、株主、保証人、監督官庁・事業所管庁等の利害関係人らと個別に協議・調整を行うなど、主体的・積極的に、事業者の事業再生計画の策定を支援します。

さらに、REVICは、対象債権者に対する説明会を開催したり、対象債権者を個別に訪問したりして、事業再生計画の内容の説明を行うなど、事業再生計画の成立に向けて、利害調整を行います。

(3)　小　　括

REVICは、機構法24条1項に基づき定められた、「株式会社地域経済活性化支援機構支援基準」（平成21年内閣府・総務省・財務省・厚生労働省・経済産業省告示第1号）に厳に従って中立かつ公正な立場から再生支援決定等を行うものとされています（同告示）。また、法人税法25条3項又は33条4項（いわゆる企業再生税制）の適用を受けようとする事業者に係る事業再生の手続や事業再生計画の内容、事業再生計画における依拠すべき資産評定基準等、事業再生の準則については、「地域経済活性化支援機構の実務運用標準」で定められているなど、REVICの再生支援業務は、機構法等の法令に基づき行われます。

このように、REVICは、法令に基づき、債務者である事業者と対象債権者のいずれの立場にも属さない、利害関係のない中立かつ公正な第三者機関として、事業者の事業再生計画の策定支援や対象債権者等の利害関係人の利害調整を行うなど、手続全般にわたり主体的・積極的に関与する役割を果たしています。この結果、REVICの手続は、協議会による再生支援スキーム、事業再生ADR、私的整理GL、特定調停等の手続と同様に、利害関係のない中立かつ公正な第三者が関与する私的整理手続及びこれに準ずる手続（いわゆる「準則型私的整理手続」）に位置づけられています。

（富岡武彦＝森　直樹）

Q90 REVICによる再生支援手続

 REVICの再生支援とはどのようなものですか。

1 再生支援業務の趣旨

REVICは、先導的な地域経済活性化・事業再生のモデルを創造し、地域経済活性化・事業再生ノウハウを蓄積して地域に浸透させ、地域経済活性化に必要な専門人材の確保と育成及び地域への還流をミッションとしており、再生支援手続もその1つです。

地域経済の活性化のためには、地域における中小・中堅企業の活力が重要であることから、REVICの再生支援手続は、中小・中堅企業を主な対象としています（「大規模事業者」の取扱いについてはQ91を参照してください）。

2 REVICの再生支援手続の特徴

(1) 機　　能

REVICが有する機能の大きな特徴は、①出融資機能、②経営人材等派遣機能、③債権買取機能にあります。

　ア　出融資機能

REVICは、再生支援決定後、再生支援対象事業者に対し、「資金の貸付け（社債引受けを含む）」、「金融機関等からの資金の借入れに係る債務の保証」を行うことが可能です（機構22Ⅰ②イ・ロ）。

出資は、買取決定（又は債権買取等をしない旨の決定。以下「買取決定等」といいます）及び出資決定後に可能となります（機構31）。

　イ　経営人材等派遣機能

REVICは、再生支援決定後、対象事業者に対し、ターンアラウンドに必要な人材を派遣することが可能です（機構22Ⅰ②ニ）。

　ウ　債権買取機能

REVICが、関係金融機関等に対し、「債権の買取りの申込み」を求めた場合には、これに対して申込みを行った関係金融機関等より、債権の買取りを行うことができます（機構26）。買取価格は、「適正な時価を上回ってはならない」ため、事業再生計画に基づき金融支援がなされた後の債権残高から買取手数料（5％）相当額を差し引いた額が基準となります。

(2) 事前相談と申込当事者

REVICの再生支援の申込み（正式な申込みの時期についてはQ97を参照してくだ

さい）は、持込行となる関係金融機関等（メイン行）及び対象事業者の連名となります。したがって、事前相談（REVICによるPreDD。PreDDについては**Q95**を参照してください）をさらに進めてDDを実施するためには、メイン行と対象事業者との間で、REVICの再生支援手続を活用することについて合意している必要があります。

(3) デューディリジェンス

REVICが行うDDは、主に財務、ビジネス、法務、不動産の4種類です。

(4) 事業再生計画策定支援

事業再生計画は、再生支援申込時に添付され、当該事業再生計画をもとにREVICが再生支援決定を行います。事業再生計画の内容が再生支援決定の前提となるため、REVICの再生支援手続においては軽微な部分を除き事業再生計画の変更は想定されていません。事業再生計画は、対象事業者が策定するという建付けになっていますが、REVICが主導して策定支援を行っています。

(5) 再生支援決定と回収等停止要請

再生支援決定と同時に、関係金融機関等に対し、回収等停止要請がなされます（機構27Ⅰ）。

(6) 金融機関交渉

REVICにおける金融機関交渉の基本的な流れは、メイン行と対象事業者と機構とで事業再生計画を策定し、再生支援決定後にその他の関係金融機関等に対して、支援決定通知（回収等停止要請）とともに事業再生計画を送付、速やかに債権者説明会を開催し、その後に必要に応じて個別説明及び質疑応答を行うというものです。ただし、個別の事案ごとに必要に応じて支援決定前に金融機関交渉を行う場合もあります。

(7) 買取決定等

金融合意が成立した場合、買取決定又は債権買取等をしない旨の決定を行います。金融機関交渉の期限は、支援決定の日から起算して最長（買取申込み等期間の延長をした場合を含めて）3カ月です（機構30Ⅰ）。ただし、案件に応じて1カ月半～2カ月程度の期間を取ることが通常です。

事業再生計画に対し、全関係金融機関等から同意又は買取申込みを得られない場合には原則として再生支援決定の撤回となります。

3 REVICの再生支援手続のメリット・デメリット

2のとおり、REVICの再生支援手続は法令上の枠組みのなかでREVICによる出融資を含めた検討が行われるため、スケジュール及び費用面での負担が大きいことも想定されます。

具体的なスケジュール感や費用については、案件ごとに異なってくるため、REVIC活用を検討する場合には、可能な限り早い段階でREVICに相談してください。

（竹山智穂）

Q91　REVICによる再生支援基準

 REVICによる再生支援の基準について教えてください。

1　再生支援決定基準[1]

　REVICは、有用な経営資源を有しながら過大な債務を負っている中小企業者その他の事業者であって、事業再生を図ろうとするものに対し、その支援を行います。再生支援決定に当たっては、再生支援決定基準が定められており、対象事業者から再生支援の申込みがあったときに当該申込みが次の条件のすべてを満たし、事業再生計画の実施を通じた事業の再生が見込まれるものでない限り、再生支援決定を行うことはできません。

　(1)　有用な経営資源を有していること。「有用な経営資源」とは、事業者の競争力の源泉となる人、物、金、情報といった経営資源をいいます。

　(2)　過大な債務を負っていること。「過大な債務を負っている」とは、収益力に比して過剰な債務を負っているため債権放棄等の金融支援による事業再生又は債務整理が求められている状態をいいます。債務には有利子負債だけでなく、履行請求されるおそれの高い保証債務なども含まれます。

　(3)　再生支援の申込みに当たって、①いわゆるメインバンク等の事業再生上重要な債権者である一以上のものとの連名による申込みであること、又は②事業の再生に必要な投融資等（スポンサー等からの援助を含みます）を受けられる見込みがあるか、①に規定する者から事業再生計画に対する同意を得られる見込みがあることから、①の場合と実質的に同程度の再生の可能性があることを書面により確認することができること、のいずれかの要件を充たしていること。

　(4)　再生支援決定から5年以内に「生産性向上基準」及び「財務健全化基準」を満たすこと。

　「生産性向上基準」については、①自己資本当期純利益率が2％ポイント以上向上、②有形固定資産回転率が5％以上向上、③従業員1人当たり付加価値額が6％以上向上、④上記①～③のいずれかに相当する生産性の向上を示す他の指標の改善、のいずれかを満たすことが必要です。

　「財務健全化基準」については、以下の両方を満たすことが必要です。

　①　有利子負債（資本性借入金がある場合は当該借入金を控除します）のキャッ

---

[1] http://www.revic.co.jp/pdf/publication/chiiki_shienkijun.pdf

シュフローに対する比率が10倍以内。具体的には以下の計算式を用います。

$$\frac{\text{有利子負債合計額} - \text{現預金} - \text{信用度の高い有価証券等の評価額} - \text{運転資金の額}}{\text{留保利益} + \text{減価償却費} + \text{引当金増減}} \leqq 10$$

② 経常収入が経常支出を上回ること。

ただし、対象事業者の属する事業分野の特性、当該事業者の規模等を勘案し、「生産性向上基準」又は「財務健全化基準」の一部について、その期間内に満たすことが見込まれないことについて合理的と認められる特段の事情があるとREVICが認める場合は、硬直的に適用することはしません。

(5) 対象事業者を再生支援決定時点で清算した場合の当該事業者に対する債権の価値を、事業再生計画を実施した場合の当該債権の価値が下回らないと見込まれること。いわゆる「清算価値保障の原則」を満たす必要があります。

(6) REVICが債権買取り、資金の貸付け、債務の保証又は出資を行う場合、再生支援決定から5年以内に対象事業者に係る債権又は株式等の処分が可能となる蓋然性が高いと見込まれること。例えば、スポンサーの関与等により対象事業者の資金調達（リファイナンス）が可能となるような状況等を想定しています。

(7) REVICが出資を行う場合、以下のすべての要件を充たす必要があります。
① REVICによる出資が必要不可欠であること
② REVICが対象事業者に対し出資比率に応じたガバナンスを発揮できる体制を構築すること
③ REVICの出資により、持込行、スポンサー等の投融資等が見込まれること
④ 企業価値向上により、投下資金以上の回収が見込まれること

なお、REVICによる出資はスポンサーへの譲渡までの暫定的な措置であることを踏まえ、その要否及びスポンサーへの譲渡の確実性について十分な検討を行い、また、スポンサーが選定された場合には、可能な限り出資はスポンサーから行うよう調整することになります。

(8) 労働組合等と話し合いを行うこと。

事業再生計画には、労働者のリストラが盛り込まれることも想定されることから、労働者側の意見を聴く機会を設ける必要性があること、対象事業者が労働者の理解と協力を得なければ、実行可能性の高い事業再生計画とはならないと考えられることなどからこのような要件が求められています。

(9) 過剰供給構造にある事業分野に属する事業を有する対象事業者については事業再生計画の実施が過剰供給構造の解消を妨げるものでないこと[2]。

(10) 対象事業者に対する再生支援が、一定の取引分野における競争相手の利益を不当に侵害しないこと[3]。

---

[2] 過剰供給構造の判定方法及びその解消方法等については、「事業再編の実施に関する指針」（平成26年1月17日財務省、経済産業省告示第1号）を参照してください。

中小企業者ではこの基準の検証は不要ですが、大規模事業者（下記2(1)参照）やこれらに当たらない中堅企業者については、一定の取引分野における競争相手の利益を不当に侵害していないか検証が必要となります[4]。

(11) 事業再生計画の内容に機構又はスポンサー以外の者に第三者割当増資を行うことが含まれる場合、当該第三者割当増資の適時かつ適切な情報開示の実施など、必要とされる透明性の確保の措置が講じられる予定であること。

(12) 地域経済活性化支援委員会の委員は管財人又は管財人代理等とならないこと。

2　再生支援の対象事業者

以下の「除外法人」に該当しない事業者は、業種、地域、会社形態（個人事業者や非営利法人を含みます）によらず再生支援の対象事業者となります（機構25Ⅰ、機構法施行令1）。

(1)　大規模事業者

資本金の額又は出資の総額が5億円を超え、かつ、常時使用する従業員の数が1千人を超える事業者（大規模事業者）は、原則として再生支援対象から除外されます。

ただし、大規模事業者に該当する場合であっても、主務大臣より、再生支援による事業の再生が図られなければ、当該事業者の業務のみならず地域における総合的な経済活動に著しい障害が生じ、地域経済の再建、地域の信用秩序の維持又は雇用の状況に甚大な影響を及ぼすおそれがあると認定を受けた場合には、再生支援の対象とすることができます[5]。

(2)　地方三公社

地方住宅供給公社、地方道路公社及び土地開発公社のいわゆる地方三公社は、再生支援対象から除外されます。

(3)　第三セクター

次に掲げる法人は、再生支援対象から除外されます。

① 国又は地方公共団体が4分の1以上を出資している法人（ただし、株式会社の場合、4分の1以上の議決権を保有しない場合は除きます）
② 国又は地方公共団体からの派遣職員等が役員の2分の1超を占める法人
③ 国又は地方公共団体からの補助金、委託費等が収入の3分の2以上を占める

3　(10)〜(12)は2016年7月12日施行の支援基準の一部改正に伴い追加された基準です。
4　検証の考え方については、公正取引委員会「公的再生支援に関する競争政策上の考え方」（2016年3月31日）を参照してください。
5　主務大臣に対する申請と認定については、「株式会社地域経済活性化支援機構法第25条第1項第1号に規定するおそれがある旨の認定の申請手続に関する命令」（平成24年5月14日内閣府・総務省・財務相・厚生労働省・経済産業省令第1号）を参照してください。

法人
④ 国又は地方公共団体がその子法人等と合わせて4分の1以上を出資している法人（ただし、株式会社の場合、4分の1以上の議決権を保有しない場合は除きます）

3　対象債権者

　REVICの買取り等の対象となる債権を有する債権者（以下「対象債権者」といいます）には、銀行、信用金庫、信用協同組合、農業協同組合、保険会社、貸金業者、政策金融機関、信用保証協会等だけでなく、証券会社、リース会社、地方公共団体、投資ファンド、親会社等も幅広く含まれます（機構2、機構法施行規則2～3）。なお、リース会社については、ケースバイケースですが、リース契約を解約可能で解約損害金で処理できる場合には対象債権者として取り扱うこともあります。

（岸野　正）

Q92 REVICの手続の流れと費用

 REVICの再生支援手続の流れと要する期間について教えてください。また、費用についても教えてください。

1 再生支援手続の流れ
(1) 概　要
ア　事業再生計画の合意

REVICが行う事業再生支援業務の流れは、大きく分けて、金融支援依頼を含む事業再生計画に対して、関係金融機関等の合意を得るまで（第１段階）と、それ以降のターンアラウンド実行（第２段階）に分かれます。

前者の手続は、①対象事業者による事前相談、②REVICによるPreDD、③REVICによるDD及び事業再生計画作成、④再生支援決定、⑤買取決定等（関係金融機関等による合意）、という流れです。

イ　ターンアラウンド

次に、ターンアラウンドの手続は、REVICが、債権買取・出資を行い（行わない場合もあります）、人材の派遣（ハンズオン）や融資等の支援、事業・財務状況等のモニタリングを行い、REVICが取得した債権・出資の処分を行うという流れです。

ウ　手続に要する期間

各手続に要する期間は(2)のとおりですが、円滑に進んだ場合を前提にしており、事業者や関係者の状況等に応じて大きく変動します。

(2) 事前相談：２週間〜１カ月程度

REVICは、対象事業者や関係金融機関等からの相談をいつでも受け付けています。事前相談において、基礎的な資料の検討等を行い、初期的な案件見通し・方向性の協議、本格的な相談とPreDDの実施に向けた関係者の意思確認等を行います。なお、着手金は特に必要ありません。

(3) PreDD：１〜２カ月程度

PreDDとは、REVIC内部の人材によって行われる簡易なDDであり、対象事業者の事業性（収益性）の検証と、その後に行われるDDにおいて重点的に調査すべき事項を整理するために行います。

この結果を踏まえ、再生ストラクチャーの基本的方針を策定し、対象事業者、持込行、スポンサー等との間で方向性を確認します。

スポンサー型案件の場合には、REVICがファイナンシャルアドバイザーを紹介

するなどして、スポンサーの探索や入札の支援を行う場合もあります。
 (4) DD・事業再生計画作成・関係者調整：3～4カ月程度
　ア　デューディリジェンス
　DDは、REVICが外部アドバイザーに委託して行う本格的な資産等の査定であり、対象事業者の事業計画の策定、企業価値の評価及び弁済計画の履行可能性検証等を目的としており、原則として、事業、財務、税務、法務、不動産のフルDDを実施します。また、保証人がいる場合には、保証人の私財調査を外部に委託して行います。
　イ　事業再生計画の作成
　DDと並行して、DD結果に基づき、事業再生スキーム、対象事業者の将来の事業計画、及び金融支援（債権放棄等）依頼等を内容とする事業再生計画の作成を支援します。保証人がいる場合には、経営者保証GLに準拠した、保証人弁済計画の作成を支援します。
　ウ　関係者の合意
　次に、事業再生計画について、対象事業者、持込行、スポンサー等の、関係者間の合意を形成し、REVICに対する正式な再生支援の申込みを行います。保証人がいる場合には、対象事業者、保証人及び持込行との間で合意を形成し、保証債務整理の申込みを行います。
　エ　再生支援決定
　REVICは、再生支援申込みを受けた場合、再生支援決定基準（Q91参照）に基づき、当該対象事業者の再生可能性等を審査し、再生支援の可否を決定します。
　オ　非持込行との調整
　REVICは、再生支援決定と同時に、非メインの金融機関等（非持込行）に対して、事業再生計画及び回収等停止要請通知を送付し、事業再生計画及びこれに基づく金融支援に対する説明及び質疑応答を、債権者説明会の開催、個別訪問等の方法により行います。
　最終的に、①債権をREVICに対して売却するか、又は事業再生計画に同意して債権放棄等を行い債権を引き続き保有するか、②債権をREVICに対して売却するか、③事業再生計画に同意して債権放棄等を行い債権を引き続き保有するか、又はこれらに不同意か、のいずれかの選択肢を示す方法により回答を求めます。
　カ　買取決定等（債権者合意の成立・債権買取）
　事業再生計画に対する非持込行からの必要な同意等が得られた場合、債権買取等をするかどうかの決定を行います。
 (5) REVICによる出資等・ターンアラウンド：5年以内
　ア　出資決定
　REVICは、買取決定等を行った後、再生支援対象事業者に対し、事業再生計画に基づく出資を行うことができます。

【別表】DD費用の事業者負担額

規模別（注）	DD費用の事業者負担額
中小企業	費用の10分の1
中堅企業	費用の2分の1あるいは1億円のいずれか低い価額
大企業	全額事業者負担

(注)　中小企業：中小企業基本法による。
　　　中堅企業：中小企業、大企業以外。また、資本金がない場合は別途相談。
　　　大 企 業：負債総額200億円超の企業。

　イ　ターンアラウンド
　REVICは、再生支援対象事業者に対し、必要に応じて人材の派遣（ハンズオン）や、新規資金の融資・保証等により、事業再生計画の履行を支援することがあります。また、事業再生計画の進捗のモニタリングを行います。
　ウ　債権等の処分
　REVICは、再生支援対象事業者に係る債権又は株式等を、支援決定後5年以内に譲渡等により処分を行うよう努めます。
2　再生支援手続に係る費用
　(1)　DDの費用負担
　DDの費用については、【別表】のとおり事業者の規模に応じてREVICが一部を負担することがあります。中小企業については費用の9割をREVICが負担します（2016年1月現在）。
　(2)　買取決定等に至った場合の手数料
　事業再生計画に対する関係金融機関等の合意が成立し買取決定等に至った場合には、REVICの手数料が発生します。手数料の額は、基本的には有利子負債を基準として算定されますが、案件の内容に応じて異なるため、案件ごとに照会してください。

(石井　健)

Q93 REVICの再生支援事例

 REVICの再生支援事例を紹介してください。

1 REVIC出資型の事例
(1) 案件の概要

事業内容	卸売業等
従業員数	正社員約50名
財務状況 （支援決定前直近期）	売　上　高：4,200百万円 経　常　利　益：　　35百万円 当期純利益：△450百万円
持込行	都市銀行
金融機関の総数	7

(2) 相談の経緯・窮境原因

再生支援対象事業者は、創業以来、卸売業を長年営んでいましたが、バブル崩壊後の国内消費の低迷、価格競争の激化等により売上げの減少が続いていました。再生支援対象事業者は、不採算事業からの撤退等の合理化を行いましたが、コストの削減が十分になされなかったこと、2008～2012年の円高局面において取り組んでいたデリバティブ契約により多額の為替差損が発生したこと、及び2013年の円安局面において海外仕入れの仕入価格が高騰したことなどにより、収益が低下し、財務状況も著しく悪化しました。かかる状況を受けて、持込行とともにREVICに相談が行われました。

(3) 事業再生計画の概要

本件は、いわゆる「100％減増資方式」を利用してREVICが出資を行った案件です。再生支援対象事業者は、①100人を超える少数株主が存在したため、既存株式に全部取得条項を付し、発行済みの全株式を取得・消却した後、REVICを引受人とする普通株式の発行を行うことにより、既存株主の整理及び資本・財務状況の強化を行いました。加えて、②REVICから経営人材を受け入れ、営業面・管理面の強化を図りました。

また、③関係金融機関等から、過去の金融債務から再生支援対象事業者が負担可能な債務を除いた金額の一部について債務免除を受けました。

(4) REVICの関与

本件において、REVICは(3)に記載したとおり普通株式の引受けによる出資及び

債権買取を行うとともに、関係者の調整と人材派遣を行いました。

REVICは、再生支援対象事業者と協議し、事業再生スキームの策定支援を行った上で、関係金融機関等に対し金融支援を依頼し、関係金融機関等の合意を得て、買取決定等を行いました。また、100％減増資の実施に当たって既存株主との調整等の支援を行いました。

さらに、金融支援実行後も、再生支援対象事業者の事業再生計画履行支援及びモニタリングのためにREVICの人材を派遣し、再生支援対象事業者の相談に応じています。

2 債権買取型の事例

(1) 案件の概要

事業内容	鉄鋼事業等
従業員数	正社員518名
財務状況 （支援決定前直近期）	売上高：113,881百万円 経常利益：△8,343百万円 当期純利益：△12,864百万円
持込行	都市銀行
金融機関の総数	40

(2) 相談の経緯・窮境原因

再生支援対象事業者は、90年の歴史を持つ中堅鉄鋼メーカーであるものの、高炉メーカー時代の休止設備や工業敷地を抱え、多重構造の組織人員体制のまま高コスト体質から脱却できずにいたこと、2008年のリーマンショックに端を発した世界同時不況による業績悪化等の影響を受け、2006年以降に実施した熱延工場への新規投資に伴う借入れを返済できなくなったこと等から、持込行との協議の上で、REVICに相談が行われました。

(3) 事業再生計画の概要

本件は、再生支援対象事業者が関係金融機関等から債務免除を受け、REVICが関係金融機関等から債権買取等を実施するとともに、主要取引先で構成される複数のスポンサーからの出資を得て抜本的な事業再構築を取り組んだ案件です。

再生支援対象事業者は、連結子会社を株式交換により100％子会社化することによってグループ一体経営の強化を図るとともに、財務体質の改善及び強化並びに事業再生計画の遂行に必要となる構造改革費用及び設備投資資金を確保することを目的として、スポンサーから約90億円の増資を得ました。また、持込行から事業再生計画の遂行に必要な運転資金として新規融資枠の設定も受けています。

組織運営体制としては、取締役の人数を半分にしてスリム化し、分散した権限を集約して、意思決定の迅速化を図りました。その上で、外部から招聘した経営人材を新たに代表取締役に選任し、かつスポンサー及び持込行がそれぞれ経営人材を派遣することで、組織を強化し、より強固なガバナンス体制の構築を図りました。

また、再生支援対象事業者は実態債務超過に陥っており、これ以上の事業価値の毀損を防ぎ事業を維持・継続するためには金融支援を依頼し、財務内容の健全化を図ることが不可欠でした。そこで、再生支援対象事業者は関係金融機関等に対し、自身が負担する金融債務から事業再生計画を前提とする実態収益力等に基づき負担可能な債務を除いた残額について債務免除を依頼しました。すべての関係金融機関等から当該債務免除を含む金融支援についての同意を得ましたが、一部の関係金融機関等が債務免除後の債権についてREVICによる買取りを希望したことから債権買取等を実施しました。

(4) REVICの関与

本件において、REVICは、事業再生計画で定めた金融支援について関係金融機関等と調整し、関係金融機関等の全行同意を得、債務免除を受け、希望する関係金融機関等から債権買取を行っています。

また、REVICは、再生支援対象事業者と協議の上で、スポンサーの探索、スポンサーとの出資額及び条件、並びに取引上のアライアンスの調整等の、事業再生スキームの策定支援を行いました。また、本事業再生計画を履行するに当たって必要な監督官庁等との間の事前・事後の調整等についてもサポートしています。

金融支援及び出資がなされた後も、REVICは再生支援対象事業者の事業再生計画履行支援及びモニタリングのために、人材を派遣し、事業再生計画の履行の過程で生じる課題等について適宜共有して、対応策を協議するなどの支援を行っています。

3 ヘルスケアの事例

(1) 案件の概要

事業内容	病院、診療所等
従業員数	常勤：約700名（うち、医師約80名） 非常勤：約100名
財務状況 （支援決定前直近期）	医業収入：860百万円 医業利益： 15百万円
持込行	地方銀行

(2) 相談の経緯・窮境原因

再生支援対象事業者は、複数の病院を運営する法人であるところ、病床稼働率の低下等から医業利益が急速に落ち、資金繰りに窮するようになりました。また、財務面の毀損が大きいことから、病院建物の老朽化への対応や大型医療機器の導入などの新たな投資を行うことが困難な状況でした。そこで、持込行とともにREVICに相談が行われました。

(3) 事業再生計画の概要

足元の業績を立て直すため、病床稼働率の向上を軸とした収益改善を行いました。また、複数施設の運営をまとめる法人全体のマネジメント体制の見直しを図り

ました。
 (4) REVICの関与
　REVICは、関係者の調整、金融機関からの債権の買取り、再生支援対象事業者が受ける新規融資に対する保証枠の設定、及び経営人材の派遣を行いました
　派遣された役職員は、再生支援対象事業者において、地域連携体制の見直しによる病床稼働率の向上、グループマネジメントの視点に立った組織・規程の見直し、及び人事制度の再整理などのサポートをしました。本事例においては、再生支援決定から3年の間に買取債権の全額の弁済を受け、派遣された役職員も退任し、支援完了に至っています。

4　調整型の事例
 (1) 案件の概要

事業内容	鉄道運送事業等
従業員数	正社員約130名
財務状況 （支援決定前直近期）	売　上　高：1,100百万円 経　常　利　益：　3百万円 当期純利益：　2百万円
持込行	地方銀行
金融機関の総数	11

 (2) 相談の経緯・窮境原因
　再生支援対象事業者は、鉄道運送業を長年営んでいましたが、沿線地域におけるモータリゼーションの進行（自動車利用者の増加）、住民の高齢化及び過疎化等の理由により、近年乗客数及び売上高が激減するに至りました。かかる売上減及びこれに伴う収益の減少と、インフラを維持するための設備投資資金借入れ及び運転資金借入れの利払いが、再生支援対象事業者の資金繰りを圧迫し、抜本的な財務状況の改善が必要となったため、持込行とともにREVICに相談が行われました。
 (3) 事業再生計画の概要
　本件は、いわゆるスポンサー型案件ですが、鉄道運送事業の許認可維持の問題から、再生支援対象事業者の法人格を維持するスキームが用いられました。具体的には、①再生支援対象事業者に対し、スポンサーが増資・融資を行って資本・財務状況の強化をするとともに、②関係金融機関等から、過去の金融債務から再生支援対象事業者が負担可能な債務を除いた残額について直接放棄を受けました。
　また、②スポンサーが新社長及び経営人材を派遣し、営業面・管理面の強化を図るとともに、③地域との連携を図るため、自治体と定期的な協議を行い、地域のイベント・特産品等を通じた沿線地域のブランディングや新たな集客モデルの創出を目指しています。
 (4) REVICの関与
　本件において、REVICは、出資及び債権買取は行っておらず、関係者の調整と

人材派遣を行いました。

　まず、再生支援対象事業者と協議し、ファイナンシャルアドバイザーの選定、スポンサー探索、スポンサーとの事業承継条件の調整等の、事業再生スキームの策定支援を行いました。また、旧株主との調整、監督官庁・自治体との調整等の支援を行いました。

　その上で、関係金融機関等に対し金融支援を依頼し、関係金融機関等の合意を得て、買取決定等を行いました。

　さらに、金融支援実行後も、再生支援対象事業者の事業再生計画履行支援及びモニタリングのために、定期的にREVICの人材を派遣し、再生支援対象事業者の相談に応じています。

（青木孝頼＝髙杉信匡＝木谷祥子＝石井　健）

第2節　各論

Q94　REVICへの相談、事前準備

 REVICへの相談はどのように行うのでしょうか。債務者自らREVICに相談を行う場合、債務者の代理人弁護士としてどのような準備をしておくべきでしょうか。取引金融機関の了解を得ておく必要はありますか。その他、事前準備における留意点を教えてください。

1　REVICへの事前相談

　REVICでは、対象事業者やその債権者である関係金融機関等からいつでも事前の照会・相談を受け付けています。事前相談の段階では対象事業者や関係金融機関等、スポンサー等が個別に相談しても差し支えありません。基本的には持込行から相談を受け付けるケースが多いですが、対象事業者自ら相談を行うケースもあります。

　相談は原則として面談の形式で行われます。相談に当たっては、事業再生計画の作成は不要ですが、事業概要や直近決算書等の基礎資料を準備する必要があります。

2　対象事業者自らが相談を行う場合の留意点

(1)　代理人弁護士の準備

　対象事業者自らが相談を行う場合、対象事業者の代理人弁護士としては、REVICの再生支援手続の流れや要点等を念頭に、専門家の目線から、事前に対象事業者への適切な指導や対象事業者の実態把握等の準備をしておくことで、再生支援手続を円滑に進めることが可能となります。具体的な例としては次のような準備が考えられます。

ア　PreDD・DDに向けた体制や書類の整備

　事前相談後のPreDDやDDにおいて、対象事業者は、限られた時間の中でREVICや外部アドバイザーに対して多数の資料を提出するとともに、REVICや外部アドバイザーからインタビューを受けることになります。必要書類が散逸しているなど対象事業者の書類の管理体制が不十分であったり、対象事業者における各分野（財務、法務、不動産等）の対応者や役割分担が不明確であったりすると、PreDDやDDに必要以上の時間を要するだけでなく、対象事業者の再生に向けた十分な問題点の把握が困難になることが懸念されます。そのため、代理人弁護士は、DD全体の流れや対象事業者において対応を求められる事項等を想定しながら、あらかじめ対象事業者と相談してDDへの対応体制を整理するとともに、書類やその管理体制の整備等を指導するほか、可能な限り事前に必要書類を準備しておくことが望まし

いといえます。

　また、保証人についても対象事業者のPreDDやDDと並行して私財調査を実施することになりますので、代理人弁護士は、法的整理申立ての際の必要書類等を参考に、保証人に指示して私財調査に必要となる資料を事前に準備しておくことで円滑に手続を進めることができます。

　　イ　再生に向けた問題点の抽出

　代理人弁護士としては、対象事業者からの聴き取りや資料の確認等を通じて、事前に対象事業者の再生に向けた問題意識や論点を抽出・整理しておくことが重要です。事前相談後はREVICによる検討が進められることになりますが、あらかじめ対象事業者や代理人弁護士側の問題意識等をREVICへ共有することにより、REVICにおいて対象事業者が抱える問題点や課題をより早期かつ的確に把握することができるため、事前相談後の初期的な案件見通しやその後の手続の円滑な進行にとって有益な準備となります。

　　ウ　対象事業者と保証人の資金管理

　対象事業者の資金管理は、事前相談の段階だけでなく、REVICの再生支援手続全体を通じて代理人弁護士によるサポートが期待される事項ですので、事前に対象事業者の資金の流れ等の実態を把握するとともに、対象事業者から定期的な報告を受けるなど対象事業者の資金管理体制を整えることが重要です。事前相談に際しては、将来の資金繰りの見通しを管理するほか、不透明な資金の流出等といった対象事業者の再生に悪影響を及ぼし得る事象の有無を調査しておくといったことも考えられます。

　また、代理人弁護士は、保証人の資産管理についても適切な指導等を行うことが望ましいといえます。すなわち、再生支援手続と近接した時期において、法的整理時における否認対象行為のほか、不動産等の資産処分や不透明な資金の費消等が存在する場合、保証債務整理に向けた債権者との調整に支障を来すおそれがあります。さらに、法的整理時の免責不許可事由が存在する場合には保証債務の整理自体が困難になるおそれもあります。したがって、代理人弁護士としては法的整理申立てのケースと同様、保証人がこのような行為に及ぶことのないように適切に指導を行うことも重要な準備となります。

　(2)　関係金融機関等との関係

　対象事業者がREVICへ相談を行う場合、事前に持込行その他関係金融機関等の了解を得ておく必要は特段ありません。

　もっとも、持込行とはREVICの再生支援手続全体を通じて初期段階から綿密に調整を図っていく必要があります。そのため、事前相談後、PreDDへ進む前の初期的な案件見通しが終了する前後のタイミングで、まずは対象事業者から持込行に対して再生支援手続の利用を打診し、その後にREVICも加わって持込行との間で調整を開始するケースが多いです。

3 その他の留意点

(1) 資金繰りについて

　REVICの再生支援手続では、円滑に進んだ場合でも再生支援決定まで通常5～6カ月程度の期間を要します。また、REVICが再生支援決定前に融資を行うことはできません。そのため、事前相談に当たっては、再生支援決定までの期間とその後の組織再編等を含めた再生支援手続全体のスケジュールを考慮した将来の資金繰りの見通しが立っていることが重要となります。

　なお、資金繰り維持の観点から再生支援決定前に持込行等により実行される新規融資の取扱いについては**Q95**を参照してください。

(2) スポンサーについて

　自力再生が困難なケースであってもREVICへの事前相談段階でスポンサー候補者が存在する必要はありません。

　スポンサーが必要となる場合には、REVICによる初期的検討やPreDDと並行して、対象事業者主導で、持込行やREVICの支援も受けながらスポンサー探索や入札等を実施することになります。

　他方、REVICへの事前相談段階で既にスポンサー候補者が存在する場合であっても、当該スポンサー候補の選定手続や条件等に照らして、スポンサー候補者の再検討が必要となる可能性もあります。

（萩原佳孝）

Q95　プレ・デューディリジェンス

 PreDDとはどのようなことをするのですか。留意点についても教えてください。この段階の資金繰り対応についても教えてください。

1　PreDDの目的
本格的なDDを行うには外部委託費用がかかるため、その前に、再生支援に至る見込みや事業再生の大まかな方向性（事業性の見立てや再生手法）について事前判断する目的で、PreDDを行います。

2　PreDDの開始
(1)　開始する際の判断要素

REVICは、①対象事業者に情報開示に協力する意思があること、②保証人に私財開示に協力する意思があること、③メイン行との間で再生スキームを共有できていること、④1年以内の再生支援決定スケジュールの策定が可能であること、⑤REVICとして支援する意義が明確であることなどを確認して、PreDDを開始します。

(2)　留意点

①に関しては、経営者が経営責任及び株主責任（**Q99**参照）について理解した上で協力を表明しており、実際に情報開示のための実務的な対応者、体制が準備されていることが必要です。

②については、経営者保証GLの概要、私財開示の必要性、関係金融機関等に債権カット等を求める場合は私財提供の可能性もあることを理解した上で、協力を表明していることが必要です。

③に関しては、カット金額等の大筋合意までは不要ですが、少なくとも、「一定の債務カットもやむを得ない」というレベルでのイメージの共有ができている必要があります。

④に関しては、少なくとも再生支援決定想定日までの対象事業者の資金繰りの目途が立っていることが前提となります。

⑤に関しては、地域における雇用の確保、個人消費の喚起、地元取引業者の保護、対象事業者の存在が地域住民の生活手段として必要不可欠である等、地域経済の活性化の点から意義が認められることが必要です。

3　PreDDの内容
(1)　内　容

PreDDは、事前相談（**Q94**参照）に続くフェーズとして位置づけられます。

PreDDの所要期間は概ね1〜2カ月程度ですが、案件の複雑さにより前後します。
　PreDDを行う主体はREVICであり、案件ごとに公認会計士、不動産鑑定士、弁護士、コンサルタント等の専門家を含めたスタッフで構成されるチームが実務対応を行います。なお、PreDDでは対象事業者に費用負担は生じません。
　PreDDの具体的な流れは、以下のア〜ウのとおりです。
　ア　各種資料提示と面談（マネジメントインタビュー）
　提示を求める資料としては、事前相談時の資料（事業概要や直近決算書等の基礎資料）に加え、①会社組織に関する資料（商業登記簿謄本、株主名簿、組織図、役員・従業員一覧、就業規則・給与規程等の規程類、過去の株主総会議事録等）、②事業に関する資料（取引先の概要と関係図、部門別・取引別・品目別損益一覧、業務フローを把握できる資料、売上推移に関する資料、事業計画等）、③財務に関する資料（勘定明細を含む決算書、試算表、月次推移表、金融機関別借入残高の分かる資料、借入金明細書、月次資金繰り表、連帯保証人や対象事業者が保証している先の存否・数が分かる資料等）、④固定資産に関する資料（固定資産台帳、担保提供資産の存否・数の分かる資料等）、⑤法務に関する資料（株主間契約書、金融機関との契約書、営業上重要な契約書、許認可関連の資料、訴訟関連資料等）が挙げられます。もっとも、中小企業においてはこれらの資料が散逸していたり、そもそも作成されていなかったりすることがままありますので、その場合は可能な範囲で資料を準備していただきます。
　REVICは、これらの資料を確認した上で、又はこれと並行して、マネジメントその他の関係者インタビューを行います。マネジメントインタビューでは、①対象事業者の沿革、事業の構造・強み・弱み、②市場環境及び競合状況、③窮境原因と関係金融機関等の対応状況、④資金繰り及び遊休資産の状況、⑤スポンサー候補の有無といった事項についてヒアリングを行います。
　イ　簡易分析
　上記アの調査をもとに事業性の検証を行うとともに、対象事業の価値を割り出し、その事業価値が、対象事業について関係金融機関等が把握している保全価値を上回る見込みがあるか、すなわち関係金融機関等の経済合理性が確保される見込みがあるかの簡易分析を行います。
　ウ　再生スキームの検討とREVICによる策定支援
　対象事業者の法人の種類、財務状況、資金繰り、スポンサーの要否と選定の見通し、許認可の整理や金融機関以外の関係者との調整の要否、地方公共団体等の特殊な債権者の有無、関係会社の有無と状況等を総合的に考慮して、いわゆる法人格維持型か第二会社方式かなど、いかなる再生スキームによるべきかを検討します（**Q99**参照）。なお、スポンサーの要否について必要であるとの見立てになった場合には、ファイナンシャルアドバイザーの紹介等、再生スキームの策定に必要となる支援をREVICが行うことも多くあります。

(2) 留 意 点

　REVICに事前相談を行っている事実が外部に漏洩した場合、信用不安を惹起するおそれも否定できません。PreDDにおいては、REVICとの電話・メールでの連絡や、場合により事業所や工場の視察が行われることもあるため、従業員や取引関係者に情報が漏れないよう、対象事業者側の調査対象者や実務担当者はごく一部の役職員に限定する等、情報の秘匿性に細心の注意を払う必要があります。

4　PreDDフェーズでの資金繰り対応

　上記2(2)のとおり、PreDDを開始するに当たっては、再生支援決定想定日までの対象事業者の資金繰りの目途が立っていることが前提となりますが、REVICは再生支援決定前に融資を行うことはできません。そこで、対象事業者は再生支援決定想定日までの資金繰りの目途を精査しておく必要があります。目途が立たない場合には、持込行などからの融資が現実的な対応として考えられますが、当該融資がREVICの手続や法的整理において債権カットの対象とならないようにするために、優先的に扱われる旨をすべての関係金融機関等との間で合意しておくなどの対応が必要です。

（吉田和雅）

Q96 REVICのデューディリジェンス

 REVICのDDの趣旨・目的はどのようなところにありますか。また、REVICのDDの特徴はどのような点にありますか。

1 REVICのDDの趣旨・目的

REVICが行うDDには、REVICの内部職員が行う「PreDD」とREVICが外部アドバイザーに委託して行う「DD」の2つの段階がありますが、ここで扱うのは後者の「DD」となります。

REVICのDDの趣旨・目的は、通常のM&Aのスコープである事業リスクや潜在債務の調査等に加えて、再生支援決定基準の充足性の判断、事業再生計画の策定、再生支援合意書における表明保証その他再生支援の前提となる事実を確認することにあります。この点、REVICの再生支援は、REVIC自体に出融資機能及び債権買取機能があることから、DDに当たっては、REVICが行い得る対象事業者に対する投融資という視点も含まれています。外部アドバイザーに対しては、原則としてフルスコープでのDDをお願いしています。

2 REVICのDDの概要・スコープ

REVICが行うDDは、主に①事業(ビジネス)、②財務(会計・税務)、③法務、そして④不動産・環境の4種類です。各外部アドバイザーは、対象事業者から受領した資料・情報や検出された問題点の共有を図るなど、REVICの内部職員とともに他の外部アドバイザーと連携して、DDを進める必要があります。

(1) 事業(ビジネス)DD

事業DDでは、対象事業者の属する業界に詳しいコンサルティング会社や中小企業診断士等に委託して、対象事業者の沿革、ビジネスモデル、業績の推移等を調査・分析して窮境原因を把握するとともに、対象事業者の事業の現状、事業環境・競合他社等の調査・分析を通じて課題の抽出・改善施策の策定を行います。事業DDの結果は、主に数値計画の策定の基礎となります。

(2) 財務(会計・税務)DD

財務DDでは、会計事務所(公認会計士・税理士等)に委託して、BS、PL、キャッシュフローの状況等の調査・分析を通じて、財務面の毀損の程度、収益力、フリーキャッシュフローその他各種財務分析指標の検討を行います。財務DDの結果は、主に金融支援額・清算価値の算定の基礎となります。また、税務DDにおいて、事業再生スキーム実行のためのタックスプランニングを検証します(債務免除益課税等の検証)。

(3) 法務DD

法務DDでは、法律事務所(弁護士)に委託し、法律上の問題点(リーガルリスク)の指摘、対象事業者に適用される法規制等の情報整理等を行います。偶発債務

の有無、許認可の承継の可否等も重要な調査対象となります。法務DDの結果は、再生スキームの選択、事業継続性の判断、企業価値の算定等の基礎となります。

また保証人の私財調査を同時に行っています。特に、保証人については、経営者保証GLに則って保証債務の整理を実施するため、保証人の免責不許可事由の有無等保証人の弁済計画を策定するために必要な調査を行っています。

(4) 不動産・環境DD

不動産DDは、不動産鑑定事務所（不動産鑑定士）に委託して、不動産の鑑定評価を行います。不動産DDの結果は、財務DDに反映され、保全評価額及び金融支援額の算定の基礎となります。

工場や古い建物等については、土壌汚染、PCB使用機器、アスベスト使用の有無、耐震基準の充足等を確認するため、環境DDを実施することもあります。また、建物に係る将来の設備投資、修繕費等を算定するため、エンジニアリングレポートを取得することもあります。

(5) その他のDD

その他、対象事業者の事業内容や関係金融機関等の保全内容によって、酒類、動物、特殊な機械等の動産についても別途調査をすることがあります。また、業種によっては、IT、知的財産権について別途DDを委託することがあります。

3 REVICのDDの流れ

(1) 外部アドバイザーの選定

REVICでは、専門分野ごとに複数の外部アドバイザー候補から提案書を取得した上で、外部アドバイザーを選定しています。選定に当たっては、報酬額とともに、担当者の人数・経歴、類似案件の経験等も加味して総合的に判断しています。

(2) 調　査

外部アドバイザーが選定されると、REVICの職員とのキックオフミーティングを経て、対象事業者への資料請求、資料の検討、マネジメントインタビュー（役職員からの聴き取り）の順に調査を実施します。必要に応じて、事業所、工場、店舗等の視察をします。

4 DDにおいて検出される問題事項

REVICのDDにおいて検出されることがある問題となる事項としては、①不適切会計、架空在庫等による粉飾、不適切取引（架空循環取引、多重リース等）、②偶発債務（未払残業代・管理職手当等の潜在労働債務、保証債務、係争中の訴訟に係る賠償義務等）、③法令違反（独占禁止法違反等）、④いわゆるチェンジオブコントロール条項等、事業再生スキームの障害になる契約条項等が挙げられます。DDにおいて確認すべき事項はこれらに限られませんが、発見が困難な事項もありますので留意が必要です。

REVICの実施する再生支援手続の対象事業者は、債務超過に陥っているケースが多く、無理な金策や不適切な会計処理を行っている例も少なからず見受けられます。この場合、問題の原因・現状について深度のある調査を実施するとともに、対応策の検討が必要となります。

（田村伸吾）

Q97 正式な支援の申込み

REVICに対する正式な再生支援の申込みはどのようにして行うのでしょうか。正式な再生支援の申込みを行う場合の要件や手続、必要書類等について教えてください。また、メイン行以外と事前調整を行う場合はありますか。

1 「正式」な再生支援の申込みとは

REVICに対する「正式」な再生支援の申込みとは、REVICに対して再生支援決定を求める意思表示（機構25Ⅰ）を意味します。

事前相談以降、REVICはPreDD・DDを経て再生支援決定に必要な調査を行うとともに、対象事業者（保証人がいる案件においては保証人も含みます）、持込行、スポンサー（スポンサー案件の場合に限ります）との間で事業再生計画の内容を調整します。正式な再生支援の申込みは、この調整が調い、再生支援決定基準を満たす事業再生計画が作成された後に、事業再生計画を添付して行うものです。

このように正式な再生支援の申込みは、関係者間で十分な協議・調整をした後に行いますので、正式な再生支援の申込みがあったにもかかわらず、再生支援決定がなされないことは通常想定されません。

2 再生支援の申込みの時期

1のとおり、十分な準備期間を経て正式な再生支援の申込みを行うことから、再生支援決定の予定日の前営業日に申込みを行うことが通常の運用です。ただし、対象事業者が上場企業の場合には、正式な再生支援の申込みが適時開示事由に該当すると考えられるため、再生支援決定の予定日当日に申込みを行い、同日付けで再生支援決定を行った上で、再生支援の申込みと再生支援決定を同時に開示する運用としています。

3 要 件

1のとおり、REVICの運用上、再生支援決定の見込みのない申込みは想定していないことから、正式な再生支援の申込みは、再生支援決定基準を満たしていることが要件となります（Q91参照）。

4 手続・必要書類

(1) 手 続

正式な再生支援の申込みは、事業再生計画を添付し、対象事業者と持込行が連名で、再生支援の申込書をREVICに提出して行います（スポンサー案件の場合には、スポンサーも連名の申込書となります）。

保証人の保証解除等が必要な案件においては、正式な再生支援の申込みと同時

に、保証人、対象事業者、持込行が連名で保証債務整理の申込みも行います。
　(2)　必要書類
　正式な再生支援の申込みに必要な書類は申込書（事業再生計画を添付したもの）です。申込書の添付書類として、申込みが機関決定されたことを示す書面（対象事業者の取締役会議事録の写しなど。なお、スポンサーにも同等の書面の提出を求めることがあります）、資格証明書及び印鑑登録証明書の提出を求めています。これらの書類のほかにも、案件の性質に応じて、対象事業者の役員、主要株主からREVICの再生支援手続に協力する旨の書面の提出を求める場合もあります。
　保証人の債務整理の申込みに関しては、①保証債務整理申込書（弁済計画を添付したもの）、②DDにおいて実施された私財調査結果を踏まえた私財調査に関する表明保証書、③REVICの再生支援手続に協力する旨の書面、④私財調査に関する表明保証の適正性を確認する書面、及び⑤免責不許可事由に関する意見書です。①は保証人、対象事業者及び持込行の連名の書面、②及び③は保証人名義の書面、④及び⑤は私財調査を実施した弁護士名義の書面です。これらに添付書類として、保証人の住民票の写し及び印鑑登録証明書の提出を求めています。
　いずれの書面もREVICにひな形があり、債務者の代理人弁護士がいちから作成する必要はありません。また、保証人関係の④及び⑤は、通常REVICのDDにおいて私財調査を行った弁護士が作成しています。
5　事前調整
　(1)　**事前調整とは**
　正式な再生支援の申込みは、対象事業者と持込行（及びスポンサー案件の場合にはスポンサー）との間で事業再生計画について協議・調整が調えば可能です。正式な再生申込みの前に、持込行以外の非持込行との協議を行うことは原則として想定していません。
　事前調整とは、何らかの必要性から上記の原則的な運用で対処できない案件において、正式な再生支援の申込み前に非持込行と事業再生計画（特に金融支援）について協議・調整を行うことをいいます（REVICでは「事前調整型」と呼んでいます）。
　(2)　**事前調整型の長所・短所**
　事前調整型の長所は、すべての関係金融機関等の合意取得後に再生支援決定を行うため、不同意リスクがないことです。
　他方、事前調整型の短所は、事前調整に時間を要するおそれがあることです。再生支援決定後の関係金融機関等との交渉は最大3カ月とされています（機構26Ⅰ）が、事前調整型の場合は法定の交渉期限がないため、長期化することがあります。
　(3)　**事前調整を行うことを検討するケース**
　事前調整を行うことを検討するケースとしては、次のようなものがあります。ただし、事前調整型はあくまでも例外的な取扱いであり、以下に該当したからといっ

て必ずしも事前調整を行うものでもありません。
- クロージングの関係で再生支援決定と買取決定等の時期を近接させたい案件
- 関係金融機関等と債務整理について協議を開始している案件
- （公平性に抵触しない限度で）金融支援の内容を各関係金融機関等の事情に応じて差を設けることが必要な案件
- 債権カット率が非常に大きい、粉飾決算が存在するなどの事情により、非持込行の同意が得られないおそれがある案件

6　その他の留意事項

　正式な再生支援の申込みと再生支援決定が時間的に接着していることから、申込前から再生支援決定後の手続の準備を行う必要があります。

　また、REVIC、対象事業者、持込行との間で再生支援決定後に締結する合意書の内容について協議しておく必要があります。

　再生支援決定後に締結する書面としては、再生支援合意書（再生支援決定以降、再生支援手続に協力し、誠実に手続を実施する旨の合意書）や債権者間協定書（金融支援後の債権の取扱いについて、関係金融機関等、再生支援対象事業者、REVIC又はスポンサーが合意する書面）があります。

（松井裕介）

Q98 再生支援決定

 再生支援決定の手続について教えてください。また、再生支援決定の公表の考え方についても教えてください。プレDIPファイナンスの保護や社債の取扱いに関する特別な手続とはどのような手続でしょうか。

1 再生支援決定の手続

再生支援の申込みがあったときは、REVICは、遅滞なく、支援基準に従って、当該事業者の再生支援をするかどうかを決定します。再生支援決定の可否の結果は、申込みをした事業者に通知されます（機構25Ⅳ）。また、REVICは、再生支援決定を行ったときは、直ちに、当該再生支援対象事業者の債権者である関係金融機関等に対し、再生支援決定を行った旨の通知、及び事業再生計画を送付するとともに、再生支援決定の日から3カ月以内でREVICが定める期間（買取申込み等期間。実務上は2カ月程度であることが多いです）内に、①REVICに対して債権の買取りを申し込むか、又は②事業再生計画に同意する旨の回答をするように求めます（機構26）。

なお、REVICは、再生支援決定を行ったときは、速やかに、主務大臣にその旨を報告します（機構25Ⅶ）。

2 公表の考え方

2013年3月の機構法改正前のETICによる手続においては、再生支援決定及びその撤回、買取決定等、出資決定、処分決定、並びに再生支援完了したときに、再生支援対象事業者名等の公表が求められていました。この点、再生支援決定が行われた際に必ず公表が行われることは、再生支援対象事業者や関係金融機関等にとって、信用毀損を招き、企業価値へマイナスの影響を与えるとの懸念もあり、特に中小企業がETICに対する支援の申込みを躊躇するという事態が生じていました。

このため、機構法の目的である中小企業の事業再生の促進と、国民に対する説明責任のバランスを考慮して機構法が改正され、再生支援決定の際、大規模な事業者以外の再生支援対象事業者については、原則として、企業名等の公表はされないこととなりました。しかし、現行法の下においても、既に信用不安が起きているため企業名等の公表がむしろ信用の補完になる等、事業再生にプラスであると再生支援対象事業者が判断する場合には、当該再生支援対象事業者を含む関係者の合意の下で、公表することも可能です。

再生支援対象事業者が大規模な事業者の場合は、再生支援決定及びその撤回、買取決定等、出資決定、処分決定を行ったとき、再生支援完了したときに、再生支援

対象事業者名等を公表します（機構34、機構規15）。公表は、REVICのウェブサイトにおいて行われます。

なお、上記にかかる公表のほか、REVICは、再生支援に関して、四半期ごとに以下の事項を公表することとしています（機構規15Ⅰ、Ⅳ）。

・再生支援決定、買取申込み等期間の延長の決定、再生支援決定の撤回を行った件数
・買取決定を行った再生支援対象事業者の概要、買取りに係る債権の元本総額、信託の引受けに係る貸付債権の元本総額
・出資決定を行った再生支援対象事業者の概要、出資総額
・債権、株式等の処分の類型ごとの処分を行った件数、処分前後の債権元本総額
・すべての再生支援を完了した再生支援対象事業者の概要、買取決定に係る債権の買取価格の総額

3 プレDIPファイナンスの保護

再生支援決定から買取決定等に至るまでの間における再生支援対象事業者に対する貸付けについて、機構法35条による確認が行われた場合には、その優先性の付与について配慮がされています（機構35～37）。すなわち、再生支援対象事業者につきREVICによる買取決定等の後に再生手続又は更生手続が開始された場合、理論的には当該貸付けにかかる債権は再生債権又は更生債権になりますが、特例として上記貸付けを優遇する取扱いをした再生計画案・更生計画案が提出された場合には、裁判所は、当該貸付けについて上記確認がなされていることを考慮することとされています。

かかる効果を得るためには、①当該貸付けが、事業の継続に欠くことができないものとして主務大臣が定める基準に該当するものであること、②事業再生計画に優先的に取り扱う旨が記載されていること、③REVICが①及び②のいずれにも適合していることにつき確認をしたことが必要であり（機構35）、さらに、④貸付けの時期は、再生支援決定から買取決定等に至るまでの間に限られ、⑤再生手続等の申立ての時期も、買取決定等の時から処分の決定がなされるまでの間で、かつREVIC等が事業再生計画に従って債務を免除している場合に限られています（機構36、37）。このような厳格な要件を充たした貸付債権については、優先性が付与されることが期待されます。

ただし、REVICは、機構法35条による確認を行ったときは、直ちに、日刊紙又はインターネットで公告しなければならないとされているため、非公表案件においては留意が必要です。

4 社債の取扱い

会社法上、社債権者集会決議は、裁判所の認可を受けなければその効力を生じないところ（会734）、社債権者集会の決議による社債債務の減免の際に、当該決議について裁判所が認可するか否かが予見できないことは、多額の社債債務を抱える事

業者について、私的整理手続による事業再生への取組みの障壁となっていると指摘されています。そこで、機構法においては、かかる事業者も私的整理手続に取り組みやすくするための制度が整備されています。すなわち、裁判所は、REVICが確認を行った社債の金額の減額を行う旨の社債権者集会の決議にかかる認可の申立てが行われた場合は、REVICによる確認が行われていることを考慮しなければならないとされています（機構34の3）。

　かかる効果を得るためには、①社債権者集会の決議に基づき償還すべき社債の金額について減額を行う旨が事業再生計画に記載されていること、②当該再生支援対象事業者が、再生支援決定を受けたこと、及び③REVICが、主務大臣が定める基準に該当するものであることを確認したことが必要です（機構34の2）。

　こうした制度が整備されていることにより、社債権者集会の決議について裁判所に認可される蓋然性が高くなり、社債債務を抱える事業者もREVICの手続による事業再生に取り組みやすくなります。

（木谷祥子）

Q99 事業再生計画（総論）

事業計画におけるスキーム（自主再建・スポンサー支援、第二会社方式）はどのような点を考慮して決定するのでしょうか。スキームを策定する上での留意点についても教えてください。また、経営責任・株主責任の考え方も教えてください。

1 事業再生計画におけるスキーム

(1) 金融支援依頼内容との関連

事業再生計画におけるスキームは、金融機関に依頼する金融支援内容（債権放棄（DESを含め、以下「債権放棄等」といいます）か、DDSかリスケジュールか等）に影響されます。金融支援内容が債権放棄等を含む場合には、既存の法人格に対する金融支援を依頼するパターン（法人格維持型）といわゆる第二会社方式によるパターンが考えられますが、金融支援内容が債権放棄等を含まずDDSやリスケジュールにとどまる場合には基本的にスキームは法人格維持型で考えることになります。

(2) 自主再建型かスポンサー支援型か

事業再生を主導する主体の観点から、大きく、自主再建型、スポンサー支援型の両スキームがありますが、金融支援に債権放棄等が含まれる場合、前者においては法人格維持型が採用され、後者においては、法人格維持型か第二会社方式かが選択されることが通常です。

2 スキーム決定の考慮要素

(1) 機構法上の規律

機構法上、事業再生計画におけるスキームについて、機構法24条所定の支援基準に則ったものであること以外に特段の制約はありません。ただし、REVICが再生支援対象事業者に対する債権の買取り、資金の貸付け、出資等を行う場合には、再生支援決定が行われると見込まれる日から5年以内に新たなスポンサーの関与等により再生支援対象事業者の資金調達が可能な状況となるなど、再生支援対象事業者に係る債権又は株式若しくは持分の処分が可能となる蓋然性が高いと見込まれることが、また、REVICが再生支援対象事業者に対して出資をすることが含まれる場合には、REVICが事業再生計画の実行支援を強力に推進する上でREVICによる出資が真に必要不可欠であること等の要件の充足が必要となります（Q91参照）。

(2) 自主再建型・スポンサー支援型の選択、債権放棄等の要否

金融支援のスキーム検討に当たっては、事業の正常収益力分析、改善施策の有無、実効性、設備投資を含むコスト試算等を踏まえた将来キャッシュフローを検証

し、要償還債務の償還年数や事業価値の見立てを行います。その上で、所定の財務健全化基準に照らし、債務が過剰である場合には、債権放棄等を検討することになります。

金融支援に債権放棄等が含まれる場合には、債権放棄等の程度の最小化、事業再生計画の遂行の蓋然性等が求められることから、事業価値の源泉を見極めた上で、事業の継続可能性、将来収益力（事業価値）の最大化の観点から、スポンサー支援型を含めたスキーム検討を行います。実際、正常収益力の下降に対して自力では有効な経営施策が打てず、資金繰り破綻の可能性もあるといった状況がある場合には、可及的速やかにスポンサー支援型の検討が進められることになります。

(3) 法人格維持型か第二会社方式か

金融支援の依頼内容として債権放棄等が含まれる場合、法人格維持型か第二会社方式か（会社分割か事業譲渡か）の選択が必要となりますが、基本的には、事業継続に与える影響（取引への影響、許認可等の承継可否、新規取得の確実性等）、既存の法人格に潜在する偶発債務、顕在化リスク、税務上の得失等を踏まえて判断されることになります。

この点、REVIC手続においては企業再生税制の適用要件を充たす場合、資産の評価損の損金算入及び期限切れ欠損金の優先利用が可能となるため債務免除益への課税を回避することが可能となり、かつ、青色欠損金を温存して事業の再生を図ることができることから（法人税法33Ⅳ、59Ⅱ）、スキーム選択に当たって重要な考慮要素となります（企業再生税制の内容については、**Q43**を参照してください）。

また、REVICの再生支援決定を受けた再生支援対象事業者の再建期間中の事業年度（REVICの買取決定等（機構31）の日以後7年を経過する日までの期間内の日の属する事業年度（事業の再生が図られたと認められる事由が生じた日以後に終了する事業年度を除きます））は青色欠損金の控除限度額の制限を受けないため、中小法人等（法人税法57ⅩⅠ①）に該当しない法人であっても控除前所得の全額を青色欠損金の控除対象とすることができ、再建期間中の税負担を抑えることができます（法人税法57ⅩⅠ②ハ、法人税法施行令112ⅩⅣ③）。なお、「事業の再生が図られたと認められる事由」とは、再生支援対象事業者の発行する株式が上場したことやREVICによる再生支援が完了したこと、再建計画で定められた弁済期間が満了したことなどをいいますが、買取決定又は出資決定が行われた場合とそれ以外の場合で異なっている点には留意が必要です（法人税法施行令112ⅩⅣ③、法人税法施行規則26の3の2Ⅰ①）。

3 保全・プロラタの考え方

(1) 保全の考え方

金融支援依頼に当たっては、保全債権と非保全債権の区分けが重要となります。REVIC手続においては、第三者対抗要件を具備する担保対象はもとより、それ以外であっても、法的倒産手続における相殺に係る規律や類型的な相殺に対する合理

的な期待の高さ、REVIC手続の運用の統一性等を勘案し、保全対象の検討を行っています。

(2) プロラタの考え方

金融支援に債権放棄等が含まれる場合、各対象債権者の有する非保全債権元本残高の割合に応じた金融支援を依頼することが原則となります。もっとも、私的整理の成立及び実質的公平等を図るべく、法的倒産手続における少額債権の取扱いに準じた調整や案件の個別事情に照らした調整がなされることもあります。なお、同一グループ会社内の複数の事業者が一体的な事業再建を企図する場合、事業上の一体性の強さや債権者の与信状況、スポンサーの事業承継対価の考え方等を踏まえ、パーレイト条項を内容とする金融支援を依頼することもあります。

4 経営責任

スポンサー支援型においては原則として従前の経営者は退任が求められます（第二会社方式においては旧会社の清算事務が爾後予定されるため、退任せず無報酬にて清算事務に従事させることが通常です）が、例外的にスポンサーの希望や窮境原因への寄与度、事業価値（ひいては弁済額）の向上が期待できる等の事情により続投が認められることもあります。

他方、自主再建型においては、事業の継続性や事業価値の維持等の観点から、従前の経営者（の一部）が続投することが多いといえます。医療法人はその典型です。

5 株主責任

金融支援に債権放棄等が含まれる場合、いずれのスキームであっても、株式については無価値化が原則であり（医療法人にあっては、持分なし医療法人への移行により出資者責任を履行させます）、自主再建型においても、既存の出資を無価値化させ新規出資をさせる等により株主責任の履行を図ることもあります。大幅な希釈化での対応が可能なケースはそれによる企業価値の維持、債権者にとってのメリットが認められる等の事情がある場合に検討されることになります。

（髙橋洋行）

Q100 事業計画（保証人）

 事業計画を策定する上で、保証人はどのように扱うのでしょうか。REVICの再生支援における経営者保証GLの取扱いを教えてください。

1 事業計画策定上の保証人の取扱い

REVICでは、事業計画策定に当たり、経営責任と同時に必ず保証人責任についても記載が必要となります。

保証人責任については、原則として、経営者保証GLに則った手続を実施し、対象事業者の再生支援手続の中で、保証人の保証債務整理及び保証債務の免除を依頼します。

経営者保証GLでは、対象となる保証人は、主たる債務者である中小企業の経営者のほか、それに準じる者とされていますが、REVICでは、主たる債務者である再生支援対象事業者の保証人であれば、原則としてすべての保証人を対象としています。これは、後に述べるように、事業再生計画と保証人の弁済計画を一体としており、保証履行により当該保証人が取得する再生支援対象事業者に対する求償権を放棄することが再生支援対象事業者の再生に資すると考えるからです。

2 手続の進め方

(1) 私財調査の実施

REVICから外部のアドバイザーに委託し、保証人の私財調査を行います。

(2) 表明保証

保証人は、自己の資産及び資力に関する情報を誠実に開示し、開示した情報の内容の正確性について、REVIC及び関係金融機関等に対し表明保証を行います。

(3) 弁済計画の策定

外部アドバイザーが行った私財調査の結果を受け、REVICにおいて弁済計画の策定を行います。ただし、私財が残存資産の範囲内である場合には、後述のとおり弁済計画を策定せず、事業再生計画において保証債務の無償解除を依頼する場合もあります。

また、私財調査の結果、保証人に保証債務以外の固有の債務があり、保証債務の整理だけでは保証人の再生が図れない場合には、例外的に保証債務の整理を行わない場合もあります。

(4) 保証債務の一時停止等の要請

再生支援対象事業者の支援決定と同時に、保証債務の一時停止等の要請を行います。また、関係金融機関等に対して、信用情報登録機関に報告、登録しないことを

依頼します。

(5) 弁済計画・保証解除についての同意

関係金融機関等から、弁済計画(弁済計画を策定しない場合には保証債務の無償解除)に対する同意を得ます。事業再生計画と弁済計画の関係については後述のとおりです。

(6) 弁済計画の履行と保証解除の合意

関係金融機関等から同意を得た弁済計画に基づき、保証人は保証の一部履行を行います。保証人と各関係金融機関等との間で、保証履行と引き換えに(弁済計画を策定していない場合は無償で)、保証債務を免除する旨の合意書を締結します。保証債務免除合意書は、保証履行による保証解除を明確化する一方で、表明保証に反して保証人が保有する資産が別途発見され、これにより関係金融機関等が損害を被った時は、発見された資産又はこれを換価した代金を提供して損害を賠償するとともに、免除の効力が遡って無効になることを定めています。

3 外部アドバイザーの役割

REVICでは、対象事業者の法務DDを外部アドバイザーに委託すると同時に、保証人の私財調査についても委託しています。表明保証を行う際の基礎となる資産・負債の内容と、直近2カ月分の家計収支表等事案に応じてREVICが依頼する資料を作成し、私財調査としてREVICに結果を報告します。また保証人が行った資産・負債の内容と家計収支表の内容に関する表明保証について、外部アドバイザーは、当該表明保証の適正性について確認を行います。また、免責不許可事由がないことの確認も行います。

4 再生支援における弁済計画等の取扱いと内容

(1) 弁済計画策定の要否

再生支援手続では、保証人に一定の私財提供を求める場合(物上保証の資産に関する弁済を除きます)には、弁済計画を策定し、保証履行後に保証債務の解除を依頼し、他方、保証人に、経営者保証GLにおいて認められた残存資産の範囲でしか私財がない場合には、弁済計画を策定することなく、再生支援対象事業者の事業再生計画において、保証債務の無償解除を依頼する運用としています。これは特定支援手続(**Q106**参照)と異なり、再生支援手続では、法令上必ずしも保証人の弁済計画の添付は必要とされていないためです。

(2) 事業再生計画と弁済計画との関係

再生支援手続では、事業再生計画と保証人の弁済計画を一体のものとし、事業再生計画への同意は保証人の弁済計画への同意であるとみなした運用を行っています。保証人の弁済計画についてのみ不同意という意見が出た場合には、同時に事業再生計画への不同意となり、支援撤回となってしまいますので、REVICは、当該関係金融機関等に対して、保証人には必ずしも求償権を放棄する義務はないこと(個人である保証人は経営者保証GLの名宛人でもありません)、再生支援対象事業

者の再生のためには保証人から求償権を放棄してもらう必要があること、そのためには再生支援対象事業者と保証人の保証債務の整理を一体で行う必要があることを理解してもらうべく、粘り強く交渉を行います。

(3) 残存資産の考え方

保証人の手元に残すことができる残存資産には、破産手続における自由財産に加えて、一定期間の生計費に相当する額や、生活に必要な自動車、医療保険、華美でない自宅等を含めることを検討します。一定期間の生計費は、標準的な生計費（33万円）に雇用保険の給付期間（年齢に応じ、その上限）を参考としてその範囲を定めていますが、保証人の個別事情により増減させることがあります。また、自宅については、華美でない場合には原則として残存資産として残すことを検討しています。

(4) 固有の負債がある場合の取扱い

保証人に固有の負債（住宅ローンやカードローンなど）がある場合、債務整理の対象には含まないため、今後の収入から返済することを前提として、保証債務のみの整理を行います。もっとも固有の負債が比較的多額であり、再生支援対象事業者の関係金融機関等に対してのみ私財提供を行うことが保証人に固有の債権者にとって詐害行為となる可能性がある場合には、私財提供相当額を、当該固有の負債と再生支援対象事業者に係る保証債務とでプロラタにて按分し、当該固有の負債についても同時期に弁済することを検討します。

（片岡　牧）

Q101 事業計画におけるREVICの関与と債権者間協定

事業計画に基づくREVICの関与にはどのようなものがありますか。また、事業計画を策定する上で必要となる協定等はどのようなものがありますか。

1 再生支援決定後、買取決定等までのREVICの関与
(1) REVIC関与の概要
REVICは、再生支援決定を行った後、買取決定等を行うまでの間に、①事業再生計画に対する同意の取得に向けた金融機関調整を行うほか、②事業再生計画の履行の詳細を定める債権者間協定の締結支援、③信用保証協会付き債権の保証履行に関するスケジュールの調整、④事業再生計画において第二会社方式等の組織再編を行うことが予定されている場合には、事業の受皿となる新会社の設立、株主総会の準備の支援等、事業再生計画に基づく施策の実施に向けた準備を行います。

(2) 金融機関調整
REVICは、再生支援決定を行うと同時に、関係金融機関等に対して、事業再生計画を添付した上で、再生支援対象事業者について再生支援決定を行った旨、事業再生計画に対して同意するか否かの回答を求める旨、及び債権の回収停止を要請する旨等を記載した再生支援決定通知を送付します。併せて、関係金融機関等が再生支援対象事業者に対して有する債権額を確定するため、債権届出書の提出を求めます。

その後、再生支援決定から概ね1週間後を目途として金融機関説明会を開催し、関係金融機関等に対して再生支援決定を行った経緯、事業再生計画の内容、金融支援依頼の内容等について説明を行います。また、金融機関説明会開催後も、関係金融機関等からの個別の質問に対して所定の書面により回答するほか、必要に応じて個別に関係金融機関等を訪問し、事業再生計画の内容や今後の手続について追加的に説明を行い、事業再生計画に対する同意を求めます。

このほか、後記(3)のとおり、REVICでは買取実行の際に原則として再生支援対象事業者・REVIC・関係金融機関等の間で債権者間協定を締結するため、買取決定等の前に関係金融機関等に対して債権者間協定の概要について説明を行います。DDSやDESを実行する案件ではDDS契約書・株式引受契約書等の関係書面の概要についても併せて説明を行います。

(3) 債権者間協定の締結支援
事業再生支援業務においては、スポンサーがすべての金融債権をリファイナンスする等の事案を除き、買取決定等がなされた後、買取実行を行う際に、再生支援対

象事業者、関係金融機関等、及びREVIC又はスポンサーとの間で事業再生計画に基づく金融支援の詳細、及び、モニタリングの方法等について定めた債権者間協定を締結します。債権者間協定の具体的な内容は以下のとおりです。

　ア　既存債権の権利変更の内容に関する事項

　事業再生計画に基づく債権放棄や権利変更、弁済方法等の具体的内容について規定するとともに、端数の処理方法等、事業再生計画には記載を行わなかった細部の条件について規定します。

　イ　新規融資等に関する事項

　持込行やREVICからの新規融資等の支援が行われる場合には、かかる新規融資の金利、返済方法等の具体的条件について規定します。

　ウ　再生支援対象事業者のモニタリング・コベナンツ等に関する事項

　債権者間協定では、再生支援対象事業者に対して、試算表や資金繰表ほかのモニタリングに必要な資料を定期的に提出することを規定しているほか、事業再生計画の履行に関する一定の遵守事項を定めています。また、事業譲渡や新規の借入れ等、再生支援対象事業者の経営に重大な影響を与える事項については、REVIC及び関係金融機関等で構成する債権者会議を設け、かかる債権者会議における承認を必要としている例が多くあります。債権者会議は、再生支援対象事業者の一定の行為についての承認を行うほか、事業再生計画の実施のために必要な事項全般について協議を行う会議体であり、再生支援対象事業者に対する債権の期限の利益の喪失も債権者会議の承認事項としています。

　エ　REVICのEXITに関する事項

　REVICは、再生支援決定から5年以内に保有債権を処分し、再生支援対象事業者の支援を完了させる必要があるため、メイン行に対して、REVICが保有する債権についてリファイナンス等の努力義務を規定している例もあります。

(4) 信用保証協会による保証履行

　事業再生支援業務においては、関係金融機関等の再生支援対象事業者に対する債権に信用保証協会の保証付き債権が存在する場合、原則として信用保証協会を対象債権者に含める扱いをしています。この場合、買取実行前に信用保証協会による保証履行手続を行い、求償権を顕在化させる必要があるため、保証履行のスケジュールについて信用保証協会付き債権の債権者及び信用保証協会と調整を行います。

　特に、信用保証協会付き債権の中に地方自治体のいわゆる制度融資が含まれている場合、保証履行後の求償権の債務免除を行う際に各地方自治体の議会による承認を得る必要がある場合があるため、信用保証協会との間で調整を行うだけでなく、各地方自治体の議会の開催日程を踏まえて、各地方自治体の担当部局との間で議会への議案上程のタイミング等について調整を行います。

　加えて、各地方自治体の議会で債務免除の承認についての決議が行われる際には、再生支援対象事業者の名称が明かされ、議事録にも残されるため、特に非公表

の案件では報道機関等による報道が行われる可能性を踏まえ、対応の準備を行います。

　なお、信用保証協会付き債権に制度融資が含まれている場合であっても、各地方自治体の条例により議会承認が不要とされている場合があります。

(5) **事業再生計画に基づく施策の実施に向けた準備（組織再編の準備等）**

　事業再生計画のスキームとして、第二会社方式をとる場合には、事業の受皿となる新会社の設立を行う必要があるほか、会社分割・事業譲渡の承認等の株主総会決議を経る必要があります。また、法人格維持型の場合であっても100％減増資や大幅な株式の希釈化等を行う場合には、同様に定款の変更や株式の発行に関する株主総会決議を経る必要があります。

　これらの手続が必要となる場合には、再生支援決定前から、再生支援対象事業者との間で、必要となる法的手続の内容の確認・スケジュールの調整、書類作成の支援等を行います。また、株主が多数にわたり、承認決議の取得に困難が伴うことが予測される場合には、再生支援対象事業者とともに承認決議の取得に向けた票読み、委任状の取得に向けた働きかけの支援を行います。

（青木孝頼）

Q102　再生計画の履行

 買取決定後の再生計画の履行はどのようになされるのでしょうか。REVICは再生計画の履行にどのように関与するのでしょうか。

1　事業再生計画の履行

再生支援対象事業者は、債権買取等や出資に関する手続が完了した後、本格的に事業再生計画の履行に着手します。REVICは、事業再生計画策定の支援及び関係金融機関等や出資者との調整だけでなく、再生支援対象事業者が事業再生計画を履行し再生を完了するまでの間、経営管理体制の構築や事業構造改革などの各施策の実行を支援する場合があります。

2　経営管理体制の構築

(1)　経営人材の派遣

REVICは、事業再生計画の履行を支援し、モニタリングするために、再生支援対象事業者に対して、経営人材の派遣を行う場合があります。具体的には、買取決定後に再生支援対象事業者がREVICの職員を役職員として受け入れることになります。再生支援対象事業者がREVICからの経営人材の派遣を受け入れるに当たっては、REVICとの間で経営人材の派遣に必要な株主総会の開催等の諸手続きを行う必要があるほか、受け入れる役職員の職位・職責や勤務形態（常勤又は非常勤等）の別などを考慮して、派遣に必要な費用の負担に関する契約の締結を行います。なお、再生支援決定を非公表とする場合であっても、取締役を選任する株主総会の場で説明が必要となってくることから、株主の中に取引先等が含まれている場合には留意が必要です。

(2)　会議体設置及び運営

再生対象事業者の窮境原因として多くのケースで経営管理体制の不備や経営資源の効率的な配分が行われていなかったことがあげられています。そのようなケースでは、経営管理体制を再構築するために現状の会議体に加えて、新たな経営会議体を設置し、経営判断に必要な情報の一元管理を行うとともに、意思決定プロセスの明確化・迅速化を図る必要があります。REVICは再生支援対象事業者が経営会議体を設置及び運営するに当たり資料の作成方法及び管理体制等についてアドバイスします。また、新たに設置された経営会議体を通じて事業再生計画に掲げられた各施策の進捗状況や課題等を把握し、その遂行を支援します。

(3)　会社規程類の見直し

経営管理体制を強化するために会社規程類の見直しを実施することがあります。

特に徹底したコスト削減を実現するためには、決裁権限規程上の金額基準を引き下げるなどの見直しが有用となる場合があります。また、DDの中で顕出した会社規程類の不備や課題についても再生支援対象事業者が必要な手当てが行えるように支援します。

3 事業構造改革への関与

(1) ノンコア事業の売却・撤退に関する支援

事業再生計画の中で再生支援対象事業者のノンコア事業の売却又は撤退が予定されている場合があります。当該売却・撤退の手続を適切かつ公平に実行するに当たっては、ファイナンシャルアドバイザーや弁護士、公認会計士などの外部専門家をアサインし、その知見を利用するとともにREVICも過去の再生案件の中で培われたノウハウを用いて実行を支援します。ノンコア事業に従事・関連する従業員の処遇については労働組合との調整を含め特別の配慮が必要となることから再生支援対象事業者が実行するに当たっては、特に慎重な対応を求めています。ノンコア事業として売却又は撤退をせざるを得ない場合にも雇用の機会の確保に配慮し、再生支援対象事業者に最善の努力を尽くしてもらう必要があります。REVICは従業員の承継先探索や具体的な承継条件に関する調整等について必要に応じて相談に応じるなどの支援を行っています。特にノンコア事業の撤退に関して、希望退職制度の導入を検討する場合には、制度の設計やスケジュール管理、再就職支援サービスの利用などについて再生支援対象事業者に十分な準備をすることが求められることから専門業者の知見を積極的な活用を促すとともにREVICはこれを支援しています。

(2) 人員の再配置や雇用条件の変更に関する支援

再生支援対象事業者が再生を果たすためには、人員の再配置を伴う組織の統廃合や一部雇用条件の変更が必要となる場合があります。再生支援対象事業者は、再生支援決定に際して労働組合等と事業再生計画の内容について話し合っているものの、従業員の雇用内容に直接影響する施策を実行するためには、適切な手順を踏み、かつ十分な説明を実施することが求められています。再生支援対象事業者は、人事系コンサルタントや弁護士・社会保険労務士等の外部アドバイザーの知見を活用するとともに、REVICの支援を受けて適切に実行していただいています。

（髙杉信匡）

Q103 再生支援手続のモニタリングと終了(出口)

 REVICの再生支援手続のモニタリングではどのようなことをするのでしょうか。また、どのような段階でREVICの再生支援手続は終了しますか。

1 再生支援手続のモニタリング

(1) REVICによるモニタリングの目的

　REVICは、買取決定等(機構31)がなされた後、再生支援対象事業者が本格的に事業再生計画の履行に着手した段階で、再生支援手続のモニタリングを開始し、以降、再生支援手続が終了するまで継続的に実施します。

　モニタリングの目的は、事業再生計画が単なる再生支援決定時点の計数計画として完結するものではなく、再生支援対象事業者の再生のための仮説であるため、その仮説を実績や現況に基づいて検証(問題点の抽出と今後の対策の検討等)し、必要に応じて再生の実現に向けた修正をかけていき、もって再生支援対象事業者の再生を実現することにあります。

(2) REVICによるモニタリングの方法の多様性

　REVICは、買取決定等後における再生支援対象事業者との関係においては、案件に応じて、投資による株主としての立場、債権買取や新規融資による債権者としての立場、経営人材等の専門家を派遣している立場など、様々な立場にあります。一方で、常にREVICが再生支援対象事業者の再生を主導するわけでもありません。すなわち、誰が主導するのかという観点からは、大きく分けて、①REVICが直接再生支援対象事業者に経営人材等の専門家を派遣し、いわゆるハンズオン方式で再生に取り組む「ハンズオン型」(REVIC主導)、②主として関係金融機関等の調整のみを行う「金融調整型」(自主再建又はスポンサー主導等)などに分けられ、それぞれに応じてREVICの関与の仕方も異なります。

　このため、REVICによるモニタリングの具体的内容及び方法も、案件に応じて様々なものとなります。

(3) REVICによるモニタリング体制

　REVICによるモニタリングは、再生支援対象事業者に直接関与している案件担当チームと、REVIC内部のモニタリングチームの2チーム体制で、相互に補完し合いながら、再生支援対象事業者による事業再生計画の進捗状況等をタイムリーに把握した上で、再生に向けた問題点の抽出と今後の対策に関する検討を行います。

　案件担当チームによるモニタリングは、基本的に事業再生計画の策定支援を担当したメンバーにより行われ、再生支援の現場に深く関与しながら、数値に表れない

事項も含めて事業再生計画の進捗状況を把握し、問題点があればこれを抽出し、必要に応じて、今後の対策（事業再生計画の変更を含みます）を検討するために行われます。特にハンズオン型の場合には、再生支援対象事業者の役員に就任するなどして、組織面、ビジネス面、財務面、法務面など多面的に事業再生計画の進捗状況を確認するとともに、事業再生計画の遂行のサポートもします。

一方、モニタリングチームによるモニタリングは、原則として月次ないし四半期ごとに、案件担当チームから業績や抽出された問題点及び今後の対策について報告を受け、報告を受けた内容をREVIC全体の再生支援手続における横断的な視点で比較しながら、客観的な立場から事業再生計画の進捗状況の把握及び検証を実施します。

このようにREVICは、再生対象事業者による事業再生計画の進捗状況等について、REVIC全体としてポートフォリオ管理を行っています。

(4) モニタリング情報の収集

案件担当チームは、再生支援対象事業者及び関係金融機関等との間で締結される債権者間協定及び経営への関与を通じて、再生支援対象事業者から、定期的に又は臨時にモニタリング情報を収集します。通常は、資金繰実績、試算表、年次資金計画、決算資料などの業績や財務情報を収集します。また、業績や財務情報だけでなく、医療事故（ヘルスケア案件）、労働問題、不祥事等の業務上の諸問題についても報告を求めています。

なお、再生支援対象事業者においては、正確な業績や財務情報を整理できる体制が整っていない場合もありますので、そのような場合にはREVICがその体制整備に向けたサポートをしています。

2 再生支援手続の終了（出口）

(1) 再生支援手続の終了（出口）のタイミング

再生支援手続は、事業再生計画の進捗状況等を踏まえ、再生支援対象事業者の再建の目途が立ったと判断された段階で終了します。ただし、REVICが再生支援対象事業者に対して出融資している場合は、そのすべてが第三者への譲渡ないし弁済（持込行等によるリファイナンスを含みます）等によって回収できていることが前提となります。

再建の目途が立ったとの判断には、再生支援対象事業者による事業再生計画の遂行体制及び関係金融機関等又はスポンサーによる再生支援対象事業者の支援体制が構築化されたとの判断を含みますので、金融調整型であり、かつREVICが出融資していない場合には、買取決定後1年を経たずして再生支援手続が終了する場合もあります。

REVICは、原則として、再生支援決定から5年以内に再生支援手続を終了させる必要があるため（機構33Ⅱ①）、REVICが出融資する場合には、早い段階から株式・債権の譲渡先の検討及びそのための事業価値向上に向けた取組みを行っていま

す。

(2) **再生支援手続の終了（出口）の方法**

　REVICの関与が終了したとき、すなわちREVICの行った出融資のすべてが回収され、REVICの人材派遣も終了した時点で再生支援手続が終了することになります。

　REVICの再生支援手続の終了をもって直ちに事業再生計画や債権者間協定が終了するわけではなく、その後も事業再生計画並びに債権者間協定による弁済及びモニタリングが継続するケースもあります。もっとも、①当事者の合意により事業再生計画及び（又は）債権者間協定を終了させる場合、②全部又は一部の協定債権者の債権につき一括リファイナンスして終了させる場合などがあります。いずれの場合においても、REVICにおいて、再生支援対象事業者の再生に支障が生じないよう債権者間の調整を行いサポートします。

　また、REVICの出融資の回収は、出資については、新たなスポンサー等に対する譲渡により、融資については、再生支援対象事業者からの弁済（持込行等によるリファイナンスを含みます）や持込行等の第三者への譲渡により行われます。なお、出資の場合には、他の株主と株主間協定を締結している場合もありますので、同協定に基づく処理が必要となります。

（鷲野泰宏）

Q104 REVICの再生ファンド

 REVICの再生ファンドはどのようなものですか。

1 再生ファンドの概要

　REVICの再生ファンドとは、REVICが中小機構と連携して組成した、中小企業の再生を主たる目的とするファンドです（以下「再生ファンド」といいます）。REVICが運営する多数のファンドのうち、2013年から2014年にかけて組成された3つのファンドが、窮境状況からの再生可能性を有する中小企業等を投資対象とする、再生ファンドに該当します（2016年1月現在）。

　3つの再生ファンドはそれぞれ、①北海道、②関西圏、及び③山口県を中心とする地域の中小企業を投資対象としています。

　再生ファンドの法律上の位置づけは、投資事業有限責任組合契約に関する法律に定められる投資事業有限責任組合です。REVICの完全子会社であるREVICキャピタルが無限責任組合員（GP）となり（共同GPはファンドにより異なります）、中小機構及び地域金融機関が有限責任組合員として組成されています。機構法上は、特定経営管理（機構22Ⅰ⑧）の一環と位置づけられます。

2 再生ファンドの特徴

　再生ファンドは、投資対象事業者に対し、①債権の買取り、②出資、又は③新規融資を行います。③については私募債によるのが典型ですが、貸金業免許を有しているファンドは貸付けを行うこともあります。

　投融資のタイミングとしては、協議会等で作成された事業再生計画に従い、対象債権者による金融支援が行われることを前提として、再生ファンドが債権の買取りや投融資を行うのが一般的です。その他、再生ファンドが金融機関から債権をディスカウント価格で買い取った上で、事業再生支援を行って資産負債のバランスの適正化を図る手法も考えられます。

3 REVICの再生支援手続との比較

　再生ファンドとREVICの再生支援手続は、いずれも金融調整を前提とする点で共通性を有しますが、以下のような相違点があります。

　まず、REVICの再生支援手続では、REVICにより主体的な金融調整が行われます。したがって、事業者単独での金融調整が困難な案件に親和的です。

　これに対し、再生ファンドは、金融調整機能を持たず、投融資及びハンズオンを主要な機能とします。したがって、経営の知見が欠けていて外部人材を活用したい場合、スポンサー探索が難航している場合、又は協議会が金融調整を行うような場

合にその活用が考えられます。ハンズオンの手法としては、投融資の時点から社外役員を派遣するのが一般的です。社外役員を派遣しない場合であっても、常時モニタリングを行い、業績悪化時にハンズオンを可能とするコベナンツが投融資契約にて設定されることもあります。

4 再生ファンドが活用される典型事例

(1) 債権買取、出資、及び社外役員の派遣を同時に行うケース

大幅な実態債務超過状態に陥った事業者について、協議会や事業者代理人主導の下で事業再生計画を策定する場合に、再生ファンドがスポンサーとなることが考えられます。具体的には、新会社への出資を行ったり、債権者の全金融債権の買取りを行ったり、社外取締役の派遣を行ったりすることが考えられます。

これらの手段を併用することで、主要株主兼主要債権者たる再生ファンドの下で利害関係を一本化しつつ、再生ファンドの無限責任組合員であるREVICキャピタルからの派遣人材による、現場レベルでの経営支援が可能となります。多面的な支援によって事業者の早期再生を実現することが期待されます。

(2) 既存金融機関では困難な融資を行うケース

例えば、長期の経営不振により財務状況が悪化している事業者においては、施設老朽化に伴い収益構造が著しく悪化しているケースも存在します。そのような事業者が再生するためには、通常、債権者による債権放棄のほか、設備の更新が不可欠です。他方、債権放棄を迫られた金融機関は、債権放棄自体は承諾しても、債権放棄後の新規融資に難色を示すことがあります。このような場合、仮に事業者に担保余力があったとしても、設備更新資金が確保できず、結果として再生が困難となります。

そこで、金融機関による債権放棄と同時に、再生ファンドから新会社へ、設備投資を資金使途とする融資を実施するケースが考えられます。

このように、再生ファンドが既存の金融機関では困難な与信を行うことで、事業者側に多様な資金調達手段の機会を提供し、再生に寄与することが可能となります。

5 再生ファンドの税務

事業再生に係る税制として、企業再生税制があります。企業再生税制の特例は、従前、2以上の金融機関により債権放棄が行われた場合に限定されており、再生ファンドが買い取った債権を放棄する場合は同特例が利用できませんでした。

そこで、2013年度税制改正により、金融庁長官及び経済産業大臣が指定する事業再生ファンド（特定投資事業有限責任組合）によって債権放棄が行われた場合も適用対象に含むこととされました（租特67の5の2Ⅰ）。これにより、金融機関から債権の買取りを行った再生ファンドが債権放棄を行った場合でも、同特例が適用されます。2016年度税制改正により、同特例は2019年3月31日まで延長されました。

REVICの再生ファンドはいずれも、上記特定投資事業有限責任組合に当たります。

（吉田俊一）

第3節 特定支援

Q105 特定支援とは

 REVICの特定支援とはどのような制度ですか?特徴やメリット・デメリットについても教えてください。

1 REVICの特定支援とは

REVICの特定支援は、2014年5月9日に成立した機構法改正法に基づき、同年10月からREVICに追加された機能[1]の一つです。

特定支援は、金融機関等(機構2、機構規3)の協力を得て、新たな事業の創出その他の地域経済の活性化に資する事業活動の実施に寄与する目的で、過大な債務を負っている事業者の債務と当該事業者の債務を保証している代表者等(機構32の2Ⅰ、機構規14の2)の保証債務とを整理するものです(機構32の2Ⅰ)。具体的には、機構が、過大な債務を負っている事業者の関係金融機関等から、当該事業者に対する債権を買い取って事業者の債務整理を行うと同時に、代表者等保証人の保証債務について経営者保証GLに沿って一体整理を行います。

2 特定支援の制度趣旨

REVICの特定支援は、地域経済を活性化させるための新陳代謝、円滑な事業整理といった政策目的を達成するため、保証債務の整理を通じた代表者等保証人の再チャレンジの後押しを行う制度であり、機構法及び支援基準に定める特定支援の要件もかかる制度趣旨に照らし適切に解釈運用する必要があります。

3 特定支援の特徴

(1) 経営者保証GLを実現する制度としての特徴

経営者保証GLを実現する制度としての特徴の一つは、①事業者の債務と代表者等の保証債務とを一体整理するところです。主債務である事業者に対する債権が法的整理等で既に清算済みで保証債務だけが残っているようなケースは対象外となります。

次に、②特定支援は、事業者は転廃業し、代表者等保証人が再チャレンジする場合を基本としています。スポンサーへ事業を譲渡する場合や代表者等保証人の後継者に事業承継する場合等の様々な類型がありますが、事業者自体は転廃業して、代表者等保証人は再チャレンジを図ることが基本です。

また、③代表者等の保証債務が整理対象であるため、代表者等の住宅ローン等個

---

[1] なお、特定支援決定ができる期限は、2018年3月31日まで(ただし、主務大臣の認可で9月30日まで延長可)と法律上制限がなされています(機構32の2Ⅶ)。

人債務は対象外債権となります。したがって、資金計画が成り立つ限り、住宅ローンを従前どおりの約定で返済しながら、保証債務を整理することも不可能ではありません。

最後に、④特定支援は経営者保証GLを実現する制度の一つではありますが、代表者等保証人について「新たな事業の創出その他の地域経済の活性化に資する事業活動の実施に寄与する」（機構32の2Ⅰ）ことが求められるなど、地域経済活性化のための新陳代謝や円滑な事業整理、代表者等保証人の再チャレンジといった政策目的を実現するために設けられた独自の制度です。そのため、特定支援の要件効果や手続については、政策目的に基づき適切に解釈運用する必要があります。

(2) 再生支援と異なる特徴

再生支援と異なる点は、①特定支援の弁済計画は、現存資産を弁済原資とする点にあります。基本的に将来の収益による弁済計画を立てることはできません。代表者等保証人の再チャレンジを図ることが目的であるため、「特定支援決定基準」には収益性向上基準や有利子負債基準などの数値基準がありません。

また手続的に、②事業者、代表者等保証人、持込行である金融機関の三者連名での申込みが必要となります。

また、③少なくとも関係金融機関等の1社からの債権買取が必要であり（債権買取を行わないと支援撤回となります）、注意が必要です。

4 特定支援のメリット・デメリット

(1) 代表者等保証人のメリット
① 商取引先に迷惑をかけないで再チャレンジできる点が大きなメリットです。
② 代表者等保証人は破産をすることなく、保証債務の整理をすることができます。
③ 官報等で個人情報を公表されることがありません。
④ 関係金融機関等に一定の経済合理性が認められる場合には、破産手続よりも代表者等保証人に残す資産の範囲を拡張することができます。

(2) 関係金融機関等のメリット

ア 関係金融機関等にとって、メリットの第一は経済合理性です。事業者が法的整理となった場合に比べて、特定支援を利用した方が、保証人からの回収は減ったとしても事業者からの回収と合わせれば、法的整理による回収を上回ることができます。そればかりか、過大な債務を負担する事業者の新陳代謝を図ることや代表者等保証人の再チャレンジを後押しすることで、間接的ではありますが地域経済の活性化という経済的メリットを実現できます。

イ 次に、事業者が行う法的整理の効力は保証債務には及びませんが、特定支援によれば、事業者と保証人の債務の一体整理が可能であり、保証債務の処理のための負担から解放されます。加えて、過大な債務を負担する事業者の管理コストからも解放されることから、特定支援を利用するメリットは大きいといえます。

ウ　REVICが関与することで、事業者の資産評定や代表者等保証人の私財調査等の事務負担・費用負担や、他の関係金融機関等の理解を得るための時間と労力の軽減が受けられます。

エ　サービサー宛てにバルク処理を行った場合、代表者等保証人の保証解除は当然には行われません。これに対し、REVICはすべての関係金融機関等債権者に係る保証債務の整理及び債権者間調整を行いますので、関係金融機関等として、代表者等保証人の再チャレンジや地域経済の活性化について積極的支援を行っているとの評価を受けることができます。REVICは、中立かつ公正な公的サービサーとして弁済計画に基づき債権管理回収を行うものですから、事業者及び代表者等保証人双方にとって、関係金融機関等が債権を売却することについて理解を得やすいものと思われます。

(3)　デメリット

特定支援は、機構法に基づき、経営者保証GL及び特定支援決定基準の建付けの中で全関係金融機関等の合意の下、成立するものであることから、一定の手続費用[2]、事務処理期間、法令上の制限等の制約がある点は留意が必要です。

5　特定支援の活用事例

特定支援は、事業者の事業を整理して代表者等保証人が別に再チャレンジするケースが典型ですが、①スポンサーに事業譲渡するものの事業自体は存続して雇用を維持する事業譲渡ケースや、②代表者等保証人の親族が後継者となって別会社を作って事業を承継する事業承継ケース等、様々な活用が考えられます。REVICの特定支援の事例については、一部、REVICのウェブサイト（http://www.revic.co.jp/pdf/publication/examples_revic_sp.pdf）に掲載されていますので、参照してください。

（三森　仁）

2　事業再生支援から特定支援に移行するようなケースや、特定支援の中で事業譲渡等を行うような特殊なケースは除き、REVICに支払う必要がある手数料は20万円です。

Q106 特定支援の手続

 REVICの特定支援の手続や要件(支援基準)はどのようなものでしょうか。また、REVICの特定支援を行う上での留意点について教えてください。

1 特定支援の手続の流れ

特定支援の手続の流れは以下のとおりです。

標準的なスケジュールは、事前相談を受けてREVICが初期検討を行うPreDD(重要な問題がない場合には、すぐにREVIC又は外部専門家によるDDに移行します)及びDD期間が1カ月程度、特定支援決定までが2カ月程度となります。

(1) 事前相談
① 持込行又は事業者(代表者等である保証人。以下「代表者等保証人」といいます)からの相談。面談時には、確定申告書及び決算書(直近1期分)、直近月の試算表、今後3カ月程度の資金繰り表、銀行別借入残高表(保証債務も明記)といった基本書類の提出を求めています。
② 関係者と守秘義務契約の締結。
③ REVICによるPreDD。PreDDでは、公租公課や商取引債務等の一般債務の支払可能性の確認を行います。
④ 持込行、事業者及び代表者等保証人による特定支援活用の了解。持込行は、事業者のメイン行となることが通常です。

(2) 事業者及び代表者等保証人の資産査定(DD)
① 費用負担の覚書締結。
② REVIC又は外部専門家による、事業者及び代表者等保証人の資産査定(私財調査)。

(3) 弁済計画の策定支援
(4) 金融機関、事業者及び代表者等保証人の三者連名での特定支援申込み
(5) 特定支援決定
(6) 関係金融機関等に対する特定支援決定通知の送付及び回収等停止要請

特定支援決定を行ったときは、REVICは直ちに、関係金融機関等に対し、買取申込み等期間(機構32の3Ⅰ)を定めて、事業者に対して有するすべての債権(代表者等の保証が付いているか否かを問いません)について、①債権の買取りの申込み(REVICに債権を譲渡)か、②弁済計画に従って債権の管理又は処分をすることの同意(弁済計画に基づき回収・債権の放棄を行います)のいずれかを行う旨の回答を求めます(機構32の3)。関係金融機関等のREVICに対する回答期限は、特

定支援決定後3カ月が上限となりますが、通常は1～2カ月程度で期限を設定しています。

また通常、特定支援決定通知と同時に、買取申込み等期間が満了するまでの間、回収等（流動性預金の拘束を含みます）を行わないことの要請を行っています（機構32の4）。

(7) 金融機関交渉
(8) 関係金融機関等による回答、買取決定

全関係金融機関等より、REVICに対する買取申込み又は弁済計画への同意が得られた場合、REVICは買取決定を出します。

関係金融機関等からの回答に不同意があった場合や、関係金融機関等から1件も買取申込みがなかった場合、原則としてREVICは特定支援決定を撤回しなければなりません（機構32の8）。

(9) 弁済計画に基づく事業者及び代表者等保証人の資産の換価処分
(10) REVICによる債権買取実行
(11) 事業者及び代表者等保証人による弁済、保証解除
(12) REVIC及び関係金融機関等による債権放棄

信用保証協会の求償権に地方公共団体による制度保証が付されている場合（以下「制度保証付き求償権」といいます）には、特別清算手続の中で債権放棄を行います。

2　特定支援決定基準

特定支援決定を行う上で充たすべき要件（特定支援決定基準）[1]について、主な留意点は以下のとおりです。

(1) 事 業 者

個人事業主も対象となります。

(2) 代表者等保証人

法令上以下の要件を充たす必要があります。

① 事業者の代表取締役
② 事業者の事業従事者であり代表者の配偶者であるもの
③ 事業者の事業従事者で取締役であるもの
④ 事業者の事業の方針の決定に関して、②及び③と同等以上の職権又は支配力を有すると認められる者

(3) 公租公課や商取引債務等の一般債務が支払可能であること

特定支援は、金融機関のみを対象として事業者及び代表者等保証人の債務整理を行うものですので、公租公課、労働債務、商取引債権等金融機関に対する債務以外の債務については、その全額を支払った上で転廃業することが前提となります。

---

[1] http://www.revic.co.jp/pdf/publication/chiiki_shienkijun.pdf

(4) 代表者等保証人の再チャレンジ要件

新ビジネス創業のみならず、他社への就業のほか、事業者の事業を承継した会社に就業することや、ボランティア活動に従事すること等も再チャレンジに含まれます。

(5) 誠実性の要件

申込事業者及びその代表者等保証人が弁済について誠実であり、関係金融機関等及びREVICに対してそれぞれの財産状況（負債の状況を含みます）に関して、適時に、かつ、適切な開示を行っていることが必要です。

過去に粉飾や詐害行為等があったというだけで、誠実性の要件を充たさないということにはなりません。特定支援が新陳代謝や代表者等保証人の再チャレンジといった政策目的を実現するための制度であることから、刑事問題が生じるような悪質な場合を除き、弁済や情報開示に関する誠実性は将来に向けた誠実性を問うべきだからです（『ニューホライズン』53頁〔小林信明〕参照）。

(6) 金融機関等債権者の経済合理性

特定支援は、経営者保証GLと同様、事業者の弁済額と代表者等保証人の弁済額を一体として考え、事業者及び代表者等保証人が破産した場合よりも、特定支援に基づく弁済計画が関係金融機関等にとって経済合理性があることが前提となります。

特定支援では、清算手続を早期に行うことにより確保できる回収見込額の増加額や、事業者の在庫商品や売掛金等資産を破産時よりもできる限り高く換価処分することによる回収見込額の増加額、私的整理において軽減される費用負担の差額等を考慮することで、金融機関等債権者としての経済合理性を確保し、代表者等保証人に対して破産時の自由財産よりも多くの財産を残すことが可能となります。なお、経営者保証GLの解釈に関し、主たる債務者が清算型手続の場合、インセンティブ資産の上限金額となる「回収見込額の増加額」は、現時点において主たる債務者を清算した場合の主たる債務者と保証人からの回収見込額と、清算が遅延した場合の両者からの回収見込額の差額、すなわち、早期清算をしたことによる増加額であるとする見解があります（経営者保証GLQA【B.各論】Q7－16参照）。これに対し、REVICでは、特定支援が地域経済活性化のための新陳代謝、代表者等保証人の再チャレンジといった政策目的を実現するために設けられた制度であることを受け、金融機関等債権者の経済合理性が認められる限り、現時点における清算と比較して特定支援による回収額が増大した場合にはその増加額も考慮して、早期清算による回収見込額の増加額を超えた財産をインセンティブ資産として残すことが可能であるとの解釈に基づき実務運用を行っています。この点、国税庁に対する税務上の取扱いに関する照会においては、特定支援業務に基づいて作成・成立した主たる債務と保証債務との一体としての弁済計画による債権放棄額は、破産手続の免責額の範囲内であること等を踏まえて「合理的な基準により債務者の負債整理を定めて

いるもの」により算出された債権放棄額に該当すると解釈することが是認されていますので、REVICの上記解釈運用は税務取扱上許容されているものと考えています。

(7) **代表者等保証人の免責不許可事由要件**

　裁判所の破産実務においては、仮に免責不許可事由があっても、破産者の破産手続への協力等を勘案して免責（裁量免責）を行うことが少なくないことから、特定支援においても、事業者の新陳代謝及び代表者等保証人の再チャレンジの趣旨に照らし、同様の対応をとっています（『ニューホライズン』53、54頁〔小林信明〕参照）。

　代表者等保証人が主債務者である事業者の支払不能後に自宅等の資産（譲渡資産）を処分していた場合の取扱いについては、破産時に破産管財人により否認権を行使される可能性を否定できない場合、当該行為を無効として譲渡資産を保証人の資産とみなした上で、経営者保証GLに則って、譲渡資産を保証人の残存資産として残せるかどうかを検討します。譲渡資産が自宅の場合、譲渡資産の価値が金融機関の経済合理性の範囲を超えず、華美でない自宅として評価できる場合には、保証人の残存資産とみなして資産移転を実質的に許容する弁済計画を策定するケースもあります。他方で、保証人の残存資産として残すことが困難な場合には、譲渡先等から譲渡資産の適正価格を弁済原資として拠出させ、又は譲渡先にて売却処分を行い、その換価代金を弁済原資として拠出させる、といった措置を講じることが必要となります。

(8) **労働組合等との話し合い**

　雇用の機会の確保に配慮（機構1）するための要件となります。

3　その他の留意事項

(1) **代表者等に該当しない保証人の取扱い**

　経営者保証GLは、早期の事業再生等の着手の決断に寄与した経営者保証人に、事業者及び経営者保証人が私的整理により債務の一体整理を図ることで、破産時よりも金融機関がより多く得られる経済合理性の範囲で、経営者保証人に破産時よりも自由財産の範囲を拡張することができるというインセンティブを与えるものですが、当該早期判断に関与しないいわゆる第三者保証人についても、経営者保証GLに定めるインセンティブを与える必要があります。

　すなわち第三者保証人は、保証履行により事業者及び他の保証人に対して求償権を取得します。事業者及び代表者等保証人の債務整理のためには、第三者保証人が取得する求償権について放棄を依頼することが必要ですが、第三者保証人が個人の場合は、経営者保証GL及び特定支援の名宛人（金融機関）ではないため、第三者保証人に対して金融支援を求めることはできません。そこで、第三者保証人の保証債務についても一体で処理し、代表者等保証人が得られるインセンティブと同様若しくはそれ以上のインセンティブを与えて、事業者及び代表者等保証人の債務整理

に協力を求めることが必要となるのです。

以上から、特定支援では、金融機関の経済合理性が成立する範囲内で、主たる債務者と保証人の関係、保証による利益・利得を得たか否か等を考慮した保証人の責任の度合いや、保証人の収入、資産等を考慮した保証人の生活実態といった個別事情を考慮して、代表者等保証人と同等又はそれ以上の資産を残すことや、無償解除の可能性を含めて総合的な検討を行っています。

(2) 法人保証人

法人保証人は、原則として特定支援の対象外です。

ただし、保証する法人の財務状況等を個別に勘案しつつ、関係金融機関等との検討を通じて保証解除の方策を模索することは可能です。

(3) 信用保証協会

日本政策金融公庫による損失保証のみが付されている信用保証協会の求償権は、特定支援においても、不等価譲渡及び債権放棄(以下「不等価譲渡等」といいます)を行うことが可能です。

これに対して地方公共団体による損失補償が付されているいわゆる制度保証付き求償権を不等価譲渡等するためには、原則として議会承認が必要となります。当該地方公共団体の議会承認スケジュール等を勘案すると多大な時間を要することから、現在の運用では、制度保証付き求償権がある場合には、弁済計画において、特別清算で債権放棄を行うことを定めています。もっとも特別清算手続には時間と費用がかかることから、特定支援手続における不等価譲渡等についても、知事等の首長の承認で足りるよう条例制定を進めるよう働きかけているところです。

4 課税関係

(1) 関係金融機関等

REVICが特定支援決定を行った後、特定支援対象事業者及び代表者等保証人の弁済計画(特定支援対象事業者が清算することを前提とした弁済計画で債務免除を含むもの)に同意した関係金融機関等が、当該弁済計画に沿った内容の契約により対象債権の全部又は一部を切り捨てた場合には、関係金融機関等の債権放棄額は、法人税基本通達9-6-1(3)ロに該当し、貸倒損失に計上できます[2]。

(2) 特定支援対象事業者

解散した法人に残余財産がないと見込まれる場合には、期限切れ欠損金が使用できるので(法人税法59Ⅲ)、債務免除益が課税されることはありません[3]。

他方、個人事業主の場合には、資力を喪失して債務を弁済することが著しく困難

---

[2] 国税庁タックスアンサー(https://www.nta.go.jp/shiraberu/zeiho-kaishaku/bunshokaito/hojin/160601_01/index.htm)参照。

[3] 「平成22年度税制改正に係る法人税質疑応答事例 問8」(http://www.nta.go.jp/shiraberu/zeiho-kaishaku/joho-zeikaishaku/hojin/101006/pdf/08.pdf)参照。

である場合に債務の免除を受けたときは、その債務免除に係る経済的利益が非課税となります（所得税法44の2）[4]。ただし、個人事業者に残すことができる自由財産相当額は、破産の場合と同等とする（法定自由財産と自由財産の拡張に係る裁判所の実務運用に従う）必要があるとされており、注意が必要です。

(3) **代表者等保証人**[5]

　代表者等が、特定支援手続による弁済計画に従って、個人資産を譲渡し、その対価で保証債務を履行して求償権を放棄した場合には、当該資産の譲渡所得に課税は生じません（所得税法64Ⅱ）。

　また、特定支援手続による弁済計画に従って代表者等の保証債務が免除された場合、偶発債務の免除に過ぎず、保証人に対する利益供与はないことから、原則として保証人に所得税の課税関係は生じません。この場合、保証人に対する利益供与がないことから、原則としてREVICや関係金融機関等に寄付金課税も生じません（法人税法37）。

（三森　仁）

4　国税庁タックスアンサー・前掲注2。
5　国税庁タックスアンサー・前掲注2。

第5章

事業再生ADR

第1節 事業再生ADRの概要

Q107 事業再生ADRの概要及び特徴

事業再生ADRとはどのような法的根拠に基づく制度なのでしょうか。また、事業再生ADRの特徴を教えてください。さらに、事業再生ADRを行うための費用はどのくらいでしょうか。

1 事業再生ADRの法的根拠

事業再生ADRは、ADR法に定められた認証紛争解決手続（ADR法2③）であって、同法に基づく認証と強化法に基づく認定を受けた特定認証紛争解決事業者（ADR法2④、産強2ⅩⅤ）が、事業再生に係る紛争について行うものです（産強2ⅩⅥ）。事業再生ADRを規律する法令等は、以下のとおりです。

①ADR法、②ADR規則、③裁判外紛争解決手続の利用の促進に関する法律の実施に関するガイドラインが、裁判外紛争解決手続を民間事業者が業務として行うための認証の基準、要件、業務内容の規律を定めています。また、④強化法、⑤経産省令、⑥経産省告示、⑦資産評定基準が、認証事業者が経済産業大臣の認定を受けるための要件や、事業再生ADRの手続の詳細等を定めています。

現在、特定認証紛争解決事業者に認証・認定されているのはJATPのみであり、JATPが主宰する事業再生ADR手続ではJATPが定める⑧協会規則が適用されます。以下の記述は、JATPが主宰する事業再生ADR手続を念頭に置いたものです。

2 手続実施者とは

手続実施者とは、民間紛争解決手続において和解の仲介を実施する者（ADR法2Ⅱ）をいい、事業再生ADRにおける手続実施者は、具体的な事案において債権者と債務者間の債権債務の調整の仲介をする責務を負います。手続実施者の選任は、JATPが手続実施者の予定者を選任した上で、概要説明会議で債権者の過半数の同意による決議により選任されます（経産省令22Ⅱ②）。手続実施者は、事業再生についての専門的知識及び実務経験を有することが求められ、特に私的整理型の事業再生についての経験が重視されます（産強51Ⅰ①、経産省令17）。

3 事業再生ADRの意義

事業再生ADRの手続は、本来、債権者と債務者の相対交渉として行われる債権債務関係の調整（私的整理）を、中立・公正な第三者が関与する民間紛争解決手続により行うことによって、私的整理の問題点として指摘されるところの、手続の不公正さ、不透明さ、不公平さの危険を回避できるところに意義があるといえます。

この点、私的整理GLの手続も、私的整理でありながら専門家アドバイザーの関与により手続の公正さや透明性を確保しようとするものですが、同手続は債務者と主要債権者が手続実施の主体となるのに対し、事業再生ADRでは、まったくの第

三者である特定認証紛争解決事業者が手続を主宰し、手続実施者の資格要件や、債権者会議における決議事項、資産評定の基準、事業再生計画が定めるべき内容、事業再生計画が充たすべき要件等の手続の詳細についても、法令により定められていますので、よりいっそうの公正性、透明性、公平性を確保した上での債権債務の調整を行うことが可能となっているといえます。

4 事業再生ADRの特徴

(1) 事業再生ADRのメリット

事業再生ADRは、法的倒産手続と比べて、手続が非公開であること、商取引債権者を手続に参加させることを要しないため事業継続への影響が少ないこと、比較的柔軟な事業再生計画の策定ができること、債務者が上場会社である場合に上場維持の可能性があること等がメリットであり、これらのメリットは債務者の事業価値の毀損を回避し、結果として債権者への弁済額を増やすことにつながります。

他の私的整理の手続と比較した場合、事業再生ADRは、特定認証紛争解決事業者が手続を主宰しますので、前記3で述べたとおりより高い中立性・公正さが確保できるほか、私的整理GLを含めて私的整理に生じがちである、いわゆるメイン寄せを回避することができます。また、純粋な私的整理の手続の場合と違い、事業再生ADRで認められる特例として、特定調停手続へ移行したときの単独裁判官による調停実施（産強52）、プレDIPファイナンスに対する公的機関の債務保証等（産強53①、54、55）、社債権者集会の決議の認可に関する特例（産強57）、プレDIPファイナンスの民事再生・会社更生における優先的取扱い（産強58〜60）、準則型私的整理手続としての税務上の恩典があることをあげることができます。

(2) 事業再生ADRのデメリット

事業再生ADRは、法的倒産手続と異なり、債権者に対する強制力を有する手続ではありませんので、事業再生計画の成立には対象債権者全員の同意が必要です。また、上述のとおり法令に基づいた手続となるため、純粋な私的整理の手続と比べた場合、柔軟性に欠けることがあります。

加えて、手続を主宰するJATPへ支払う費用（審査料50万円（税別））のほかに、対象債権者の数や対象債権者に対する債務額を基準に標準額が定められています。例えば、対象債権者の数が10社以上20社未満、対象債権者に対する債務額が20億円以上100億円未満の債務者については、業務委託金500万円、業務委託中間金500万円、報酬金1,000万円の合計2,000万円（税別）が標準額とされています。『ADRのすべて』37頁〔清水祐介〕）はすべて債務者の負担となります。そのほかに申請代理人等のアドバイザーの費用の負担も生じますので、債務者の規模や対象債権者数によっては債務者が負担する手続費用が高額になることがあります。

（上野　保）

Q108 事業再生ADRの手続

 事業再生ADRの手続の概要はどのようなもので、事業再生ADRはどのように進行しますか。

1 事業再生ADRの手続の流れ

事業再生ADRの手続は、手続利用の正式申込みの正式受理までの段階（事前準備段階）と、正式受理後の手続の段階の2つに分かれます。

事前準備段階としては、①事前相談・手続説明、②事業再生ADR手続利用申請、③審査会による審査、④利用申請仮受理・通知、⑤手続実施者選任予定者の選任、⑥手続実施者選任予定者による個別面談・調査・助言等、⑦事業再生計画案の概要の策定、⑧手続利用の正式申込み、正式受理という流れで手続が進行します。

正式受理後の手続の段階では、①一時停止の通知、②概要説明会議、③事業再生計画案の策定、手続実施者による調査と調査報告書、確認書の作成、④協議会議、⑤決議会議という流れで手続が進行します。以下、事前準備段階については2で、正式受理後の手続段階については3で、上記の各手続について説明します。

2 事前準備段階

(1) 事前相談・手続説明

手続利用を検討する債務者は、まずはJATPに連絡をとり、債務者の状況について説明、相談をするのがファースト・ステップです。JATPは手続の流れについて詳細な説明をしてくれます。

(2) 事業再生ADR手続利用申請

事業再生ADR手続の利用を申請するには、所定の手続利用申請書に必要事項を記載し、必要な書類を添付して提出することになります（協会規則9）。必要記載事項は、①申請する債務者・対象債権者を特定する事項、②直近の業況（財務内容、3事業年度の損益推移、借入金残高推移、子会社・関連会社の状況、経営困難な状況に陥った原因、債権者との交渉経過、事業再生の方向性）などです（『ADRのすべて』636頁【書式1】参照）。必要添付書類は、委任状、直近3事業年度分の法人税確定申告書、子会社・関連会社の直近事業年度の法人税確定申告書、借入金明細書、固定資産の明細、担保一覧表、定款、商業登記簿謄本、会社案内、代表者等が保証債務を負担している場合、代表者等個人の直近の確定申告書及びDD報告書などです。

(3) 審査会による審査

手続利用申請がなされると、JATPは速やかに審査会を組織し、審査会は①申請

債務者が申込者としての要件を充たす可能性があるか、②当該案件が、事業再生計画案の成立の見通し及び履行可能性の観点から、他の事業再生手続に比べて本手続の利用に適するかの審査を行います（協会規則10Ⅰ）。特に、金融支援だけで足りるのかどうか、金融機関以外の商取引債権者も負担を余儀なくされるような事案なのかの見極めが重要であるといわれています（松嶋英機（司会）ほか「《パネルディスカッション》事業再生ADRの実践(1)」『事業再生ADRの実践』163頁〔須藤英章発言〕）。当該審査会の審査は、上記のような実態的な判断を行うものですので、当該審査を受ける段階で、ある程度、具体的な事業再生計画案の骨子ないしイメージのようなものが必要な場合もあり注意が必要です。

(4) 利用申請仮受理・通知

審査会の審査の結果、申請債務者が本手続の債務者としての要件を充たす可能性があり、かつ本手続を利用するのに適する可能性があると判断された場合には、JATPは利用申請を仮受理し、申請債務者に通知をします（協会規則11）。

(5) 手続実施者選任予定者の選任

利用申請仮受理がされると、JATPは事業再生の有識者で構成される手続実施者選定委員会において手続実施者選任予定者を選任します。手続実施者になるための要件は経産省令で定められており、手続実施者の補佐人として3件以上の経験を有する等の相当の経験が必要です（経産省令17①〜④）。

(6) 事業再生計画案の概要の策定、手続実施者選任予定者による個別面談・調査・助言等

債務者は、手続利用申込みの正式受理を受けるために、その前提として、事業再生計画案の概要を策定し、手続実施者選任予定者と面談の上、債務者の事業・財務状況、経営状況及び事業再生の意向について事情聴取を受けるとともに、手続の概要及び事業再生計画案の策定方法について説明を受けます（協会規則19）。手続実施者選任予定者は、申請債務者の事業状況、財務内容及び法令上の問題点について調査を行うとともに、申請債務者に事業再生計画案の概要を策定させます。同概要は、①債権額の回収の見込みが破産手続による債権額の回収の見込みよりも多いことなど、債権者にとっても経済的合理性が期待できること、②過剰設備等の処分、不採算部門の撤退等、債務者の自助努力を伴うものであること、③実行可能性があること、④債権者全員の合意が得られる見込みがあることの4要件を備えている必要があります（協会規則21Ⅱ）。これらについて疑問があれば手続実施者選任予定者の方で必要に応じて修正の助言等を行うこともあります。また、④の要件確認のために手続実施者選任予定者から主要行等と面談し、意向を聴取することもあります。手続実施者選任予定者は、上記①〜④の要件が具備されていると認める場合には、その旨、JATPに報告をします。事業再生計画案の「概要」とはされていますが、実務上は、一時停止の通知前に資産査定を実施の上、一応の完成版としての事業再生計画案を策定していることも多く、また、それが望ましいです（松嶋（司

会）ほか・前掲パネルディスカッション『事業再生ADRの実践』163頁〔住田昌弘発言〕）。なお、協会規則21条2項では、「事業再生計画案の概要には、原則として、数値計画並びに債務の弁済に関する計画及び債権者の権利の変更についての具体的内容を含むものとする」とされています。

また、協会規則では、上記①～④のほかに、手続利用の申込みをするための要件として、①自力再生困難性、②事業再生可能性、③法的整理手続によることによる事業価値毀損のおそれ、④法令適合性、公正・妥当性等を求めています（協会規則22）。

(7) **手続利用の正式申込み、正式受理**

上記(6)までの手続を経た上で、手続実施者選任予定者から、上記(5)及び(6)の要件充足性について認められれば、手続利用の正式申込みを行います（協会規則23）。JATPは手続実施者選任予定者の意見を適宜確認の上、上記(6)の各要件が具備されていることが確認できれば、正式受理を行い、その旨債務者に通知します（協会規則24）。

3 正式受理後の手続

(1) **一時停止の通知**

正式受理がなされると、JATPは債務者と連名で、手続の対象となる債権者（以下「対象債権者」といいます）に対して、一時停止の通知を発送します（協会規則25）。

一時停止とは、「債権者全員の同意によって決定される期間中に債権の回収、担保権の設定又は破産手続開始、再生手続開始、会社更生法若しくは金融機関等の更生手続の特例等に関する法律の規定による更生手続開始若しくは特別清算開始申立てをしないこと」とされています（経産省令20）。具体的には、対象債権者が弁済の受領、相殺権の行使等、債務消滅に関する行為、追加担保供与の要求、強制執行、仮差押え、仮処分、法的倒産手続開始申立てを行うことが禁止されます。

対象債権者は金融機関、貸金業者、これらから債権の譲受け又は回収委託を受けた債権回収会社で、商取引債権者やリース債権者は原則として対象となりません。

(2) **概要説明会議**

一時停止の通知を発した日から原則として2週間以内に、概要説明会議が開催されます（協会規則26Ⅰ）。概要説明会議は非公開で債務者、手続実施者（選任予定者）、対象債権者及び手続実施者らが相当と認めた者のみが出席できます（同26Ⅱ）。同会議での説明事項、決議事項は次のとおりです（同26Ⅵ、Ⅶ）。

ア　説明事項

①債務者による現在の資産・負債の状況の説明、②債務者による事業再生計画案の概要の説明。

イ　決議事項

①議長の選任、②手続実施者の選任。

③一時停止の具体的内容及びその期間。一時停止の効力の終期については、(5)の決議会議終了時までとされることが多いです。

④協議会議（下記(4)）及び決議会議（下記(5)）の開催日時及び場所。協議会議は概要説明会議から概ね1.5カ月後、決議会議は協議会議から概ね1カ月後くらいで開催されることが標準形とされているようですが、実際には一時停止通知発送日から決議成立まで、4、5カ月間を要しているのが多いようであるとも言われています（『ADRのすべて』135頁〔内藤滋〕等）。

⑤プレDIPファイナンスについての強化法58条の同意。事業の継続に欠くことのできない資金の借入れについて、同会議において対象債権者全員から、弁済について対象債権者の債権の弁済よりも優先的に取り扱うことについて同意を得ると、強化法59条、60条により、仮に民事再生、会社更生に移行した場合で、対象債権者と当該プレDIPファイナンス拠出者の債権の間に権利の変更の内容に差を設ける計画案が提出されたとき、裁判所が衡平性を審査する際に考慮されることになります（なお、当該同意は概要説明会議のみならず、協議会義、決議会議において得ることも可能です。経産省令33Ⅱ参照）。

(3) 事業再生計画案の策定、手続実施者による調査と調査報告書の作成

概要説明会議終了後、いよいよ債務者による事業再生計画案の完成及び手続実施者による調査報告書の作成という、手続全体の中でも核心的な作業を行うことになります。この段階で手続実施者が詳細・厳密な調査を行う過程で当該計画案の不備等が明らかになり、あるいは対象債権者から重要な修正要請がなされることもあり、それらを踏まえて手続実施者から債務者に必要な助言がなされ、これを受けて債務者が計画案を修正するという作業が行われ、これらを通じて次に述べる協議会議直前に事業再生計画案と調査報告書が同時に完成する、という流れとなります。事業再生計画案では次の各事項を内容としなければなりません（協会規則27）。すなわち、①経営が困難になった原因、②事業再構築の方策、③自己資本充実のための措置、④資産・負債及び収益・費用の見込みに関する事項（計画成立日を含む事業年度の翌事業年度から原則3年以内に、債務超過状態が解消されることと経常黒字化すること）、⑤資金調達に関する計画、⑥債務の弁済に関する計画、⑦対象債権者の権利の変更内容（債権者間で平等である必要があります。ただし、衡平を害しない場合はこの限りではありません）、⑧債権額の回収の見込み（法的倒産手続より経済合理性があること）、これらに加えて債権放棄を含む計画の場合はさらに⑨資産評定基準（**Q115**参照）を基礎にしたBSの作成、⑩⑨の資産負債の価額、事業再生計画案上の収益、費用に基づいた債務免除額の定め、⑪株主の権利の全部又は一部の消滅に関する事項（ただし、事業再生に著しい支障を来すおそれがある場合を除きます）、株主の権利の消滅に関する事項、⑫役員の退任（ただし、事業再生に著しい支障を来すおそれがある場合を除きます）の各事項の記載が必要です。調査報告書では、これらの事項について逐一調査してその結果を報告することにな

ります。

(4) **協議会議（協会規則29）**

協議会議では、債務者が事業再生計画案について説明をするとともに、手続実施者が調査結果の報告をします。その上で対象債権者との質疑応答が行われます。対象債権者から重大な修正要請等がなされると、協議会議を続行し、次回協議会議までに債務者においてその是非について検討し、計画案を修正することもあります。その場合、手続実施者は修正部分について追加調査を行って調査報告書を作成することになります。

(5) **決議会議（協会規則30）**

協議会議を経て、事業再生計画案が完成すると、決議会議で書面による合意の意思表示を行います（なお、書面投票によることも可能です）。計画案が成立するには対象債権者全員の同意が必要で、1人でも反対がいると不成立となります（もっとも、直ちに不成立とすることは必ずしも適切といえない場合もあることから、種々の対応が考えられます。**Q123**参照）。反対者に再考の余地がある等、全員同意の可能性がある場合には、決議会議を続行し、再度、書面による合意の意思表示を行うこともあり得ます。反対者が翻意する可能性がない場合には、事業再生計画案が成立しないことが明らかなため、手続は中途で終了することになります。

事業再生計画案が成立すると、その後債務者は計画案に従って弁済その他の措置を行うことになります。

〔内藤　滋〕

Q109 ADR手続の対象債務者

 事業再生ADRの対象となる債務者について、制限ないし限定がありますか。また、事業再生ADRの利用に向くのはどのような債務者でしょうか。

1 対象者となる要件
(1) 強化法の規定と事業再生ADRの利用要件について

事業再生ADRの運用を規律する強化法2条14項は、「この法律において「事業再生」とは、過大な債務を負っている事業者が、その全部又は一部の債権者の協力を得ながらその事業の再生を図ること（再生手続、更生手続…を除く。）をいう」と述べており、過大な債務を負っている事業者（個人を含みます）のすべてを対象にしています。事業再生ADRでは対象債務者の業種や法人形態等による制限はしていません。対象者の制限がないことは、通常の私的整理の場合と同様です。

したがって、学校法人、社会福祉法人、常時使用する従業員数が300人超の医療法人等（協議会が対象外にしている団体）、第三セクター等（REVICが対象外にしている団体）も対象になります。

(2) 対象者の要件：金融債務による支援で再生を目指す事業者

JATPは、強化法の認定を受けて事業再生ADRを実施している団体ですが、協会規則では、次の5つの要件を申込者に求めています（協会規則22）。
① 過剰債務を主因として経営困難な状況に陥っており、自力による再生が困難であること
② 技術、ブランド、商圏、人材等の事業基盤を有し、その事業に収益性や将来性があるなど事業価値があり、重要な事業部門で営業利益を計上しているなど、債権者からの支援によって事業再生の可能性があること
③ 会社更生、民事再生などの法的整理手続の申立てにより信用力が低下し、事業価値が著しく毀損されるなど、事業再生に支障が生じるおそれのあること
④ 本手続による事業再生によって、債権者が破産手続によるよりも多い回収を見込める可能性があること
⑤ 手続実施者選任予定者の意見及び助言に基づき、法令適合性、公正・妥当性及び経済的合理性があると認められる事業再生計画案の概要を策定する可能性があること

したがって、この5つが対象者になる要件になります。

2 事業再生ADRの利用に適する事業者

利用に適する事業者は、過剰な金融債務があって窮境にあるものの再生の可能性がある事業者であって、事業価値を維持し、金融支援の一つとして債権放棄（DES

を含みます）を求める者又は支払時期のリスケジュール（DDSを含みます）を求める者です。

　まず、債務の構成についてですが、取引債務の割合が少なく、金融機関からの借入れの割合が大きいという事業者に適しています。原則的に取引債務も金融債務と平等に扱うことを要請されている法的整理に対し、事業再生ADRでは取引債務に対する支援要請等を行わないのが原則ですので、取引債務の割合が大きい事業者には、有効な対策がとれないために不向きです。

　金融支援としては、債権放棄又はリスケジュールを求めることになりますが、債権放棄を求める場合は、①資産評定基準によって評定をした上で事業再生計画成立の翌期から原則として3年以内に債務超過解消・経常利益黒字化の実行が要請され、②資産負債及び収益費用に基づき債権放棄額を算定しており、③株主責任、及び④役員の原則退任を記載することと4要件が過重されています（経産省令29）。

　次に、事業再生ADRの利用は非公開とされています（協会規則7Ⅰ）ので、会社更生や民事再生等の裁判所を経由する申立てを行うことによって著しく事業価値が毀損されるという事情のある事業者には適しています。上場企業の場合に株式価値が毀損されること等は顕著な例ですが、建築業者等にあっては公私の入札資格に影響が出たり、卸業者等にあってはデパートへの出店・出荷が停止になったりする等事業価値に著しい毀損が出るおそれがある事業者には、事業再生ADRの利用が適しています。

　その他の対象者の要件として、将来の収益改善が望めること、破産手続よりも有利な回収が望めること及び合理性・実現可能性がある事業再生計画案を策定することが求められていますが、これらの要求は法的手続であっても同様であり、事業再生ADR利用に特有の要件とはいえません。

3　粉飾・私的流用・否認等の問題を抱えている事業者

　事業再生ADRは、金融債権者の全員の同意を取得することによって成立する手続ですから、主要金融債権者が、当初から明らかに根拠を示して債務者の事業再生計画案に不同意をすると意見表明している場合は、この手続利用に不向きといえます。例えば、説明が難しい粉飾が行われていた場合、経営者の私的流用が著しくて金融債権者の中に法的手続で事実を解明させるべきであるとの意見が強い場合、会社に否認すべき案件を抱えている場合等が、このような範疇になります。

4　グループ企業の場合

　グループ企業が、一体として対象債務者になる場合があります。例えば、親会社と子会社が資金調達や事業遂行で一体的な運営を行っていたり、グループ会社を対象にしないとグループの事業継続に支障が出るなどの場合です。単独で事業遂行ができる会社については対象にしないでよい例もあります（本書追補版82頁以下〔上野保〕参照）。また、資産査定や返済方法について個別で検討するか、パーレイト弁済方法で検討するかの問題もあります（『ADRのすべて』310頁〔長屋憲一〕参照）。

（宮川勝之）

Q110 ADR手続の債務者代理人

 事業再生ADRにおいて、債務者代理人の弁護士としては、どのような立場から、どのようなことに留意して手続を進めればよいですか。特に、債務者代理人として、債権者の合意形成を図る上で留意すべき事項はどのような事項でしょうか。

1 私的整理手続の手続遂行の一つであること
(1) 手続進行の主体と債務者との関係

債務者代理人弁護士（以下、単に「弁護士」といいます）は、債務者の代理人ですから、債務者の信頼を得て債務者の事業再生を図るために業務を遂行していくのが基本的な立場になります。ADR手続においても、計画案を提案し、手続を進める主体は債務者であり、手続実施者は仲介者の役割ですから、弁護士が債務者側の公認会計士・税理士等の助力を得ながら主要な作業をすることになり、この点は一般の私的整理と異なるものではありません。しかし、ADR手続においては、対象債権が金融債権であり、その他準則型私的整理としてのルールがありますから、そのルールに即して手続を進めていくことになりますし、ときには債務者代表者の退任など、債務者を説得しながら手続を進めていかざるを得ないこともあります。

(2) 準則型私的整理

ADR手続においては、弁護士は債務者と一体となって、決められたスケジュールに合わせた作業が必要ですし、かつ、事業再生計画案の記載事項に即して債務者の事業再生を分析し、検討し、事業再生計画案を作成することが必要になります。準則型私的整理といわれるゆえんです。手続面・内容面で一定のルールが定められているという点で通常の私的整理手続と相違する面があります。

(3) 手続実施者の協力を得ること

ADR手続においては、3カ月内を目処に債権者の合意成立を目指すことになりますので、そのスケジュールに合わせた作業をし、所要の事業再生計画案の立案をし、また債権者への説明や質疑応答を行い、すべての対象債権者（ほぼ金融債権者）から合意を得ることが必要になりますから、様々な事項で手続実施者と協議をしていき、その協力を得ることが重要です。

2 手続の進行と債務者代理人の作業内容
(1) 事業再生計画案の作成作業

ア まず、弁護士の作業は事業再生計画案の作成から始まります。強化法51条1項2号を受けて経産省令20条（さらに債権放棄を求める場合には同21条）が基準を定めていますので、その基準に適合する事業再生計画案を作成します。そのため、債務者の実態把握からスタートします。債権放棄を求める場合は告示で定められた

資産評定基準によりBSを作成し、それに基づく収益・費用の見込みを算出して債務免除金額を検討していきます（経産省令21Ⅰ①・②）。リスケジュールを求める場合でも、これに準じた作業をすることが有益になることがあります（利息の扱い等）。

　イ　事業再生計画案では、①経営が困難になった原因、②事業再構築方策、③自己資本充実措置、④資産・負債・収益・費用の見込み、⑤資金調達計画、⑥債務弁済計画、⑦債権者の権利変更、⑧債権額回収の見込み、の8項目を記載すべきことが求められています（経産省令28）。粉飾があるときは①の中で記載しておき、債権者への金融支援は⑥で弁済額と免除額を書くことになります。債権放棄を求める場合は、⑨株主責任（減増資等）、⑩役員退任（原則ですが、事情によって続投している例があります）も前記8項目に加えて記載します。

(2) **債権者への事前の説明**

　債務者は、私的整理のための金融団会議を開いたり、主要行に説明したりしていることが多いと思われますが、主要行には、ADR手続の正式申込みをするまでにADR手続を利用するための申込みをすることの説明をしておくことが、その後のADR手続を円滑に進めるために有効な場合があります。

(3) **申立後の連絡、面談**

　ADR手続利用の申立後、JATPから対象債権者に対して一時停止などの書面が発送されます。このあと、債務者や弁護士は、概要説明会議が開かれるまでの短期間（約2週間）で対象債権者に対して申込みの事実を説明し、債権者会議への出席を求め、併せて事業再生計画案の概要を説明しておきます。

(4) **概要説明会議での説明**

　対象債権者の全員の出席の下で、事業再生計画案の概要を説明します。会場設営、配布資料の準備、進行のシナリオ、議事録作成等は、手続実施者と協議しながら債務者及び弁護士が担当します。これらの手続面は、協議会議、決議会議でも同様です。また、事業再生計画案が不十分であることがあり、その場合、別の日に続行のための会議を設定することがあります。

(5) **協議会議**

　手続実施者の方で、事業再生計画案について、公正性、妥当性、経済合理性について調査結果を報告（経産省令24）、債権者から質疑を受けて、債務者・弁護士と手続実施者が回答をする会議になります。続行期日もあります。

(6) **決議会議**

　対象債権者から、合意を取得する会議です。合意は、通常、書面で受領します。合意を取得するまでに、弁護士は対象債権者に何度も説明をし、個別に協議を重ねることがあります。

3　事業再生計画の成立等

　対象債権者のすべての合意取得によって、事業再生計画は成立します。一部債権者の合意が取得できないときは、特定調停等を検討します。

（宮川勝之）

Q111　ADR手続の対象債権者

 事業再生ADRにおいては、対象債権者としてどのような債権者を予定しているのでしょうか。主要仕入先・ゼネコン・リース・社債などの債権者は対象とされますか。

1　対象となり得る債権者について

　事業再生ADRにおいて、対象債権者について直接に定めた規定は見当たりませんが、私的整理GLで「対象債権者の範囲は、金融機関債権者であるのが通常であるが、相当と認められるときは、その他の大口債権者などを含めることができる」（私的整理GL4(4)）としているのを参考にしており、協会規則1条では「債務（主として金融債務）を猶予・減免などする」手続とし、同25条では、一時停止の通知を発する対象債権者を、原則として、①金融機関、②貸金業者（ノンバンク）、③債権の譲受け又は回収委託を受けた債権回収会社、④その他相当と認められる債権者としています。ADR手続による事業再生が、事業価値の毀損を回避し、金融債権者全員の合意により債務支払の猶予又は免除の支援を受ける手法をとっていることから、対象債権者は、原則として、商取引債権者を除き、金融債権者を予定しているもの（『ADRのすべて』70頁以下〔三森仁〕）とされています。

2　金融債権者

　(1)　金融機関は、原則として、対象債権者になります。

　少額の金融債権者も対象債権者にする扱いが通常ですが、他の対象債権者と同様の金融支援を求めることが必須ではなく、手続的な煩雑さや少額債権者保護の観点から金融支援に差を設けることも衡平を害しない場合があります（『事業再生ADRの実務』44頁）。

　100％保全金融債権者も対象債権者にする扱いが通常です。当該債権者への支援要請は、担保物件の処分の猶予、金利減免、リスケ要請等があります。

　政府系金融機関の金融債権も対象債権にします。もっとも、住宅金融支援機構等、制度的に債権放棄ができないとされている機関もあります。東日本大震災の被災債務者を救済するいわゆる個人版私的整理ガイドラインにおいては、履行の中止を求めることで対処しているようです。

　信用保証協会の求償債権も対象債権になります。信用保証協会は、最近、求償権の放棄について弾力的な運用をされるようになっていますが、手続に時間がかかる事情があることに留意が必要です。

　海外金融機関で国内に支店等の営業拠点を有しない場合の債権を対象にするかは、手続的なコストや合意取得の見込みなど除外する方が便宜な側面もあります

が、ADR手続が、単なる私的整理を超えて、強化法に根拠を有する制度であることや他の債権者へ与える影響などを考慮して対象に含めておくべきとされています。

(2) ノンバンクの金融債権は貸付債権ですから、対象債権者になります。

(3) サービサーは金融機関から債権を譲り受けて回収を行う機関ですから、協会規則25条で一時停止の対象にしており、対象債権者になります。

3 その他の債権者

(1) 大口主要仕入先については、その後も商品供給継続をする双務契約関係にあること、短期間で合意形成を求めて協議をすることが困難であること、金融債権者と同列に置くことに抵抗感があることなどから商取引債権者として除外し、原則として、対象債権者にはしていません。ただし、極めて例外的にホテル案件・鉄鋼案件で大口の商取引債権を対象にした事例があることが紹介されています(『ADRのすべて』72頁〔三森〕)。

(2) ゼネコンの有する債権は、1個の債権額が多額であることがありますが、建設中の物件のその後の展開を考慮すると、商取引債権の中で検討することが原則となります。ただし、債務者の資金繰りの上で大きな比重を有することがあり、そのような場合、金融債権者と別途に並行して支払猶予等の協議をすることがあります。

(3) リース債権のうち、フルペイアウトのファイナンスリース債権については、実質的に金融債権であるとの考えがありますが、商取引債権者の側面もあり、金融債権者と同じ条件で対象債権にして、全部の合意取得をすることには慎重になります(Q7参照)。リース債権額の比率が大きい場合には、金融債権者と別途にリース債権者との協議の場を設けて一定の支援を要請するのが実務的だと思われます。

(4) 社債のうち、私募債については債権者が少数で特定が容易であり、実質的には金融債権と近似していることから、従前から対象債権と扱ってきました。

公募債についても2013年の強化法成立によって、対象債権にする道が開けました。この手続の概要は次のとおりです。

ADR手続では、公募債について「社債権者集会の決議に基づき行う償還すべき社債の金額の減額が、当該事業者の事業再生に欠くことができないもの」として経産省令等で定める基準に適合することをADR手続で確認すること(産強56)、他方、社債権者集会において、会社法724条2項により社債の減額を内容とする特別決議が成立し、同決議について会社法733条各号の不認可事由がないとの裁判所の認可決定を得る場合で、裁判所が同条4号に該当するか否かを判断するときにADR手続で確認されていることを考慮すること(産強57)としています。

公募債についての減額に対する手続は、ADR手続と社債権者集会・裁判所の認可手続を一体的にスケジューリングすることが必要になります(Q140参照)。

4 特殊な債権者

グループ内債権者の債権を劣後的に扱うことの是非を検討することがあります。

(宮川勝之)

Q112 特定認証紛争解決事業者及び手続実施者

特定認証紛争解決事業者とは何ですか。また、事業再生ADR手続では、手続実施者が選任されますが、手続実施者にはどのような人が選任されますか。また、手続実施者は、事業再生ADR手続において、どのような役割を担い、どのような業務を遂行しますか。

1 特定認証紛争解決事業者

2003年4月に設立されたJATPは、その活動の一環として、2008年10月に事業再生ADR事業者として法務大臣から紛争解決事業者の認証を受け、同年11月に経済産業大臣から特定認証紛争解決事業者の認定を受けています。前者は、ADR法により裁判外紛争解決手続の事業をするための認証であり、後者は、旧産活法(現在の強化法)によりADR事業者であって事業再生に関する紛争を取り扱う事業者としての特別の要件を充たしたものとしての認定を受けたというものです(『ADRのすべて』26頁以下〔多比羅誠〕、松嶋英機「JATP10年を振り返る」『ADRのすべて』8頁以下)。JATPは、我が国で特定認証紛争解決事業者として事業再生に関する紛争を取り扱うことが認証認定された唯一の事業者です。

強化法は、特定認証紛争解決事業者による事業再生に関する紛争解決手続(事業再生ADR)について各種の政策的支援を講じ(中小機構による債務保証、社債債務処理の円滑化をするための措置等)、事業再生の円滑化を図ることとしています。特定認証紛争解決事業者とは、ADR法による認証と強化法による認定を受けた事業再生のための紛争調整の専門家団体といえると思います。

2 手続実施者選任予定者の選定と業務

JATPは、手続利用申請を仮受理後、速やかに手続実施者選任予定者を選定します(協会規則12)。手続実施者選任予定者は原則3名(債権放棄を伴わない場合2名のときもあります)ですが、申請債務者の事業状況、財務内容及び法令上の問題点について調査を行い(協会規則20)、事業再生計画案の概要の策定の可否について意見を述べ、かつ助言を行うことができます(協会規則21Ⅰ)。この段階で、手続実施者選任予定者は、補佐人、補助者及び助言者等から協力を得ることができます。

利用申請が取り下げられるか、又は却下されない限り、手続利用者は本手続の申込みをすることになります。

3 手続実施者とその選任手続

(1) 手続実施者

手続実施者は、専門的・中立的な見地から、事業再生計画案の内容を検証し、事業再生の専門家としての知見をもって積極的に債権者と債務者の間の債権債務関係

の調整を促進します。

(2) 手続実施者の要件

強化法51条1項1号を受けた経産省令17条1～4号は、手続実施者の要件を下記のいずれかに該当することと定めています。

① 中小企業再生支援業務の統括責任者又は補佐する者として経験を有すること
② 事業再生ADR手続で手続実施者を補佐する者として3件以上の経験を有すること
③ 産業再生機構又はREVIC（旧ETICを含みます）において事業再生の権利関係の調整の経験を有すること
④ 法的手続を除き、一般に公表された債権処理を行うための手続の準則に基づき、事業再生にかかる権利関係調整の経験（私的整理GLの専門家アドバイザーとしての経験を指しています）を有すること

JATPには、上記の要件を充たす登録者のリストがありますが、2016年3月現在で43名であり、弁護士、公認会計士が多数を占めています。

(3) 手続実施者の選任手続

JATPは、債務者からの正式申込みがなされると各対象債権者宛てに一時停止の通知を発送しますが、併せて概要説明会議の議題と開催日時及び手続実施者選任予定者の氏名、略歴等を記載した書面を同封します。概要説明会議の場において、特段の問題がなければ手続実施者選任予定者が手続実施者として選任されています。選任決議は過半数の決議により行ってよい（経産省令22Ⅱ②）とされていますが、ADR手続では、計画成立に全員の合意がいることから手続実施者の選任も全員同意で行われているのが通常です。

4 具体的な業務の内容

手続実施者の中心的な業務は、債務者の策定する事業再生計画案の法令適合性、公正・妥当性及び経済的合理性を判断することです（協会規則28Ⅰ）。具体的には、事業再生計画案での記載事項の8項目（①経営困難になった原因、②事業再構築の方策、③自己資本充実の措置、④資産・負債・収益・費用の見込みに関する事項、⑤資金調達計画、⑥債務弁済計画、⑦債権者の権利変更、⑧債権額回収見込み）に関して、さらに債権放棄を含む場合には、⑨資産評定基準により資産評定をしてBS作成が行われていること、⑩所定の方法で債務の免除の金額が定められていること、⑪株主責任、⑫役員の退任の定め等の項目を対象に判断します。この判断の結果は、協議会議の場で、債権者に対して報告し、質疑応答をします。

手続面では、協議会議のほかに、概要説明会議、決議会議においても、円滑な進行を図る役割があります。このほか、手続中にプレDIPファイナンスの実施や社債の放棄がなされる場合には所定の事項についての確認作業等があります。

（宮川勝之）

第2節 事業再生ADRの手続

Q113　手続申請前の事前準備

 事業再生ADRの申請を行う前に代理人弁護士として何を準備しておくべきでしょうか。申請前に、取引金融機関（主要行）との協議を進めておくべきでしょうか。

1　事業再生ADRの特徴

　事業再生ADRは、事業再生計画案の成立に対象債権者全員の同意が必要な私的整理手続であるとともに、法令に根拠を有する特定認証紛争解決事業者として認定されたJATPが、中立的第三者として手続に関与することで公正性と透明性を担保する手続です。したがって、事前準備に当たっては、対象債権者全員の同意が得られるような合理性と納得感を備え、手続実施者選任予定者の調査に堪え得る内容の事業再生計画案を策定することが必要となるほか、法令等において要求される各種要件を充たすための準備が必要となります。具体的には、①資金計画の精査、②各種DDの実施、③事業再生計画案の策定、④主要債権者との事前調整、⑤利害関係者との事前調整が必要となります。

2　資金計画の精査

　事業再生ADR手続を遂行するためには、事業再生計画の成立までの間、対象事業者の資金繰りが維持できるか否かの検証がまず必要となります。具体的には、事前準備の開始から事業再生ADR手続の正式申込みに伴う一時停止の通知日までの間（事前準備開始から約3カ月程度）は金融機関への返済を継続したベースで、一時停止の通知日から計画成立時までの間（約3カ月程度）は、金融機関への返済を停止したベースで資金繰り表を作成します。その上で資金繰りの維持が困難な場合には、メイン銀行その他の金融機関によるプレDIPファイナンスを導入し、対象事業者の資金繰りを維持することが必要となります。

3　DDの実施及び事業再生計画案の策定

(1)　財務DD

　債権放棄（又はDES）を伴う事業再生計画案の場合、信頼性の高い会計事務所による財務DDが事前準備として不可欠であり、そこでは資産評定基準による資産評定が必要となります（経産省令29Ⅰ①・②）。また、DDSの場合も、法令上の要求はないものの、対象債権者が過剰支援にならないことを確認するため、同様の扱いになります。加えて、リスケジュールを求める事業再生計画案の場合にも、「適正な資産評定」を基礎として事業再生計画を策定する必要があり（協会規則18Ⅰ）、また、3年以内における債務超過解消要件（協会規則28Ⅱ①）の確認や対象債権者に対する信頼性の確保の観点から、同様に資産評定基準による資産評定を作成する

ことが必要と考えるべきです。なお、当該資産評価は、正式受理の前までに必要とされますが、手続申請後の手続実施者選任予定者の調査に備えて、できる限り事前準備の段階までに作業を終了させておくことが望ましいでしょう。

(2) 事業DD

事業DDについては、対象事業者が策定した事業計画をベースに、公認会計士の検証を受けつつ事業計画を策定する場合と、コンサルタント会社に事業DDと事業計画の策定を併せて依頼する場合があります。事業再生ADR手続の対象事業者は、事業規模が大きく対象債権者数が比較的多い会社が多いため、対象債権者に対し説得力のある計画を策定する必要性が高く、後者の手法を採用するケースが多いようです。

(3) 事業再生計画案の策定

前記(1)及び(2)で策定した成果物（実態BS及び事業計画）をベースに、金融支援スキーム（債権放棄、DES、DDS及びリスケジュール等）、ストラクチャー（資本移動等を伴う場合）、弁済計画及び法的整理との比較による経済合理性の確認等を検討の上、事業再生計画案の策定を行うことになりますが、ここでの事業再生計画案は、明確な窮境原因の指摘と抜本的な収益改善施策が盛り込まれた実行可能性の高い計画案であり、かつ金融支援を行うことの経済合理性と債権者間の公平性が担保されている計画案であることが必要となります。

なお、事業再生ADR手続の正式申込みの際には、事業再生計画案の概要を策定することが必要とされていますが、この概要には、数値計画並びに債務の弁済に関する計画及び債権者の権利の変更についての具体的内容が含まれます（協会規則21Ⅱ）。加えて、手続申請後の手続実施者選任予定者の調査では、事業再生計画案の概要の4要件（①経済的合理性、②自助努力、③実行可能性、④債権者全員の同意の見込み）の確認が行われることからすると（同項各号）、手続申請前の段階においても、できる限り完成版に近いレベルの事業再生計画案を準備しておくことが肝要です。ただし、そのような準備の時間的余裕がない場合や、スポンサー選定手続中の案件のように計画案の内容が変動し得る場合には、手続申請前の段階では事業再生計画案の概要をできる範囲で具体化しておき、手続申請後において、手続実施者選定予定者の助言を受けながらさらなる具体化を図っていくことになります。

4　主要債権者との事前調整

法的整理の場合、債権者の回収行為を避けるために債権者との事前調整を行わずに申立てを行う場合も多いのですが、全対象債権者の同意が必要な事業再生ADR手続においては、正式申込みの段階で主要債権者の賛同を得ていない場合、事業再生計画案の成立の見込みが不透明となってしまいます。このため、手続申請後のJATPにおける審査においては、主たる債権者との交渉経過及び当該主たる債権者の意向が斟酌されることになっており（協会規則10Ⅰ）、手続申請前の段階においては、主要債権者に事業再生計画案の概要を説明した上で、少なくとも事業再生

ADR手続の申請について主要債権者の了解を得ることが必要です。また、その後の正式申込みの段階までには、主要債権者が、事業再生計画案の概要について了解を得ることが必要となります。

5　利害関係者（株主又は役員）との事前調整

債権放棄（又はDES）を伴う事業再生計画案の場合、①株主の権利の全部又は一部の消滅及び②役員の退任（①及び②について、事業再生に著しい支障を来すおそれがある場合は除きます）を含む計画案でなければなりません（経産省令29Ⅰ③・④）。したがって、このような場合には、手続申請前の段階で支配株主から株主責任についての同意を得るとともに、現経営陣から退任についての同意を得ておくことが必要です。

6　手続実施者選任予定者の調査のための事前準備

事業再生ADR手続では、手続申請の仮受理以降に、手続実施者選任予定者が対象事業者に対する個別面談及び調査を行い、前記3(3)で述べた4要件を充たす事業再生計画案の策定の可否について意見を述べるとともに、適宜必要な助言を行うこととされています（協会規則21Ⅰ・Ⅱ）。このプロセスは、JATPが事業再生ADR手続の信頼性を高める機能を果たすために必要なものです。したがって、対象事業者は、事前準備の段階において、かかる手続実施者選任予定者との個別面談及び調査の際に事業再生計画案の概要等につき十分な説明を尽くすため、計画案策定の根拠となる財務資料や分析資料等の整備を行っておくことが肝要です。

（大西正一郎）

Q114 手続申請から正式受理までの間の手続

事業再生ADRにおいて、手続申請から正式受理までの間には、どのような手続が行われるのでしょうか。また、正式受理までの期間はどのくらい必要になるのでしょうか。

1 手続申請から正式受理までの手続
(1) 事業再生ADRの利用申請

事業再生ADRの利用を希望する者は、JATPに対し、会社の直近の業況や負債状況、事業再生の方向性等を記載したJATP所定の手続利用申請書及び添付書類（主たるものとして、事業再生計画案、BS、PL及びCF等が挙げられます）を提出し、審査料（一律50万円）を納付することで、事業再生ADRの利用を申請します。

JATPは、速やかに審査会を組織し、審査会において、申請を行った債務者（以下「申請債務者」といいます）が、後述する事業再生ADRの申込者としての要件を充たす可能性があるか、当該案件が事業再生計画案の成立の見込み及び履行可能性の観点から他の事業再生手続に比べて事業再生ADRを利用するのに適しているか否かについて審査を行います。審査会は、審査を行うに当たり、申請債務者に対して、審査に必要な追加資料の提出を求め、又は役員や従業員から事情を聴くことができ、申請債務者はこれらに協力する義務があります。

そして審査の結果、申請債務者が事業再生ADRの申込者としての要件を充たす可能性があり、かつ当該案件が事業再生ADRを利用するのに適する可能性があると判断された場合には、JATPは利用申請を仮に受理し、その旨を申請債務者に対して通知します。申請債務者は、JATPから仮受理通知を受けたときは、正式申込みに先立ち、後記(3)の当該手続実施者選任予定者による調査・助言を受けるために、JATPに対し、対象債権者数や債務額に応じて決められる業務委託金を納付することになります。

(2) 手続実施者選任予定者の選定

JATPは、事業再生ADRの利用申請を仮に受理した後、速やかに、有識者からなる手続実施者選任予定者選定委員会を設け、案件の業種、規模等に照らして適切な者を選定します。手続実施者選任予定者の選定に当たっては、経産省令17条1～4号に定める「事業再生に係る債務者とその債権者との間の権利関係を適切に調整した経験を有する者」の中から、申請債務者及び主要債権者との間で、顧問契約その他利害関係が存在しないかを確認するなど、最適かつ中立な人選が図られています。

手続実施者選任予定者は、必要に応じて、補佐人ないし補助者を選任します。ま

た、補佐人は、これを3件経験することにより手続実施者たる資格を有することになるため、JATPも手続実施者となるべき人材確保のため、補佐人を選定することもあります。

(3) **手続実施者選任予定者による調査・助言**

　JATPから選定された手続実施者選任予定者は、申請債務者と個別に面談し、申請債務者の事業・財務・法務の各方面にわたって調査を行います。申請債務者はかかる調査に協力し、要求された資料等を提供しなければなりません。

　そして、手続実施者選任予定者は、申請債務者が、事業再生ADRの申込者としての要件、すなわち①過剰債務を主因として経営困難な状況に陥っており、自力による再生が困難であること、②技術、ブランド、商圏、人材等の事業基盤を有し、事業に収益性や将来性があるなどの事業価値があり、重要な事業部門で営業利益を計上しているなど、債権者からの支援によって事業再生の可能性があること、③会社更生、民事再生などの法的整理手続の申立てにより信用力が低下し、事業価値が著しく毀損されるなど、事業再生に支障が生じるおそれがあること、④事業再生ADRによる事業再生によって、債権者が破産手続によるよりも多い回収を見込める可能性があること、⑤手続実施者の意見及び助言に基づいて、法令に適合し、公正妥当でかつ経済的合理性があると認められる事業再生計画案の概要を策定できる可能性があること（①～③は経産省告示、④及び⑤は協会規則に規定されています）の存否を調査します。なお、事業再生ADRを利用する債務者には、協会規則全般を遵守する意思と能力が求められることは当然ですので、手続実施者選任予定者から提出を求められた資料等の準備が適切にできない申請債務者は、事業再生ADRの利用は困難です。

　また、手続実施者選任予定者は、申請債務者が策定した事業再生計画案の概要が、①債権額の回収の見込みが破産手続によるときよりも多いことなど、債権者にとって経済的合理性が期待できるものであること（なお、再建型法的倒産手続との比較における経済合理性については要件となっていません）、②過剰設備や遊休資産の処分や不採算部門の整理・撤退など、申請債務者の自助努力を伴うものであること、③実行可能性があること、④債権者全員の合意が得られる見込みがあることについても調査し、かつ申請債務者が上記要件を充たす事業再生計画案の概要を策定するために必要な助言を行います。

(4) **事業再生ADRの正式申込み及び受理**

　手続実施者選任予定者によって、申請債務者及び申請債務者が策定した事業再生計画案の概要が上記要件をいずれも充たすと確認された場合には、申請債務者はJATP所定の申込書及び添付資料を提出して、事業再生ADRを正式に申し込むことになります。JATPは、業務委託中間金（業務委託金と同様に、対象債権者数や債務額に応じて決められます）が申請債務者から納付されたことを確認したときは、当該申込みを正式に受理し、その旨を債務者に通知します。申請債務者は利用申込

正式受理の通知を受けたときは、速やかにJATPとの連名で、対象債権者に対して一時停止の通知を発することになります。

(5) **申立代理人の役割**

事業再生ADRの利用申請がJATPから仮に受理され、手続実施者選任予定者が選定された場合は、申立代理人は手続実施者選任予定者と面談を行い、申請債務者の事業、経営・財務状況、事業再生の方向性について説明し、手続実施者選任予定者の助言を受けながら事業再生計画案の概要の見直し等を行う必要があります。同時に、主要債権者との協議も並行して進め、正式申込みに至るまでには手続実施者選任予定者及び主要債権者の意見を反映させた事業再生計画案の概要を策定する必要があります。

また、申立代理人は、手続の利用申請だけでなくその後の事業再生ADRにおいて事業再生計画案を立案し、事業再生計画案が成立するよう、対象債権者と交渉し説得する必要があります。

その意味で、申立代理人は事前準備の段階から手続終了（成立した事業再生計画の履行も含みます）に至るまで、極めて重要な職務を担うことになります。

2　正式受理までの期間

正式受理までの期間は事案によって異なりますが、従前の事案では概ね1カ月程度要しているようです。申立代理人は、JATP及び手続実施者選任予定者と連絡を密にとりあい、速やかに正式受理に至るよう心がけるべきでしょう。

（廣瀬正剛）

Q115 資産評定等 ―実態BS、清算BSとその評価基準―

 事業再生ADRでは資産評定等はどのような基準に従って行われるのでしょうか。また資産評定等はどの様な時期に行うべきでしょうか。事業再生ADRにおいて、実態BSを作成する目的は何ですか。事業再生ADRの評価基準の特色はどのようなものでしょうか。財務状況の調査を行うに当たって、清算BSを作成する目的は何ですか。また作成の際に、どのような評価基準に依拠すればよいですか。

1 事業再生ADRにおける資産評定基準

事業再生ADRには資産評定基準があります。これは、経産省令29条1項において、事業再生ADR手続で債権放棄を伴う事業再生計画案を策定する場合には、「債務者の有する資産及び負債につき、経済産業大臣が定める基準により資産評定が公正な価額によって行われ、当該資産評定による価額を基礎とした当該債務者の貸借対照表が作成されていること」が求められており、この「経済産業大臣が定める基準」として定められているものです。

一方、事業再生計画案が債権放棄を伴わない場合には、上記の資産評定基準に準拠すべき旨の規定はありませんが、協会規則18条において、適正な資産評定を行い、その評定額を基礎として、BSを作成することが要請されています。したがって、債権放棄を伴わない事業再生計画案の場合は、資産評定基準を厳格に適用する必要はないものの、以下に述べる実態BSの作成目的に照らして、この基準に準じた評定を行うことが必要になります。

2 資産評定の実施時期

資産評定基準では、評定を行うに当たっては、適切な基準日を設定することとされています。債務者は、概要説明会議において、現在の債務者の資産及び負債の状況を説明する必要があります（経産省令22Ⅰ）ので、概要説明会議前の一定時点を基準日とした実態BSの作成が必要となります。したがって、事業再生ADR手続の利用を申請する場合には、申請前に概ね評定が完了していることが望ましいと考えられます。なお、手続中においても、当初の評定から事業再生計画案の成立までに事情の変更があった場合には、当該変更が評定に与える影響を適切に反映し、当初の評定から相当の期間が経過した場合には、適切に時点修正をする必要があります。

3 実態BSを作成する目的

私的整理手続において実態BSを作成する目的は、Q16のとおりですが、事業再生ADRにおいても同様です。すなわち、①債務者の財政状態を的確に把握し、再

生手法や金融支援額を決定する上での基礎資料とすること（経産省令29Ⅰ②、協会規則18Ⅳ）、②弁済計画策定の基礎資料とすること（協会規則18Ⅳ）、③債権者及び債務者の税務リスクを回避すること、があげられます。

4　事業再生ADRの評定基準の特色

　資産評定基準では、債務者の有する資産等から回収可能な価額（直接的な回収額以外の価額を含みます）の算出に当たっては、原則として、時価により評定するものとされています。この場合の時価は「原則として一定の信頼性をもって測定可能な公正な評価額をいう」とされており、代替的又は特定的にその他の価額による場合があるものとされています。すなわち、独立した当事者間による資産の売買価額により評定を行い、今後継続的に使用しない資産については、競売又は清算による処分価額により評定することができます。

　また、債務者の負債等の金額を明らかにするため、別段の定めのない負債については、原則として一般に公正妥当と認められる企業会計の基準に準拠して評定するものとされています。

5　清算BSを作成する目的

　債務者は、破産手続に入ったときの債権者への弁済の見通しを確認するため、清算価値を基礎にした清算BSを作成し、予想破産配当率を算出する必要があります（協会規則18Ⅱ）。すなわち、事業再生計画案には、債権額の回収の見込みを記載しなければなりませんが、この債権額の回収の見込みは、破産手続による回収の見込みよりも多い額とならなければなりません（経産省令28Ⅰ⑧、Ⅳ）。この検証のために、清算BSや予想破産配当率の算出が必要となります。

　なお、清算BSを作成する際の評価基準については特段の定めはありませんが、破産手続に移行することを想定した場合との比較ですので、資産については一般的には早期処分価額による評価が行われます（民再規56Ⅰ参照）。また、別除権、優先債権や清算費用について適正な金額を計上する必要があります。

（大橋　修）

Q116 事業再生ADRにおける事業再生計画案の内容

 事業再生ADRの事業再生計画案の内容について教えてください。事業再生ADRにおいてはどのような事業再生計画案を作成することが必要となるのでしょうか。

1 事業再生計画案の記載内容及び要件

事業再生ADRにおいて債務者が策定する事業再生計画に定めるべき事項及びその充足すべき要件は、経産省令に定められています。

(1) 債権放棄の有無にかかわらず事業再生計画案に定めるべき事項

事業再生計画案には、①経営が困難になった原因、②事業の再構築のための方策、③自己資本の充実のための措置、④資産及び負債並びに収益及び費用の見込みに関する事項、⑤資金調達に関する計画、⑥債務の弁済に関する計画、⑦債権者の権利の変更、⑧債権額の回収の見込みを記載する必要があります（経産省令28Ⅰ）。

このうち、⑦債権者の権利の変更の内容は、債権者平等が原則ですが、衡平を害しないときは差を設けることが認められます（経産省令28Ⅲ）。また、⑧債権額の回収の見込みについては、債務者について破産手続が開始した場合よりも多くの回収が見込めることが求められます（経産省令28Ⅳ）。

(2) 資産及び負債並びに収益及び費用の見込みとして充足すべき要件

前記(1)④の事業再生計画案に定められる資産及び負債並びに収益及び費用の見込みは、債務超過の状態にあるときは事業再生計画案に係る合意が成立した日の後、最初に到来する事業年度開始の日から、原則として3年以内に、債務超過の状態にないことが求められます。また、経常損失が生じているときも、同様に原則として3年以内に黒字になることを内容とすることが求められます（経産省令28Ⅱ）。

(3) 事業再生計画案が債権放棄を伴う場合に充足すべき要件

事業再生計画案が債権放棄（DESを含みます）を伴う場合には、事業再生計画案の内容として以下の要件を充足する必要があります。

ア 資産評定基準に基づくBSの作成

事業再生計画案が債権放棄（DESを含みます）を伴う場合には、債務者の資産及び負債について、資産評定基準による資産評定が公正な価額によって行われ、当該資産評定による価額を基礎とした債務者のBSが作成され、事業再生計画案に盛り込まれていることが必要です（経産省令29Ⅰ①）。なお、資産の評価損の損金算入や期限切れ欠損金の損金算入といった税務上のメリットを活用する場合にも、資産評定基準による資産評定がなされている必要があります（2008年3月25日付け国税庁課税部長宛て照会に対する同年3月28日付け国税庁課税部長回答、2009年6月30

日付け国税庁課税部審理室長宛て照会に対する同年7月9日付け国税庁課税部審理室長回答)。

　イ　適正な債務免除額の算定

　事業再生計画案において定められる債務免除額は、資産評定基準による評定に基づくBSの資産及び負債の価額並びに事業再生計画案における収益及び費用の見込みに基づいて定められていることが必要です（経産省令29Ⅰ②)。事業再生計画案に定められた債権放棄が過大となり、過剰支援となることを回避するためです。

　ウ　株主の権利の全部又は一部の消滅

　債務者の株主の責任を明確にするために、原則として、支配株主の権利の消滅、及び、増減資による既存株主の割合的地位の減少又は消滅が求められます（経産省令29Ⅰ③)。

　エ　役員の退任

　債務者の経営者責任を明確にするために、債務者の役員の退任が必要とされます。ただし、債務者の事業の継続に著しい支障を来すおそれがある場合には例外的に退任しないことが認められます（経産省令29Ⅰ④)。

(4) **事業再生計画案の内容について手続実施者が確認を求められる事項**

　特定認証紛争解決事業者は、債権放棄を伴う事業再生計画案について、前記(3)ア～エの各要件（経産省令29Ⅰ①～④）に該当すること、及び、①債権額の回収の見込みが、破産手続による債権額の回収の見込みよりも大きいこと等、債権者にとっても経済的合理性が期待できること、②過剰設備又は遊休資産の処分、不採算部門の整理又は撤退等、債務者の自助努力を伴うものであること、③実行可能性があること、④債権者全員の合意を得られる見込みがあることの各要件（経産省告示2(1)(ⅱ)）を充たすことについて、手続実施者に書面による確認を求めることとなっています（経産省令29Ⅱ)。したがって、債権放棄を伴う事業再生計画案は、上記①～④の要件も充足している必要があります。

2　事業再生ADRの財産評価基準

　事業再生ADRにおける債務者の財産の評価については、資産評定基準に詳細が定められています。事業再生ADRにおける資産評定は、再生債務者の実態的な財務状態を明らかにして、債務者が引き続き事業を継続することを可能にしつつ債権者の経済合理性を満たすような公正かつ適正な債務の処理を行うための資料を提供することが目的です。そして、資産評定基準は、債務者の有する資産等から回収可能な価額（直接的な回収額以外の価額を含みます）の算出に当たっては、原則として時価により評定するとしており、例外的に今後継続使用しない資産については処分価格による評定を認めています。なお、事業再生計画案が債権放棄を伴うものでない場合には、資産評定基準による資産及び負債の評定は義務づけられず、一般に公正妥当な会計処理の基準に準拠した財務諸表を判断の基礎にすることは許容されると解されます。

　　　　　　　　　　　　　　　　　　　　　　　　　　　　（上野　保）

Q117　事業再生ADRの正式受理

 事業再生ADRにおいて手続の申込みを正式に受理してもらうために、どのような書類を用意し、どのような要件を充たすことが必要でしょうか。

1　正式申込みの必要書類
(1)　正式申込書
　事業再生ADR手続では、手続利用申請仮受理後の手続実施者選任予定者の調査が行われた後、債務者は正式に手続の申込みをします。JATPは、手続実施者選任予定者の調査から協会規則所定の各要件を確認すると、申込みを正式に受理し、これにより、事業再生ADR手続を正式に開始します。
　正式申込みは、JATP所定の特定認証ADR手続正式申込書に必要事項を記載してJATPに提出することにより行います。申込書は、当事者（代理人を定めた場合には代理人）の名称並びに住所及び連絡先のほか、申込みの内容及び紛争の概要を記載します（協会規則23Ⅰ）。
　具体的には、①当事者である申込者（事業者）及び相手方（債権者）の表示のほか、②申込者の概況（資本金、売上高、業種、業歴、従業員数、設立日、業務内容、上場の有無、対象債務額）、直近の業況（財務状況の推移等、経営状況の推移等、借入金残高の推移等、子会社・関連会社の状況、経営困難に陥った原因、債権者との交渉経過、手続の利用に関する主要債権者の意見、事業再生計画案の概要、手続実施者選任予定者の調査結果及び意見）を記載します（『ADRのすべて』642頁【書式4】参照）。
　なお、正式申込みに先立ち、手続利用申請書を提出しますので、手続利用申請書の記載を引用する場合にはその旨記載し、直近の内容が異なる場合には新たに記載します。また、事業再生計画案の概要及び手続実施者選任予定者の調査結果及び意見は添付書類とされているので、これを引用すれば足ります。
(2)　添付書類
　①債務者の過去及び現在の財務状況、経営状況、その他経営困難な状況に陥った原因を示すものでJATPが依頼するもの、②事業再生計画案の概要が協会規則21条2項各号の要件を充たすことを裏付けるもの、③その他JATP又は手続実施者選任予定者が必要とするものを添付します（協会規則23Ⅱ）。
　特定認証ADR手続正式申込書の書式では、事業再生計画案の概要、手続実施者選任予定者による調査報告書を添付するほか、委任状、直近3事業年度分の法人税確定申告書（決算書・勘定明細を含みます）、子会社・関連会社の直近事業年度の法人税確定申告書、定款、法人の現在事項証明書、会社案内、借入金明細表、固定資産の明細（直近事業年度分）、担保一覧表、（代表者等が保証債務を負担している

場合には）代表者等個人の直近の確定申告書、DD報告書、その他の書類のチェック欄を設け、チェックした書類を添付することになります。委任状等の添付書類は、正式申込みに先立つ手続利用申請書添付書類として提出も予定されていますので、手続利用申請書添付書類を引用するものとし、未提出のものや直近のものを別途追加提出する場合に新たに添付します。

申込書及び提出書類に不備があり、JATPが定めた期間内に補正・追完がなされない場合、債務者に申込不受理を通知します（協会規則23Ⅳ）。

2 正式受理の要件

申込みを正式に受理するには、協会規則の各要件の充足が必要です。JATPは、協会規則に定める各要件につき、手続実施者選任予定者による結果の報告をもってJATPの確認とみなします（協会規則24Ⅰ・Ⅱ）。実務上は、手続実施者選任予定者に調査報告書を提出させ、申込みを正式受理するのが一般です。

(1) 債務者

債務者は、①過剰債務を主因として経営困難な状況に陥り、自力再生が困難である、②技術、ブランド、商圏、人材等の事業基盤を有し、その事業に収益性や将来性があるなど事業価値があり、重要な営業部門で営業利益を継続しているなど、債権者からの支援によって事業再生の可能性がある、③会社更生、民事再生等の法的整理手続の申立てにより信用力が低下し、事業価値が著しく毀損されるなど、事業再生に支障が生じるおそれのある、④事業再生ADRによる事業再生によって、債権者が破産手続によるよりも多い回収を見込める可能性がある、⑤手続実施者選任予定者の意見及び助言に基づき、法令適合性、公正・妥当性及び経済合理性があると認められる事業再生計画案の概要を策定する可能性がある、という各条件を満たすことが必要です（協会規則22）。

(2) 事業再生計画案の概要

事業再生計画案の概要は、①債権額の回収の見込みが破産手続による回収の見込みよりも多いことなど、債権者にとって経済的合理性が期待できる、②過剰設備や有休資産の処分又は不採算部門の整理・撤退など、申請債務者の自助努力を伴うものである、③実行可能性がある、④債権者全員の合意を得られる見込みである、という各要件を充たすことが必要です（協会規則21Ⅱ）。それゆえ、相応に充実したものを策定することが必要であり、上記要件を充足するか否かの判断のため、事業再構築の方針、清算BS、再建期間中の整合性のとれたBS、PL、資金収支計画（キャッシュフロー計画）、債務の弁済に関する計画、債権者の権利の変更についての具体的内容等の記載が必要になると解されています。協会規則21条2項柱書にて、原則として、数値計画並びに債務の弁済に関する計画及び債権者の権利の変更についての具体的内容の記載を求めているのは、この趣旨に基づくものです（『ADRのすべて』491頁Q66〔足立学ほか〕）。

(3) 業務委託中間金の納付

債務者からの業務委託中間金の納付が必要です（協会規則24Ⅱ）。

（清水靖博）

Q118 事業再生ADRにおける一時停止

　一時停止の通知とはどのようなものでしょうか。その内容はどのようなもので、いかなる効力があるのでしょうか。

1　一時停止と一時停止の通知の内容

　一時停止とは、債権者全員の同意によって決定される期間中に債権の回収、担保権の設定又は法的倒産手続開始の申立てをしないことをいい、事業再生ADRにおいて、これを債権者（具体的には、債務者が紛争当事者として手続に参加してもらうことを希望する対象債権者）に要請する場合には、債務者と事業再生ADR事業者が連名で、書面により通知する必要があります（経産省令20）。一時停止の通知には、対象債権者に差し控えてもらうべき具体的な行為として——
① 債権の回収
　（ⅰ）一時停止通知到達時における「与信残高（手形貸付・証書貸付・当座貸越・割賦債権などの残高）」の減額
　（ⅱ）弁済の請求・受領、相殺権の行使などの債務消滅に関する行為
　（ⅲ）担保権の実行、又は強制執行や仮差押え・仮処分の申立て
② 担保の設定（人的担保を含む）、対抗要件具備（仮登記から本登記への変更を含む）
③ 破産手続開始、再生手続開始、会社更生法若しくは金融機関等の更生手続の特例等に関する法律の規定による更生手続開始、若しくは特別清算手続開始の申立て等の法的倒産手続の申立て

が示されるほか、必要に応じて対象債権の譲渡などについても停止が要請されることがあります。また、事業再生ADR期間中に利息の支払を継続する場合には、その旨が明記されます。

2　一時停止の通知の法的性質

　事業再生ADR事業者は、専門家の調査により事業再生の見込みがあると判断された債務者に限り、その申込みを正式に受理して、債務者と連名で対象債権者に一時停止の通知を発するため、その通知には、事業再生ADR事業者が債務者の一時停止の要請の合理性を公証した上で、対象債権者に権利行使や権利保全行為に走ることの自制を要請するという意義が存在するとされています（伊藤眞「民事再生・会社更生との協働を」債管128号11頁）。そして、一時停止の通知を無視してなされた法的倒産手続の申立ては、目的の不当性や誠実性の欠如（破20Ⅰ②、民再25④、会更41Ⅰ④）が問題となり得たり、対象債権者による権利行使は、強化法の目的

（産強1）に反するとして金融機関の法令遵守上の問題が生じたりするなど、一時停止の通知には一定の法的効果が認められると考えられています（伊藤眞「第3極としての事業再生ADR」『事業再生ADRの実践』21～23頁）。

3　一時停止の通知の効力

このような観点から、概要説明会議前は、対象債権者である金融債権者は個別の権利行使を控えて静観する場合がほとんどですし、概要説明会議において一時停止の具体的内容及び期間が示され、対象債権者全員の同意により決議が成立したとき（経産省令22Ⅱ④）には、債務者と各対象債権者の間に一時停止の合意が成立したものとされ、これに違反して対象債権者が権利行使等を行った場合には、債務者に対する債務不履行責任が生ずることとなります。また一時停止の通知の発送後、概要説明会議までの間の一時停止の要請についても、対象債権者は通知到達時に遡ってこれを追認したものと取り扱われ、その間に行われた相殺や元金受入れも、債務者からの請求に従って原状に復することとなります。

4　一時停止の通知の「支払停止」（期限の利益喪失事由）の該当性

債務者が金融債権者と取り交わしている銀行取引約定書には、「支払停止」や「債権保全を必要とする相当の事由が生じたとき」等が、期限の利益喪失事由として列挙されています。「支払停止」とは、債務者が資金不足のため弁済期にある債務を一般的かつ継続的に弁済できない旨を外部に表示する行為をいいますが、事業再生ADRにおける一時停止の通知は、対象債権者である金融債権者に対してのみ発せられ、対象債権者以外の債権者に対しては通常どおり支払が継続されることからすると、「支払停止」には該当しないと考えられます。同じく「債権保全を必要とする相当の事由が生じたとき」についても、事業再生ADR事業者が、一時停止の通知によって債務者の事業再生の見込みの存在と対象債権者による個別権利行使等の禁止の必要性を公証している以上、一時停止の通知が発せられた趣旨が没却されることのないよう、その該当性は否定されるべきと考えられます。

この点、事業再生ADRの利用申請に向けてメイン行及び準メイン行に対して行った協力等の要請及び支払猶予の申入れについて、更生手続移行後に対抗要件否認（会更88Ⅰ）の成否が争われた事案（林原事件）では、「支払の免除又は猶予を求める行為であっても、合理性のある再建方針や再建計画が主要な債権者に示され、これが債権者に受け入れられる蓋然性があると認められる場合には、一般的継続的に債務を弁済できない旨を外部に表示する行為とはいえないから、「支払の停止」ということはできない」とした上で、「事業再生ADRにおける事業再建を図ることを前提として専門家に事業再生計画の策定を依頼し、近く事業再生ADRの利用申請をすることを予定した上で、…その内容等を説明したものであるから、…「支払の停止」には該当しない」との判断が示されました（東京地決平23.8.15判タ1382号349、357頁、東京地決平23.11.22金法1940号148頁）。合理性のある再建方針・計画の有無、及びそれが債権者に受け入れられる蓋然性が支払停止の成否の判

断要素となるかについては、なお今後の判例の蓄積が待たれるところです。

5　一時停止の通知後の個別の権利行使等に関する否認・相殺禁止の成否

　一時停止の通知が発せられた後に、債務者による担保権設定や債務消滅行為が行われたり、特定の対象債権者による流動性預金等の相殺がなされたりした場合に、その後の法的倒産手続の中で否認や相殺禁止の対象となるのかについては、各行為が行われた時点の状況をもとに、各要件の該当性を個別に吟味する必要があります。例えば、一時停止の通知及び概要説明会議での決議による追認を経て、弁済期の猶予が認められるのであれば、支払不能にもならなくなり、担保権設定等は否認の対象から外れると考えられます。しかし、事業再生ADRが進むにつれ、対象債権者からの同意を得ることが難しくなったり、債務者の財務状況・信用力・収益状況等が悪化したりして、手続成立の見通しが立たなくなり、法的倒産手続への移行が避けられない状況に陥ることもあり得ます。その場合には、債務者が債務を一般的かつ継続的に弁済できない支払不能状態にあったものと判断され、対象債権者がかかる債務者の状況及び手続動向について認識があれば、債務者からの担保権設定等が否認される可能性があります（大阪地判平22.3.15判時2090号69頁参照）。

（山宮慎一郎）

Q119 概要説明会議の進め方並びに概要説明会議で合意・確認すべきこと

債権者会議はどのように進行されるのでしょうか。議長の選任方法、会場設営の方法についても教えてください。また、概要説明会議で決議する事項を教えてください。決議事項について対象債権者全員の同意が得られない場合にはどのように対応すべきでしょうか。

1 概要説明会議とは

概要説明会議は、事業再生計画案の概要の説明のための会議です（経産省令21）。概要説明会議は、一時停止の通知を発した日から、原則として、2週間以内に開催しなければならないとされています（経産省令20）。

概要説明会議では、債務者の現在の資産及び負債の状況と事業再生計画案の概要の説明、これらに対する質疑応答及び債権者間の意見交換を行うものとされています（経産省令22Ⅰ）。また、以下の事項について決議するものとされています（経産省令22Ⅱ）。①～③は過半数の同意、④及び⑤は対象債権者全員の同意を要するものとされています。

① 議長の選任
② 手続実施者の選任
③ 協議会議の開催日時及び開催場所
④ 債権者ごとに、要請する一時停止の具体的内容及びその期間
⑤ 決議会議の開催日時及び開催場所

2 概要説明会議の進め方

(1) 対象債権者への連絡について

概要説明会議の開催日時及び開催場所は、一時停止の通知に記載され、対象債権者に伝達されます。もっとも、債務者ないし申立代理人はより積極的に、対象債権者に対して債権者会議への出席や決議への同意について依頼します。

(2) 会場設営について

会場は、概要説明会議のための本会場のほか、債務者及び申立代理人の控え室、手続実施者選任予定者の控え室を確保するのが通例です。本会場の広さや座席数を決めるため、事前に出席者の人数を確認しておく必要があります。

会場のある施設入口に掲示する案内には、債務者名ではなく「事業再生実務家協会」と記載するケースが多いと思われます。

本会場については、前方に債務者及び申立代理人と手続実施者選任予定者の座席を設けることになりますが、議長席をはさんで座席を設ける等、対象債権者から見

て区別がつくよう配慮するのが望ましいといえます。本会場には、名札、飲み物、マイク（会場用のワイヤレスマイクを含みます）、議事録作成のための録音機器の準備が必要です。

(3) 概要説明会議の進行

ア 議長及び手続実施者の選任

開会時においては、手続実施者選任予定者は予定者に過ぎず、いまだ議長も選任されていませんので、司会（申立代理人等）が進行を行うのが一般的です。

開会の挨拶、配布物の確認の後、議長の選任が行われます。議長は手続実施者選任予定者から選任されるのが通例です。選任手続は、司会から対象債権者に対して、口頭で異議の有無を確認する方法により行われます。選任後、議長から簡単な挨拶がなされ、以降、議長が会議の進行を務めることになります。

イ 事業再生計画案の概要の説明

手続実施者の選任、債務者代表者からのお詫びの挨拶がなされた後、事業再生計画案の概要についての説明が行われます。事業再生計画案の概要は事前に債権者に配布されていますので、説明は要点を簡潔に行えば足ります。

ウ 他の議案の決議

事業再生計画案の概要の説明が行われた後、他の議案（一時停止の内容及び期間、他の債権者会議の日時場所）についての決議がなされます。一時停止に関する決議は、概要説明会議まで暫定的に一時停止の状態に置かれていたものを追認する決議と、一時停止期間を延長する決議を行います。一時停止期間の終期は、決議会議の終了時までとするのが一般的です。また、他の債権者会議の日時についてですが、協議会議は概ね2カ月後に、決議会議は概ね3カ月後に、それぞれ開催予定とするのが一般的です。

エ 質疑応答

最後に質疑応答を行います。事業再生計画案の概要は事前に配布されているため、対象債権者からは、細部にわたる質問がなされることがあります。そのため、債務者は、役員だけでなく、実務の詳細を把握している経理担当者等も同席するのが望ましいといえます。

オ 閉　会

以上をもって、概要説明会議は終了となります。

終了時、対象債権者に対して、対象債権者からの質問や意見を受け付ける電子メールのアドレス（債務者及び手続実施者のメーリングリスト）をお知らせする例も増えています。

3　概要説明会議で決議する事項

経産省令で定める決議事項は既に述べたとおりですが、この他、概要説明会議では、プレDIPファイナンスを受けるに当たり、これを他の債権よりも優先的に取り扱うことについての同意を得る決議がなされる場合があります（産強58Ⅰ）。対象

債権者全員の同意が得られた場合には、万一、事業再生ADRが不奏功に終わり、民事再生や会社更生に移行した場合でも、他の再生債権、更生債権に優先する取扱いを受けることについて、裁判所が衡平性を害しないかどうかを判断する上で、当該同意が得られているという事実が考慮されることになります（産強59、60）。

また、債務者が不動産の販売を業とする会社である場合などには、一時停止期間中に担保付き不動産を売却することが必要になります。この場合にも、その実施につき、対象債権者の同意を得る決議を行うのが一般的です。売却に当たっては、担保の解放を受ける代わりに売却代金の多くを預金担保として担保権者に提供し、残りを運転資金として活用することになりますが、これについても、対象債権者の同意を得るのが一般的です。

4　決議事項について対象債権者の同意が得られない場合の対応

私的整理手続は対象債権者全員の協力や同意を得て進めるのが原則であり、事業再生ADRにおいても異なるところはありません。そのため、一部の対象債権者が参加を拒否した場合やすべての対象債権者の同意を要する決議事項について対象債権者全員の同意を得ることができない場合には、原則として、手続を進めることはできません。

もっとも、ある対象債権者が同意を表明しない場合でも、その理由が行内稟議の遅れのために現時点では意見表明ができないような場合や翻意の可能性があると判断される場合には、直ちに手続を打ち切ってしまうのは相当ではありません。この場合、①続行期日を設ける旨の決議をとり、同意を表明しなかった対象債権者の説得を試みる、②一定期日までに当該対象債権者が同意しないことを解除条件とする決議を行うといった対応をとることが考えられます。同意を表明しない対象債権者が積極的に反対していない場合（行内稟議の遅れによる場合等）には、②の方法で足りると考えられます。

これに対して、当該対象債権者の反対の意思が強固であり、明らかに翻意の可能性がないと判断される場合には、もはや事業再生ADR手続の続行は断念せざるを得ません。この場合、反対する対象債権者を手続から除外することも考えられますが、特段の理由もなく、一部の対象債権者のみを除外することは、他の対象債権者のコンセンサスが得られず、手続の進行や計画案の遂行に支障を来すことが強く懸念されます。

決議事項については、その内容をよく説明して対象債権者の理解を求めるとともに、会議の直前まで情報収集に努め、同意を表明しない（できない）対象債権者が出るおそれがある場合には、概要説明会議における対応について手続実施者選任予定者と事前によく打ち合わせを行っておく必要があります。

（足立　学）

Q120 手続実施者の調査報告書

 手続実施者の調査報告書とはどのような意味を持つのでしょうか。またその内容についても教えてください。

1 調査報告書の作成と対象債権者への送付

手続実施者は、協議会議において、事業再生計画案が公正かつ妥当で経済的合理性を有する内容のものであるか否かについて意見を述べるものとされており（経産省令24）、それを受けて協会規則は、手続実施者が、債務者の策定する事業再生計画案について法令適合性、公正・妥当性及び経済合理性を調査し、調査報告書を作成して意見を述べるものと定めています（協会規則28Ⅳ）。そして手続実施者は、協議会議の開催日前までに、調査報告書をJATPに提出し（協会規則28Ⅴ）、JATPは、手続実施者より提出された調査報告書を、遅くとも協議会議の開催日までに、事業再生計画案とともに対象債権者に送付します（協会規則29Ⅰ）。

2 調査報告書の意味

調査報告書は、対象債権者が、債務者が策定した事業再生計画案に賛成するかどうかを判断する上で極めて重要な資料となるものであり、調査報告書が作成される意味はこの点にあります。

すなわち、対象債権者は、事業再生計画案に賛成するかどうかの判断を求められますが、これを判断するに当たっては、事業再生計画案の法令適合性、公正・妥当性及び経済的合理性について検討する必要があります。しかし、対象債権者が自らこれについて調査を行うことは、限られた時間の中ではおのずと限界があるといわざるを得ませんし、また、全対象債権者に対して判断を行うために必要な資料をすべて開示することは物理的にも困難です。そこで、債務者とも対象債権者とも何ら利害関係を有しない中立・公平な第三者であるともに、専門家でもある手続実施者が、事業再生計画案の法令適合性、公正・妥当性及び経済的合理性について慎重に調査を実施した上で作成する調査報告書は、対象債権者が、事業再生計画案に賛成するかどうかの判断を行う上で極めて重要な資料となるわけです。

3 調査報告書の内容

事業再生計画案に記載すべき事項は経産省令により定められています（経産省令28Ⅰ）。これに対し、調査報告書の様式は特に定められてはいませんが、事業再生計画案の内容や上述した経産省令や協会規則の内容を踏まえ、概ね次のような記載がなされています。

(1) 会社（債務者）の概要

調査によって明らかになった会社の沿革・概要、子会社の状況、訴訟・紛争の状況、株式の状況、事業の状況等が記載されます。

(2) 財務の状況

調査によって明らかになった過年度の業況（過年度の損益、財産及び資金収支の経過状況等）、現在の財産の状況が記載されます。過年度に不適切な会計処理がなされていたことが発覚した場合にはその概要が記載されます。また、債権放棄を伴う計画の場合には、資産評価基準に基づくBSが適切に作成されているか（経産省令29Ⅰ①）について、手続実施者の確認がなされます。

(3) 経営が困難になった原因

事業計画の実行可能性や経営者責任・株主責任の相当性等を判断するために重要となる債務者が経営困難になった原因が記載されます。

(4) 事業計画・各種数値計画の相当性・合理性と実行可能性

事業計画及びこれに基づく各種数値計画（損益計画、BS計画、弁済資金計画）に相当性・合理性が認められるか、また実行可能性が認められるかについて、手続実施者の意見が記載されます。特に損益計画においては、タックスプランニングに問題点がないかの検証が重要になります。

また、債務超過の状態にあるとき及び経常損失が生じているときは、事業再生計画案に係る合意成立の翌期から原則として3年以内に、それらを解消することが求められますので（経産省令28Ⅱ）、その点について手続実施者の確認がなされます。

(5) 金融支援内容の相当性・合理性

対象債権者への金融支援要請総額が、債務者の自助努力を適切に反映しており過剰支援とならないか、金融支援の方法（債務免除・DES・リスケジュール等）が相当なものであるかなどについて、手続実施者の意見が記載されます。

(6) 債権者別金融支援内容の相当性・合理性・平等・衡平性

対象債権者、対象債権の選定が適切か、対象債権について保全・非保全の区別が適切か、債権者間の負担割合は平等か、又は債権者間に差があっても衡平性を害しないといえるか（経産省令28Ⅲ）、プレDIPファイナンスの内容は相当かなどについて、手続実施者の意見が記載されます。

(7) スポンサーの相当性

スポンサーによる支援を受ける事業再生計画案の場合には、自主再建の場合と比べて合理性があるといえるか、スポンサー選定手続は透明性をもって公平かつ公正に進められたかなどについて、手続実施者の意見が記載されます。

(8) モニタリングの相当性

計画期間中の計画の進捗状況のチェック機関としてモニタリング制度が採用されている場合には、それについて手続実施者の意見が記載されます。

(9) 経営者責任・株主責任

債権放棄を伴う場合には、事業再生計画案には、原則として、株主の権利の全部又は一部の消滅、役員の退任が定められるものとされており（経産省令29Ⅰ③・④）、また債権放棄を伴う場合でなくても、窮境原因によっては、一定の株主や経営者の責任を検討すべき場合があります。そこで、経営者責任・株主責任について、手続実施者の意見が記載されます。

(10) 法的手続との比較

法的手続（破産、民事再生）の予想弁済率を試算し、事業再生計画案の方が対象債権者にとって経済合理性が認められるかについて（経産省令28Ⅳ、協会規則27Ⅱ⑧）、手続実施者の意見が記載されます。

(11) 法令適合性

当該事業再生ADRの法令適合性（一時停止の通知、債権者会議等が法令に従って実施されたか）、事業再生計画案の法令適合性（経産省令28条、29条の要件を充たすか）について、手続実施者の確認がなされます。

(12) その他

事案によっては、対象債権者から、手続実施者に対して、個別の質問や意見が寄せられることがあります。この場合、その質問や意見が全対象債権者に関係するものであるときは、手続実施者は、調査報告書にその内容を反映させて回答することもあります。

(赤川公男)

Q121 協議会議の進め方・内容

 協議会議の進行及び協議会議で協議される内容、決議される内容を教えてください。

1 会議の進行（会議の目的と議長による進行）

協議会議は、事業再生計画案の協議のために開催されます。事業再生ADRは、実施方法が経産省令所定の基準に適合することが要請され（産強51Ⅰ②）、特定認証紛争解決事業者は事業再生計画案について、①概要説明会議、②協議会議、③決議会議を開催します（Q108参照）。協議会議では、概要説明会議で選任された手続実施者が事業再生計画案が公正かつ妥当で経済的合理性を有する内容のものであるか否かについて意見を述べなければならないこととなっており（経産省令24）、これは手続実施者の調査報告として報告され、協議会議の協議対象の中心となります。

協議会議は、概要説明会議における対象債権者の過半数の同意により（経産省令22Ⅱ③）、同会議から1カ月半程度で設定されています。会議冒頭で、対象債権者全員の出席確認、配付資料の確認、債務者代表者の挨拶等の後、会議の進行は、概要説明会議で議長に選任された手続実施者に委ねられ、議長役の手続実施者が引き続き議長となり手続進行を図ります。

2 協議会議で協議される内容

(1) 債務者による事業再生計画案の内容の説明

債務者は、概要説明会議において提示した事業再生計画案の概要から、手続実施者の指摘や助言、対象債権者の意見や要望等を踏まえ、これらを反映させた事業再生計画案を作り込みます。事業再生計画案は、その内容として経産省令28条や29条1項に掲げられた要件を充たすものでなければならず（Q116参照）、協議会議に先立ち、事業再生計画案を対象債権者に提出します。同会議ではこの事業再生計画案について債務者から説明が行われます。

(2) 手続実施者による調査結果の報告等

手続実施者による調査報告の結果は、調査報告書として事前に対象債権者に提出され、協議会議では上記調査報告書の説明が行われます。この調査報告により、債務者が対象債権者に提示する事業再生計画案の法令適合性、公正・妥当性及び経済合理性に関する意見陳述（経産省令24。Q120参照）が行われ、事業再生計画案が債権放棄を伴う場合には、経産省令29条1項所定の事項も含まれます。手続実施者は、協議会議までの間に、債務者からは事業、財務、法務の各局面にわたる多数の資料提示と説明を受け、調査検討をし、債務者に必要に応じて助言や問題点の指摘

をし、事業再生計画案の修正を求めるなどしつつ、並行して、手続実施者側では、調査報告書を作成していきます。債務者の事業再生計画案は協議会議の直前まで何度も見直され、手続実施者による調査報告も事業再生計画案の完成に合わせて検討が重ねられます。調査報告書は、対象債権者の検討時間を見込んで協議会議の事前（遅くとも会議の開催日まで）に提出されます（協会規則）。

(3) 対象債権者による質疑応答等

事業再生計画案の説明と調査報告がなされた後、対象債権者からは、事業再生計画案や調査報告書の内容、あるいは今後のスケジュール等に関し、様々な質疑や意見が出され（協会規則）、議長が、適宜、申立代理人や手続実施者等に割り振り、回答が行われます。

(4) 会議の終了

質疑応答終了後、決議会議の日程、事業再生計画案や調査報告書に関する対象債権者からの個別質問の受付窓口等を確認し、会議を終えます。所要時間は、事案の規模等にもよりますが、2～3時間程度が一つの目安です。

3 手続実施者の役割

手続実施者は、上記のとおり、事業再生計画案に関し調査報告書を提出し、同計画案が経産省令28条や債権放棄の場合は同29条所定の要件を充たすものかどうかについて意見を述べるとともに、事業再生計画案が同29条1項各号及び経産省告示2条の要件を充たすことについての確認書を債務者に交付し、またJATPに送付します（経産省令29Ⅱ、協会規則）。事案によっては、期日間で、個別債権者と債務者が対立する局面等で双方の意見を聴き、他の対象債権者との平等を害さない範囲で意見を述べ調整をすることもあります。

4 協議会議で決議される内容

(1) プレDIPファイナンスについての決議等

プレDIPファイナンスの優先的取扱についての全債権者の同意と手続実施者による確認（産強58Ⅰ、経産省令33Ⅱ）は、同省令改正（『ADRのすべて』442頁〔大川治〕参照）により、いずれの債権者会議でも決議事項にできるので（経産省令33Ⅱ）、協議会議の決議事項として取りあげられることがあります。概要説明会議で既に決議されていた場合には、協議会議ではその履行状況等について報告があります。

(2) 協議会議の続行期日

実務上のニーズがあり従前から実務運用されていた続行期日の取扱い（『事業再生ADRの実務』116頁、『ADRのすべて』445頁〔大川〕参照）が、経産省令改正により正式に設定できる（『ADRのすべて』445頁〔大川〕参照）ので、協議会議で協議ができなかったときや修正案を提出したいときは協議会議において債権者の過半数の同意を得て続行期日を設けることが可能です。続行期日も対象債権者全員の出席確保が必要です。手続実施者は、計画案の修正部分について必要に応じ追加調査報告書を提出することとなります。

（長沢美智子）

Q122　決議会議の進め方

 決議会議の進行を教えてください。事業再生計画案の決議はどのようになされるのでしょうか。反対する債権者がいた場合にはどのように対応するのでしょうか。

1　決議会議とは

決議会議は、事業再生計画案について対象債権者が決議するための会議です。事業再生計画案の決議には、決議会議において、対象債権者全員から書面による同意を得る必要があります（経産省令26、協会規則30）。

2　決議会議の進め方

(1)　決議会議の進行

概要説明会議において対象債権者全員の同意により決議された開催日時及び開催場所で開催され（経産省令22Ⅱ⑤、協会規則26Ⅶ③）、同会議において、対象債権者は、事業再生計画案について同意するかどうかの書面による意思表示を行います（なお、書面投票によることも可能です。経産省令26、協会規則30Ⅰ。『ADRのすべて』148頁〔柴原多〕参照）。

また、これまで手続に参加していなかった債権者であっても、これまでの手続の進行を承諾すれば、決議会議から事業再生ADR手続に参加することもできます（協会規則30Ⅲ）。

(2)　同意書の内容・事前準備

書面による意思表示の際の同意書は、単純に事業再生計画案に同意することを明記した書面であるべきで、事業再生計画案の内容に条件を付すことは許されず、条件つき同意は不同意として扱われます。

債務者は、あらかじめ同意書のひな形を対象債権者に渡しておき、対象債権者が決議会議において同意書を提出できるようにします。

(3)　同意確認の方法

対象債権者から同意書の提出を受けた際には、手続実施者は、その場で、提出された同意書をすべてチェックし、対象債権者全員により同意書が提出されたことを確認します。実務的には、対象債権者による同意書提出前に、手続実施者が事業再生計画案に同意しない対象債権者がいるかどうかを口頭で確認し、対象債権者全員が同意することを確認した後に、書面を提出してもらう方法がとられることもあります。対象債権者が、他の債権者の意向を把握しないまま、先に書面を提出することにつき消極的であることが少なくないためです（須藤英章（司会）ほか「《パネルディスカッション》事業再生ADRの実践(2)」『事業再生ADRの実践』190頁〔多

比羅誠発言〕)。さらには、決議会議の開催日以前に、申請代理人等が対象債権者の意向を確認したり、事前に同意書の事実上の提出を求めたりすることも実務上行われています。

確認の際に、不同意を表明する債権者がいた場合には、不同意の理由を確認しておくのは必須と思われます。不同意の理由を確認することにより、他の債権者が続行期日を開催することに同意すべきかの判断材料を得られることや、合理的理由がないにもかかわらず、いたずらに同意を遅らせることの防止につながることなどからです(『事業再生ADRの実務』140頁)。

(4) **事業再生計画の効力発生時期**

決議会議において、事業再生計画案が対象債権者全員の同意をもって決議された場合、その時点で、直ちに事業再生計画は効力を生じ(協会規則30Ⅷ)、対象債権者と債務者との間で事業再生計画案をその内容とする集団的和解契約が成立したと解されます。そのため、決議の時点で、事業再生計画に記載されている権利変更、条件変更などの効力が生じると解されます(『ADRとDIP型会更』104頁)。ただし、DES等会社法上の手続が必要な場合など、事業再生計画において別の時期に効力発生が予定されている事項については、予定された時期に効力が生じることになります(須藤(司会)ほか・前掲パネルディスカッション『事業再生ADRの実践』190〜191頁〔小林信明発言〕)。

また、決議会議において決議された事業再生計画の内容と矛盾するような従前の契約は、矛盾する範囲において、その効力を失ったものと解されるため、債務者は、対象債権者との間で、必ずしも契約を締結し直す法的必要はないと解されます。ただし、従前の契約も、事業再生計画と矛盾しない範囲においては効力を有するので、契約書の中に、有効部分と無効部分が生じ明確性に欠けることになりかねません。そのため、債務者が対象債権者の要請に基づき事業再生計画成立後にひな形を作り、それに基づき一律に変更契約を締結するケースや、確認書の形式で書面を取り交わすケースなどが試みられています(『事業再生ADRの実務』142頁、須藤(司会)ほか・前掲パネルディスカッション『事業再生ADRの実践』191頁〔須藤英章発言〕)。

なお、決議会議における決議は、集団的和解契約と解されることから、事業再生ADR手続成立後に、債務者と特定の対象債権者との間で、事業再生計画に反し特定の対象債権者に有利となるような変更合意をすること(例えば、計画の内容と比べ早期の返済合意を行うこと)は許されません(なお、事業計画成立後の事業悪化に伴い特定債権者と期限の猶予合意等を行うことは必ずしも事業再生計画の趣旨に反するものではないと思われます)。

(5) **事業再生ADR手続の終了**

事業再生計画案が決議されれば、事業再生ADR手続は成立し、終了します(協会規則34Ⅰ①)。

他方で、計画案が決議に至らず当初の目的を実現することなく終了する場合もあります。債務者と対象債権者全員の間で事業再生ADR手続以外の方法で解決することの合意があった場合は終了となりますが、それ以外にも①債権者の全部又は一部が事業再生ADR手続への参加を拒否し、今後も参加しない意思を明確にしたとき、②債務者が法定要件を充たした事業再生計画案の提出せず、提出の見込みもないとき、③事業再生計画案について対象債権者の一部又は全部が同意せず、又は同意する可能性が乏しいとき、④債務者又は対象債権者の全員が手続を終了するよう通知したときなどにおいて、手続実施者が、その判断で事業再生ADR手続の打切りを決定したときも事業再生ADR手続は終了します（協会規則34Ⅰ）。

3 事業再生計画案に同意しない債権者がいた場合の対応

(1) 期日の続行による対応

決議会議において事業再生計画案を決議するには、対象債権者全員の書面による合意が必要であるため（経産省令26）、事業再生計画案に同意しない債権者がごく一部でもいる場合、決議することはできません。ただし、決議会議の期日の続行は、事業再生計画案に同意しなかった債権者を含む対象債権者全員の同意を得ることができれば、可能です（経産省令27、協会規則30Ⅳ）。

そこで、反対債権者から同意を得られる見込みがある場合で、対象債権者全員から期日続行の同意が得られた場合、続行期日を設定し、債務者が続行期日までの間、不同意債権者を説得することが考えられます。その際、債務者が事業再生計画案を修正することも想定されます。その場合、手続実施者は、修正された事業再生計画案の内容を調査し、意見を述べ、その上で、修正事業再生計画案は、改めて対象債権者全員の決議にかけられます（協会規則30Ⅴ・Ⅵ）。なお、続行期日についての同意は、決議会議後に取得する対応も可能と解されます（『ADRとDIP型会更』103頁）。

(2) 特定調停手続を用いる対応

決議会議の続行期日（さらに再続行期日）を開催したものの、一部債権者の不同意を覆すことができなかった場合などには、特定調停手続（特調2②）を用いて、不同意債権者に対して裁判所からの説得を試みるという対応が考えられます（特定調停が事業再生ADR手続と連携して利用される場合についてはQ81も参照してください）。

強化法52条に、特定調停申立前に事業再生ADR手続が実施されていた場合、裁判所は、当該手続を考慮して、民事調停法5条1項ただし書の規定により裁判官だけで調停を行うことの相当性判断がなされる旨の規定があります。かかる規定により、特定調停申立前に事業再生ADR手続が実施されていた場合、同手続の実施状況、事業再生計画案の内容などを踏まえた裁判所の判断により、特定調停手続を、事業再生ADR手続と連続性を保ちつつ、単独裁判官により、迅速に進めることが可能となっています（山宮慎一郎「事業再生ADR手続の流れ」『事業再生ADRの実

践』47頁、鹿子木康「東京地裁民事8部における特定調停の運用状況」債管119号65頁）。

　一部債権者不同意の場合の特定調停申立ての方法については、①決議会議において事業再生計画案が決議されなかった場合に、事業再生ADR手続を終了させて、債務者が対象債権者全員を相手とする方法、②債務者が、不同意債権者に対してだけ特定調停の申立てを行う方法が考えられます。②の方法には、(ⅰ)事業再生ADR手続を終了させずに続行期日を定め、続行期日までの間に不同意債権者と債務者との間で特定調停を行い、特定調停が成立した後、決議会議の続行期日を開催して、再度事業再生計画案についての決議を行う方法と、(ⅱ)不同意の債権者のみとの間で特定調停手続を進めつつも、不同意債権者に事業再生ADR手続から離脱してもらった上で事業再生計画案の決議を行う方法が考えられます（多比羅誠「特定認証ADR手続の概要と特定調停の実務」債管119号50頁、中井康之「事業再生ADR手続上の諸問題(下)」銀法718号41頁、『事業再生ADRの実務』155頁等）。①の方法は、全対象債権者との間で特定調停による合意がなされるため、債権者により合意内容が異なるという問題は生じませんが、債権者多数の場合など、特定調停を迅速に進めにくくなります。②(ⅰ)の方法も、①の方法と同様、合意内容が異なる問題は生じない反面、手続が不確定化・長期化する問題があります。これに対して②(ⅱ)の方法は、残った対象債権者で、不同意債権者との間でも同様の内容で特定調停が成立することを停止条件とする条件つき決議をし、事業再生ADR手続を終了させることを想定しており、私的整理の長期化を回避し得るという利点がありますが、不同意債権者は事業再生ADR手続から離脱させた上で条件つきであっても決議するため、債権者間の公平を害さないかという問題があります。

(3)　**法的倒産手続（民事再生や会社更生）を申し立てる対応**

　特定調停は、強制力のある手続ではなく合意が成立しなければ、不成立として手続が終了します（特調18）。特定調停が不調となった場合、民事再生や会社更生の申立てをする対応が考えられます（法的手続への移行についてはQ130を参照ください）。

　また、一部の不同意債権者の不同意の意思が固く、特定調停成立の見込みが少ない場合などは、手続長期化に伴う事業価値毀損防止等の見地から、特定調停手続を経ることなく、民事再生又は会社更生の申立てを行う方が、好ましい場合もあると考えられます。

（川畑和彦）

Q123 事業再生ADRの終了

 事業再生ADRはどのような事由によって終了するのでしょうか。

1 事業再生ADRの終了事由

現在、日本においては、JATPが唯一の事業再生ADR事業者として事業再生ADRを行っており、事業再生ADRの終了事由については、協会規則34条1項に定められています。終了事由の具体的内容は、以下のとおりです。
① 事業再生計画案の成立が決議されたとき（同項1号）
② 債務者及び対象債権者が、この手続以外の方法で解決することに合意したとき（2号）
③ 以下の各号のいずれかの場合において、手続実施者が相当と認めて手続の終了を決定したとき（3号）
　イ 債権者の全部又は一部が手続への参加を拒否し、今後も参加しない意思を明確に示したとき（手続から離脱した場合を含みます）。ただし、手続の進行及び債務者の事業再生計画案の遂行に支障を来すおそれがない場合はこの限りではありません
　ロ 所定の期間内に、法定の要件を充たす事業再生計画案（修正案を含みます）が提出されず、その見込みもないとき
　ハ 対象債権者の全部又は一部が、事業再生計画案（修正案を含みます）に同意せず、又は同意する可能性が乏しいとき。ただし、事業再生計画案の遂行に支障を来すおそれがない場合はこの限りではありません
　ニ 債務者又は対象債権者の全員が、手続実施者又はJATPに対して、手続を終了するよう通知したとき（債務者から手続の取下げがなされた場合を含みます）
　ホ その他事業再生計画案の成立の決議に至らないことが明らかとなったとき
④ 債務者が所定の期間内に申込手数料を納付せず、又は申込書及び提出書類の不備を補正・追完せず、JATPが申込不受理を通知したとき（4号）
⑤ 債務者が所定の期間内に手続に関する費用を納付せず、JATPが手続の終了を決定したとき（5号）

2 各終了事由について

協会規則34条1項1号は、事業再生ADR手続が順調に進行し、事業再生計画案が成立した場合に終了するとするものです。本来予定された終了事由です。

1項2号は、例えば、事業再生ADR外で、債務者と対象債権者全員との間でリスケジュールの合意ができたような場合が想定されます。

1項3号の定める各事由は、いずれも事業再生ADRを進める意味がなくなる場

合です。また、同号の定める各事由については、単に終了事由があるだけでなく「手続実施者が相当と認めて本手続の終了を決定したとき」という要件が付加されています。これは、同号の定める各事由について、手続の終了及び終了時期を明確にすることが相当であること、手続実施者が知らないままに手続が終了するのは相当でないことを考慮したためです。

同号イについては、事業再生ADRの事業再生計画案は債権者全員の書面による合意の意思表示によって成立します（経産省令26）。そのため、「債権者の全部又は一部が本手続への参加を拒否し、今後も参加しない意思を明確に示したとき（本手続から離脱した場合を含む。）」には、事業再生計画案の成立が不可能となり、事業再生ADRを進める意味がなくなるので、終了事由とされています。なお、参加を拒否した「債権者を対象債権者から除外しても再建計画上大きな影響が出ない場合は、同意しない債権者を除外して再建計画を成立させることも可能」（私的整理GL・Q44）と考えられます。そこで、ただし書が置かれています。

同号ロについては、法定の要件を充たす事業再生計画案が提出されず、その見込みもないときも、事業再生計画案の成立が不可能となり、事業再生ADRを進める意味がなくなるので、終了事由とされています。

同号ハについては、事業再生計画案は債権者全員の合意によって成立します。したがって、「対象債権者の全部又は一部が、事業再生計画案（修正案を含む。）に同意せず、又は同意する可能性が乏しいとき」も、事業再生計画案の成立が不可能となり、事業再生ADRを進める意味がなくなるので、終了事由とされています。なお、ただし書の趣旨は、1項3号イのただし書と同様です。

同号ニについては、事業再生ADRでは事業再生計画案は債務者が作成します（協会規則27Ⅰ）。また、事業再生ADRの事業再生計画案は債権者全員の合意によって成立します。したがって、債務者又は対象債権者の全員が手続を終了するよう通知したとき（債務者から手続の取下げがなされた場合を含みます）も、事業再生計画案の成立は不可能となり、事業再生ADRを進める意味がなくなります。

また、事業再生ADRも民間紛争解決手続であり、民間紛争解決手続は、ADR事業者が「民事上の紛争について、紛争の当事者双方からの依頼を受け、当該紛争の当事者との間の契約に基づき、和解の仲介を行う裁判外紛争解決手続」（ADR法2①）です。その点からも、依頼をした当事者の一方が事業再生ADR手続を終了するよう通知したときは、事業再生ADRが終了すると考えられます。

同号ホについては、イ～ニの各事由以外の事由で、事業再生計画案の成立の決議に至らないことが明らかとなったときも、事業再生ADRを進める意味がなくなるので、終了事由とされています。

1項4号については、申込手数料の不納付又は申込書及び提出書類の不備を補正・追完しない場合にも、事業再生ADRを進めることができなくなります。そこで、事業再生ADRの終了事由とされています。

1項5号については、本手続に関する費用を納付しない場合も、事業再生ADRを進めることができなくなるので、事業再生ADRの終了事由とされています。

（富永浩明）

Q124　事業再生ADR手続におけるモニタリング

事業再生ADR手続におけるモニタリングとは、どのようなものですか。モニタリングが必要とされるのは、どのような場合ですか。事業再生ADR手続におけるモニタリングは、誰がどのような形で行うのですか。その実効性を担保するためにどのような工夫がありますか。

1　事業再生ADR手続におけるモニタリングの意義

　事業再生ADR手続におけるモニタリングとは、事業再生計画の成立した後において、債権者等が、その履行状況等を監視（モニタリング）することをいいます。

　事業再生計画が成立したとしても、その確実な履行・遂行がなされなければ何の意味もありません。もちろん事業再生計画の履行可能性については、その成立の前にも、債権者だけではなく、手続実施者等も含めて検証をするのですが、実際に事業再生計画で定めた計画どおりに履行されるかについては、別途の検証・確認が必要となります。

　そこで、事業再生計画が確実に履行されるかを検証・確認するために、事業再生計画において定められた事業計画、及びそれに基づく資金繰り計画、弁済計画等の遂行状況等について、再生支援対象事業者から債権者等に対して、定期的・継続的に報告をさせることをモニタリングと呼びます。このように、事業再生計画の確実な履行を検証・確認する点に、モニタリングを実施する主たる意義があります。

　そして、定期的・継続的にモニタリングを実施することにより、事業再生計画の履行に困難な状況が生じているか否かを即時に共有することができ、もし困難な事情が生じている、あるいはそのおそれがある場合には、迅速に改善策を協議・検討することも可能となりますので、債権者と再生支援対象事業者との間の迅速な意思疎通にも資することになります。

　また、定期的なモニタリングを実施することにより、再生支援対象事業者の管理会計等の体制確認も可能となります。ずさんな会計管理が破綻の一因となっている事案も少なくありませんので、適切な会計管理体制が確立されているかの確認も可能となります。

2　モニタリングが必要となる場合
(1)　債権放棄を内容とする再生計画案の場合

　事業再生ADRにおいては、事業再生計画が債権放棄を伴うものである場合には、再生支援対象事業者は、債権者及び認証紛争解決事業者（JATP）に対して、少なくとも6カ月に1度の頻度で、事業再生計画の進捗状況に関する報告をしなけ

ればならないとされています（経産省令29Ⅱ、経産省告示2(3)(ii)様式第一）。

具体的には、①損益の状況（当初計画との比較、前年・前月との対比等）、②業務及び影響の状況、③事業再生計画との比較（事業の再構築のための方策、自己資本充実のための措置、資産及び負債並びに収益及び費用の見込みに関する事項、資金調達に関する計画、債務の弁済に関する計画債務超過解消及び経常損失黒字化に係る進捗状況等）、④BS、PL、資金繰実績表、⑤その他重要事項について報告をしなければならないとされています。

(2) 債権放棄を伴わない場合

債権放棄を伴わず、リスケジュールだけを内容とする場合には、特段の規定はありません。

しかしながら、モニタリングをすることによって、事業再生計画の確実な履行の検証・確認が可能となるのですから、債権者の同意を得やすくするためにも、特別の事情がない限り、モニタリングを実施することが適切であると考えられます。実務上も、モニタリングについての制度を創設することが多いようです。

3 モニタリングの実施主体（主導者）・実施方法等

(1) 実施主体

前記のとおり、事業計画が債権放棄を伴う場合には、再生支援対象事業者が事業再生計画の進捗状況の報告を実施しなければならないと定められています＊から、モニタリングについても、事業再生計画において、再生支援対象事業者自らが主体的に実施する旨定められ、再生支援対象事業者が主体となって行われることが多いと思われます。

ただし、そもそもモニタリングは、債権者において事業再生計画の遂行状況を確認することを主たる目的とするものですから、債権者の主導によって実施されることもあります。

また、より実効的なモニタリングを実施するため、モニタリング手続に、中立的な専門家の第三者を関与させることも少なくありません。特に、事業再生ADRに手続実施者として関与をしていた弁護士や公認会計士は、事業再生計画の内容、要点等を熟知していますので、引き続きの関与を求めることにより実効性のあるモニタリングの実現が期待できます。

(2) 実施方法

債権放棄を伴う場合には、書面で報告をするよう定められていますが、それに加えて、説明会を開催して、報告をするケースも少なくありません。

＊ なお、会社分割又は事業譲渡により、債務者の事業の全部又は一部を他の事業者に承継させ、かつ、当該他の事業者が当該債務者の債務を引き受けさせた場合（いわゆる第二会社方式の場合）には、当該他の事業者が、事業再生計画の進捗状況の報告を行うとされています。

説明会には、全対象債権者が参加することもありますし、メインバンクや大口債権者等の一部の債権者代表においてモニタリング委員会を組成し、モニタリング委員会の構成員だけが参加することもあります。いずれの方式であっても、実務においては、手続実施者にも参加を求めるケースが多くあります。

具体的な報告内容については、規定に定められている事項に限らず、各事業再生計画の内容に即して、確認・検証に必要となる事項を定めることが望ましいと思われます。

4 モニタリングの実効性担保

モニタリングの実効性を確保するためには、事業再生計画において、単にモニタリングを実施するということだけでなく、実施する主体・方法・頻度・報告内容等についての規定を設け、再生支援対象事業者において実施すべき内容を明確に定めておくことが大切になると思われます。また、モニタリングに第三者の専門家である手続実施者を関与させることも、実効性の担保に資すると考えられます。その他、メインバンク等の債権者の人員を再生支援対象事業者の役員に就任をさせることも、モニタリングが有効に実施されることに資すると考えられます。

そして、再生支援対象事業者がモニタリングを誠実に実施しなかった場合には、その懈怠の程度が著しい等の事情があると認められるときには、事業再生計画の取消事由としたり、期限の利益の喪失事由としたりすることも考えられます。また、合理的な損害賠償の予定額を定めておくことも考えられるでしょう。さらに、事業再生計画においてDESや新株の割当てをしていた場合には、不履行により、議決権付き株式に転換できるようにすることで、株主の立場からの監督をすることも考えられるでしょう。

（三枝知央）

第3節 経営者責任と株主責任

Q125　事業再生ADRと経営者責任

事業再生ADRにおいては、役員はどのような責任を果たすことが求められていますか。その内容について**債権放棄型とリスケジュール型で違いはありますか**。事業再生ADRにおいては、対象企業の経営責任についてどのように規定されているのでしょうか。

1　事業再生ADRにおける役員の責任

事業再生ADRでは、債務者企業の事業再生のために対象債権者から支援を受けることになります。もし経営者が安易にそのような支援を求め得るとすれば、モラルハザードが生じ、ひいては事業再生ADRそのものへの信頼を揺るがしかねません。したがって、債務者企業の役員については、一定の経営責任を果たすことを求める必要があります。

他方で、対象債権者による金融支援の内容は、債権放棄といった大きな負担を求めるものからリスケジュールにとどまるものまで様々であり、その負担の程度に応じて役員に求める責任の度合いを区別することが合理的といえます。

また、ひとくちに役員といっても、債務者企業の窮境原因への関与の程度はまちまちですし、事業運営に必要不可欠な役員が確保できなければそもそも事業が再生できず、対象債権者に対する弁済すらままならないこととなります。

このように、事業再生ADRにおける役員の責任については、モラルハザードを防ぐ観点とともに、事業再生計画の内容、窮境原因への関与の程度、事業における当該役員の必要性など、諸事情に鑑み、適切な措置を講じる必要があります。

2　役員の退任

役員の経営責任を明確にする上では、当該役員が退任するかどうか、という点がまず問題となります。この点については、事業再生計画が債権放棄型であるかリスケジュール型であるかによって異なります。

(1)　債権放棄型の事業再生計画の場合

まず、債権放棄型の事業再生計画では、役員の退任を定めることが原則となります（経産省令29Ⅰ④）。

ただし、例外として、事業再生に著しい支障を来すおそれがある場合、当該役員は退任することを要しません。具体的には、当該役員が会社再建のために選任された者であって会社の窮境原因に関与していない場合や、中小企業であって当該役員のほかに経営に当たる人材が見当たらない場合などが考えられます。このような場合、当該役員を退任させないことも可能となりますが、対象債権者に対しその理由を具体的に説明し、理解を求める必要があります。

(2) リスケジュール型の事業再生計画の場合

これに対し、リスケジュール型の事業再生計画では、役員の退任等は必要的ではありません。もっとも、リスケジュール型であっても、会社の窮境原因に深く関与しており、今後の会社の再建に必要不可欠といえない役員は、その責任を明確にするために、退任をすることがあり得ます。

3 その他の経営責任の明確化の方法

役員の経営責任の明確化のためには、以下のような方法もとられます。

(1) 報酬の減額

退任しない場合であっても、経営責任を明確にするために、役員報酬を減額することがあります。どの程度の報酬が適切かは、債務者企業のキャッシュフローや、当該役員の生活基盤、類似企業における役員報酬の一般的水準など、様々な観点から検討することになります。

(2) 私財提供

役員の経営責任明確化のため、その私財の提供を求めることがあります。私財提供としては、事業用資産の会社への贈与や、会社に対し有する貸付金等の放棄、その他様々な態様があります。

なお、私財提供においては、経営者の側にみなし譲渡課税が生じないか、十分な注意が必要です。みなし譲渡課税とは、法人に対する贈与又は時価の2分の1未満の対価による譲渡があった場合に、時価による譲渡があったものとみなして譲渡所得税を課す制度です（所得税法59Ⅰ）。かかるみなし譲渡課税への対応として、2013年4月1日から2016年3月31日までの間に事業再生計画に基づき資産が贈与された場合は、みなし譲渡課税を非課税とする特例（租特40の3の2）の適用の可能性がありました。この特例は、資本金の額が1億円以下の中小企業などで、その債務を保証している取締役等が事業再生計画に基づき会社の事業の用に供する資産を贈与する場合など一定の要件を充たしたときに適用されるものでしたが、2016年4月1日以降の贈与には適用がありません。したがって、今後策定される事業再生計画で役員等による私財提供を内容に含める場合、当該役員等の側で税務上の問題が生じないか、より慎重に検討する必要があります。

4 保証責任や株主責任との関係

特に中小企業の場合、役員が会社の借入れを保証していたり、会社の支配株主であったりする例が多くあります。このような場合、当該役員は経営責任と合わせて保証責任、株主責任を果たすことが求められ、その観点からも私財提供（保証債務履行や株式の無償消却）が必要となります。したがって、事業再生計画では、個々の役員について、保証人、株主といった属性も十分に勘案して、適切な措置を定めることが必要です。

（大石健太郎）

Q126 事業再生ADRにおける株主責任

事業再生ADRにおいては、株主はどのような責任を果たすことが求められますか、その程度について債権放棄型とリスケジュール型で違いはありますか。また、株主責任を果たす際の一手段として株主権の希薄化ということがいわれるケースがありますが、具体的にはどのようなものをいうのですか。事業再生ADRにおいては、株主責任についてどのように規定されているのでしょうか。

1 事業再生ADRにおいて求められる株主責任

法的整理手続（民事再生・会社更生）の場合、債務超過であれば会社財産に対する株式の持分はないと解されるので、通常は再生計画や更生計画において全株式の無償消却等の手法により既存株主の権利を失わせることになります。債務超過の場合に会社財産に対する株主の持分がないのは私的整理手続でも同じですから、事業再生ADR手続においても、対象債務者が債務超過であれば株主責任を明確化する必要があります（**Q39**参照）。

2 債権放棄型とリスケジュール型との比較

事業再生ADRにおける事業再生計画案では、債権放棄型かリスケジュール型かによって、株主責任の定めに差異が生じることになります。

(1) 債権放棄型（DESを含む）の場合の株主責任

債権放棄型とは、事業再生計画案の内容として、一部又は全部の金融機関に対して債権放棄を求めるものです（**Q28**、**Q31**参照）。債権放棄型の事業再生計画案は、法令上の要件として「株主の権利の全部又は一部の消滅（事業再生に著しい支障を来すおそれがある場合を除く。）について定められていること」が必要となります（経産省令29Ⅰ③）。

(2) リスケジュール型の株主責任

一方で、債権放棄を伴わないリスケジュール型の事業再生計画案においては、弁済期の変更を伴うものの元本債権の一部消滅を強いるものではないので株主の権利の消滅を定める必要はありません。経産省令においても、リスケジュール型の場合の株主責任に関する定めはありません。任意に事業再生計画案に株主の責任を定めることは可能ですが、その例は多くはありません。

(3) DES、DDS

DESとは、対象債権者の金融債権の一部を現物出資して対象債務者に対する株式に変更する金融支援の手法です。また、DDSとは、既存の貸付金を別の条件の債権に変更するもので、事業再生の局面では一般的には金融庁が認める資本的劣後

ローンとしての要件を充足する劣後的金融債権に変更する金融支援の手法です。

事業再生ADRでDESが行われる場合、通常は「現物出資型」が採用されます。「現物出資型」では、税務上は現物出資した債権の券面額と債権の時価との差額は債務消滅益とされ債権放棄の場合に債務免除益を認識するのと共通性があること、また現物出資債権は混同により消滅すること（民520）などから、DESを定める事業再生計画案の場合には、債権放棄と同様に株主責任を定める必要があります。一方、DDSの場合には、税務上は引き続き負債として認識することになり債務消滅益の問題が生じないので、リスケジュール型と同様に株主責任の定めを置かない例が多いといえます。

3 株主責任の具体的内容

(1) 権利の全部の消滅

債権放棄型の事業再生計画案で株主の権利の全部の消滅について定める場合には、以下のような手法を記載することになります。

ア　株式の消却

会社法の定めに従って、消却対象株式を全部取得条項付き種類株式に変更し、全部取得条項付き種類株式の取得及び取得した株式の消却という一連の手続を経て対象となる株主の権利の全部を消滅させることができます（Q39参照）。

イ　株式の（無償）譲渡

株主数が少数で株主の協力を得られる場合には、株式譲渡によっても既存株主の権利の全部を消滅させることができます。債務超過であれば譲渡株式の対価は無償とするのが一般的です（ただし上場会社では、債務超過状態であっても対象債務者が株主から無償で株式を取得すると課税問題が生じることがあります。所得税基本通達59－6・23～35共－9）。なお、譲受人は対象債務者であることが多く、対象債務者が取得した株式は消却することになります。

ウ　第二会社方式の利用

いわゆる再建手法として「第二会社方式」（Q35参照）を採用する場合、旧会社について特別清算手続又は破産手続をとることにより既存株主の権利の全部を消滅させることも可能です（会社分割等の対価については、通常は対象債権への弁済に充てられ、既存株主が対価を取得することはありません）。

エ　その他

経営者責任（Q38、Q125参照）とも関連しますが、経営責任のある役員が保有している株式を市場で第三者に譲渡して譲渡代金を対象債権への弁済に充て、かつ対象債務者に対する求償権を放棄することを誓約させる形で株主責任を定めるものなどもあります。後述のように、上場会社で株主の権利の全部を消滅させることが困難な場合などに利用できます。

(2) 株主権の希薄化（希釈化）

株主数が多い会社では、株主権の全部を消滅させる事業再生計画には株主の協力

が得られないこともあります。また、上場会社では信用の確保という観点から上場維持が必要となる場合もあり、上場を維持するために株主権の全部の消滅には踏み込めないこともあります（東京証券取引所「早期事業再生のための上場制度の見直しについて」では「100％減資を計画するものではないこと」が上場維持の条件の1つとされています）。そこで、以下のような株主の権利の一部消滅を定めることがあります。

　ア　株式数の希薄化（希釈化）

　第三者たるスポンサーの支援を得て再建を図る場合には、当該スポンサーに対する第三者割当増資により既存株式の希薄化を行うことが可能です（**Q39参照**）。

　また、金融支援の一環としてDESが行われる場合、新株発行を伴いますので、既存株主の割合的地位を減少させることが可能となります。DESを有利発行（会199Ⅲ、200Ⅱ）で行うと、新規に発行する株式数はさらに増加しますので、希薄化の程度をさらに高めることもできます。

　イ　資本金の額の減少

　以前の私的整理の実務では、100％の減資を行わない場合であっても90％～99％の割合による減資が行われることがありました。会社法の制定により資本と株式の関係が切れたことから、減資（資本金の額の減少。会447）によっては直ちに株主権の希薄化を招くことはありませんが、新たな株式の発行等（上記(2)ア）と併せて事業再生計画案に記載することがあります。

　ウ　株式の併合

　既存株主の保有する株式数を減少させる目的で、株式の併合（会180）などが行われる場合もあります。もっとも、前記のとおり会社法の下では資本と株式の関係が切断されていることから、株式の併合だけで既存株主の権利の希薄化を達成することはできませんので、これもDESや第三者割当増資などその他の手法と組み合わせて事業再生計画案に記載することになります。

(3)　**株主の権利を変更しない場合**

　事業再生に著しい支障を来す場合には、理論上は、債権放棄型（DES含む）であっても株主の権利を一切変更しないことが可能です。もっとも、対象債権者がこのような事業再生計画案に同意することは想定し難く、権利自体は変更することを前提として、どの程度変更するかという程度問題に帰着するように思われます。

　　　　　　　　　　　　　　　　　　　　　　　　　　（小島伸夫）

第4節 事業再生ADRにおける各種の制度等

Q127 事業の再生に欠くことのできない償還すべき社債の金額の減額

 事業再生ADRと並行して社債の元本の減免を行うことができるでしょうか。またどのような手続で行うのでしょうか。

1 事業再生ADRと社債

　金融機関を引受人とする私募社債であれば、当該金融債権者を対象債権者として事業再生ADRで処理することもできます。しかし公募社債の場合、債権者は多数かつ属性も多様で、全員から権利内容変更の同意を得ることは困難です。また公募社債は流通して社債権者が変動するので、一定時点における債権者を特定することも困難です。社債権者を事業再生ADRの対象債権者として、事業再生ADR手続の事業計画案の効力によって減免を行うことは非現実的です。

2 社債権者集会の決議

　社債権者集会の特別決議によって行うことができる事項は「社債の全部についてするその支払の猶予、その債務の不履行によって生じた責任の免除又は和解」（会724Ⅱ①、706Ⅰ①）と定められており、多数決によって社債の元本の減免を決議した場合、裁判所の認可（会734Ⅰ）の可否について、かつての実務運用は否定的とされていました。しかし近時「和解」に元本減免を含むとの解釈が浸透し、認可できると解されるに至っています（江頭憲治郎「社債権者集会による社債の償還金額の減免等」NBL985号1頁、尾坂北斗＝阪口明彦「事業再生局面における社債の減免について」NBL999号4頁）。

3 事業再生ADRの事業再生計画案と社債権者集会決議との関係

　事業再生ADR手続で、事業再生に欠くことのできない償還すべき社債の減額を含む事業再生計画案を策定します（協会規則31Ⅰ）。この計画案を事業再生ADR手続の債権者会議で決議するには、社債の減免を内容とする社債権者集会の決議について裁判所が認可すること（会734）を、計画案の効力発生の条件とした上で行うことが必要です（協会規則31Ⅴ）。この扱いにより、事業再生ADR手続における社債減免の事業再生計画案が、会社法上の手続（社債権者集会の決議と裁判所の認可）と結びつきます。事業再生ADRと並行して社債権者集会を開催し、特別決議を得た上、その決議について裁判所の認可を得ることができれば、社債の元本減免を内容とする事業再生計画案によって事業再生ADRを成立させることが可能です。

4 強化法56条・57条の手続

　社債権者集会の決議を裁判所が認可するに際し、不認可事由「決議が社債権者一般の利益に反するとき」（会733④）該当性が問題です。そこで、予測可能性を高めるべく会社法の特例が定められています（産強56、57）。

(1) 強化法の定めの概要

事業者は、社債の元本減免を含む事業再生計画案を策定した上、特定認証紛争解決事業者に対し、当該社債の金額の減免が事業再生に欠くことができないものとして所定の基準に該当することの確認を求めます（産強56Ⅰ）。特定認証紛争解決事業者がその旨確認した場合、裁判所は、特定認証紛争解決事業者が当該確認を行っていることを考慮した上で、当該社債権者集会の決議の不認可事由の有無を判断することが法定されています（産強57）。

特定認証紛争解決事業者の確認があれば、裁判所はこれを必ず考慮の上で判断するので、認可を得られる蓋然性が高く、認可の予見可能性が高まり、事業再生ADR手続と社債権者集会を並行して社債の元本の減免を得る私的整理の手法が、使いやすくなりました。

(2) 返還すべき社債の金額の減免にかかる特定認証紛争解決事業者の確認

ア 特定認証紛争解決事業者が確認する基準

特定認証紛争解決事業者が、社債元本の減免が事業再生のために欠くことができない旨を確認するについては、内閣府・経産省令に定める基準につき、その該当性を判断します。

(ｱ) 「当該減額の目的が、当該減額に係る確認を求めた事業者の事業再生のために合理的となる償還すべき社債の金額についての減額を行うものであること」（内閣府・経産省令2Ⅰ）は、減額される社債の額は事業再生のために必要な合理的な額に限り、社債減額が不合理に多い場合を除いています。

(ｲ) 「当該減額に係る確認を求めた事業者を当該確認時点で清算した場合の当該社債の償還すべき金額を、当該減額を行った場合の当該社債の償還すべき金額が下回らないと見込まれること等、当該減額が、当該社債の社債権者にとって経済的合理性を有すると見込まれるものであること」（内閣府・経産省令2②）は、社債の元本を減免する事業再生計画案による弁済額が、清算価値を下回らないこと（清算価値保障）などを要求しています。

イ 特定紛争解決事業者の考慮事項

特定紛争解決事業者が基準に合致するかを判断するに際しては「当該減額に係る確認を求めた事業者の事業再生計画案における当該社債に係る債務以外の債務の免除の状況その他の事情に鑑み、当該事業再生計画案における当該社債に係る債務以外の債務の取扱いとの実質的な衡平について十分に考慮しなければならない」と定められています（内閣府・経産省令3）。

ここに「実質的な衡平」とは、形式的判断ではなく、個別事情に応じて適正妥当な解決を図る趣旨であり、社債とそれ以外の債務を比較して、減免割合が同一であることまでは要求されていません。金融債権者は社債権者より情報収集能力が高い、経営関与の度合いが高い等の事情がみられる場合もあり、事案に応じて考慮されることになります。

（清水祐介）

Q128　事業再生ADRにおけるプレDIPファイナンス

 事業再生ADRにおいて、プレDIPファイナンスを受けることは可能でしょうか。事業再生ADRで、プレDIPファイナンスは、どのようにして保護されているでしょうか。

1　はじめに
(1)　プレDIPファイナンスの意義
プレDIPファイナンスとは、債務者が私的整理手続中に受ける運転資金の借入れです。法的倒産手続における同様の借入れがDIPファイナンスと呼ばれることから、法的倒産手続に至る前の借入れという意味を込めて、「プレDIPファイナンス」と呼ばれます（『ADRのすべて』154頁〔須藤英章〕）。

(2)　プレDIPファイナンスの必要性
債務者が取引金融機関との間で私的整理の協議を開始すると、債務者の窮境状態が明らかとなるため、従前と同様の手続や条件で運転資金を調達することが困難となります。他方で、事業価値を維持して事業の再建を図るためには、商取引債務等は約定に従って支払う必要があるため、運転資金が通常どおり必要となりますが、事業再生ADRが開始されたことが公表されたことでCODを求められる場合や売上高の季節変動が激しく一時的に債務者の手元資金が乏しくなるような場合には、新規に運転資金の借入れを受ける必要性があります。

2　事業再生ADRにおけるプレDIPファイナンスの可否
(1)　プレDIPファイナンスの可否
事業再生ADR手続中（同手続の正式申込みを行ってから、同手続が終了に至るまでの間をいいます）においても、プレDIPファイナンスを受けることは可能です（協会規則32Ⅰ前段）。

もっとも、貸付債権者の与信判断において、債務者の事業計画ができていないことから将来キャッシュフローでの弁済が可能か否かの判断が難しく、またADRがまとまるかの見極めは当事者ではない貸付債権者には難しいことから（特に既存債権者ではない場合）、担保での保全を求められます（高橋太「DIPファイナンス／プレDIPファイナンスについての考察」『倒産と金融』131頁）。そして、担保目的物としては、不動産は既に担保権設定済みであることが多いため、商品在庫・売掛金等の流動資産を目的物とする担保（ABL）になることが多いようです（前掲書130頁）。

(2)　中小機構等の保証
また、プレDIPファイナンスを受けやすくするために、強化法は、中小機構による保証（産強53）や中小企業信用保険法に基づく信用保証協会の事業再生円滑化関

連保証の特例（産強54）を定めています。

3 プレDIPファイナンスの保護

(1) 事業再生ADR手続内での保護

　プレDIPファイナンスは、債務者が窮境状態に陥っていることが明らかとなった後に実行される融資であることから、プレDIPファイナンスによる貸付債権が、債務免除やDES等の金融支援の対象とならず、一時停止によって弁済を止められている既存の貸付債権（対象債権）よりも優先的に取り扱われ、随時弁済を受けられるのでなければ、現実的にかかる融資を受けることは困難となります。

　そこで、債務者は、対象債権者全員から同意を得た上で、事業再生計画案において、プレDIPファイナンスに対する弁済を他の既存の貸付債権に対する弁済に優先して取り扱うことができるとされており（協会規則32Ⅰ後段）、通常の実務ではこの点について債権者会議で対象債権者全員の同意を得ています（『ADRのすべて』154頁〔須藤〕、537頁Q160〔足立学ほか〕）。

(2) 再建型の法的倒産手続に移行した場合の保護

　事業再生ADRから再生手続や更生手続に移行した場合に、プレDIPファイナンスによる貸付債権が通常の再生債権や更生債権として扱われるというのでは、貸付債権者にとってあまりにリスクが高すぎることから、円滑な資金調達に支障が生じることになります。

　この点に配慮するため、債務者はJATPに対し、①プレDIPファイナンスによる借入れが事業の継続に欠くことのできないものとして経産省令で定める基準に適合すること、及び②当該借入れの弁済を他の対象債権の弁済よりも優先的に取り扱うことについて対象債権者全員の同意を得ていることについて、概要説明会議、協議会議又は決議会議において確認を求めることができるとされており（産強58Ⅰ、協会規則32Ⅱ・Ⅲ参照）、当該確認がなされた場合には、プレDIPファイナンスによる借入れに係る債権と上記②の同意の際に対象債権者が有していた他の債権との間に、権利変更の内容に差を設ける再生計画案・更生計画案が提出され、又は可決されたときは、裁判所は、当該確認がなされていることを考慮した上で、当該計画案が「差を設けても衡平を害しない場合」（民再155Ⅰただし書・会更168Ⅰただし書）に該当するかどうかを判断するものとされています（産強59、60。いわゆる「衡平考慮規定」。更生手続の場合について、『会更の実務〔下〕』249頁〔真鍋美穂子＝鈴木謙也〕参照）。また、プレDIPファイナンスによる貸付債権を保護するための方策として、少額弁済の許可（民再85Ⅴ後段、会更47Ⅴ後段）による保護や和解による共益債権化による弁済（民再41Ⅰ⑥、会更72Ⅱ⑥）の方法が検討されており（『ADRのすべて』158頁〔須藤〕、『会更の実務〔上〕』59頁〔谷口安史〕）、後者の方法については日本航空の事例で採用されています（片山英二＝河本茂行「日本航空の事業再生プロセスについて」債管133号161頁）。

（松尾幸太郎）

第5節 事業再生ADRと経営者保証GL

Q129 事業再生ADRと経営者保証GL

 主たる債務と保証債務の一体整理を図る場合で、主たる債務の整理に当たって、事業再生ADRを利用する場合、保証債務の整理についても、経営者保証GLを利用することはできるのでしょうか。その場合の手続はどのような手続になるのでしょうか。

1 事業再生ADRと経営者保証GL

経営者保証GLは、主債務と保証債務の一体整理を行う場合、主債務者について法的債務整理手続や準則型私的整理手続の申立てを経営者保証GLの利用と同時に行い、又はこれらの手続が継続し、若しくは既に終結していることを必要としています（経営者保証GL7(1)ロ）が、準則型私的整理手続には事業再生ADRも含まれます。したがって、主債務者について事業再生ADRを利用する場合、保証人について経営者保証GLを利用して、一体的に債務整理を行うことが可能です。

2 支援専門家の選任

経営者保証GLでは、保証人の債務整理を支援する弁護士等の専門家であってすべての対象債権者がその適格性を認める者を、「支援専門家」として選任する必要があります（経営者保証GL5(2)ロ）。支援専門家は、一時停止要請、財産状況の表明保証の適正性確認、保証人の残存資産の範囲の決定の支援等の役割を果たします（経営者保証GLQA【B.各論】Q7-6参照）。

なお、支援専門家と事業再生ADRの申請代理人との兼務は、原則として避けるべきとされています。これは、主債務者と保証人とで利害が相反するおそれがあるからです（経営者保証GLQA【B.各論】Q5-8参照）。支援専門家と事業再生ADR申請代理人とは、十分に協議して、手続の一体進行、弁済計画の整合性を図っていく必要があります。

3 事前相談・手続利用申請（同時申請の原則）

主債務と保証債務の一体整理のために、事業再生ADRと経営者保証GLの利用申請は同時に行うことが原則とされています。したがって、事業再生ADRに関してJATPと事前相談を行う際には、保証債務についても事案に応じた必要資料（保証債務の弁済計画案、財産状況等の表明保証書面、支援専門家の確認報告書など）を提出し、相談を開始する必要があります。かかる事前相談に応じて、JATP、審査員、手続実施者選任予定者が、経営者保証GLの利用要件の充足や、弁済計画の内容、一体整理の相当性について審査を行うことになります。

例外的に、事業再生ADRの決議会議までの間で、JATPが手続遂行上問題ないと特に認める場合には、事業再生ADRの開始後の経営者保証GL利用申請が受理されることもありますが、必ず受理されるとは限らず、関係者に手続上の無用の負担を

生じるおそれもあるため、主債務者・保証人は同時申請に努めるべきです。
　また、JATPは、経営者保証GL単独での手続の実施は想定していませんので、事業再生ADRの終了後は経営者保証GLの利用申請はできません。

4　正式受理から一時停止要請
　JATPは、事業再生ADR、経営者保証GLの利用申請を正式に受理した場合、対象債権者に対し一時停止の通知を発します。経営者保証GLに関する一時停止の通知では、事業再生ADRとの一体整理であることを明示する必要があります。そこで、一時停止の通知は、保証人、JATPに加え、原則として主債務者、支援専門家の連名で行うことが想定されています。また、一時停止期間は、一体整理であることに鑑み、主債務者に関する期間と合致させることが適切です。例えば、「主債務者に関する事業再生ADRの一時停止の継続する期間」とすることなどが想定されています。

5　概要説明会議
　概要説明会議では、事業再生ADRに関し、議長と手続実施者を選任し、一時停止期間、協議会議・決議会議の開催日時を決定しますが、「経営者保証GLに基づく債務整理手続についても同様」であることを明示して決議することが考えられます。保証人は、経営者保証GLの対象債権者と保証債務の概要、資産負債の状況、弁済計画案の概要を説明し、支援専門家は確認報告書の内容を報告します。

6　弁済計画案の策定、手続実施者による調査
　保証人は、協議会議前の手続実施者と合意した日までに、保証債務の弁済計画案を主債務者の事業再生計画案と一体のものとして手続実施者に提出しなければなりません。これを受けて、手続実施者は、保証人の弁済計画案について、経営者保証GLへの適合性、公平性、妥当性、経済合理性、履行可能性等を調査し、調査報告書で意見を述べ、JATPは、弁済計画案と調査報告書を対象債権者に送付します。

7　協議会議
　協議会議では、保証人の弁済計画案についても、保証人による説明、支援専門家による確認結果の報告、手続実施者による調査結果の報告等が行われます。

8　決議会議
　決議会議では、経営者保証GLに基づく弁済計画案について、対象債権者による決議を行います。弁済計画案は、原則として対象債権者全員の同意により成立します（経営者保証GLQA【B.各論】Q7－8）。
　なお、主債務者の事業再生計画案が成立しても、保証債務の弁済計画案が不成立となると、両計画が相互に密接に関連する場合、主債務者の事業再生計画案の修正が必要となるおそれもありますから、注意が必要です。逆に、主債務者の事業再生計画案が不成立となった場合、保証人の弁済計画案のみを成立させることは、基本的に想定されていません。経営者保証GLに基づく弁済計画案の経済合理性は、主債務の弁済計画と併せて検討することとされており、主債務の弁済計画が不成立である場合、その前提を欠いてしまうことなどが理由です。

　　　　　　　　　　　　　　　　　　　　　　　　　　　（大石健太郎）

第6章

手続間の移行に関する諸問題

Q130 私的整理において全員同意が得られない場合の対応・法的手続への移行

私的整理における再建計画について、対象債権者全員の同意が得られない場合、特定調停や法的倒産手続へ移行するのですか。少数の対象債権者が同意しなかった場合に、迅速に再建計画を成立させるために、どのような工夫があるでしょうか。

1 私的整理から法的整理へ移行する場合

　事業再生ADR、私的整理GL、協議会等の各私的整理手続は、対象債権者（主として金融機関債権者）全員が、債務者の再建計画案に同意したときに成立します。1社でも同意しなかったときには、原則として私的整理は終了しますが、反対債権者の債権額が少額であるとか、その他特段の事情がある場合には、他の債権者全員の同意を得て、反対債権者を特別扱いにするか、対象債権者から除外して、私的整理を成立させるという対応も考えられます。

　事業再生ADRや私的整理GLでは、全員の合意を得ることができない場合、特定調停の申立てか法的倒産手続の申立てを行うこととされています（経産省告示2(4)(i)、私的整理GL 8(6)）。その場合、特定調停は、全員が同意しないと成立しませんから、一部の債権者が強行に反対すると思われる場合には、民事再生か会社更生へ移行することが相当です。

　なお、REVICや協議会のスキームでは、事業再生ADR等のような定めはありませんから、ケースバイケースで、法的手続に移行する場合もあれば、そうでない場合もあります。

2 少数の対象債権者の同意が得られなかった場合

(1) 特定調停の利用

　私的整理において少数の対象債権者の同意が得られなかった場合に、当該私的整理手続を中断し、同意しなかった対象債権者のみを相手方として特定調停の申立てをして、調停手続において同意を得た上、中断していた私的整理を全行同意が得られたとして成立させることがあります。

　また、私的整理は終了した上で、全行を対象に特定調停を申し立てることもあります。民事再生又は会社更生を利用すると、商取引債権者をも対象とするというマイナス面がありますが、特定調停は金融機関債権者のみを対象にし、商取引債権者を巻き込まない手続ですので、事業価値の毀損を防ぐことができます。ただし、多数決原理が働かず全員の同意を要する点は、私的整理と同じですから、1人でも同意しないと調停は成立しません。しかし、裁判所は調停に代わる決定（17条決定）をすることができます。17条決定は、異議の申立てがあると効力を失いますが、異

議申立てがないときは、決定で決められている再建計画が成立します。17条決定は裁判所の決定ですから、異議申立てをしにくい面があります。

(2) 簡易再生の活用

私的整理の再生計画案に多数の対象債権者が同意したものの、少数の債権者が反対したために不成立となった場合は、多数の対象債権者が同意した再建計画案を、民事再生の中の簡易再生を利用して簡易かつ迅速に成立させることができます。簡易再生とは、届出再生債権者の総債権額の5分の3以上に当たる債権を有する届出債権者が、書面により、再生債務者等が提出した再生計画案について同意し、かつ再生債権調査及び確定の手続を省略することに同意する場合には、再生債権の届出期間の経過後、再生債権の一般調査期間の開始前に限り、再生債務者等の申立てにより、簡易再生の決定をすることができ、その決定があると、再生債権の調査及び確定の手続を経ずに、直ちに、再生計画案の決議のための債権者集会を開催し、通常の民事再生より簡易かつ迅速に再生計画を成立させることができる手続です（民再211以下）。

経営破綻の危機に陥った会社の場合、金融機関からの借入れ等の債務が、商取引による債務を大幅に上回っているのが通常です。私的整理の再建計画案に同意した債権者の債権総額は、その会社の再生債権総額の5分の3以上に該当すると思われます。私的整理では、商取引債権者に対しては、約定どおり弁済していくことを前提にして再建計画案を作成しています。そこで、金融機関の債権に比し、商取引債権の割合が小さく、かつ商取引債権を約定どおり弁済するだけの資金繰りを確保できる場合には、不成立となった再建計画案をもとにして作成した再生計画案について、商取引債権者の保護を織り込んだ弁済計画案（少額債権の弁済、債権額の低額部分の弁済率を高くする段階方式の弁済率の定め等）であるならば、商取引債権者の大半も計画案に同意し、簡易再生が迅速に成立するはずです（多比羅誠「簡易再生の実務運用改善提言」債管152号67頁、同「私的整理の改革提言」同号44頁）。

(3) 会社更生の利用

会社更生において、更生計画案を作成し、提出するのは、管財人ですから、私的整理において多数の対象債権者が同意を得た再建計画案を更生計画案とする場合も、管財人の理解を得ることが重要です。

東京地裁及び大阪地裁では、DIP型会社更生手続の運用を実施しています。現経営陣に不正行為等の違法な経営責任の問題がないこと、主要債権者が現経営陣の経営関与に反対していない等の場合には、開始決定後、現経営陣から管財人を選任します。この方式であれば、私的整理から会社更生へ移行した場合、現経営者が管財人に選任されることになり、再建計画案をもとに更生計画案を立案することにより、迅速に手続を進めることができます。

(多比羅誠)

Q131　法的手続移行後のプレDIPファイナンスの扱い

私的整理手続（事業再生ADR、REVICその他）中にプレDIPファイナンスにより発生した債権は、法的手続に移行した場合、保護されますか。

1　私的整理手続中のプレDIPファイナンスによる債権の性質

　会社更生などの申立後のDIPファイナンスは共益債権として計画外で優先的に返済がなされ、また破産においては財団債権として優先性が認められます。これに対し、私的整理手続中に実行されたプレDIPファイナンスは、法的手続に移行した場合、倒産債権として更生計画や再生計画において他の債権と同様な権利変更の対象となり、また破産となった場合には破産債権としての配当しか受けられません。

2　私的整理手続中のプレDIPファイナンスの保護の必要性

　私的整理手続には、金融機関からの借入債務以外は約定どおり支払っていくことで事業を継続するもので、事業資金の調達のためにプレDIPファイナンスの必要性が高いケースが多いともいえます。しかし、法的手続に入った後の優先性を確保できるような担保がない場合、法的手続に移行した場合のプレDIPファイナンスの優先性が保護されなければ、私的整理手続中に必要な資金を調達することができず事業の継続が不可能となってしまいます。

3　私的整理手続中のプレDIPファイナンスの優先性の保護

(1)　優先性の合意の効力

　事業再生ADR手続に入った債務者に対しプレDIPファイナンスを行う場合、通常、対象債権者全員から、プレDIPファイナンスにかかる債権について、手続に入った時点で存在する債権に優先して弁済を受けることができることの同意を得ることとなります（産強58、旧産活52）。この優先性の同意により法的手続に入った後も当該プレDIPファイナンスへの優先的な弁済が認められるかが問題となりますが、かかる優先性の同意が法的倒産手続開始後にも及ぶ趣旨を織り込んだものであったとしても、あくまで当事者間の合意に過ぎず、これをもって共益債権とすることはできませんし、また計画において合意の当事者以外の債権者に優先した弁済を認めることもできません。

(2)　衡平考慮規定の効力

　事業再生ADR手続において、認証紛争解決事業者から、当該プレDIPファイナンスが事業継続に必要不可欠であること、及び債権者から上記の同意を得ていることの確認を得たプレDIPファイナンスは、事業再生ADR手続が不成立となった後に開始された再生手続又は更生手続における再生計画案又は更生計画案において権利の

変更の内容に差を設けた場合に、裁判所が同計画案の定めが衡平を害しないか否かの判断をするに当たり、この確認がなされていることを考慮するものとされています（産強59、60、旧産活53、54）。これは、法的手続において、一定の要件を充たすプレDIPファイナンスについて他の倒産債権よりも有利に扱うことも衡平を害しない定めとして認められる余地を法律において定め、プレDIPファイナンスの保護を図ろうとするものです。しかし、この規定もあくまで「裁判所の」、「衡平を害しない定めの判断」において考慮することを定めたに過ぎず、計画においても他の債権者より必ず有利に扱われることを保証するものではないと解されています。とはいえ、こうした優先性が認められなければプレDIPファイナンスの実行は困難ですし、プレDIPファイナンスにより事業価値が維持され再建が果たされた場合は、商取引債権者も含めメリットを受けているわけですから、かかる確認を得たプレDIPファイナンスに全額弁済や一般債権者より弁済率を高くすることなどの措置を講じることを積極的に検討してもよいのではないでしょうか。

(3) 少額債権としての計画外の弁済

更生手続や再生手続においては、少額の倒産債権を早期に弁済しなければ事業の継続に著しい支障を来すときは計画の認可前であっても裁判所の許可により弁済できるとされており（会更47V後段、民再85V後段）、プレDIPファイナンスは、この少額債権として弁済される可能性があります。なお、少額債権の弁済における「少額」は事業規模、負債規模等を総合的に考慮して判断される相対的概念で、億単位の貸付けであっても「少額」と認められます。また「事業の継続に著しい支障を来す」との要件は、法的手続開始後のプレDIPファイナンスの継続などが考えられます。さらに、後述する裁判所の許可の下での和解による共益債権化も考えられます。なお、破産においては、このような少額弁済の規定はなく、こうした保護は受けられませんし、和解による財団債権化も難しいと思われます。

4 実務の運用

事業再生ADRから法的手続に移行した日本航空の事例では、事業再生ADR手続開始後早々に550億円のプレDIPファイナンスが行われました。これは、旧産活法52条の要件を充たしたものでしたが、その後の更生手続開始申立直前の貸付けとともに、手続開始後さらなる融資が行われることを条件とした裁判所の許可（会更72Ⅱ⑥）の下での和解によって共益債権化され、衡平考慮規定は用いられませんでした。なお、現在のところこの規定による計画案が策定されたという報告はありません。

REVIC手続にも衡平考慮規定に類似した確認手続が定められています（**Q99**参照）。今のところ、REVIC手続から法的手続に移行した事案において衡平考慮規定が適用された事例はないとのことです。

協議会の手続には、優先性を与える規定や扱いはなく、プレDIPファイナンスがある場合には法的手続に移行する前にいったん返済するなどの工夫が必要です。

（長屋憲一）

Q132　法的倒産手続移行後の商取引債権の取扱い

私的整理手続（事業再生ADR、REVICその他）から法的倒産手続に移行した場合、私的整理手続の開始後の商取引により発生した債権は保護されますか。リース債権はどうですか。

1　商取引債権の保護
(1)　原則と保護の必要性

　私的整理手続では、原則として金融債権のみを対象債権としてその弁済を停止し、仕入債権などの商取引による債権は通常どおり弁済をして事業を継続します。民事再生や会社更生等の法的倒産手続が申し立てられた後に新たに発生する商取引債権は、原則として共益債権となり計画外で随時弁済されますが、私的整理手続から法的手続に移行した場合には、私的整理手続が始まる前に生じた商取引債権はもちろん、私的整理手続中に新たに発生した商取引債権も、法的倒産手続が開始した時点で未払いである限り原則として倒産債権となり、権利変更の対象となります。

　私的整理手続は原則非公開であり手続が始まったこと自体外部に公表されませんので、私的整理手続が不成立に終わり法的倒産手続に移行したとした場合、手続中の商取引債権を倒産債権として扱っても不合理とはいえないかもしれません。しかし、債務者が上場会社などで開示義務がある場合には私的整理手続の始まっていることを公表しなければなりませんが、このような場合にも、私的整理手続中に生じた商取引債権が将来倒産債権になるかもしれないとすると、取引先は私的整理中であることを知った後の新たな取引を拒否する可能性もあり、私的整理開始後の事業継続が困難になることが予想されます。そこで、私的整理手続中に発生した商取引債権を何らかの方法によって保護することにより、事業継続が困難にならないようにする手立てが必要となります。

(2)　実例の紹介

　会社更生の事案において、私的整理手続中に発生した商取引債権の保護を目的とした規定ではありませんが、会社更生法47条5項後段を柔軟に解釈して従前の取引条件を維持することを条件に商取引債権の全額弁済を認めた例があります。当該事案においては、事業の継続に必要不可欠かどうかを個々の取引相手ごとに判断するのではなく、商取引債権全体として判断する点、また「少額」の要件についても、絶対額ではなく債務、資産の額などを総合的に判断する相対的な基準であるとする点で特色のあるものでした。

　事業再生ADRから会社更生に移行した日本航空の事案では、百億円単位の商取引債権があったようですが、総債務に対する比率から、このような高額な商取引債

権でも「少額」債権として弁済を認めました。同様に事業再生ADRから会社更生に移行したウィルコムの事案においても、東京地裁は「25億円以下」の上限を設けましたが商取引債権の全額弁済を認め、さらにその後に事業再生ADRから会社更生に移行した林原の事件においても東京地裁は商取引債権全額の弁済を認めました。これまで、事業再生ADRから会社更生に移行したことが公表されている3件においては、このように商取引債権の保護が図られています（ただし、ウィルコムの場合は25億円の上限があります）。これらの事案は、私的整理手続が開始している事実が公表されていたこと、金融債務が巨額であったのに比して商取引債権の総額が相対的に小さかったこと、商取引債権を倒産債権として取り扱うことによる事業価値の毀損の程度や弁済しないことによる社会的影響も大きいこと、さらには商取引債権を全額弁済できるだけの資金があったことなどから、私的整理手続中に発生した商取引債権について、倒産手続開始後も従前の取引条件を維持することを条件に商取引債権全額を弁済したことも容認できるとも理解できます。

なお、私的整理手続から再生手続に移行した場合にも同様の問題がありますが、東京地裁においても、会社更生法47条5項後段と同趣旨の民事再生法85条5項後段を用いて商取引債権全額の弁済を許可した実例はないようです。

また、事業再生ADR以外の私的整理手続であるREVICや協議会の手続については、法的倒産手続に移行した事案において同様の例はないようです。

(3) 今後の実務と課題

確かに、私的整理手続が開始したことが公表された場合に、将来、法的倒産手続に移行しても商取引債権が保護される実務が浸透すれば、私的整理手続中における取引の継続が容易となり、事業価値の毀損を防止できるように思われます。

しかし、前記3件のような諸事情までは認められない事案において、商取引債権がどこまで保護されるか、また保護すべきかは、今後の課題といえます。特に、上場会社でない場合には私的整理手続が開始した事実は公表されませんので、その後私的整理から法的倒産手続に移行した場合に、私的整理を円滑に行うことを理由として法的倒産手続において特別な取扱いをする合理的理由はないでしょう。このときは、再建型法的倒産手続一般において、商取引債権を保護することが事業価値の維持に必要か、それにより他の金融債権者等の利益に資するか、いかなる法的根拠（どの条文の規定）に基づいてどこまで保護すべきか、という問題となるでしょう。

他方、前記3件のように私的整理手続が開始している事実が公表される場合には、商取引債権の保護を図る事案が増えるものと思われますが、商取引債権者以外の金融債権者等にとって経済合理性が認め得ることを条件として、商取引債権の総額や資金繰り等の諸事情に照らして個別に判断されることになるものと思われます。

2 私的整理手続とリース債権

(1) 原　則

　私的整理手続の対象債権は、原則として金融債権です。リース債権、とりわけファイナンスリースの場合は、実質的には金融を目的とする債権といえますが、銀行債権等と同列に扱うことが難しいため、私的整理手続の対象債権とはせず、私的整理手続が始まっても商取引債権と同様に約定どおり弁済するのが実務です。なお、事業再生ADR手続には、リース債権も対象債権とした例があるようです（『ADRのすべて』78頁〔三森仁〕）。

　法的倒産手続におけるファイナンスリース債権の法的性質については、会社更生の場合は更生担保権とすることが確立しており、民事再生の場合も別除権付き再生債権とする扱いが主流（最三小判平20.12.16民集62巻10号2561頁）で、倒産債権として権利変更の対象となります（別除権協定での回収の余地はありますが、全額の弁済の保証はありません）。したがって、私的整理手続から法的倒産手続に移行した場合、リース債権は各倒産法の定めに従った取扱いがなされるのが原則です。

(2) 実例の紹介

　日本航空の事案ではリース債権も商取引債権と同様に約定どおりの弁済が認められましたが、ウィルコムの事案では更生担保権となり、その扱いは異なりました。しかし、日本航空の事案は、リースで調達された飛行機が海外で差押えを受けるおそれがあったこと、航空機専門の特殊なリース制度があり将来の航空機の調達を考慮するとリース債権者を保護しなければリースによる飛行機の調達が困難になること等の事情があり、日本航空の事案が例外的であって、ウィルコムに続いて更生手続に移行した林原のケースでもリース債権は更生担保権とされました。リース債権者からは強い不満が示されましたが、更生手続では担保権の実行が禁止されることから、リース債権を弁済しなければリース物件の利用継続が困難になるということはなく、事業内容に照らしても当該リース債権者と将来新たなリース契約を締結しなければならない事情もないことから、リース債権全額を保護する理由は通常ありません。

　なお、REVIC手続では、リース債権を対象債権とすることは法的には可能である（機構2、機構法施行規則3）ものの、実際の扱いはケースバイケースであり、対象債権者としているのは引き上げリスクを許容できる場合に限られているようですが、法的倒産手続に移行した場合は各倒産法の手続に服することになります。協議会の場合も、通常、リース債権は対象債権としていません。その後、法的倒産手続に移行した場合も、各倒産法に従うことになります。

（長屋憲一）

Q133　私的整理手続中の弁済などの否認の可能性

　私的整理が開始されたものの成立せず、法的整理が開始された場合、私的整理手続中においてされた非対象債権に対する弁済は否認されることはないのでしょうか。また、対象債権者への弁済や担保設定、プレDIPファイナンスに伴う担保権設定はどうでしょうか。

1　はじめに

　私的整理手続においては、その手続中も、商取引債権などの対象債権以外の債権（非対象債権）の弁済はなされます。他方、私的整理手続が目的を達成できずに中途で頓挫して、法的倒産手続が開始された場合、債務者の支払不能後の、既存債務についてされた弁済などの債務消滅行為や担保供与行為は、受益者の悪意を要件として否認権（偏頗否認）の対象となります（破162Ⅰ①、民再127の3Ⅰ①、会更86の3Ⅰ①）。そのため、法的倒産手続が開始された場合に私的整理手続中においてされた弁済などが否認権の対象とならないのかが問題となります。

2　一時停止の通知

　協議会スキームや事業再生ADR手続では、すべての対象債権者に対し、対象債権につき個別的な回収や担保設定などをしないことが要請され（一時停止の通知）、対象債権者団がこれを受容すれば（同意すれば）、対象債権についての回収等が差し控えられることになります。

3　支払停止・支払不能

　支払不能とは、「債務者が支払能力を欠くために弁済期の到来した債務を一般的かつ継続的に弁済することができない客観的な状況」をいいます（破2⑪）。そして、債務者が支払停止をした場合には、支払不能が法律上推定されますので、まず、一時停止の通知をすることが、支払停止に該当するのかが問題となります。

　支払停止とは、「支払不能の旨を外部に表示する債務者の行為」をいいます。一般に債務者が債権者に対して期限の猶予や債務の一部免除などを要請することは、それ自体が支払停止行為とみなされる可能性がありますが（東京地判平22.11.12判時2109号70頁参照）、一時停止の通知は、合理性のある再建方針や再建計画が主要な債権者に示され、これが債権者に受け入れられる蓋然性がある場合には支払停止に該当しないとする裁判例があります（東京地決平23.8.15判タ1382号349頁、東京地決平23.11.24金法1940号148頁）。この点については、学説も分かれています。もっとも、前述のように、偏頗否認の客観的要件は支払不能であり、支払停止はその推定事実に過ぎませんから、一時停止の通知が支払停止に当たるかということよりも、支払不能なのかがより重要な問題となります。その観点からは、一時停止の通知を対象債権者団が受容すれば債務の期限も猶予された、又はそれと同視できる状態となったと考えられるので、支払不能ではないといえる一方で、対象債権者が

受容しない場合には、支払不能といえる場合が多いものと思われます。
4 否認権の対象となるか
(1) 商取引債権などの非対象債権の弁済
　前述のように、一時停止の通知を対象債権者団が受容した場合には、支払不能には当たらず、否認権の対象とはなりません。対象債権者団が受容しない場合には、支払不能といえる場合が多いと思われますが、その場合であっても、善意の非対象債権者への弁済は、受益者の悪意要件に欠けるため、否認権の対象とはなりません。
(2) 対象債権の弁済
　一時停止の通知を対象債権者団が受容しない場合には、支払不能といえる場合が多く、対象債権者が受けた弁済（担保設定行為も同様です）は、否認権の対象となり得ます。他方、対象債権者団が受容したにもかかわらず、一部の対象債権者がそれに反して弁済を受けた場合には、基本的には支払不能ではなく否認権の対象とならないものと思われます。ただし、手続を開始したものの再建計画の成立が困難になった場合には、支払不能と判断され、否認権の対象となる可能性があります（また、非義務行為の場合には弁済後30日以内に支払不能となったかどうかが問われます）。
(3) 対象債権者がなした担保権設定登記
　一時停止の通知後、対象債権者が登記留保していた抵当権について、登記設定行為をした場合は対抗要件否認（破164Ⅰ、民再129Ⅰ、会更88Ⅰ）の問題になります（なお、対抗要件具備行為につき対抗要件否認の要件に該当しない場合に、偏頗否認の対象となり得るかについては議論がありますが、通説はこれを否定しています（『条解破産』1118頁）。また、本事例は既存債務についての担保供与ですので、詐害否認が想定する場面には当たりません）。これについては、対抗要件否認の客観的要件は支払停止であるため、一時停止の通知の支払停止該当性についての見解によって結論が異なります。一時停止の通知が支払停止に当たらないとの見解によれば、その後になした対抗要件具備行為は対抗要件否認の対象とならず、他方で、支払停止に当たるとの見解によれば、対抗要件否認の対象となり得ることになります。また、一時停止の通知は、原則として支払停止に当たるものの、対象債権者団がこれを受容した場合には、支払停止との評価が否定される（支払停止とならない）との中間的な見解もあります。なお、一時停止の通知が支払停止に当たるとの見解に立ったとしても、他の対象債権者の同意を得ている場合には、否認権の対象とならないとの見解があります。しかし、法的倒産手続の債権者は、私的整理手続の対象債権者のみではないので、対象債権者の同意は否認権の成立を否定する理由とはならないとの見解もあります（『ニューホライズン』410頁以下〔大石健太郎〕参照）。
(4) プレDIPファイナンスによる借入債務についての担保設定
　これについては、既存の債務に対するものではなく、新規融資に対するものであって、いわゆる同時交換的行為ですので、否認権の対象とはなりません。

（小林信明）

Q134 法的倒産手続移行後の預金の扱い

 私的整理が開始されたものの成立せず、法的倒産手続が開始された場合、対象債権者は、貸金債権と預金返還債務とを相殺することができますか。当該預金が私的整理手続前に預け入れられた場合か、私的整理手続中に預け入れられた場合かで違いはありますか。

1 はじめに

私的整理手続を開始するに当たり、一時停止の通知によって、対象債権者である金融機関には債務者の預金を相殺しないことが要請されます。そして、一般的には、普通預金や当座預金のように、決済の目的で預けられている預金については、債務者は通常どおり払い出しを受け、それを事業継続のために使用し、他方で保全的な性質を有する預金(定期預金、期日指定預金などが該当する場合があります)については、再建計画において相殺を許容する扱いにします(預金の取扱いについては『ADRのすべて』128頁以下〔多比羅誠〕参照)。また、私的整理手続中においても、事業のために使用する資金を管理する必要がありますので、債務者は、対象債権者のうち、メインバンク的な立場にある金融機関の預金口座に新たに資金を預け入れることが多いです(以下、この預金を「新預金」といい、預け入れた金融機関を「新預金保管金融機関」といいます。また、一時停止の通知時に対象債権者たる金融機関が預かっていた預金を「旧預金」といい、それを保管する金融機関を「旧預金保管金融機関」といいます)。そして、新預金については、新預金保管金融機関はこれを拘束せず、債務者が任意に払い出すことができることとされ、債務者の事業継続のために使用できる取扱いになります。そこで、私的整理手続が目的を達成できず法的倒産手続が開始された場合には、新・旧預金保管金融機関が対象債権と新・旧預金返還債務とを相殺することができるかが問題となります。

2 倒産法の相殺禁止規定

法的倒産手続が開始された場合、対象債権者は倒産債権者となりますが、倒産債権者は、支払停止後に預金を受領した場合や、支払不能後に専ら相殺に供する目的で預金を受領した場合であって、その当時、支払停止や支払不能であったことを知っていたときには、自らの倒産債権を自働債権とし、預金返還債務を受働債権とする相殺をすることを禁止されます(破71Ⅰ②・③、民再93Ⅰ②・③、会更49Ⅰ②・③)。

一時停止の通知が支払停止に該当するかどうかは争いがあるところですが、対象債権者団がそれを受容した(同意した)場合には、一時停止の通知は支払停止ではないと評価すべきであるとの見解もありますし、債務者は支払不能でもないと解されます(Q132参照)ので、この場合には、新預金保管金融機関による対象債権と

新預金返還債務との相殺は、上記相殺禁止規定には該当しないことになります。また、旧預金保管金融機関による旧預金の相殺は、旧預金は一時停止の通知前に預け入れられたものですので、上記相殺禁止規定に該当しないことになります。

3 相殺は許されるのか

債務者につき法的倒産手続が開始された場合、新預金保管金融機関が対象債権と新預金返還債務とを相殺することは、私的整理手続中に対象債権について保全を強化してはならないという私的整理手続の趣旨や、債務者の事業再生のための資金として新預金が預け入れられた趣旨に著しく反することになり、到底許容されるものではありません。前記のように、相殺禁止規定に該当する場合はその規定によって相殺は禁止されますが、同規定に該当しない場合であっても、新預金保管金融機関による相殺は、①新預金を預かった際に、債務者と新預金保管金融機関との間で、明示的又は黙示的に、債務者につき法的倒産手続が開始された場合でも相殺しない旨の合意があった、又は②私的整理手続や預け入れの趣旨から、新預金保管金融機関の相殺権行使は権利濫用となる、ことから許されないと思われます。

相殺が許されない場合の取扱いですが、債務者は新預金の払い出しを受け、それを使用することができることになり、その預金はいわばすべての債権者の引当財産となります。なお、新預金保管金融機関は、債務者の私的整理手続の進行のために新預金を預かるものであって、債務者を委託者、新預金保管金融機関を受託者（新預金が信託財産）、債権者を受益者とする信託が成立しており、受託者である新預金保管金融機関による相殺は禁止されるとする考え方もあり得ます。この場合であっても、新預金の金銭を対象債権者が実質的に負担したという特別な場合を除き、受益者はすべての債権者と理解すべきで、対象債権者のためだけにそれが使用されるものではないと考えるべきです。

他方、旧預金については、新預金とは異なり、一時停止の通知時点で法的倒産手続の申立てがなされたとすれば、当該対象債権者は相殺することができたことを重視し、相殺が許されるとの見解があります。しかし、私的整理手続中において、保全的な扱いをされない旧預金について、旧預金保管金融機関がその払い出しと事業継続のための使用を約束したにもかかわらず、その約束に反して払い出しに応じない状況で、法的倒産手続が開始された場合には、相殺権の濫用として相殺は禁止される可能性があると思われます（『ADRのすべて』175頁以下〔小島伸夫＝小林信明〕参照）。

4 実務の処理

実務的には、私的整理手続が頓挫することが具体的に見込まれるに至った場合には、債務者としては、新預金保管金融機関との間で法的倒産手続開始後にも相殺をしない旨の明示的な合意がない限り、相殺を巡るトラブルを避けるためにも、新預金の払い出しを受けておき、法的倒産手続開始の申立時には、新預金残高がないようにすべきです。保全扱いされない旧預金についても、同様に払い出しを受けておくべきです。

(小林信明)

Q135 私的整理手続において成立した弁済に関する合意の取扱い

債権額11億円のメインバンクＡ銀行及び債権額４億円のＢ銀行を対象とする私的整理手続において、債務者の所有する唯一の土地建物（担保物件）を５億円と評価しました。両行の債権は全額が同土地建物に設定された根抵当権によって担保されていますが、先順位から順にＡ銀行の債権のうち３億円、Ｂ銀行のうち２億円を保全債権としました。非保全債権（Ａ銀行８億円、Ｂ銀行２億円）は５割カット（Ａ銀行４億円、Ｂ銀行１億円）し、残額であるＡ銀行７億円、Ｂ銀行３億円を10年で分割弁済する再建計画が成立しました。弁済は年間１億円を残額プロラタで弁済することとし（以下「弁済協定」といいます）、計画に基づき２年間でＡ銀行に1.4億円、Ｂ銀行に0.6億円の合計２億円を返済しました。したがって、この時点の残債はＡ銀行5.6億円、Ｂ銀行2.4億円です。この後、債務者が法的手続に移行しました。現在の当該土地建物の時価は４億円です。両行との間には法的倒産手続申立ての場合に期限の利益を喪失する約定はありますが、再建計画の失効や解除に関し特段の合意はありません。弁済協定を含む再建計画やこれに基づく弁済等はどのように扱われますか。

1　私的整理における弁済協定の法的性質と法的手続における効力

(1)　私的整理における合意の法的性質

私的整理における合意の法的性質については、債務者と債権者との間の個別的和解契約又は総債権者との間の集団的和解契約であると解するのが通説です（高木新二郎＝中村清『私的整理の実務』188頁（金融財政事情研究会、1998年）、『伊藤破産民再』46頁）。裁判例でも、私的整理における合意を、「債権者との個別的な私法上の一種の和解契約」としているものがあります（東京地判昭49.5.31判タ312号233頁）。

(2)　法的手続移行後における弁済協定の効力

私的整理における合意の法的性質が和解契約の一種であるとすれば、債務者と債権者との間で個別に締結された弁済協定も和解契約の一種となります。したがって、法的手続移行後の効力についても他の契約と同様に原則として有効と解し、各法的手続に定められた規定に従い処理されることになると考えられます（前掲東京地判昭49.5.31参照）。

(3) 弁済協定の取扱い
　では、私的整理中に成立した弁済協定は、法的手続に移行した場合に、どのような影響を受けるでしょうか。再生計画の履行完了前に再生債務者が破産した場合に別除権協定の効力が問題になった最一小判平26.6.5（民集68巻5号403頁）では、別除権協定が失効するか否かが問題になりました。本判決では、契約当事者の意思を合理的に解釈すれば、再生債務者がその再生計画の履行完了前に、破産手続開始の決定を受けた時から別除権協定はその効力を失う旨の内容を含むとして別除権協定は失効すると判示しました。すなわち、本件別除権協定は、再生計画の遂行を通じてその事業の再生が図られることを前提として、その実現を可能とするために締結されたものであることが明らかであり、その前提が失われた以上、別除権協定は効力を失うとするのが当事者の合理的意思であるとしたのです。
　この判例を前提とすると、私的整理中に成立した弁済協定も、事業の再生を図りながら弁済協定に基づく弁済を受けることを内容としていたのですから、法的手続に移行した場合には、設問のように再建計画の失効や解除に関し特段の合意はなくとも、事業の再生という前提を欠く以上、当事者の合理的意思として弁済協定も失効することになりそうです。
　実際、10億円の10年間の弁済計画は失効し、その時点で残債務を一括して請求することができることになります。また、担保目的不動産の価値を私的整理手続において5億円と評価していたとしても、その合意は意味を失うものと思われます。
　このとき、両行は、私的整理手続の成立に伴い債権放棄をしています（A銀行について4億円、B銀行について1億円）が、その効力も失効するのか（失効して債権額が復活するのか）、それとも、債権放棄には影響しないのかが問題となります。この問題は、弁済協定という和解契約の解釈問題といえますが、制度化された私的整理手続の場合には、債務者の財務内容の改善を目的として金融債権の一部を放棄し、その放棄額の全部を無税償却しているのが実務と思われますので、その後に、事業再生に失敗し法的手続に移行しても、放棄した債権額を復活させることは予定していないように思われます。もとより、弁済協定において、これと異なる合意をすることは妨げられませんので、弁済協定を履行できないときは債権額は復活すると合意することは可能でしょう。

(4) 法的手続の規律
　私的整理中に成立した弁済協定は、法的手続に移行した場合には、各法的手続の規律に従って処理されることになります。
　ア　弁済内容（残額10億円を10年分割弁済）の合意について
　10億円は倒産債権ですので、弁済が禁止されることは各手続で共通です。
　イ　破産、民事再生の場合
　担保権者は手続外で担保権を実行することができます（破65Ⅰ、民再53Ⅱ、会516参照）ので、競売手続が開始される場合には弁済協定の前提となった担保評価

額等に関する合意は問題になりません。
　また、破産手続で、破産管財人が任意売却をする際は、破産管財人と担保権者の合意で売却額を決めることになりますが、破産財団に属する財産の管理処分権は破産管財人に専属する（破78Ⅰ）ので、従前の弁済協定に従う義務はありません。
　ウ　会社更生の場合
　担保権は、更生手続内に組み込まれており、原則として担保権者はこれを実行することができません（会更50Ⅰ）。そして、更生会社の事業の経営及び財産の管理処分権は管財人に専属し（会更72Ⅰ）、管財人は、更生会社に属する一切の財産の価額を評定します（会83Ⅰ）ので、従前の弁済協定の内容に影響を受けません。

2　弁済協定に基づく弁済の取り扱い

(1)　既弁済金の帰趨

　弁済協定が倒産手続の開始により失効した場合又は解除された場合、協定に基づいて支払った金銭の帰趨が問題となります。
　前記最判では、「本件破産手続開始決定時から」別除権協定は効力を失ったと判断されています。すなわち、弁済協定の失効ないし解除が将来に向けたものであるとすれば、既に履行した部分は影響を受けないことになり、担保権の被担保債権は、弁済協定の成立時の被担保債権額（A銀行7億円、B銀行3億円）から協定に基づいて弁済された金額（設例ではA銀行1.4億円B銀行0.6億円）を控除した金額となります。弁済協定の失効又は解除により、債権放棄をした債権額が復活する場合は、弁済協定前の金額から、既弁済額を控除することになります。
　なお、弁済協定が失効又は解除した場合に、それまでに履行した弁済等の効力も覆滅するとする見解もあり得るかもしれませんが、そのように解すると、失効又は解除により、被担保債権は協定時の被担保債権に復活するだけでなく、担保権者は受領済みの弁済額については破産管財人、再生債務者又は更生会社に返還すべきこととなります。しかし、弁済協定が失効したり解除されたりした場合に、弁済の効力まで遡及すると考えることは当事者の合理的意思に反するように思われますので、かかる解釈は困難でしょう。
　今後、私的整理から法的倒産手続に移行した場合の担保権の被担保債権の内容や弁済金の帰趨については、疑義をなくすために、弁済協定において明確な定めをすることが望まれます。

(2)　既払弁済の否認該当性

　私的整理から法的手続に移行した事案において、私的整理中になされた弁済等について否認権行使を認める判例（最一小判昭47.5.1金法651号24頁）があります。
　しかし、私的整理手続において合理的な事業計画が立案され、それに基づいて弁済計画が成立し、当該弁済計画に基づいて弁済がなされている場合には、その後、法的倒産手続に移行したとしても、それら計画に基づく弁済は原則として否認の対象行為にはならないと考えられます。確かに、私的整理が始まる段階で支払停止な

いし支払不能であったとしても、私的整理の成立により、支払停止や支払不能が解消していますので、その後に弁済計画に基づいて弁済しても、それが偏頗行為に該当することはないと解されます。私的整理GL・Q27においても、私的整理が途中で挫折し法的整理が始まった場合に、私的整理の一環としてなされた債務者の行為は、管財人等によって否認されることはないとされています。

他方、私的整理で成立した弁済計画の履行が不可能となり、改めて支払停止や支払不能の状態に至ったにもかかわらず、その後も計画に基づく弁済を継続したときは、そのことを債権者が知っている場合には、偏頗行為否認の要件が充足し、その限りで偏頗行為として否認され得ることは、通常の場合と異ならないでしょう。

3　設問の検討

以上によると、私的整理中の再生計画や弁済協定は、法的倒産手続開始の時から効力を失いますが、弁済協定の前提となった債権放棄については、当事者間で特段の合意をしない限り、その放棄の効果は確定的に生じ、放棄した債権額が復活することはないと解されます。他方で、それまでの弁済についても影響を受けず、既弁済額は返還を要しないこととなり、私的整理計画によるカット後の債権額から、私的整理で成立した計画に基づく弁済額を控除した、法的倒産手続開始時における債権額を基準に法的倒産手続に参加することになります。担保不動産についても、開始時点の時価を基準に目的物が処分又は評価され、担保の優先順位に従い弁済を受けることとなるでしょう。

（三村藤明）

Q136　登記留保していた担保権の取扱い

債務者は対象債権者に対して、その所有する不動産に抵当権を設定していましたが、登記は留保していました。その後、私的整理が開始した場合において、①対象債権者全員が登記留保のまま担保権として扱う旨の合意をした場合、②対象債権者全員の同意を得て私的整理開始後に登記を具備した場合、③登記留保のまま担保権として扱う旨の合意をしたにもかかわらず、法的倒産手続開始申立ての直前に、私的整理の遂行が不可能となったことを知って登記を具備した場合、私的整理から法的倒産手続に移行したとき、各担保権はどのように取り扱われますか。

1　登記留保した担保権の私的整理における取扱い

　担保権設定契約を締結し、対抗要件具備に必要な書類一切を債務者から交付されているものの、債務者の信用を維持するために登記を留保することがあります。そのような登記留保した担保権を、私的整理手続においてどのように取り扱うか議論があります。

　私的整理を開始するまで登記を具備しなければ担保権として扱わないという考え方もあり得ますが、通常は、登記留保した担保権も担保権として取り扱います。具体的には、担保権者の有する債権を保全債権と非保全債権に切り分けるときに、登記留保した担保権の被担保債権のうち、担保評価額に相当する債権を保全債権として取り扱い、それを超える債権を非保全債権として取り扱います（『伊藤破産民再』52頁参照）。

　その上で、私的整理手続中において、留保していた登記の具備を認めるかどうかについて、登記の具備を認めない考え方と対象債権者全員の同意を得て登記の具備を認める考え方に分かれます。その後、私的整理手続が奏功せずに法的倒産手続に移行した場合の取扱いに差異が生じます。

2　登記を留保したままの場合

　担保権者がその権利を第三者に対して主張するために実体法上対抗要件の具備が求められている場合に、債務者について法的倒産手続が開始したとき、対抗要件を具備していなければ、その担保権を倒産債権者、破産管財人、再生債務者や管財人等に対抗できないとされています（『条解破産』470頁、『条解民再』243頁以下〔畑瑞穂〕参照）。したがって、私的整理手続において対象債権者全員が登記留保した担保権をそのまま担保権として取り扱う旨の合意がなされたとしても、その後、対抗要件を具備しないまま債務者に法的倒産手続が開始した場合には、第三者である管財人や再生債務者等に担保権を対抗できないと解されます。

3 私的整理手続中に対象債権者全員の同意を得て登記を具備した場合

　私的整理手続開始時において登記留保していた担保権について、私的整理手続の中で対抗要件を具備した場合、その後、法的倒産手続に移行したときは、その担保権は、破産管財人や再生債務者等に対抗することができます。しかし、私的整理開始後に対抗要件を具備していますので、権利変動の対抗要件の否認（破164、民再129、会更88）が問題となります。

　金融機関のみを対象債権者とする私的整理においては、一時停止通知を発したときに、それが「支払停止」に該当するかどうかについて争いがあります。私的整理における一時停止の通知や返済猶予の依頼は、債務者と対象債権者だけに一時停止が適用されるのであって、一般的に支払を停止したことにはならないとする見解があります（例えば、私的整理GL・Q26参照）。また、事業再生ADRなどの制度化された私的整理手続における一時停止の通知は、合理性のある再建方針や再建計画が債権者に示され、これが債権者に受け入れられる蓋然性があると認められる場合には、支払停止には該当しないとする見解もあります（東京地決平23.8.15判タ1382号349頁、『伊藤破産民再』49、110頁など。なお、最二小判平24.10.19集民241号199頁の須藤正彦裁判官の補足意見も参照）。かかる見解によれば、一時停止の通知は、支払停止に該当しませんので、その後に対抗要件を具備しても否認の対象にならないことになります。

　これに対して、一時停止の通知は、支払停止に該当するという見解があります（松下淳一「偏頗行為否認の諸問題」『現代民事法の実務と理論(下)』244頁など）。かかる見解の場合でも、私的整理が全員同意により成立したときは、当該支払停止とその後の法的倒産手続との間には因果関係がないので、私的整理手続中に対抗要件を具備しても、一時停止の通知が支払停止に該当することを理由として否認することはできないと考えます（松下・前掲書・256頁）。しかし、私的整理が成立しない場合は、たとえ対象債権者全員の同意を得て対抗要件を具備しても、一時停止の通知が支払停止に該当すると理解する限りにおいて、他の一般債権者の利益を害しますので、否認対象となる懸念が残ります。なお、このような場合でも、準則型私的整理手続の中で、対象債権者全員の同意を得て対抗要件を具備した場合には、一般的否認要件たる有害性又は不当性がないとして否認対象とならないとする見解もあり得るところです。

4 法的手続開始申立直前に登記を具備した場合

　私的整理が成立した後、事業計画に基づく弁済計画の遂行が困難となり、約束した弁済ができないために法的倒産手続開始の申立てをせざるを得ない場合があります。

　そのような局面で、私的整理の計画においても登記を留保するものとされていた担保権者が債務者の協力を得て登記を具備したとしても、それが支払停止後であり、担保権者もそれを知っていれば、対抗要件否認の一般的要件を充足し、否認対象になるものと思われます。

（三村藤明）

Q137 私的整理に関与した者が法的倒産処理手続に関与することの当否

 私的整理に関与した者が法的倒産処理手続に関与することは可能ですか。

1 私的整理に関与した者が法的手続に関与することのメリットとデメリット

私的整理による再建が、一部の債権者の反対等で不成立となった場合、法的倒産処理手続（以下「法的手続」といいます）の申立てをすることがあります[1]。

私的整理に関与した者が法的手続に関与することは、法的手続の迅速処理に役立ち、債権者その他の利害関係人の利益につながると考えられます。法的手続に関与する形としては、法的手続の開始原因の有無等を調査する調査委員（民再62、会更39、125）、法的手続を追行する再生債務者（民再38）又は管財人（民再64、66、会更72）、債務者を監督する監督委員（民再54、会更35）になること等があります。他方、私的整理に関与した者が法的手続に関与することで、法的手続の公正性や公平性が阻害されるおそれや債権者等の利害関係人から疑義が持たれるおそれも考えられます。

2 私的整理に関与した者が法的手続に関与することの当否

(1) 判断要素

そこで、私的整理に関与した者が法的手続に関与することの当否の判断では、法的手続の公正性や公平性が阻害されるおそれや疑義を持たれるおそれがないかの点が重要と考えられます。

(2) 債務者の法的手続への関与

私的整理の段階で、債務者が、財産の不適切な処分行為や偏頗弁済行為等を行っていた場合、債務者が法的手続に関与することは、法的手続の公正性や公平性が阻害されるおそれが考えられます。そのため、移行する法的手続が、原則管理型である会社更生である場合には、そのような債務者については、DIP型会社更生を認めて債務者を管財人にする余地は基本的にないと考えられます[2]。

これに対して、移行する法的手続が原則DIP型である民事再生の場合には、そのような債務者であっても、原則として、再生手続を追行することとなります（民再38）。ただし、再生債務者が法人である場合には、裁判所が管理命令を発令すれば、管財人が再生手続を追行することになります（民再64）。

(3) 手続実施者等の法的手続への関与

私的整理は債務者と債権者のみで実施されることもあります。しかし、事業再生

---

1 事業再生ADRにおいては、債権放棄を伴う事業再生計画案において債権者全員の合意を得ることができない場合には、法的手続の申立てをすることとされています（経産省令29Ⅱ、経産省告示2(4)(ⅰ)）。
2 DIP型会社更生の要件等について、『会更の実務(上)』36頁以下〔日置朋弘〕。

ADRの場合は、手続実施者が、債権者と債務者間の権利関係を適切に調整し和解の仲介を実施します（ADR法2②、産強51Ⅰ①。なお、私的整理GLの場合について、私的整理GL・Q23参照）。

手続実施者が、法的手続の債務者の代理人となることは、手続実施者の公正かつ中立な第三者である立場と矛盾するため、認められないと考えられます[3]。

これに対して、公正かつ中立な第三者である手続実施者が、同じく公正かつ中立な立場のDIP型手続の監督委員や調査委員、管理型手続の管財人になることは、原則として、問題がないと考えられます。この点について、先行する私的整理で反対した債権者を考慮して、法的手続の公正さ、公平さを確保する必要から、否定的な見解もあります[4]。確かに、事業再生計画に反対した債権者が、事業再生計画を是認した手続実施者の公正性や公平性に対しても疑義を持っている場合には、手続実施者を管財人に選任することは妥当でない場合があると考えられます。しかし、手続実施者は、私的整理に関与していますが、公正かつ中立な第三者として関与しています。したがって、現実問題として、債権者が手続実施者の公正性や公平性に対して疑義を持つ場合は、極めて少ないと考えられます[5]。そして、DIP型会社更生も認められていることも考えれば、手続実施者が管理型手続の管財人になることに支障がある場合は少ないと考えられます[6]。

なお、調査委員や保全管理人は手続開始原因の有無を調査します。そして、法的手続の開始の可否が、私的整理手続の終了に事実上影響することもあります。そのため、調査委員や保全管理人と手続実施者は、利害が相反し、法的手続の公正性や公平性に影響するという考え方もあり得るかもしれません。しかし、法的手続の申立てがあった時点で、私的整理手続は少なくとも実質的に終了していると認められます。したがって、実質的な利益相反が生じることは極めて少ないと考えられます。

（富永浩明）

---

[3] 弁護士職務基本規程27条5号は、裁判外紛争解決手続機関の手続実施者として取り扱った事件については、弁護士は、職務を行い得ないとしています。これは、中立公平な立場である手続実施者として関与した者が、その後、特定の依頼者のために活動することは、弁護士の品位・信用を害することになるので、これを防止しようとしたものです。したがって、法的手続に移行した場合に、手続実施者が債務者の代理人となるのではなく、裁判所の選任によって公正中立な立場の監督委員や管財人になることは差し支えないと解されます。

[4] 難波孝一「「私的整理ガイドライン等から会社更生への移行」への提案に対する検討」金法1842号90頁。

[5] 『伊藤破産民再』49頁（注83）は、「私的整理の挫折について手続実施者の責任が問題となるような例外的な場合を除けば、手続実施者としての職務と監督委員などの職責との間に矛盾が生じることはない」としています。

[6] 『ガイドラインの実務』377頁〔多比羅誠〕。なお、腰塚和男ほか「事業再生ADRから会社更生への手続移行に際しての問題点と課題（3・完）」NBL955号74頁、中森亘「私的整理から法的整理への意向における諸問題」『倒産と金融』350頁も参照。

Q138 私的整理の再建計画の再建型法的手続での利用

 どのような計画であれば、法的手続において利用できますか。また、法的手続に利用することができる計画に修正又は作成する場合の留意点は何ですか。

1 私的整理の計画の法的手続ので利用

　私的整理においては、全員の一致で私的整理の計画が成立します。したがって、私的整理の計画について一部の債権者の反対があれば私的整理は不成立となり、法的手続に移行することも少なくないと考えられます。私的整理の計画の内容が不合理である、又は多くの債権者の反対を受けた場合は、法的倒産手続において、改めて計画を作る必要があります。

　これに対し、私的整理の計画が合理的であり、多くの金融債権者の同意を得られたものの、一部債権者の同意が得られないために成立しなかった場合には、迅速な再建等のためにも、私的整理の計画を法的手続においても積極的に利用することが考えられます。

　スポンサー型の場合でも、スポンサーが引き続き支援を約束するのであれば、スポンサー選定のやり直しをせずに、私的整理の計画を積極的に利用して法的手続の計画を作ることは十分にあり得ます。

　自主再建型でも一部債権者の不同意のために成立しないときは、従前の事業計画を基礎に、私的整理の計画を積極的に利用して法的手続の計画を立案することは、事業価値を毀損させず迅速な再生を図るという点からも有益です。

　ただ、私的整理の計画について法的手続においても積極的に利用することが考えられるとしても、必ずしも、そのまま利用できるわけではないこともあります。そこで、以下において、主な問題点について個別に検討します。

2 個別的な検討

(1) 私的整理の計画案の法的手続での利用

　私的整理により事業の再生を図る企業も、「過剰債務を主因として経営困難な状況に陥っており、自力による再生が困難である状態」の場合が多いと考えられます（経産省告示2(1)(i)①、経産省令29Ⅱ参照）。したがって、私的整理においても、抜本的な計画の場合、計画の内容は、法的手続の場合と同様、債権者の権利の変更が中心となると考えられます。このように私的整理においても、法的手続においても、計画の中心が債権者の権利の変更である以上、私的整理において作成した計画案を法的手続に利用することは当然可能と考えられます。また、私的整理において作成した計画案を法的手続において利用できれば、法的手続の迅速化に資すること

になります。なお、私的整理の計画がリスケジュールの計画にとどまっている場合には、法的手続に移行した場合には、積極的に利用できる場合は少ないと考えられます。

(2) 法的手続で利用できる私的整理の計画案

私的整理の計画を、法的手続において利用するためには、法的手続の計画に要求される要件を充たすことが必要となります。そこで、私的整理の計画を法的手続の計画として利用できるか検討する場合又は利用できるように修正若しくは作成する場合において、留意すべき主な点について検討します。

ア 平等性及び衡平性

私的整理においても法的手続においても、平等性や衡平性が要求されます[1]。ここで大きく問題となるのが、対象債権の範囲の違いです。法的手続においては、金融債権、リース債権及び商取引債権等の債権の性質に関わらず、すべての債権が対象となるのが原則です。そして、例外的に、少額債権の保護や商取引債権の保護がなされます。これに対して、私的整理の場合は、対象債権者全員の同意を予定しているため、当初から金融債権だけを対象とし、商取引債権やリース債権については当初から対象としない場合も少なくありません[2]。

したがって、私的整理の計画を法的手続で利用するためには、対象債権を限定していることについて、法的手続の要求する平等性や衡平性に反しないことが必要となります。例えば、民事再生であれば、平等性の原則（民再155Ⅰ本文）に鑑み、不平等が衡平を害しないかどうか等の検討が必要となります。具体的には、例えば商取引債権を対象債権としていなかった場合、商取引債権については権利変更しない再生計画が衡平を害しないかどうか（民再155Ⅰただし書）、再生手続中に少額債権弁済の規定（民再85Ⅴ）によって商取引債権を弁済することで対応が可能か等の検討が必要となります。再生計画において商取引債権を権利変更の対象としないことが衡平を害し、少額債権の弁済の規定によっても対応できない場合には、計画を修正するか、不利益を受ける債権者（例えば、金融債権者）の同意を得る（民再155Ⅰただし書）ことが必要となります。

イ 執行力付与の関係

法的手続の場合、成立した計画の定めによって認められた権利については、確定

---

1 事業再生ADRにおいては、経産省令28条3項で、債権者の権利の変更について「債権者の権利の変更の内容は、債権者の間では平等でなければならない。ただし、債権者の間に差を設けても衡平を害しない場合は、この限りでない」と定められています。また、経営者保証GL2⑷も、「このガイドラインに基づく保証債務の整理は、公正衡平を旨とし、透明性を尊重する」としています。

2 協会規則1条は、「この規則は、…債権者と債務者の合意に基づき、債務（主として金融債務）を猶予・減免などする裁判外紛争解決手続を、…運用するための準則を定める」とします。

判決と同一の効力を有し、金銭の支払については執行力を有することとなります（民再180Ⅱ・Ⅲ、185Ⅰ②、会更150Ⅲ、206Ⅱ、235Ⅱ）。したがって、法的手続の場合、計画の定めによって認められた権利については、執行可能な程度に明確にされている必要があります。私的整理においては、予定した弁済原資が形成できない場合でも、計画に定める弁済の不履行が生じないように、最低限の弁済額の定めをしない計画もあります。例えば、毎年のフリーキャッシュフローの一定割合を弁済原資として、債権額で按分して弁済することのみを定めるような計画（フリーキャッシュフローがゼロの場合は弁済を行わない計画）です。しかし、そのような計画では、計画の定めによって認められた権利について、執行可能な程度に明確にされているという要件を充たすか疑問です。

したがって、私的整理の計画を法的手続において利用するためには、少なくとも最低限の弁済額を確定金額で定め、弁済原資が予定以上に形成された場合には、追加弁済をする条項を定めた計画にすることが必要と考えられます。

ウ 清算価値保障原則

法的手続の場合には、債務者につき破産手続が行われた場合における債権に対する配当額を下回ってはいけないという清算価値保障原則を満たすことが必要とされています（民再174Ⅱ④、会更41①Ⅱ参照）。私的整理においても、事業再生ADR（経産省令28Ⅳ）や私的整理GL（私的整理GL 3(4)）の場合は、清算価値保障原則が要求されています。しかし、私的整理においては、計画の成立には、対象債権者全員の同意が必要なことから、清算価値保障原則が十分には意識されていない場合もあります。例えば、上述の毎年のフリーキャッシュフローの一定割合を弁済原資とするような計画では、最低限の弁済額が定められていないので、清算価値保障原則を満たすかどうか判断ができないこととなります。

したがって、私的整理の計画を法的手続の計画として利用するためには、清算価値保障原則について満たしているか検討し、満たしていない場合には、最低限の弁済額を定める修正も必要となります。

エ 弁済期間

法的手続においては、計画の履行可能性の確保や債権者の権利の確保の観点から、弁済期間の制限が存在します[3]。そこで、私的整理の計画の弁済期間が法的手続の弁済期間に適合しているかも検討し、適合していない場合には、弁済期間を短縮する修正が必要となります。

以上のような点を検討し、法的手続の計画に適合するように修正すれば、私的整理において作成した計画案を法的手続において利用することが可能となります。そして、私的整理の計画の作成の段階から、法的手続の計画に適合するように計画を

---

[3] 私的整理でも、例えば、経営者保証GL 7(3)④イcは、「保証債務の弁済計画（原則5年以内）」となっています。

作成をしていれば、法的手続に移行しても、私的整理の計画を円滑に法的手続で利用することができることになります[4]。

(富永浩明)

---

[4] 本問における議論の詳細については、『ガイドラインの実務』360〜381頁〔多比羅誠〕、多比羅誠ほか「私的整理ガイドライン等から会社更生への移行」金法1842号78頁、難波孝一「「私的整理ガイドライン等から会社更生への移行」への提案に対する検討」同号85頁、多比羅誠「私的整理から法的倒産手続への連続性」『倒産と金融』259頁、濱田芳貴「私的整理から法的整理への移行に係る連続と不連続」『私的整理計画策定の実務』、『ADRのすべて』177頁以下〔小島伸夫＝小林信明〕を参照。

Q139　私的整理におけるスポンサーの扱い

私的整理中に対象債権者の同意を得て選定したスポンサーが、移行後の法的手続において、改めてスポンサー選定手続を経ることなく、そのままスポンサーとなることはできますか。

1　問題点の整理

　私的整理手続の中でスポンサー（以下「SP」といいます）を選定し、スポンサー契約（以下「SP契約」といいます）を締結すると、契約当事者である債務者会社とSPとは、当該契約の約定に基づき権利を有し債務を負担することになります。その後に私的整理手続から民事再生や会社更生といった法的倒産手続に移行した場合でも基本的には同様です。したがって、法的手続において、SP契約を終了するのは、①私的整理手続が事業再生計画の成立に至らずに終了した場合、当然に終了するという趣旨の条項がある場合、②SP契約を当事者が解除する場合、③SP契約で目指すスキームの達成ができないことが明確となり契約の履行不能により終了する場合（例えば、事業譲渡スキームで裁判所から許可が下りない場合や減増資スキームの計画案が決議で否決される場合等）等であると考えられます[1]。私的整理手続から法的手続に移行すると、商取引債権も弁済禁止の対象となって従来の取引先の維持が困難になることや事業の再建が困難であるとの風評が生じること等により、事業価値の評価は低下するのが通常と思われます。そのため、SP側からすると、私的整理手続段階で合意した支援額を維持してはSPの想定していた利益をあげることはできないとして、SP契約の支援額等の変更を求め又は解除を行おうとすることも多いと思われます。私的整理手続から法的手続に移行する会社の多くは資金繰りに窮しており、そのような中で予定していたSPからの支援が受けられなければ資金ショートを起こすこともあり、事業の再建がいっそう困難な状況に陥ります。そこで、法的手続に移行するに当たっては、まずはSP側から解除されないよう、移行前にSPとの間で慎重な調整を行うことが必要です。

　他方、法的手続に移行した際、SPは引き続きSP契約に基づく支援を表明し、また債務者もそれを希望するにもかかわらず、当該SP契約を解除し、SP選定手続を

---

[1] 髙井章光「スポンサー選定の実体的要件」『スポンサー選定』24頁は、「いわゆるプレパッケージ型スポンサー選定事案の民事再生手続において、監督委員が申立前のスポンサー契約の解除を指導すべきかどうかを判断するとき、または、監督委員や裁判所がスポンサーの存在を前提とする再生計画案の付議や再生計画案の認可の当否を判断するとき…など、種々の場面がある」と指摘します。

やり直すことが求められる場合があるかについて、議論がなされています[2,3]。

以下では、従前の経営陣が引き続き存続するDIP型再生手続の場合と、債務者会社とは従前関係のない第三者（多くは弁護士）が管財人として手続を進める更生手続の場合（管理型更生手続）とに分けて検討します。

2　DIP型再生手続の場合

DIP型再生手続は、経営陣の責任において事業再建を果たす手続ですので、SP契約の当事者が契約を維持しようとするのであれば基本的にはそれが尊重されるべきでしょう。特に本設問では、私的整理手続において、対象債権者に事前に説明を行い、多数の同意を得てスポンサー選定を行って契約を締結していますので、法的手続においても、基本的にはかかる経緯の結果である当該契約の内容を尊重されるべきと思われます。SPから引き続き支援を受けられることにより、資金繰りの維持、信用の維持、手続の迅速遂行が可能になるメリットがあります。

もっとも、本設問においても、例えば①私的整理手続において対象債権者に同意を得るに当たって前提となった説明内容に虚偽があった等の瑕疵が発見され、対象債権者においてSP選定のやり直しを主張する場合、②私的整理手続に参加していなかった商取引債権者が再生会社の再建に強い影響力を有する場合において同債権者が他のSPへの交代を強く求める場合等には、再生手続でSP契約を維持することの妥当性について、検討が必要になります。このような場合には、再生裁判所や監督委員と協議し、SP契約を民事再生法49条1項に基づき解除した上で、改めてSP選定をやり直すことが必要になる場合もあると思われます。この検討に当たっては、前記のような議論も参考に、事業再建という最終目的にとっていかなるSPの支援による再建が最適かを慎重に見極めるべきでしょう。

仮にSP選定のやり直しを行う場合に、従前のSPにファースト・レフューザル・ライト[4]やブレークアップ・フィー[5]を認める等の優先的扱いを利用することの是非についても近時、議論がされており、事案に応じて慎重に検討すべきでしょう。もっとも、上記①、②のような場合には、従前のSPに優先的な地位を付与するこ

---

[2] 須藤英章「プレパッケージ型事業再生に関する提言」事業再生研究機構編『プレパッケージ型事業再生』101頁以下（商事法務、2004年）では、申立前に行われたSP等の選定が尊重されるための7つの要件（「お台場アプローチ」と呼ばれています）が提唱されています。ただし、留意すべきは、同要件はあくまでこれら要件が充足すれば尊重されるべきとしているもので、要件が1つでも欠ければ直ちにSP選定がやり直されるべきであるとしているわけではない点です。

[3] 髙井・前掲『スポンサー選定』41頁では、総合考慮説が提唱され、そこでは、第1段階として①企業規模、②事業内容、③特定個人への依存度、④時間的余裕を考慮して、複数のスポンサー候補者の競争による選定がふさわしい規模及び状況になるのかを判断するとし、ふさわしい場合は厳格な合理性の有無を基準とし、ふさわしくない場合は各要素を総合的に考慮し、合理性が認められればよいとしています（二重の基準。**Q34**参照）。

とが適切ではない場合も多いと思われ、慎重な検討が必要と思われます。

3 会社更生（管理型）の場合

この場合は、私的整理手続における対象債務者会社（更生会社）の経営陣は原則として退陣し、新たに裁判所から選任された弁護士が更生会社の財産の管理処分権を掌握し、管財人の責任において、更生計画案を作成することになります。そこで、私的整理手続において選定し、契約を締結したSPが、更生会社の再建のために最適といえるかどうかは、管財人が改めて公正中立的な立場から独自に再度検証することになります。もっとも、私的整理手続において、対象債権者の多数の同意によりSPが選定されているような場合には、できるだけその経緯を尊重すべき場合が多いでしょう。また、DIP型再生の場合と同様、従前のSPによって有形無形の支援を得たことにより、信用が維持され、商取引が継続できたことや、資金や人材の支援を受けたことによる貢献を重視すべきと思われます。そこであくまで個別の事例によりますが、上記のような従前のSPの貢献や私的整理手続でSPを選定した経緯に鑑みても、なお新たにSP選定のやり直しを行うことが、更生会社の再建や債権者への弁済額の増大という観点から適切であると認められる場合には、SP契約を会社更生法61条1項に基づき解除した上で、改めてSP選定作業を行うことになろうと思われます。従前のSPにファースト・レフューザル・ライトやブレークアップ・フィー等の優先的扱いを利用することの是非についても、事案に応じて慎重に検討すべきものと思われます。

4 法的手続におけるSP契約変更の是非

上記のとおり、私的整理手続から法的手続に移行すると、債務者会社の事業価値がいっそう毀損する場合が多いと思われます。そこで、債務者会社の支援には基本的には前向きであるものの、私的整理手続において締結したSP契約で定めた（支援額を中心とする）条件を維持することが困難な事例も想定されます。この場合においても、新たにSP選定をやり直すことによる混乱の度合い、追加費用・時間の多少、従前のSPから受けた貢献の度合い、従前のSPが求める条件変更の内容等を総合的に勘案し、新たにSP選定を行うことと従前のSP契約の変更を行うことのいずれが債務者会社の再建と債権者の弁済の増大という観点から適切かを慎重に判断するべきと思われます。もっとも、SP契約を変更する場合でも清算価値保障原則が維持されることは当然の前提となります。

（内藤　滋）

---

4 再入札の結果、プレパッケージで選定された当初のSP候補以外の者がその最高価格をつけた場合、当初SP候補者にそれと同額で落札する権利を与える、という方法を指します。

5 須藤・前掲注2は、SP契約等を解除して再入札を実施するときには、契約を解除されるSP等が再入札で落札しない場合、実際に事業への協力が大きかった場合に限り、旧SPの尽力によって事業価値の毀損を防止できたことの対価として、旧SPに対し再入札による落札価額の5％程度の金額を共益債権として支払うとしています。

Q140 私的整理において減免した債権の扱い

私的整理手続中に、社債権者集会の決議で社債の半額について免除を受けたのち、対象債権者の債権者集会で決議が成立せず、法的手続に移行した場合、社債者はどのように扱われますか。また、純粋私的整理において、大口仕入先数社に対し、個別合意により債務の半額免除を要請していたところ、これに応じた仕入先と応じなかった仕入先があった場合、法的手続ではそれぞれの債権額はどのように扱われますか。

1 社債について

(1) 社債権者集会における社債減免の可否

社債について、社債権者集会で減免ができるかどうかは従前議論がありましたが、強化法56条、57条は、減免が可能であることを前提とした規定を設けました（Q127参照）。これにより、私的整理手続においても、社債権者集会の特別決議（会724Ⅱ、706Ⅰ①）により減免の決議をすることが可能であり、当該決議は裁判所の認可を受けられればその効力を生ずることになりました（会734Ⅰ）。

(2) 法的手続における帰結

設問前段の場合（設問では裁判所の認可の有無について不明ですが、認可を得ていることを前提とします）、既に社債の半額について減免の効果が生じていますので、その後に、対象債務者が法的手続に移行すると、法的手続では、社債は減免後に残る半額に限って法的手続に参加できます。その後の法的手続における再生計画案等で一般債権について例えば一律に半額の免除を受けるという案が付議されることになると、この案によれば社債権者としてはもともと有していた社債の4分の1についてしか弁済を受けられないということになります。このような帰結は社債権者としては到底承服できるものではなく、多くの社債権者が当該計画案に反対することが考えられます。

そこで、当該社債権者の理解を得るために、計画案において、一定の方策を検討することが考えられます。例えば、私的整理手続において減免された社債に限って、他の債権よりも弁済率を優遇するといった措置（会更168Ⅰただし書、民再155Ⅰただし書）が考えられます[1]。しかし、このような方策について裁判所や他の債権者によって理解を得られる保証はありません。

---

1 『会更120問』Q79〔上田裕康〕、腰塚和男ほか「事業再生ADRから会社更生への手続移行に際しての問題点と課題(2)」NBL954号61頁参照。

(3) 私的整理手続における工夫

上記(2)のような社債権者に不利な状況が生じないようにするためには、私的整理手続において、あらかじめ法的手続に移行する場合のことを念頭に置き、設問のような社債のみが減免の効力を生じた状況で法的手続に移行しないような対応が必要です。具体的には、金融機関債権者を対象とする決議会議、社債権者集会とを実質的に同一のタイミングで行うようにし、金融機関向けの事業再生計画案においては、当該計画成立の停止条件として、社債権者集会による減免に関する決議の可決と裁判所の認可という条件を付し、他方、社債権者集会決議についての裁判所への認可申請は金融機関等債権者集会による事業再生計画案の可決後に行うのがよいと思います[2]。

2 商取引債権

私的整理手続においては、通常、商取引債権は手続に取り込まれず、約定どおり取引を継続します。もっとも、事案によっては資金繰りの関係等により、商取引債権についても一部の免除を依頼せざるを得ないケースもあります。商取引債権者の一部が私的整理手続において債務者会社の再建に協力するため債権の一部免除に応じた後に、債務者会社が法的手続に移行した場合にも、前記の社債と同様、基本的には免除後の残債権額に限って法的手続への参加が認められます。このような事態が生ずると、免除という形で債務者会社の再生に率先して協力してくれた商取引債権者のみがそうでない債権者よりも不利益を被ることになり、当該債権者から法的手続における再生計画案に賛成してもらうのが難しくなることはもちろん、今後の取引を停止されるおそれも高く、事業継続に支障が生じます。社債の場合と同様、計画案で一定の優遇措置を講ずる等の対応が考えられなくもありませんが、裁判所や他の債権者の理解を得られる保証はないため、このような事態を招かないような措置を私的整理手続において講じておくことが肝要です。具体的には、私的整理手続において商取引債権者から免除を受ける場合には、同手続において事業再生計画案が成立することを停止条件とするとよいでしょう。

（内藤　滋）

---

[2] 『ADRのすべて』86頁〔鈴木学〕、協会規則31条5項参照。なお、債権放棄型ではなくリスケジュール型の事業再生計画ですが、公募社債権者の手続と事業再生ADR手続を一体的に運営した事例報告として、鈴木学「社債権者集会の決議を利用した事例」事業再生研究機構編『事業再生と社債』106頁が参考になります。同事例では、「社債権者集会は、本件一時停止の期間の延長決議を取得する本件ADR手続の債権者会議の直前に行われ、提案通りの決議を取得するに至った。社債権者集会における同決議につき、すみやかに裁判所の認可決定を受けた」ということです。

事項索引

本書で用いている略語等については、「法令・判例・文献等の表記について」（xiページ）を参照してください。

●A～Z●

ADR規則 ……………………… Q29
DD ……………………… Q15、Q113
　（財務DD、事業DD、法務DDも参照）
DDS ……………… Q28、Q31、Q44、Q70
DES ……………… Q28、Q31、Q44、Q116
DIP型会社更生 ………………… Q130
DIP型再生手続 ………………… Q139
DIPファイナンス ………… Q14、Q27
　（プレDIPファイナンスも参照）
PreDD ………………… Q95、Q106
REVIC ……………………… Q5、Q10
　──への正式申込み ………… Q97
　──への相談 ………………… Q94
　──のDD ……………… Q96、Q106

●ア行●

一時停止 ……… Q53、Q108、Q118
　──等の要請 ……… Q41、Q84
　──に代わる調停前の措置 … Q81
　──の通知
　　　 … Q108、Q118、Q129、Q133
一部の債権者の反対 …………… Q138
一体型 ………………… Q71、Q84
一体整理 ……………………… Q105
1.5次対応 ……………… Q55、Q61
インセンティブ ……………… Q42
インセンティブ資産
　　　 …………… Q41、Q84、Q86

インタレスト・カバレッジ・
　レシオ（Interest Coverage
　Ratio） ……………………… Q26
円滑化法→中小企業金融円滑化法
お台場アプローチ …………… Q139

●カ行●

会計 …………………… Q43、Q44
開示漏れ財産 ………………… Q42
買取決定 ……………… Q90、Q106
外部専門家 …………… Q58、Q63
概要説明会議 ………… Q110、Q119
貸倒れとして損金算入 ………… Q82
貸出条件緩和債権 ……………… Q24
過剰債務 ……………… Q64、Q109
過剰支援 ……………………… Q29
株主間協定 …………………… Q103
株主権の希薄化（希釈化）
　　　 ………………… Q39、Q126
株主責任
　……… Q29、Q39、Q65、Q66、Q67、
　　　 Q120、Q126
株主総会 ……………………… Q47
株主の権利 …………………… Q126
仮受理 ………………………… Q108
簡易型スキーム→新スキーム
簡易再生 ……………………… Q130
関係権利者 …………………… Q74
完全プロラタ ………………… Q21
官民一体型再生ファンド ……… Q11
企業再生税制 ………………… Q43
期限切れ欠損金 ………………… Q35

——の損金算入 ……… Q82
議長の選任 ……………………… Q119
寄附金の額に該当しない …………… Q82
基本要領 …………………………… Q29
求償権放棄 ………………………… Q12
協議会 ………………………… Q10、Q54
　——第一次対応→窓口相談
　——第二次対応→再生計画策定支
　援・弁済計画策定支援
協議会議 …………… Q108、Q110、Q121
　——の続行期日 ………………… Q121
協議会スキーム ……………………… Q54
　　　　　　——のスケジュール … Q57
協議会版「資本的借入金」
　……………………………… Q56、Q70
金融機関説明会 …………………… Q101
金融機関によるコンサルティング
　……………………………………… Q5
金融検査マニュアル ………………… Q37
金融支援額 ………………………… Q31
金融支援の衡平性 …………………… Q67
金融支援の合理性 …………………… Q67
金融調整型 ………………………… Q103
繰上弁済 …………………………… Q25
繰越欠損金 …………………… Q35、Q43
グループ企業 ……………………… Q109
経営権維持 ………………………… Q33
経営者責任 ………………………… Q29、
　Q38、Q65、Q66、Q67、Q120
経営者保証に関するガイドライン
　（経営者保証GL）
　…… Q5、Q40、Q71、Q72、Q86、
　Q87、Q88、Q96、Q100、Q105、
　Q129
経営責任 …………………… Q33、Q125
経営力強化支援法 …………………… Q5
計画変更→再建計画の変更

経済合理性 ………… Q36、Q67、Q106
　——の判断 …………………… Q41
決議会議 …………… Q108、Q110、Q122
　——の期日の続行 …………… Q122
検査役 ……………………………… Q47
コア・コンピタンス ………………… Q18
合意形成 …………………………… Q45
合実計画 …………………………… Q24
公正かつ妥当で経済的合理性を
　有する …… Q73、Q75、Q76、Q80
公的再生支援 ……………………… Q91
公表 ………………………………… Q98
衡平考慮規定 ………………… Q27、Q131
衡平性 ……………………………… Q13
公募債 ……………………………… Q111
合理性があると認められる資産
　の整理 ………………………… Q82
合理的かつ実現可能性の高い経営改善
　計画→合実計画
合理的な基準 ……………………… Q44
　——により負債整理 …… Q82
合理的な再建計画 ………………… Q82
個人版私的整理ガイドライン ……… Q52
5％ルール ………………………… Q31
個別支援チーム ……… Q57、Q58、Q63
コベナンツ条項 ……………… Q26、Q50

●サ行●

サービサー ………………………… Q111
債権カット ………………………… Q31
債権カット型 ……………………… Q28
再建計画の不履行 ………………… Q51
再建計画の変更 …………… Q46、Q51
債権者会議 ………………… Q57、Q68
債権者間協定 ……… Q48、Q101、Q103
債権放棄 …… Q28、Q109、Q116、Q135
財産評価基準 ……………………… Q56

再生計画策定支援（第二次対応）
　　……………………Q55、Q57、Q61
再生支援
　　──決定………Q90、Q98、Q101
　　──決定基準…………Q91、Q96
　　──合意書……………………Q96
　　──手続………………………Q92
　　──の申込み…………………Q90
再生ファンド…………………… Q104
再チャレンジ…………………… Q105
再チャレンジ要件……………… Q106
財務健全化基準………………… Q91
債務者区分……………… Q24、Q37
債務者代理人…………………… Q8
債務者代理人弁護士…………… Q110
債務償還年数…………… Q24、Q64
財務制限条項…………………… Q26
財務DD………………Q15、Q57、Q64
産業再生機構…………………… Q11
産業復興機構…………………… Q52
産業復興相談センター………… Q52
残存資産………………… Q41、Q42、Q84
残高プロラタ…………… Q21、Q30
　　──方式……………………… Q20
暫定リスケジュール（暫定リスケ）
　………Q28、Q56、Q61、Q65、Q69
支援業務部門…………………… Q54
支援専門家……………… Q86、Q129
時価……………………… Q16、Q115
事業価値………………………… Q109
事業計画………………………… Q19
事業再生ADR
　　──業務委託金……………… Q114
　　──業務委託中間金………… Q114
　　──審査会………………… Q108
　　──審査料………………… Q114
　　──手続の終了…………… Q122

　　──手続利用申請………… Q108
　　──の事前準備…………… Q113
　　──の終了事由…………… Q123
　　──の正式受理
　　　…………………Q108、Q117
事業再生円滑化債務保証制度…… Q27
事業再生計画………… Q90、Q96、Q99
　　──の効力発生時期……… Q122
　　──の進捗状況…………… Q124
　　──の履行………………… Q102
事業再生計画案………Q116、Q117
　　──の概要………………… Q108
　　──の策定………………… Q113
事業性の検証…………………… Q92
事業DD……………… Q15、Q57、Q64
資金移動………………………… Q14
資金管理………………………… Q14
資金繰り………………………… Q14
　　──計画…………………… Q19
私財提供………………… Q38、Q125
資産及び負債の価額の評定…… Q82
資産調整勘定（のれん）……… Q35
資産評定……………………… Q115
資産評定基準………… Q16、Q115、Q116
自主再建………………………… Q33
自主再建型……………………… Q32
自然災害による被災者の債務整
　理に関するガイドライン（自
　然災害GL）…………………… Q53
実現可能性の高い抜本的な経営再建計
　画→実抜計画
実効性の担保…………………… Q50
執行力付与…………………… Q138
実質債務超過…………………… Q64
　　──額……………… Q15、Q16
　　──解消年数……………… Q24
実質的な衡平………………… Q127

実質的平等	Q23	信用プロラタ	Q30
実質的平等原則	Q31	——方式	Q20、Q21
実態貸借対照表（実態バランス、実態BS）	Q15、Q16、Q115	信用保証協会	Q12、Q20、Q101、Q106、Q111
実抜計画	Q24	信用保証協会付き債権	Q101
私的整理	Q1	数値基準	Q29、Q56、Q65、Q66
——の手法	Q1	スポンサー	Q139
私的整理に関するガイドライン（私的整理GL）	Q1、Q107	——型	Q32
支配株主	Q116	——契約	Q139
支払停止	Q118	——選定	Q34
資本減少	Q47	——選定の二重の基準	Q34
資本性借入金	Q70	——の支援	Q34
社債	Q98、Q127、Q140	政策パッケージ	Q5、Q59
社債権者集会	Q127、Q140	清算型特定調停	Q80
社債減免	Q140	清算価値保障（の）原則	Q17、Q80、Q91、Q127、Q138、Q139
17条決定	Q1、Q73、Q74、Q75、Q78、Q79、Q84、Q86、Q130	生産性向上基準	Q91
十分な資本的性質が認められる借入金	Q70	清算貸借対照表（清算バランス、清算BS）	Q15、Q17、Q115
従来型スキーム	Q55	清算配当率	Q17、Q36
従来型スキーム・検証型	Q58	誠実性の要件	Q106
従来型スキーム・通常型	Q57、Q66	制度化された私的整理→準則型私的整理	
出資決定	Q90	制度融資	Q101
主要債権者との事前調整	Q113	政府系金融機関	Q111
純粋私的整理	Q3、Q6	税務	Q43、Q44
準則型私的整理	Q6、Q10、Q110	整理手順	Q71、Q72
少額債権	Q23	整理手順QA	Q71
上場維持	Q126	ゼネコン	Q111
上場廃止基準	Q22	全員の一致	Q46、Q138
常駐専門家	Q58	全国本部	Q54
商取引債権	Q132、Q140	総会決議	Q47
——者	Q7	想定価格	Q22
情報開示	Q13	組織再編	Q47
処分連動方式	Q22	続行期日	Q119
新スキーム	Q55、Q59	損金算入	Q35

●タ行●

ターンアラウンド ·················· Q92
第一次対応→窓口相談（第一次対応）
第一回債権者会議→概要説明会議
大規模事業者 ·························· Q91
対抗要件否認 ················ Q133、Q136
第三回債権者会議→決議会議
第三者の保証人 ······················ Q40
対象債権者 ············· Q7、Q41、Q108
対象債権の範囲 ····················· Q138
対象事業者 ···························· Q91
第二回債権者会議→協議会議
第二会社 ······························· Q99
第二会社方式
　··············· Q35、Q82、Q99、Q126
第二次対応→再生計画策定支援（第二次対応）
第二次納税義務 ······················ Q35
代表者等に該当しない保証人 ····· Q106
単独型 ············ Q72、Q84、Q86、Q88
地域経済活性化支援機構→REVIC
中小企業金融円滑化法 ·············· Q5
中小企業再生支援協議会→協議会
中小企業再生支援全国本部→全国本部
中小企業再生支援スキーム ·········· Q56
中小企業再生ファンド ·············· Q56
中小企業支援ネットワーク ········· Q5
超過収益 ······························· Q25
調査嘱託 ················ Q75、Q76、Q79
調査報告書
　······ Q57、Q63、Q67、Q76、Q108、Q120、Q121
調停委員会 ············· Q74、Q75、Q78
調停委員型 ··························· Q79
調停条項 ······························· Q78
調停調書 ······························· Q78

調停に代わる決定→17条決定
追加弁済 ······························· Q25
通常型 ································· Q55
手数料 ································· Q92
手続実施者
　············ Q107、Q108、Q120、Q137
　──選任予定者
　　············ Q108、Q112、Q114
　──の選任 ···························· Q119
　──の選任手続 ····················· Q112
　──の調査報告 ····················· Q121
　──の要件 ···························· Q112
デューディリジェンス→DD
（財務DD、事業DD、法務DDも参照）
統括責任者 ··············· Q55、Q71
統括責任者補佐 ·········· Q55、Q71
登記留保 ············· Q20、Q133、Q136
投資計画 ······························· Q19
透明性 ································· Q13
　──の高い手続 ······················· Q1
登録支援専門家 ····················· Q53
特定経営管理 ························ Q104
特定支援 ······························ Q105
　──決定 ······························ Q106
　──決定基準 ············· Q105、Q106
　──の事前相談 ····················· Q106
特定調停
　·········· Q10、Q73、Q74、Q83、Q130
特定調停手続 ························ Q122
特定調停手引（円滑化法対応）
　································· Q83、Q87
特定調停手引（経営者保証GL）
　························· Q83、Q86、Q87
特定認証紛争解決事業者
　································ Q107、Q112
取引債務 ······························ Q109

●ナ行●

入札 ·· Q34
認証紛争解決手続 ························· Q107
認定支援機関 ······················ Q5、Q54
ノンコア事業 ·································· Q102
ノンバンク ······································· Q111

●ハ行●

パーレイト ·· Q99
パーレイト弁済 ································· Q23
ハンズオン ·· Q11
ハンズオン型 ·································· Q103
反対債権者 ······································· Q46
東日本大震災被災者再生支援機
　構 ·· Q52
非拘束定期預金 ······························· Q20
非適格分割 ······································· Q35
否認 ·· Q133
非保全債権 ························ Q20、Q31
100％保全金融債権者 ················ Q111
評価基準 ·· Q16
評価損益 ·· Q43
ファースト・レフューザル・ラ
　イト ··· Q139
ファイナンシャルアドバイザー ····· Q9
負債調整勘定（負ののれん） ········ Q35
フリーキャッシュフロー ··············· Q64
ブレークアップ・フィー ············ Q139
プレDIPファイナンス
　······ Q27、Q98、Q107、Q119、Q121、
　　　Q128、Q131
プロラタ方式 ···································· Q21
不良債権の開示 ······························· Q37
粉飾 ·· Q109
弁護士職務基本規程 ···················· Q137
弁済期間 ·· Q138

弁済協定 ·· Q135
弁済計画 ······················ Q19、Q23、Q24
弁済計画案 ······································· Q65
弁済計画策定支援（第二次対応）
　·· Q71、Q72
返済猶予等の要請 ······ Q57、Q62、Q71
変更契約 ·· Q48
法人格維持 ······································· Q99
法的整理手続への移行 ·················· Q51
法的手続との比較 ························ Q120
法務DD ··· Q15
法令適合性 ····································· Q120
補佐人 ··· Q114
募集株式 ·· Q47
保証債務 ·· Q40
保証債務整理支援業務 ····· Q54、Q68
保証責任 ······························· Q66、Q67
保証人 ··· Q100
保全債権 ·· Q20

●マ行●

窓口相談（第一次対応）
　··································· Q55、Q57、Q60
みなし譲渡課税 ····························· Q125
みなし譲渡所得 ······························· Q38
民事執行手続の停止 ······················ Q77
無税償却 ·· Q37
メインバンク ······································ Q1
メイン寄せ ······ Q1、Q31、Q36、Q107
免除益課税 ·· Q9
免責不許可事由 ················ Q42、Q106
申込手数料 ····································· Q123
申立代理人 ····································· Q114
モニタリング
　······ Q26、Q49、Q50、Q55、Q69、
　　　Q102、Q103、Q124
モニタリング情報 ························ Q103

モラルハザード……………………… Q38
●ヤ行●
役員の退任 ……………………………… Q125
預金相殺 ………………………………… Q134
予想弁済率 ……………………………… Q36
●ラ行●
リース …………………………………… Q132

リース債権 …………………………… Q111
　　　――者 ………………………………… Q7
利益計画 …………………………………… Q19
リスケジュール ………………… Q30、Q109
リスケジュール型 ……………………… Q28
リストラ計画 …………………………… Q19
リファイナンス ………………………… Q103
連帯納付責任 …………………………… Q35
労働債権 ………………………………… Q77

私的整理の実務Q&A140問

2016年10月1日　第1刷発行

編　者　全国倒産処理弁護士ネットワーク
発行者　小　田　　　徹
印刷所　株式会社加藤文明社

〒160-8520　東京都新宿区南元町19
発 行 所　一般社団法人 金融財政事情研究会
　　　　　編集部　TEL 03(3355)1758　FAX 03(3355)3763
販　売　株式会社きんざい
　　　　　販売受付　TEL 03(3358)2891　FAX 03(3358)0037
　　　　　　　　　　http://www.kinzai.jp/

・本書の内容の一部あるいは全部を無断で複写・複製・転訳載すること、および磁気または光記録媒体、コンピュータネットワーク上等へ入力することは、法律で認められた場合を除き、著作者および出版社の権利の侵害となります。
・落丁・乱丁本はお取替えいたします。価格はカバーに表示してあります。

ISBN978-4-322-13027-0